Eduard Dietz (1866–1940) – Richter, Rechtsanwalt und Verfassungsschöpfer

Rechtshistorische Reihe

Band 384

Peter Lang
Frankfurt am Main · Berlin · Bern · Bruxelles · New York · Oxford · Wien

Andreas Hunkel

Eduard Dietz (1866–1940) – Richter, Rechtsanwalt und Verfassungsschöpfer

Peter Lang
Internationaler Verlag der Wissenschaften

Bibliografische Information der Deutschen Nationalbibliothek
Die Deutsche Nationalbibliothek verzeichnet diese Publikation in der Deutschen Nationalbibliografie; detaillierte bibliografische Daten sind im Internet über <http://www.d-nb.de> abrufbar.

Zugl.: Heidelberg, Univ., Diss., 2008

Umschlagabbildung:
Justitia – Sinnbild der Gerechtigkeit.
Dieser Bildausschnitt wurde einem Buch aus dem
17. Jahrhundert entnommen.

Diese Arbeit wurde von
Herrn Prof. Dr. Christian Hattenhauer
zur Aufnahme in die Reihe empfohlen.

Gedruckt auf alterungsbeständigem,
säurefreiem Papier.

D 16
ISSN 0344-290X
ISBN 978-3-631-58523-8

Printed in Germany 1 2 3 4 5 7

www.peterlang.de

Quelle: Privat

„Sie wissen, ich bin in politischen, sozialen und kulturellen Anschauungen Marxist (-Sie können ‚kürzer' auch Sozialdemokrat sagen, nur, bitte, nicht: ‚Salonsozialist', wie mich neulich ein Blatt titulierte, und was meine Frau besonders kränkt, da wir als moderne Menschen gar keinen ‚Salon' haben, sondern nur Zimmer, wo man wirklich leben, und Stühle, auf denen man wirklich sitzen kann-), also ich bin Marxist und folglich Optimist und folglich felsenfest davon überzeugt, dass es vorwärts und aufwärts gehen muss."

Eduard Dietz, Zum Prozeß Hau, in: März – Halbmonatsschrift für deutsche Kultur, Jg. 1 Bd. 3 (1907), S. 195, 198

Geleitwort

Die vorliegende Arbeit wurde im Sommersemester 2008 von der Juristischen Fakultät der Ruprecht-Karls-Universität Heidelberg als Dissertation angenommen.

Mein besonderer Dank gilt meinem Doktorvater Prof. Dr. Klaus-Peter Schroeder. Er war es, der mich auf die Person Eduard Dietz aufmerksam machte und so den Anstoß für die Erforschung des Lebensweges dieses außergewöhnlichen Menschen gab. Seine stets konstruktiven Anmerkungen zum jeweiligen Entwicklungsstand der Arbeit trugen zu einem erheblichen Teil dazu bei, dass das Werk nun in der heutigen Form vorliegt. Herrn Prof. Dr. Dr. h. c. Adolf Laufs danke ich für die zügige Erstellung des Zweitgutachtens. Herrn Prof. Dr. Christian Hattenhauer bin ich für die freundliche Aufnahme in die „Rechtshistorische Reihe" sehr verbunden.

Dieses Buch wäre nicht möglich gewesen ohne die Einsichtnahme in zahlreiche Archivstücke. Für die freundliche und zuvorkommende Bereitstellung von Archivmaterial danke ich daher den Mitarbeitern des Generallandesarchivs Karlsruhe, des Stadtarchivs Karlsruhe, des Universitätsarchivs Heidelberg und des Archivs der Burschenschaft Frankonia Heidelberg.

Entscheidenden Anteil an dem Entstehen dieser Arbeit hatte Herr Richter am Bundesgerichtshof Dr. Detlev Fischer. Die unzähligen angeregten Gespräche über Eduard Dietz, die ich mit Herrn Dr. Fischer führen konnte, bildeten oftmals den Ausgangspunkt für weitere Forschungen und Überlegungen meinerseits. Nicht zuletzt auf Grund unseres während der Erstellung der Arbeit entstandenen freundschaftlichen Verhältnisses erscheint es gerade angemessen, ihn als den „zweiten Doktorvater" zu bezeichnen.

Es war zudem von unschätzbarem Wert, dass ich als Biograf die Möglichkeit hatte, mit Eduard Dietz' Enkelin, Frau Gisela Kleinsorge, über ihren Großvater zu sprechen. Sie überließ mir neben vielen aufschlussreichen privaten Informationen auch einige Urkunden und Fotografien und trug somit erheblich dazu bei, das Schaffen ihres Großvaters in das rechte Licht zu rücken. Dafür sei ihr mein Dank gewiss.

Von entscheidender Bedeutung war während der Erarbeitung die Unterstützung und Anteilnahme meiner gesamten Familie. Meine Eltern Annerose und Gerhard Hunkel haben mir das Studium der Rechte überhaupt erst ermöglicht. Sie haben mich auf meinem bisherigen Lebensweg und besonders während dem Werden dieser Untersuchung stets ermutigend begleitet und mir auf liebevolle Weise, wenn es nötig war, den Rücken gestärkt. Auch das Korrekturlesen dieser Arbeit durch sie war eine Hilfe von unschätzbarem Wert. Meine Großmutter Anneliese Hunkel hat mich zusätzlich während meiner akademischen Ausbildung und der Doktorarbeit von den ärgsten finanziellen Sorgen befreit. An dieser Stelle sei zudem Kurt Schulmeyer dankend erwähnt. Meine Geschwister Lara und Sebastian Hunkel und die nähere und fernere Verwandtschaft überhaupt haben mich auf jede erdenkliche Weise unterstützt.

Meiner Verlobten Annemarie Roschitz und ihrer Familie möchte ich meine besondere Verbundenheit aussprechen. Ihre Zuneigung und Geduld hat mich während des Studiums und der Erstellung der Dissertation stets begleitet. Unermüdlich fand sie aufbauende Worte in Zeiten des Zweifelns und brachte zudem mit sachkundigem Rat und engagierter Tat die Arbeit entscheidend voran. Danke.

Zudem waren meine engsten Freunde als Ratgeber unerlässlich. Dafür gebührt ihnen allen mein tiefster Dank. Franziska Gwinner bin ich für die Einführung in die Geheimnisse von Word und auch sonst für alles, was sie innerhalb und außerhalb des Rahmens dieser Arbeit geleistet hat sehr dankbar. Oliver Tasch, Felix Martin, Dennis Nüsken, Julia Rösinger und Mathias Benz sei für die bereits in der Schulzeit gewachsene tiefe Freundschaft gedankt.

Die Oberrheinische Stiftung für Geschichte und Kultur hat die Veröffentlichung in der vorliegenden Form mit einem großzügigen Druckkostenzuschuss ermöglicht. Auch hierfür bin ich dankbar.

Der Stand der Literatur konnte für die vorliegende Druckfassung der Dissertation bis einschließlich Dezember 2008 berücksichtigt werden.

Andreas Hunkel

Karlsruhe, im Dezember 2008

Inhaltsverzeichnis

Erster Teil: Leben und Wirken

A. Geburt und Herkunft

Eduard Robert Dietz[1] kam am 1. November 1866 in Karlsruhe als Eduard Robert Franzen zur Welt[2]. Die Adoptionsurkunde vom 2. Juli 1888[3] weist Augusta Franzen als die leibliche Mutter aus[4]. Aufschlussreicher und hinsichtlich biografischer Details ergiebiger als die offiziellen Archivstücke[5] sind jedoch die privaten Quellen, allen voran ein Personalbogen aus dem Jahr 1938[6]. Aus diesem geht zum einen hervor, dass Augusta Franzen eigentlich Auguste hieß, und zum anderen, dass sie am 13. April 1838 in Landringhausen bei Hannover geboren wurde. Augustes Eltern wiederum waren der Schlossermeister Christian Eduard Franzen und dessen Frau Luise (geb. Weisshauer), die beide aus Hannover stammten.

Entgegen anders lautender Spekulationen und Gerüchte war Eduard Dietz nicht etwa ein unehelicher Sprössling des badischen Großherzogs Friedrich des I. Gleichwohl war sein leiblicher Vater kein unbedeutender Mann und stand in enger Verbindung zum badischen Hof: Eduard Dietz war nämlich der uneheliche Sohn des russischen Legationsrats und Generalkonsuls am badischen Hofe Nikolaus von Blumer, geboren am 8. September 1829 in St. Petersburg. Nikolaus von Blumer entstammte dem russischen Ministerialadel, bereits dessen Vater Friedrich von Blumer hatte dem Zarenreich als Regie-

---

[1] Bisher erschienene Kurzbiografien: *Koch*, Eduard Dietz – Autor des Verfassungsentwurfs von 1918, in: Blick in die Geschichte – Karlsruher stadthistorische Beiträge Bd. 1 (1988-1993), Karlsruhe 1994, S. 250 f.; *Kaller*, In: Badische Biographien (BB) NF Bd. 1, S. 97 f.; *Dvorak*, Biographisches Lexikon der Deutschen Burschenschaft – Bd. I: Politiker/Teilband 1: A-E, Heidelberg 1996, S. 201 f.; *Lindig*, in: *Golücke* (Hrsg.), Verfasserlexikon zur Studenten- und Hochschulgeschichte – Ein bio-bibliographisches Verzeichnis, Köln 2004, S. 82 f.; *Fischer*, Karlsruher Juristenportraits aus der Vorzeit der Residenz des Rechts, Karlsruhe 2004, S. 45 ff; *ders.*, Jurist und Sozialist – Erinnerungen an Eduard Dietz (1866-1940), in: RuP 2004, S. 58 f.; *ders.*, Rechtshistorische Rundgänge durch Karlsruhe – Residenz des Rechts, Karlsruhe 2005, S. 69 ff; *ders.* Eduard Dietz (1866-1940). Vater der badischen Landesverfassung von 1919 – Ein Juristenleben, Karlsruhe 2008; *Haehling von Lanzenauer*, Eduard Dietz, Strafverteidiger im Hau-Prozess, in: Badische Heimat 2007, S. 437 ff.

[2] S. Geburts-, Ehe- und Totenbuch der evangelischen Gemeinde Karlsruhe S. 456, GLA 390/1967.

[3] GLA 270-1/2557.

[4] Fehlerhaft dagegen *Haehling von Lanzenauer*, in: Badische Heimat 2007, S. 437, 437, der Augusta Franzen als Eduard Dietz' Ehefrau bezeichnet.

[5] Im Generallandesarchiv zu Karlsruhe existiert keine eigene Dienerakte betreffend Eduard Dietz.

[6] Die nachfolgenden biografischen Angaben sind – soweit nicht anders bezeichnet – diesem Personalbogen des BNSDJ vom 9. Juni 1938 (privat) entnommen.

rungsrat gedient[7]. Nikolaus von Blumer stand, wenn auch nicht offiziell, zu seinem Sohn und sorgte dafür, dass dem jungen Dietz aus dem Stigma der Unehelichkeit kein Nachteil erwuchs. Im Einvernehmen mit dem badischen Hofe wurde darauf geachtet, dass Eduard Dietz' eine vorzügliche Erziehung und Ausbildung erhielt. So lassen sich auch sogleich einige scheinbare Unstimmigkeiten im Leben des Eduard Dietz auflösen, die auf eine vornehme Herkunft hindeuten[8].

Schon die Auswahl der Pflegeeltern kam über den großherzoglichen Hof zu Stande: Rosina Dietz arbeitete als Wäscherin im Karlsruher Schloss und offenbar hielt Auguste Franzen sie für die Richtige, um ihr ihren Jungen anzuvertrauen. Denn Auguste arbeitete als Kammerzofe der Gattin von Nikolaus von Blumer. Als sie ihr Kind zur Welt brachte, waren ihre Eltern bereits verstorben. Da es nicht zu erwarten stand, dass von Blumer sich von seiner Frau trennen würde, hätte sie den Jungen also ohne jegliche familiäre Unterstützung großziehen müssen. So wurde das uneheliche Kind am 3. November 1866 auf den Namen Eduard Robert Franzen evangelisch getauft und alsbald in die Obhut des Ehepaars Kilian und Rosina Dietz gegeben, die auch dessen Taufpaten waren[9].

Der Pflege- und spätere Adoptivvater Kilian Dietz wurde ebenfalls unehelich am 3. Juli 1835 in Altdorf bei Lahr geboren, seine Mutter hieß Agatha Dietz[10]. Als er den Säugling in Pflege nahm, übte er den Beruf des Münzarbeiters an der Großherzoglichen Münzprägeanstalt aus. Wohl aus gesundheitlichen Gründen gab er diese Tätigkeit später jedoch auf, da aus dem „Studien- und Sittenzeugnis" der „Großherzoglichen Badischen Universität Heidelberg" vom 26. März 1888 über Eduard Dietz[11] hervorgeht, dass er im Jahr 1888 als Buchhandlungsdiener beschäftigt war. Die Pflegemutter Rosina Dietz kam am 6. August 1831 in Pfedelbach in Württemberg als Rosina Christine Kastenbauer zur Welt. Als ihre Eltern werden im Geburts- und Taufschein[12] der Schuhmachermeister Friedrich Heinrich Christian Kastenbauer und Maria Elisabeth Dorothea (geb. von Kraft) genannt.

Leibliche Geschwister hatte Eduard Dietz nicht. Das Ehepaar Dietz hatte auch keine weiteren Kinder, weder leibliche noch Pflegekinder[13]. Die Pflegeeltern gehörten der Arbeiterschicht an, welche sich im Laufe der Industriellen Revolution in den Städten stetig vergrößerte. Es muss eine der zentralen Erfahrungen für den jungen Eduard Dietz gewesen sein, im Arbeitermilieu des neu gegründeten Kaiserreichs aufzuwachsen und die Beschwerlichkeiten, die

---

[7] Zur Familie von Blumer s. *Fischer*, Eduard Dietz (1866-1940). Vater der badischen Landesverfassung von 1919, S. 8.

[8] So etwa der kostenintensive Besuch der Universität und vor allem die Promotion zum Dr. iur.

[9] GLA 390/1967.

[10] S. Geburtszeugnis GLA 270-1/2557.

[11] UAH StudA 1880/1899/00.

[12] GLA 270-1/2557.

[13] Eine Adoption war nur Kinderlosen möglich, s. u.

das Leben der Industriearbeiter mit sich brachte, selbst zu erfahren. Die in der Arbeiterklasse verankerte soziale Herkunft bildete sein ganzes Leben über die Motivation, die ihn dazu trieb, bestehende Ungerechtigkeiten nicht einfach als gegeben hinzunehmen, sondern sich mit Nachdruck für deren Überwindung einzusetzen. Nach eigenem Bekunden war er „felsenfest davon überzeugt, dass es vorwärts und aufwärts gehen muß“[14]. Dieser idealistische Geist wurde schon früh durch das Umfeld, in dem Dietz groß wurde, entscheidend geprägt.

Im Jahre 1888 entschloss sich Dietz, das in den Jahren der Pflege entstandene Verhältnis zu seinen Pflegeeltern schließlich auch juristisch und nach Außen hin sichtbar zu festigen, indem er sich von Kilian und Rosina Dietz an Kindes statt annehmen ließ[15]. Die „Anwünschung“[16] hatte unter anderem zur Folge, dass die an Kindes statt angenommene Person von nun an den Namen des Anwünschenden trug[17]. Zudem beerbte der Adoptierte den Anwünschenden im Falle des Todes[18]. Vor allem Letzteres war sicherlich die Hauptüberlegung, die dem Entschluss, das langjährige Pflegekind zu adoptieren, zu Grunde lag. Allerdings war dies wohl nicht das einzige Motiv: In der Adoption kommt auch das Bedürfnis des jungen Mannes zum Ausdruck, die in den Jahren der Pflege entstandene innige Eltern-Kind-Beziehung zu manifestieren. Die Dietzens waren ihm längst zu richtigen Eltern geworden. Hierfür spricht die rasche Entscheidung zur Adoption kurz nachdem Dietz die Volljährigkeit erreicht und damit eine Mindestvoraussetzung für eine Annahme an Kindes statt erfüllt hatte. Da er zum Zeitpunkt der Adoption noch nicht das 25. Lebensjahr vollendet hatte, musste die leibliche Mutter Augusta Franzen dem so bedeutsamen Schritt noch ihre Einwilligung erteilen, was sie mit einem Brief aus Rom, wo sie sich mittlerweile aufhielt, „ausdrücklich“ tat[19]. Die Zustimmung der leiblichen Mutter war einerseits eine rechtliche Voraussetzung, um die Anwünschung überhaupt zu ermöglichen. Andererseits erleichterte ihm deren Einwilligung die Entscheidung, sich von den Pflegeeltern adoptieren zu lassen. Das gute Verhältnis zu seiner leiblichen Mutter wurde durch die Adoption nicht beeinträchtigt, regelmäßig schrieb sie ihm Briefe aus allen Teilen der Welt. Später konnte Eduard Dietz sogar die Pflegeeltern und seine Mutter, die bei Ausbruch des Ersten Weltkrieges 1914 aus Großbritannien ausreisen musste, un-

[14] *Dietz*, Zum Prozeß Hau, in: März – Halbmonatsschrift für deutsche Kultur, Jg. 1 Bd. 3 (1907), S. 195, 198. Herausgeber der Zeitschrift „März“ waren u. a. Ludwig Thoma und Hermann Hesse.

[15] GLA 270-1/2557 sowie GLA 390/1967.

[16] LRS 343 BLR ff.

[17] LRS 350 BLR.

[18] S. *Platenius*, Grundriß des Badischen Landrechts: Unter besonderer Berücksichtigung der neueren deutschen Rechtsprechung, Freiburg 1896, S. 96. Eine weitere Rechtsfolge war: Der Angewünschte und der Anwünschende waren sich wie eheliche Eltern und Kinder zum gegenseitigen Unterhalt verpflichtet, LRS 349, 203, 205 BLR.

[19] GLA 270-1/2557.

ter einem Dach in dem von ihm erworbenen Haus in der Körnerstraße zusammenbringen.

B. Die gymnasiale Ausbildung

Der Grundstein für Dietz' umfassende humanistische Bildung wurde durch den Besuch des Großherzoglichen Gymnasiums zu Karlsruhe gelegt. 1586 beauftragte Markgraf Ernst Friedrich von Baden-Durlach Johannes Pistorius d. J.[20] mit der Gründung des „Gymnasium illustre“ in der Residenzstadt Durlach[21]. 1786 wurde die Schule in die Residenzstadt Karlsruhe verlegt. Markgraf Karl Friedrich[22] plante ursprünglich, die seit 1806 in „Lyceum“ umbenannte Schule zur Universität auszubauen. Die Umwandlung in eine Universität wurde jedoch im Zuge des Reichsdeputationshauptschlusses von 1803 und der Aufwertung zum Großherzogtum 1806 nicht mehr weiterverfolgt, da nunmehr die Hochschulen Heidelberg und Freiburg zum Herrschaftsgebiet Badens gehörten und eine dritte Universität die großherzoglichen Finanzen zu stark belastet hätte. Latein und Griechisch waren seit den Gründungstagen der Schule ein fester Bestandteil des Lehrplans. 1872 erhielt die Schule wieder die Bezeichnung „Gymnasium“. 1874 wurde das heute noch bestehende Gebäude in der Bismarckstraße bezogen[23]. Das Gymnasium war weit über die Grenzen Badens hinaus für seine anspruchsvolle Ausbildung bekannt. Viele berühmte Persönlichkeiten absolvierten ihre Schulzeit am Karlsruher Gymnasium, so z. B. der Architekt Friedrich Weinbrenner[24], der Staatsminister und Schöpfer der ersten badischen Verfassung von 1818 Carl Friedrich Nebenius[25] und der Schriftsteller Joseph Victor v. Scheffel[26]. In den Jahren 1808 bis 1814 wurde die Schule von Johann Peter Hebel[27], bekannt als Mundartdichter, geleitet.

Dietz besuchte die Lehranstalt seit dem Schuljahr 1878/79 und legte dort am 10. Juli 1885 das Abitur ab. Von Anfang an fiel er durch seine vielfältigen Begabungen und seinen außerordentlichen Ehrgeiz auf. Verlässlich empfing er am Ende eines jeden Schuljahres eine Auszeichnung für seine herausragenden schulischen Leistungen. Das Abiturzeugnis weist ihn ebenfalls als ausgesprochenen Musterschüler aus, dessen „sittliches Verhalten gut“ und dessen „Fleiss sehr gut“ waren. Was die einzelnen Fächer betrifft, so erhielt er in den Sprachen Latein, Griechisch und Französisch jeweils die Note 1 und in Physik und Mathematik eine 2. Einzig im Turnen musste er sich mit einer 3

---

[20] Vgl. *Günther*, in: NDB Bd. 20, S. 486.

[21] Zur Geschichte des Durlacher „Gymnasium illustre“ s. *Oesterle*, Schule – wozu?, in: *Haas* (Hrsg.), Markgrafen-Gymnasium Karlsruhe-Durlach: FS 400 Jahre Gymnasium in Durlach, Durlach 1986, S. 14 ff und *Güß*, Hier stehet das Gymnasium – aber wo?, in: *Haas* (Hrsg.), Markgrafen-Gymnasium Karlsruhe-Durlach: FS 400 Jahre Gymnasium in Durlach, Durlach 1986, S. 27 ff.

[22] *Weech*, in: BB AF Bd. 1, S. 16 f.

[23] S. zum Ganzen: *Stahl*, Zur Geschichte des Humanistischen Gymnasiums in Durlach, in: FS 1960/61 (Bismarck-Gymnasium), Karlsruhe 1961, S. 27 ff.

[24] Vgl. *Katzenstein*, in: ADB Bd. 41, S. 500 ff.

[25] Vgl. *Matz*, in: NDB Bd. 19, S. 16 ff.

[26] Vgl. *Schmidt-Bergmann*, in: NDB Bd. 22, S. 610 ff.

[27] *Zentner*, in: NDB Bd. 8, S. 165 ff.

zufrieden geben. Als „Gesammtprädikat“ wurde ihm eine 1 bescheinigt[28]. Der Besuch einer solch traditionsreichen Lehranstalt, die sich einerseits durch ein hohes Bildungsideal und andererseits durch ihre teils prominenten Absolventen auszeichnete, war für den Arbeitersohn Dietz eine weitere ungemein prägende Erfahrung. Hier machte er nicht nur die Bekanntschaft mit Zöglingen des Karlsruher Großbürgertums, sondern auch mit dem großherzoglichen Haus[29].

---

[28] S. Abiturzeugnis Eduard Dietz, zu finden im Schularchiv Bismarck-Gymnasium.

[29] Zu seinen Mitschülern zählte Prinz Max von Baden, der sich nach dem Abitur wie Dietz für ein Studium der Jurisprudenz an der Universität Heidelberg entschied; s. Jahresbericht des Großherzoglichen Gymnasiums für das Schuljahr 1885/86, Karlsruhe 1886, S. 10.

C. *Student der Rechte in Heidelberg*

Nach bestandenem Abitur entschied sich Dietz für ein Studium der Rechtswissenschaften.

I. Gründe für die Wahl des Studienortes

Am Naheliegendsten war es für einen Karlsruher Abiturienten, an einer der beiden großherzoglichen Universitäten, Heidelberg oder Freiburg, zu studieren. Vor dem Frieden von Preßburg im Jahre 1805 gehörte die Universitätsstadt Freiburg zu Vorderösterreich, war also unter habsburgischer Herrschaft, weshalb die Mehrheit der Bevölkerung dem katholischen Glauben angehörte. 1805 fiel der größte Teil des Breisgaus dann an das nunmehrige Kurfürstentum Baden. Dass Kurfürst Karl Friedrich sich zum evangelischen Glauben bekannte, hatte auf die Konfessionszugehörigkeit der Untertanen keinen Einfluss. Auch zur Studienzeit Dietz' war die Mehrheit der Bevölkerung des Breisgaus katholisch. Die Kurpfalz mitsamt ihrem geistigen Zentrum Heidelberg war allerdings seit der Reformationszeit dem evangelischen Glauben zugewandt. Dietz als gläubiger Protestant dürfte in seine Studienplanung diese Überlegungen miteinbezogen haben. Zudem war die Entfernung zum Heimatort ein entscheidender Gesichtspunkt. Heidelberg lag deshalb sowohl geistig und konfessionell wie auch örtlich am nächsten aus der Sicht von Eduard Dietz.

II. Geschichte und Situation der Heidelberger Juristenfakultät 1885

Ein weiteres wichtiges Kriterium für die Wahl des Studienortes stellte selbstverständlich der ausgezeichnete Ruf der Heidelberger Hochschule als „Juristenuniversität"[30] dar. Als durch den Reichsdeputationshauptschluss 1803 die Kurpfalz mitsamt der Heidelberger Universität an das zwischenzeitlich zum Kurfürstentum aufgestiegenen Baden angeschlossen wurde, konnte die 1386 gegründete Lehranstalt keinen besonders guten Ruf vorweisen. Der Schuldenstand war trotz der bis zu diesem Zeitpunkt zur Universität gehörenden Besitztümer[31] enorm, die Lehr- und Forschungstätigkeit miserabel. Obwohl es auch Überlegungen gab, die finanziell und geistig verarmte Hochschule zu

---

[30] S. hierzu *Schroeder*, Eine Universität für Juristen und von Juristen, in: Ruperto Carola 02/2006, S. 32 ff und *ders.*, Die Heidelberger juristische Fakultät im 19. Jahrhundert, in: JuS 1986, S. 919 ff

[31] Durch die Abtretung der linksrheinischen Gebiete hatte auch die Universität Heidelberg ihre Pfründen und sonstigen Besitztümer verloren, vgl. *Schroeder*, in: JuS 1986, S. 919, 919.

schließen, wählte Kurfürst Karl Friedrich die grundlegende Erneuerung und wandte die hierfür erforderlichen Mittel auf.

Den ersten Schritt zu einem Neuaufbau stellte die Berufung Georg Arnold Heises als Professor für Römisches Recht im Jahre 1804 dar. Vorherige Bemühungen, der nunmehrigen „Ruperto-Carola" namhafte Rechtsgelehrte zuzuführen, waren allesamt auf Grund der misslichen Lage der Universität gescheitert[32]. Die Berufung Heises kam nicht nur in der Fachwelt einer Sensation gleich und stellte deshalb eine Initialzündung für den Neuaufbau der altehrwürdigen Hochschule dar. Sie half namentlich Berührungsängste von um ihren Ruf besorgten Rechtslehrern mit der abgewirtschafteten Universität zu überwinden. So nahm schon im darauf folgenden Jahr Anton Friedrich Justus Thibaut[33] den Ruf auf den zweiten Lehrstuhl für Römisches Recht an. Den intensiven Erneuerungsbestrebungen, die maßgeblich vom großherzoglichen Berater Sigismund von Reitzenstein vorangetrieben wurden, war es ebenfalls zu verdanken, dass der Prozessrechtsexperte Christoph Martin den an ihn ergangenen Ruf nach Heidelberg annahm[34]. Es waren vornehmlich diese drei ebenso einflussreichen wie prominenten Hochschullehrer, die von nun an den neuen alten Ruf Heidelbergs als vorzügliche Juristenuniversität bestimmten. Vor allem die Pandektistik und das Öffentliche Recht entwickelten sich zu den Disziplinen, welche für die Festigung dieser Reputation verantwortlich waren und von nun an den Schwerpunkt der Juristenfakultät bildeten[35]. Die Tätigkeit namhafter Rechtslehrer führte im Lauf des 19. Jahrhunderts zu einem steten Zustrom junger Abiturienten, die sich an der Ruperto-Carola den juristischen Studien widmen wollten. Einer von ihnen war im Oktober 1885 Eduard Dietz[36].

III. Die universitäre Ausbildung

Als Eduard Dietz im Wintersemester 1885/86 sein Studium aufnahm, lehrten an der Juristischen Fakultät unter anderen die Professoren Otto Gierke, Ernst

---

[32] Sehr anschaulich *Schroeder*, in: JuS 1986, S. 919, 919.

[33] Zu Leben und Werk Thibauts s. *Schroeder*, Vom Sachsenspiegel zum Grundgesetz – Eine deutsche Rechtsgeschichte in Lebensbildern, München 2001, S. 85 ff, mit weiteren Nachweisen.

[34] Vgl. hierzu und zur Neuorganisation der Juristenfakultät überhaupt *Schroeder*, in: JuS 1986, S. 919, 919 ff sowie *ders.*, „Lange Canapé-Unterhaltung mit Hofrath Thibaut" – Die Heidelberger Semester des stud. iur. Joseph von Eichendorff (1807-1808), in: NJW 2008, S. 729, 729 ff mit weiteren Nachweisen.

[35] Vgl. *Schroeder*, Hermann von Schulze-Gaevernitz (1824-1888) – Preußischer Kronsyndikus und Heidelberger Staatsrechtslehrer, in: FS Frotscher, Berlin 2007, S. 743, 744.

[36] Matrikelbuch der Universität Heidelberg Winter-Semester 1872/73 bis Winter-Semester 1894/95, S. 377 (UAH A-702/12). Dietz bezog ein Zimmer in der Heugasse 3. Nach seiner Rückkehr aus Berlin wohnte er auf dem Schlossberg 7, s. Adressbuch der Ruprecht-Karls-Universität in Heidelberg - Winter-Halbjahr 1885/86, Heidelberg 1885, S. 17 bzw. Adressbuch der Ruprecht-Karls-Universität in Heidelberg – Winter-Halbjahr 1888/89, Heidelberg 1888, S. 17 (UAH X ZSB 35).

Immanuel Bekker, Otto Karlowa, Hermann v. Schulze-Gaevernitz und Rudolf Heinze. Großen Eindruck bei dem jungen Eduard Dietz nicht nur hinsichtlich der juristischen Ausbildung, sondern auch und vor allem was die Behandlung von Belangen der sozialen und politischen Entwicklung des noch jungen Kaiserreichs anging, hinterließ der Rechtshistoriker und Privatrechtler Otto Gierke[37]. Gleich in seinem Antrittssemester 1885/86 hörte Dietz die Vorlesung „Deutsche Staats- und Rechtsgeschichte“ und entrichtete dafür die beträchtliche Summe von 30 Reichsmark[38]. Dennoch wies diese Vorlesung wie auch die anderen von Gierke gehaltenen Kollegs, beispielsweise „Deutsches Privatrecht“, stets eine Teilnehmerzahl von mehreren Dutzend Hörern auf, was einen Beleg für Gierkes fachliche und didaktische Fähigkeiten darstellt.

Gierke, der sich selbst als Vertreter des germanistischen Zweigs der historischen Rechtsschule sah, erbrachte die nachhaltigsten Leistungen auf dem Gebiet des Genossenschafts- und Körperschaftsrechts. Die Beschäftigung mit der Genossenschaftstheorie[39] führte ihn auf die immer drängender werdende „Soziale Frage“. Da der Mensch nicht ohne die Gemeinschaft sein könne, treffe ihn auch eine Verantwortung für dieselbe. Am deutlichsten wird dies durch die Schaffung des Begriffs eines „Sozialrechts“, dem auch Teile des Privatrechts und das gesamte öffentliche Recht angehören sollten[40]. Weithin bekannt machte ihn die Kritik an dem „Entwurf eines bürgerlichen Gesetzbuchs“ im Jahre 1889. Gierke erkannte, dass die Rechtsregeln der Spätpandektistik nicht auf die industrialisierte Gesellschaft des Deutschen Kaiserreichs am Ende des 19. Jahrhunderts übertragbar waren. Er vertrat deshalb die Ansicht, der Individualismus der römischen Gesellschaft müsse der sozialen Verpflichtung des Rechts weichen[41]. Diese Kritik fiel zumindest teilweise auf fruchtbaren Boden, denn in der weiteren Entwicklung des Gesetzbuchs wurde an einer klareren und einfacheren Sprache gearbeitet. Außerdem fanden wirtschaftliche und soziale Aspekte bei der Ausarbeitung zunehmende Berücksichtigung[42].

Die soziale Verantwortung des Rechts wurde dem jungen Studenten Dietz also schon im ersten Semester durch einen Lehrmeister seines Fachs vor Au-

---

[37] Zu Leben und Werk vgl. *Peters*, Die Genossenschaftstheorie Otto v. Gierkes (1841-1921), Göttingen 2001; *Pfennig*, Die Kritik Otto von Gierkes am ersten Entwurf eines bürgerlichen Gesetzbuchs, Göttingen 1997; *Haack*, Otto von Gierkes Kritik am ersten Entwurf des Bürgerlichen Gesetzbuchs, Frankfurt 1997 jeweils mit weiteren Nachweisen.

[38] Dies geht hervor aus den Akten der Akademischen Quästur, UAH Rep. 27/395.

[39] S. sein Hauptwerk „Das deutsche Genossenschaftsrecht“, 4 Bde.: Bd. 1: Rechtsgeschichte des deutschen Genossenschaftsrechts (zugl. Habil.), Berlin 1868; Bd. 2: Geschichte des deutschen Körperschaftsbegriffs, Berlin 1873; Bd. 3: Die Staats- und Korporationslehre des Altertums und des Mittelalters und ihre Aufnahme in Deutschland, Berlin 1881; Bd. 4: Die Staats- und Korporationslehre der Neuzeit – Durchgeführt bis Mitte des Siebzehnten, für das Naturrecht bis zum Beginn des neunzehnten Jahrhunderts, Berlin 1913.

[40] S. *Kleinheyer/Schröder*, Deutsche und Europäische Juristen aus neun Jahrhunderten, 4. Aufl. Heidelberg 1996, S. 148.

[41] Vgl. *Schlosser*, Privatrechtsgeschichte der Neuzeit - Rechtsentwicklungen im europäischen Kontext, 10. Aufl. Heidelberg 2005, S. 182 f.

[42] S. *Schlosser*, a. a. O., S. 184 f.

gen geführt. Durch die Vermittlung der historischen Grundlagen des deutschen Rechts konnte Dietz frühzeitig das Fundament für seine weiteren juristischen Studien legen. Als Alter Herr der Heidelberger Burschenschaft „Allemannia“[43] kam Gierke in den Augen Dietz' zudem auch in dieser Hinsicht eine Vorbildfunktion zu[44].

Im Mittelpunkt der Juristenausbildung stand der Unterricht auf dem Gebiet des Römischen Rechts. Lange Jahre zeichneten für die Vorlesungen im Römischen Recht Otto Karlowa und der zeitweilige Prorektor der Universität Ernst Immanuel Bekker[45] verantwortlich. Karlowa machte sich vor allem durch das zweibändige, insgesamt über 2000 Seiten fassende Lehrbuch „Römische Rechtsgeschichte“[46] um die Pandektenwissenschaft verdient. Das Werk enthielt erstmals eine systematische Zusammenstellung der bis dahin vorliegenden Erkenntnisse über das Wesen des Römischen Rechts[47]. Von welch prinzipieller Wichtigkeit Bekkers Kollegs für die Studenten der Jurisprudenz waren[48], kann schon an der Höhe des Hörergeldes ermessen werden, welches die Akademische Quästur der Hochschule für seine Vorlesung „Pandekten“ im Wintersemester 1886/1887 veranschlagte: 60 Reichsmark hatte ein Student für diese Veranstaltung an die Universitätskasse zu entrichten[49], was die Vorlesung Bekkers zur teuersten der Juristischen Fakultät machte. Auch Dietz nahm an diesem Kolleg teil und blieb das hohe Hörergeld nicht schuldig[50]. Obgleich Bekkers Veranstaltungen immer gut besucht waren, hinterließ er im Gegensatz zu vielen seiner Professorenkollegen kein schriftliches Werk von grundsätzlicher Bedeutung[51]. Als Vertreter der Spätpandektistik war er sich der schwindenden Bedeutung seines Fachs im Hinblick auf die Entwicklung des Bürgerlichen Gesetzbuchs bewusst und übte deutliche Kritik an dem Gesetzesvorhaben[52].

---

[43] S. *Roßmann*, Die Burschenschaft Allemannia zu Heidelberg: ein Album zum dreißigjährigen Stiftungsfeste und fünfhundertjährigen Universitätsjubiläum, Berlin 1886, S. 235.

[44] Zu Dietz' Verhältnis zur Deutschen Burschenschaft und speziell zur Burschenschaft „Frankonia“ zu Heidelberg besonders auch als Alter Herr s. Erster Teil C. IV.

[45] Zu Leben und Werk Bekkers s. *Kriechbaum*, Dogmatik und Rechtsgeschichte bei Ernst Immanuel Bekker, Ebelsbach 1984.

[46] *Karlowa*, Römische Rechtsgeschichte, Band 1: Leipzig 1885; Band 2: Leipzig 1901.

[47] Vgl. den Hinweis von *Schroeder*, in: JuS 1986, S. 919, 922.

[48] Bekker gilt als „spiritus rector“ der Juristischen Fakultät, s. *Schroeder*, in: FS Frotscher, Berlin 2007, S. 743, 744.

[49] UAH Rep. 27/59.

[50] Dietz gab der Universitätskasse nie Grund zur Klage und bezahlte die teils beträchtlichen Hörergelder stets pünktlich und in voller Höhe.

[51] So *Schroeder*, in: JuS 1986, S. 919, 920.

[52] S. näher hierzu *Schroeder*, in: JuS 1986, S. 919, 920.

Ein weiterer bedeutender Rechtslehrer, an dessen Vorlesungen Dietz teilnahm, war Hermann v. Schulze-Gaevernitz[53]. Dieser hatte durch seine Veröffentlichungen auf dem Gebiet des Öffentlichen Rechts und speziell des Staats- und Privatfürstenrechts einen Ruf erlangt, der ihn in die „ersten Garde der deutschen Staatsrechtslehrer"[54] beförderte. 1877 wurde er von Großherzog Friedrich I. als ordentlicher Professor von Breslau nach Heidelberg berufen. Dietz besuchte zwei Kollegs Schulzes: Im Sommersemester 1887 das „Allgemeine Staatsrecht" und im darauf folgenden Wintersemester 1887/88 „Verwaltungsrecht und Polizeiwissenschaft"[55]. Hier konnte Dietz zum einen die Grundlagen des Staatsrechts erfahren und zum anderen das sich noch in der Entwicklung zu einer selbständigen Disziplin innerhalb des öffentlichen Rechts befindliche Verwaltungsrecht studieren. In politischer Hinsicht war Schulze ein Anhänger der nationalen Einheitsbewegung der Deutschen. Den Weg des gewaltsamen Umsturzes der Jahre 1848/49 lehnte er jedoch ab. Stattdessen hielt er eine Einigung unter der Führung Preußens für den richtigen Weg. Die vom patriotischen Zeitgeist gefärbten Vorlesungen Schulzes sorgten schon in Breslau für einen steten Zustrom der Hörerschaft und dürften ebenso den jungen Dietz beeindruckt haben.

Auf dem Gebiet des Straf- und Strafprozessrechts verfolgte Dietz mehrere Vorlesungen von Rudolf Heinze[56], so hörte er im Sommersemester 1886 die Vorlesung „Strafrecht" und im Wintersemester 1887/88 „Strafprozessrecht"[57]. Heinze gilt als Vordenker einer Schwurgerichtsbarkeit auf Grundlage einer rechtswissenschaftlichen Analyse des Wesens von Geschworenengerichten. Seit ihrer Einführung im Jahre 1848 wurden die rechtswissenschaftlichen und rechtspraktischen Fragestellungen, die die Rechtsfindung durch eine aus Laien bestehende Jury aufwarf, von den jeweiligen politischen Ansichten und Interessen überlagert[58]. Heinzes Hauptkritikpunkt war die bedenkenlose Übernahme der Einrichtung des französischen Schwurgerichts im Jahre 1848 ohne nähere Prüfung der Zweckmäßigkeit oder der Einfügung in das deutschrechtliche System. Aus dieser Feststellung heraus forderte er die Einführung eines die nationalen Eigentümlichkeiten und kulturellen Eigenheiten des deutschen Volkes berücksichtigenden Schwurgerichtssytems[59]. Zudem sprach er sich dafür aus, die Tatfrage weiterhin nichtjuristisch gebildeten Laien zu überlassen, die Rechtsfrage aber dem juristisch geschulten Richter anheim zu stel-

53 S. *Schroeder*, In: FS Frotscher, Berlin 2007, S. 743 ff. Eingehend zu Leben und Werk Schulzes nunmehr *Ott*, Der Heidelberger Staatsrechtslehrer und preußische Kronsyndikus Hermann von Schulze Gaevernitz (1824-1888) – Leben und Werk, Hamburg 2008.

54 So *Schroeder*, in: FS Frotscher, Berlin 2007, S. 743, 750.

55 UAH Rep. 27/1236.

56 S. *Pawlischta*, Carl Friedrich Rudolf Heinze - Leben und Werk eines altliberalen Strafrechtslehrers im 19. Jahrhundert, Aachen 1998.

57 UAH Rep. 27/492.

58 Dies zeigt *Pawlischta*, a. a. O., S. 73 ff.

59 Vgl. *Pawlischta*, a. a. O., S. 82.

len[60]. Die Gedanken Heinzes, die den Schwurgerichtsprozess auf eine rechtswissenschaftliche Grundlage stellten, beeinflussten Dietz nachhaltig. Sie trugen dazu bei, dass Dietz später von sich schrieb, ein „unbedingter Anhänger der Schwurgerichte" zu sein, da nur sie in der Lage seien, den „unmittelbaren Zusammenhang zwischen Recht und Volksempfinden" zu vermitteln[61]. Das demokratische Element der Schwurgerichte war für ihn ein unverzichtbares Prinzip eines modernen Justizwesens.

In der Juristenausbildung legte das Großherzogtum Baden neben einer fundierten rechtswissenschaftlichen Ausbildung besonderen Wert auf eine möglichst breit gefächerte allgemeinwissenschaftliche Bildung. Die Rechtsstudenten sollten an der Universität nicht nur beste juristische Kenntnisse erwerben, sondern auch in anderen Fächern ihr Wissen vermehren und vertiefen. Nachdem sich gezeigt hatte, dass „bei den Beamten der inneren Verwaltung hie und da ein Mangel an gründlicher Bildung in den volks- und finanzwirthschaftlichen Fächern, in geringerem Grade auch im Verwaltungsrecht"[62] vorhanden war, entschloss sich 1880 das Justizministerium nach Absprache mit dem Innenministerium zu einer Reform der Juristenausbildung. So war ein Student der Rechte nach der erneuerten Studien- und Prüfungsordnung dazu verpflichtet, jeweils eine Vorlesung über „Nationalökonomie" und „Finanzwissenschaft" zu besuchen[63]. Dietz nahm deshalb im Sommersemester 1886 an dem Kolleg „Finanzwissenschaft" bei Emanuel Leser teil[64].

Hinzu kam, dass Studenten der Jurisprudenz in den ersten drei Semestern zu ihrer „weiteren allgemein-wissenschaftlichen Ausbildung" jeweils eine Vorlesung „aus dem Lehrkreise der philosophischen Facultät"[65] zu besuchen hatten. So hörte Dietz als Studienanfänger im Wintersemester 1885/86 bei dem Historiker Bernhard Erdmannsdörfer „Geschichte der neuesten Zeit von 1840 an". Schließlich findet sich sein Name auf der Quästurliste zweier Vorlesungen des Geschichts- und Gesellschaftswissenschaftlers Hans Scherrer. Im Wintersemester 1886/87 belegte er dessen Veranstaltungen „Lektüre der Germania des Tacitus" und „Sociologie"[66]. Auffällig bei der Auswahl der Vorlesungen ist das Übergewicht der Veranstaltungen aus dem Bereich der Geschichtswissenschaft. Dietz zeigte somit bereits zu diesem Zeitpunkt ein ausgeprägtes Interesse für geschichtliche Zusammenhänge und Hintergründe[67]. Die nähere

---

[60] Vgl. *Pawlischta*, a. a. O., S. 94.
[61] *Dietz*, in: März Bd. 3 (1907), S. 195, 198.
[62] *Schönberg*, Die Vorschriften im Großherzogthum Baden über die Vorbereitung zum öffentlichen Dienst in der Justiz und der inneren Staatsverwaltung, in: Schriften des Vereins für Socialpolitik Bd. 33 (1887), S. 129, 138 ff.
[63] § 2 der „Bekanntmachung die Vorbereitung für den höheren öffentlichen Dienst in der Justiz und inneren Verwaltung betreffend" vom 3. August 1880 (GVBl.1880, S. 291 ff).
[64] UAH Rep. 27/765.
[65] § 15 der landesherrlichen „Verordnung die Organisation der Gelehrtenschulen betreffend" vom 1. Oktober 1869 (GVBl. 1869, S. 59, 362).
[66] UAH Rep. 27/1159.
[67] UAH Rep. 27/286.

Beschäftigung mit der „Germania“ dokumentiert das wachsende nationale Bewusstsein nach Gründung des Kaiserreichs, welches sich u. a. in einer Erforschung der gemeinsamen kulturellen Wurzeln widerspiegelte. Insofern war die Lektüre des Textes durchaus zeitgemäß[68]. Die Belegung des sozialwissenschaftlichen Kollegs bei Scherrer verdeutlicht Dietz' Bestreben, sich mit aktuellen Fragestellungen näher zu befassen und gesellschaftliche Zusammenhänge besser zu verstehen. Dadurch gelang ihm der „Blick über den juristischen Tellerrand“. In der Rückschau kam er zu einer durchweg positiven Bewertung dieses Ausbildungsabschnitts und trat dafür ein, die juristische Ausbildung mit Studien soziologischer oder psychologischer Art anzureichern, um den jungen Juristen eine bessere Menschenkenntnis zu vermitteln[69].

Im Sommersemester 1888 ging Dietz nach Berlin, um sich an der dortigen Friedrich-Wilhems-Universität einzuschreiben. Im 19. Jahrhundert war es üblich, den Studienort nicht selten sogar mehrmals zu wechseln, um einerseits den Horizont in fachlicher Hinsicht zu erweitern und andererseits die Entwicklung der Persönlichkeit mit neuen Eindrücken zu bereichern. Untrennbar mit den Anfängen der Berliner Juristenfakultät im Jahr 1810 verbunden, ist die Begründung der Historischen Rechtsschule durch Friedrich Carl v. Savigny[70] und den im Jahr 1811 nach Berlin berufenen Carl Friedrich Eichhorn[71]. Dank der herausragenden Bedeutung, die die Historische Rechtsschule für die Entwicklung der Rechtswissenschaft erlangte, stieg die Juristische Fakultät zu einer der führenden des Deutschen Reiches im 19. Jahrhundert auf. Die außerordentliche Reputation, welche die Rechtslehrern der Hauptstadt besaßen, manifestierte sich eindrucksvoll an der im Verlauf des 19. Jahrhunderts fortwährend steigenden Zahl der Studenten[72].

Ein Grund für die Entscheidung Dietz', sich in die Reichshauptstadt zu begeben, mag der Wechsel Otto Gierkes von Heidelberg nach Berlin 1887 gewesen sein. Zudem hatte 1888 der bisherig in Würzburg lehrende Universaljurist Josef Kohler[73] den Ruf an die Berliner Universität angenommen[74]. Als ba-

[68] Zudem entsprach die Wahl dieses Kurses Dietz' auf dem Gymnasium geweckter Leidenschaft für alle Sprachen. Dietz konnte sich fließend auf Latein und Altgriechisch unterhalten.

[69] S. *Dietz*, in: März Bd. 3 (1907), S. 195, 196.

[70] Zu Leben und Werk Savignys s. *Denneler*, Friedrich Karl von Savigny, Berlin 1985 sowie *Schroeder*, Sachsenspiegel, S. 85 ff mit weiteren Nachweisen.

[71] Zu Leben und Werk Eichhorns s. *Dopke*, Eichhorn als Rechtsgutachter – Seine Gutachten für Spruchkollegien, das Obertribunal und Private, Buxtehude 1992.

[72] Im Wintersemester 1884/85, also nur wenige Jahre bevor Eduard Dietz seinen Studien in Berlin vertiefte, erreichte die Zahl der Rechtsstudenten einen vorläufigen Höhepunkt mit 1242 immatrikulierten Hörern. Vgl. *Heymann*, Hundert Jahre Berliner Juristenfakultät, in: *Liebmann* (Hrsg.), Die Juristische Fakultät der Universität Berlin, Berlin 1910, S. 3, 43.

[73] Zu Leben und Werk Kohlers s. *Gross*, Josef Kohler – Wege zu einem deutschen Wettbewerbsrecht, in: FS Ullmann, Saarbrücken 2006, S. 615 ff; *Grossfeld/Theusinger*, Brückenbauer zwischen Jurisprudenz und Rechtsethnologie, in: Rabels Zeitschrift für ausländi-

discher Landsmann, der sich in seinem umfangreichen juristischen Werk mit fast jedem Rechtsgebiet auseinandersetzte und eine erstaunliche Begabung für Poesie, sowie ein Interesse für Kunstgeschichte besaß[75], war ihm die Aufmerksamkeit des ebenfalls vielseitig veranlagten Dietz gewiss.

Im Wintersemester 1888/89 kehrte Dietz an seine Heimatuniversität zurück und bestand im sich anschließenden Sommersemester 1889 in Heidelberg das Referendarexamen[76]. Nach der Studien- und Prüfungsordnung von 1880 bestand die erste Staatsprüfung aus zwei Teilen. Zunächst mussten die Kandidaten „gemeinschaftliche Fragen"[77] aus fast allen Fächern schriftlich beantworten. Das schriftliche Examen stellte für die Kandidaten neben der geistigen Anstrengung eine ebenso große körperliche Herausforderung dar, denn die Anzahl der schriftlichen Fragen betrug insgesamt 55. Bedenkt man, dass den Prüflingen zur Beantwortung jeder Frage eine Stunde Zeit zur Verfügung stand[78], wird deutlich, wie langwierig und anspruchsvoll der schriftliche Teil der Staatsprüfung war. Anschließend folgte die mündliche Prüfung, die die Fächer „Römisches Privatrecht", „Französisches und Badisches Civilrecht", „Civilprozeß", „Strafrecht" und „Nationalökonomie" zum Gegenstand hatte[79]. Für die bestandene Prüfung erhielten die Absolventen die Prädikate „vorzüglich, gut oder hinlänglich befähigt". Dietz gelang es, das Studium mit dem äußerst selten vergebenen Prädikat „gut" abzuschließen, was ihn für den höheren Justizdienst empfahl[80].

Am 22. Mai 1889 wurde Eduard Dietz von der hiesigen Fakultät mit dem Prädikat „insigni cum laude" zum Dr. iur. promoviert[81]. Dieses Prädikat stellte hinter „summa cum laude" die zweitbeste von insgesamt vier Notenstufen dar. Es zeichnete eine herausragende Leistung aus, gut die Hälfte der Prüflinge musste sich mit der Note „rite" zufrieden geben[82]. Grundsätzlich bestand auch an

---

sches und internationales Privatrecht Bd. 64 (2000), S. 696 ff; *Spendel*, Josef Kohler – Bild eines Universaljuristen, Heidelberg 1983.

[74] *Heymann*, a. a. O., S. 3, 49 f.

[75] S. *Heymann*, a. a. O., S. 3, 50.

[76] Das geht aus der Sparte „Personalien" der BBl. SS 1889, S. 122 hervor.

[77] Ausgenommen war nur die „gerichtliche Medizin". Zur Studien- und Prüfungsordnung s. *Schönberg*, in: Schriften des Vereins für Socialpolitik Bd. 33 (1887), S. 129 ff. Einen Überblick über die Entwicklung der juristischen Ausbildung seit 1803 geben *Bleicher/Schmidt*, Die Vorschriften über die juristische Vorbildung in Baden, 3. Aufl., Karlsruhe 1908, S. 9 ff.

[78] S. *Schönberg*, in: Schriften des Vereins für Socialpolitik Bd. 33 (1887), S. 129, 143.

[79] § 5 der „Bekanntmachung die Vorbereitung für den höheren öffentlichen Dienst in der Justiz und inneren Verwaltung betreffend" vom 3. August 1880 (GVBl. 1880, S. 291, 293).

[80] Das geht hervor aus Dietz' Personalakte der Badischen Rechtsanwaltskammer, GLA 69/2001-58/138.

[81] UAH H-II-111/103 S. 3.

[82] Im März desselben Jahres wurde auch Prinz Max von Baden, der mit Dietz zusammen das Karlsruher Gymnasium besucht hatte, zum Dr. iur promoviert, erhielt allerdings als einer der ganz Wenigen die Note „summa cum laude", UAH H-II-111/103 S. 2.

der Heidelberger Juristenfakultät die Pflicht, zur Erlangung des Doktorgrades eine schriftliche Arbeit, die Dissertation, einzureichen[83]. Die tatsächliche Handhabe hatte sich aber schon seit den 1820er-Jahren geändert: Wie an anderen deutschen Fakultäten sah man in der Verleihung eines Doktorgrades zunehmend eine Geldquelle. Deshalb wurde die Promotion in erster Linie zu einer finanziellen Herausforderung, denn das Prüfungsverfahren konnte den Kandidaten teuer kommen. In Heidelberg musste der angehende Dr. iur. Promotionsgebühren in Höhe von insgesamt 492 RM entrichten[84]. Allerdings wurden 70 Mark zurückerstattet, wenn der Prüfling innerhalb eines Jahres die Pflichtexemplare bei der Fakultät einreichte. In fachlicher Hinsicht genügte es somit, jeweils eine Stelle aus dem Corpus Iuris Civilis und dem Corpus Iuris Canonici handschriftlich zu interpretieren, sowie eine mündliche Prüfung abzulegen, damit die Juristische Fakultät den Doktorgrad verlieh[85]. Die allermeisten Kandidaten entschieden sich dafür, den Ausarbeitungen keine Dissertation folgen zu lassen[86]. Diese in der öffentlichen Wahrnehmung als lax angesehene Praxis war mitunter heftiger Kritik ausgesetzt[87] und wurde endgültig zum 1. Oktober 1904 beendet, indem die obligatorische Doktordissertation für Promotionen in Heidelberg eingeführt wurde.

---

[83] S. §§ 19 ff der Vorschriften über die Erteilung der Akademischen Würden in der juristischen Facultät, in: *G. Jellinek* (Hrsg.), Gesetze und Verordnungen für die Universität Heidelberg, Heidelberg 1908, S. 30 ff. In § 4 heißt es: „Wer (…) [die Doktorwürde] (…) erhalten will, muß a. zwei Gesetze interpretieren, b. sich doch nur einmal mündlich examinieren lassen, c. eine Dissertation schreiben, und d. öffentlich disputiren.".

[84] Das geht aus einem Informationsblatt, welches von der Juristischen Fakultät an interessierte Kandidaten herausgegeben wurde, hervor, UAH H-II-111/83 S. 17. Die Druckkosten waren allerdings nicht weniger hoch. Bedenkt man, dass ein durchschnittlicher Student mit einem Wechsel von 100 bis 150 Reichsmark im Monat auskommen musste (s. *Weiß*, Geschichte der Burschenschaft Frankonia Teil II (1881-1914), Heidelberg 1956, S. 59), wird die finanzielle Hürde offensichtlich, eine Promotion in Angriff zu nehmen.

[85] UAH H-II-111/83 S. 17: „Eine Doctordissertation gehört nicht zu den unerlässlichen Bedingungen der Promotion". Jedoch war ein Lebenslauf in lateinischer Sprache einzureichen und die Exegesen waren ebenfalls in Latein zu halten.

[86] Vgl. dazu die Mitteilung in den BBl. SS 1903, S. 260: „Zum ersten mal seit langer Zeit standen in der juristischen Fakultät wieder etliche (3) Promotionen auf Grund von Dissertationen statt. (…) Die Kandidaten zogen es aber bisher fast ausnahmslos vor, sich Interpretationen geben zu lassen, die innerhalb von vier Monaten abgeliefert werden müssen."

[87] S. *Bekker*, Von Deutschen Hochschulen, Berlin 1860, S. 207: „Die Zustände sind vielorts fast miserabel gewesen und unbedingten Bewunderern einer guten alten Zeit wäre wol zu rathen, sich einmal etwas tiefer umzusehn in dem Promotionstreiben und allerlei andern akademischen Spezialitäten der Zeit, der wir schon das Prädikat der guten alten nicht mehr versagen dürfen". *Bekker* sprach sich hierin für die Pflicht aus, eine Dissertation drucken zu lassen und eine mündliche Prüfung zu absolvieren. Einen kleinen Einblick findet man auch in der Meldung in den BBl. Jg. 1887, S. 382, wo es heißt: „Die Mediciner brauchen in Leipzig, die Juristen in Göttingen, Heidelberg, Jena und Leipzig ihre Dissertationen (falls solche überhaupt verlangt werden) nicht drucken zu lassen. Daß die bei weitem überwiegende Mehrzahl aller juristischen Doktorexamina auf diesen vier Hochschulen ‚gebaut' wird, ist allgemein bekannt."

IV. Das burschenschaftliche Leben in der „Frankonia" zu Heidelberg

Seit dem Eintritt in die Burschenschaft „Frankonia" in seinem ersten Semester 1885/86 gestaltete Eduard Dietz das burschenschaftliche Leben mit. Auch als „Alter Herr"[88] identifizierte er sich noch mit der Burschenschaft, was sich daran zeigt, dass ihm die fortschreitende Entwicklung der gesamten Deutschen Burschenschaft und besonders „seiner" Frankonia stets am Herzen lagen. So verfasste er neben vielen kurzen studentenhistorischen Beiträgen auch Abhandlungen in Buchform über die Geschichte der Burschenschaft in Heidelberg[89] und beteiligte sich u. a. im Zentralorgan der Deutschen Burschenschaft, den „Burschenschaftlichen Blättern" außerordentlich häufig an aktuellen Diskussionen.

1. Dietz als Bursche

Die erste Frankonia entstand im August 1831 aus den burschenschaftlich gesinnten sogenannten „Fäßlerianern", die sich nach ihrem Kneiplokal benannten, und einem kurz zuvor gegründeten Korps namens „Alemannia", das aus abgespaltenen Burschenschaftern bestand[90]. Seit den Karlsbader Beschlüssen von 1819 standen die Burschenschaften unter dem Verdacht, staatsfeindliche Ziel zu verfolgen und waren verboten. Die neue burschenschaftliche Verbindung erhielt deshalb den landsmannschaftlich klingenden Namen „Frankonia". Zwar verweigerten die Universitätsbehörden trotzdem die Genehmigung, die Verbindung wurde aber stillschweigend weiter geduldet. Durch die Untersuchungen und Verhaftungen, die das Frankfurter Attentat vom 3. April 1833, ein misslungener Umsturzversuch unter Beteiligung von Heidelberger Frankonen, nach sich zog, konnte die Frankonia jedoch nicht mehr fortbestehen. Ehemalige Mitgliedern der die burschenschaftlichen Ideale vernachlässigenden „Teutonia" gründeten im November 1846 die zweite Frankonia. Sie trug die urburschenschaftlichen Farben Schwarz-Rot-Gold[91]. Nach dem Scheitern der badischen Revolution 1848/49, an welcher sich einige Burschenschafter beteiligt hatten, konnte aber auch diese Verbindung nicht länger aufrechterhalten

---

[88] D. h. als nicht mehr Studierender und nunmehr einen bürgerlichen Lebensweg Beschreitender, auch „Philister" genannt. Vgl. *Paschke*, Studentenhistorisches Lexikon, Köln 1999, S. 37.

[89] *Dietz*, Die Geschichte der deutschen Burschenschaft in Heidelberg, Heidelberg 1895; *ders.*, Neue Beiträge zur Geschichte des Heidelberger Studentenlebens, Heidelberg 1903; *ders.*, Das Frankfurter Attentat vom 3. April 1833 und die Heidelberger Burschenschaft, Heidelberg 1906. S. u.

[90] S. *Krafft*, Geschichte der Frankonia zu Heidelberg - Teil I (1856-1881), Heidelberg 1925, S. 9. Grundlegend zur Entwicklung der Burschenschaft in Heidelberg: *Dietz*, Die Geschichte der Burschenschaft in Heidelberg, S. 1 ff.

[91] Vgl. *Krafft*, a. a. O., S. 14.

werden. Die dritte Frankonia wurde am 24. Oktober 1856 zunächst als „Badenia" gegründet[92]. In den Jahren 1877 bis 1881 zwang Mitgliedermangel die Frankonia zu einer Unterbrechung ihrer Aktivitäten. Danach bestand diese fort bis sie nach der nationalsozialistischen Machtergreifung aufgelöst wurde und im Nationalsozialistischen Deutschen Studentenbund (NSDStB) aufging.

Die burschenschaftliche Bewegung verstand sich als Gegenentwurf zu den aus Landsmannschaften hervorgegangenen Korps und verfolgten seit Gründung der Urburschenschaft 1815[93] das politische Ziel der Einheit Deutschlands. Ebenso war das studentische Ehrgefühl und Sittlichkeitsdenken von großer Bedeutung. Den burschenschaftlichen Idealen entsprechend gab sich die Frankonia Heidelberg den Wahlspruch „Ehre, Freiheit, Vaterland".

Eduard Dietz trat gleich zu Beginn seines Studiums im Wintersemester 1885/86 in die Frankonia ein. Die ersten beiden Semester besaß er innerhalb der Burschenschaft nicht die vollen Mitsprache- und Entscheidungsrechte, sondern hatte sich zunächst als „Fuchs"[94] zu bewähren, bevor er im Sommersemester 1886 als „Bursche" in den engeren Kreis der Verbindung aufgenommen wurde[95]. Das Leben in der Burschenschaft war starken Reglementierungen unterworfen und es galt, einen strengen Tages- und Wochenablauf einzuhalten. Als „Aktiver", d. h. als solcher, dem die Pflicht zukam, das burschenschaftliche Leben mitzugestalten, war man fast jeden Tag der Woche mit Belangen der Burschenschaft beschäftigt[96]. So gab es Frühschoppen und Wanderungen, Konventstage, an denen die Tagesordnungspunkte förmlich besprochen wurden, Spieleabende, Kneipabende, sogenannte „couleurfreie"[97] Konzertabende, wissenschaftliche Abende, an denen aktuelle Diskussionen geführt wurden, und schließlich Mensurtage, an denen das studentische Fechten geübt wurde. Diese enge Einbindung des einzelnen in Unternehmungen

---

[92] S. *Dietz*, Die Geschichte der Burschenschaft in Heidelberg, S. 154.

[93] Hiermit ist die Allgemeine Burschenschaft der Jahre 1815 bis 1819 gemeint, s. *Paschke*, S. 283. Eher allgemeinere und illustrierende Ausführungen zu Entstehung und Entwicklung der frühburschenschaftlichen Verbindungen sind u. a. zu finden bei *Valentin*, Geschichte der Deutschen, Köln 1991, S. 357 ff., sowie bei *Rürup*, Deutschland im 19. Jahrhundert, 1815-1871, in: *Rürup/Wehler/Schulz* (Hrsg.), Deutsche Geschichte Bd. 3 – 19. und 20. Jahrhundert, Göttingen 1985, S. 116 ff. Eine anschauliche, ausführliche Schilderung der Ereignisse, die zur Gründung der Urburschenschaft geführt haben, geben *Gladen*, Gaudeamus igitur, München 1986, S. 19 ff. und *Hardtwig*, Zivilisierung und Politisierung. Die studentische Reformbewegung 1750-1818 in: *Malettko* (Hrsg.), 175 Jahre Wartburgfest, Heidelberg 1992, S. 31 ff, sowie *Böttger*, Handbuch für den deutschen Burschenschafter, Berlin 1909, S. 54 ff.

[94] vgl. *Paschke*, a. a. O., S. 113.

[95] S. *Weiß*, a. a. O., S. 45. Hieraus geht hervor, dass Dietz zu dieser Zeit „aktiver Bursch" war.

[96] S. hierzu *Weiß*, a. a. O., S. 60 ff, der den Ablauf einer „Burschenwoche" anschaulich beschreibt. Die folgende Schilderung lehnt sich an diese Darstellung an.

[97] D. h. Tage, an denen es den Burschenschaftern erlaubt war, ohne die äußeren Erkennungszeichen Burschenband und Stürmer in der Öffentlichkeit aufzutreten.

und Verpflichtungen der Gruppe sollte das Gemeinschaftsgefühl innerhalb der Burschenschaft stärken und die Erziehung der jungen Männer fördern.

Nicht nur wegen der starren Regelung des Burschenschafteralltags ist die Entscheidung Dietz', sich einer studentischen Korporation anzuschließen, als außergewöhnlich zu bezeichnen. Es war durchaus nicht üblich, überhaupt einem Korps oder einer Burschenschaft anzugehören. Eine Statistik aus den „Burschenschaftlichen Blättern" des Jahres 1887 zeigt, dass von 772 ordentlichen Studierenden an der Ruperto-Carola 35 den beiden Burschenschaften Allemannia und Frankonia und 81 den Korps als Aktive angehörten[98]. Demnach waren knapp 15% der Heidelberger Studenten Mitglieder der herkömmlichen studentischen Verbindungen.

Der besondere Geist innerhalb der Burschenschaft, der sich in dem Auftreten als Gemeinschaft, der strengen Pflege studentischer Tradition wie dem Schlagen von Mensuren und dem ausgeprägten Nationalgefühl zeigte, übte auf Dietz eine besondere Anziehungskraft aus:

> „[Die Geschichte der Frankonia] zu schreiben, ist dem, der auf dem Boden ihrer Bestrebungen seine Erziehung vom Knaben zum Manne, der in ihrem Kreise die Freunde, der Waffen und der Becher Lust fand eine Liebespflicht; (...)"[99]

So erklärt sich, dass Dietz in drei aufeinander folgenden Semestern das höchste Amt innerhalb der Aktivitas, das Sprecheramt, innehatte: Vom Wintersemester 1886/87 bis zum Wintersemester 1887/88 war er Erstchargierter[100], womit u. a. die Vertretung der Burschenschaft nach außen und der Vorsitz bei den Konventen verbunden waren. Dietz' ungewöhnlich häufige Wahl zur Leitung der aktiven Burschenschaft beweist, dass seine Bundesbrüder sein Organisationstalent und seine rhetorischen Fähigkeiten zu schätzen wussten. In den Semestern 1887 und 1887/88 war er zudem „Fuchskränzchenführer"[101]. Als solcher war er für die Unterrichtung der Neulinge, der Füchse, verantwortlich und hatte ihnen die Statuten und das Brauchtum der Frankonia, sowie Geschichte und Brauchtum der Allgemeinen Deutschen Burschenschaft zu

---

[98] S. die Angabe in den BBl. Jg. 1887, S. 10. Nicht berücksichtigt sind die Inaktiven und sogenannte Kneipgäste oder Konkneipanten, sowie die aufkommenden freien oder religiösen studentischen Zusammenschlüsse. Laut *Giovannini*, Paukboden, Barrikaden und Bismarck-Kult – Heidelberger Studenten 1800-1914, in: *Buselmeier/Harth/Jansen* (Hrsg.), Auch eine Geschichte der Universität in Heidelberg, Mannheim 1985, S. 123, 134, war im Jahr 1886 in 22 Korporationen ein Drittel der Studenten organisiert. *Giovaninnis* Zahlen sind jedoch nur mit Vorsicht zu übernehmen, da einige in dem Beitrag genannte Angaben und Aussagen unzutreffend sind.

[99] *Dietz*, Die Geschichte der Deutschen Burschenschaft in Heidelberg, S. 2.

[100] S. *Weiß*, a. a. O., S. 304.

[101] S. *Weiß*, a. a. O., S. 304.

erläutern[102], was ihm auf Grund seiner didaktischen Begabung mit großem Erfolg gelang[103].

Wie ernst Dietz seine gegenüber der Frankonia bestehenden Pflichten nahm, macht ein Vorfall aus dem Sommersemester 1887 deutlich[104]: Im Juli desselben Jahres kam es auf Grund unterschiedlicher Bewertungen einer Mensur zwischen einem Mitglied der Frankonia und der Allemannia Heidelberg zu einer Pro-Patria-Forderung (PP) der „Allemannia“ auf Schläger gegenüber der Frankonia[105]. Die Frankonia steigerte den Konflikt noch, indem sie bedauerte, dass nach den Regeln des Allgemeinen Deputierten Convents (A.D.C.)[106] keine PP-Forderungen auf Säbel erlaubt waren und übersandte ihrerseits elf Einzelsäbelforderungen. In diesem Brief, verfasst vom Erstchargierten Eduard Dietz, tritt dessen Sinn für spöttischen Wortwitz zu Tage, der seine Schriften auszeichnete, wenn es heißt, die Frankonia hätte eher von „Finken[107] und Droschkenkutschern“ von der PP-Forderung durch die Allemannia erfahren, als von der Allemannia selbst. Die herablassende Formulierung sollte die Missachtung der Frankonia gegenüber der Allemannia auf besonders provokante Weise zum Ausdruck bringen. Auf Grund der deutlichen Wortwahl erhielt der Brief dann auch die Bezeichnung „Finken- und Droschkenkutscherbrief“[108]. Da mit Ausnahme der Chargiertenforderungen alle Forderungen zurückgezogen oder vom konsultierten Ehrengericht für ungültig erklärt wurden, kam es nicht zu einer solchen Duellflut wie anfangs zu erwarten stand. Dietz aber trug das Duell mit seinem Gegner von der Allemannia vier Monate Festungshaft ein, da die Mensur von der Polizei entdeckt wurde. Die Strafe wurde später in zwei Monate umgewandelt, welche er tatsächlich absaß[109]. Eine andere Partie, die Dietz im März desselben Jahres in Vertretung eines Bundesbruders in Breslau gegen einen dortigen Raczek[110] focht, ging für die Duellanten glimpflicher aus, zumindest wurde die Mensur nicht von der Polizei gestört[111].

---

[102] Vgl. *Busch*, Der Wissenschaftliche Abend, in: BBl. WS 1903/04, S. 207, 208.

[103] Vgl. *Weiß*, a. a. O., S. 65: „Später brachten Dietz und Busch die Kränzchen auf eine beachtenswerte Höhe (...)“

[104] Ausführlicher hierzu *Weiß*, a. a. O., S. 85 f.

[105] Sogenannte Pro-Patria-Forderungen hatten statt eines Duells lediglich zweier Verbindungsstudenten eine Mensur aller Aktiven der jeweiligen Verbindungen gegeneinander zum Inhalt und wurden im Gegensatz zu einfachen Duellen nicht bei Beleidigungen ausgesprochen, sondern um der Gegenpartei sein Missfallen über ein vorangegangenes Verhalten zu bekunden. Vgl. dazu *Paschke*, a. a. O., S. 215 und S. 181.

[106] Dachverband der reichsdeutschen Burschenschaften seit 1881, vgl. *Paschke*, a. a. O., S. 18.

[107] „Finken“ waren im studentischen Jargon jegliche Nichtverbindungsstudenten, vgl. *Paschke*, a. a. O., S. 109.

[108] Vgl. *Weiß*, a. a. O., S. 85.

[109] S. *Weiß*, a. a. O., S. 86.

[110] Die „Raczeks“ waren eine Breslauer Burschenschaft.

[111] S. *Weiß*, a. a. O., S. 113.

Zu den Pflichten als Sprecher gehörte auch der Vorsitz bei besonderen Festlichkeiten. So hielt Dietz am 18. Januar 1887, dem Tag der Gründung des Kaiserreichs auf einem „Kaiserkommers" die Festrede[112], wie auch zur Feier des 31. Stiftungsjahres der Frankonia im Juli 1887[113]. Hier und auch bei der Vertretung der Frankonia auf dem Burschentag im Juni 1889 in Gießen[114] konnte Dietz sich als Redner und Repräsentant schon in jungen Jahren beweisen und so den Grundstein legen für ein sicheres und überlegtes Auftreten in der Öffentlichkeit, was ihm später in seiner Eigenschaft als Richter, Rechtsanwalt und nicht zuletzt als Politiker von Nutzen war.

2. Das Engagement als Alter Herr und die Auseinandersetzung mit burschenschaftlichen Belangen

Dietz' rege Anteilnahme an der Entwicklung der Burschenschaft und sein mitunter streitlustiger Einsatz für burschenschaftliche Belange ließen als Alter Herr nicht nach. So verfasste er seit Gründung der „Burschenschaftlichen Blätter" im Jahr 1887 in unregelmäßigen Abständen kleinere Aufsätze zur Geschichte der Burschenschaft, nahm Stellung zu aktuellen Diskussionen und rezensierte einschlägige Literatur[115]. Es verwundert daher nicht, dass Dietz sich u. a. bereit erklärte, bei einem allgemeinen Archiv der Deutschen Burschenschaft mitzuwirken[116]. In einer Anmerkung zu einem von ihm verfassten Beitrag wird er als „einer der eifrigsten Mitarbeiter der Burschenschaftlichen Blätter"[117] bezeichnet.

a. Die Egidy-Debatte

In einem Leserbrief an die „Burschenschaftlichen Blätter" bekundete Dietz 1891 sein Interesse an der Debatte über eine Reformierung des Christentums im Sinne der Ideen Christoph Moritz v. Egidys[118], die ein „Egidyaner" kurz zuvor in den „Burschenschaftlichen Blätter" angestoßen hatte[119]. Dieser Artikel berichtete über die Kundgebungen Egidys, der die „wahre Gestaltung des Christentums" verfolge und sich gegen „die in Formen erstarrte Kirche" wende, die fordere, dass die Christen „nur das glauben sollen, was die Kirche für rich-

---

[112] S. *Weiß*, a. a. O., S. 95.

[113] S. die Meldung in BBl. Jg. 1887, S. 247.

[114] Vgl. *Weiß*, a. a. O., S. 142.

[115] Der erste Beitrag erschien in den BBl. Jg. 1887, S. 244 f. unter dem Titel „Aus Victor v. Scheffel's Burschenjahren".

[116] S. die Mitteilung in BBl. SS 1892, S. 179.

[117] S. die Anmerkung in den BBl. SS 1890, S. 251.

[118] Seine Überlegungen zur Erneuerung des Christentums sind grundlegend in der Abhandlung „Ernste Gedanken", Leipzig 1890 festgehalten.

[119] *N. N.*, Herr von Egidy in Berlin, in: BBl. WS 1891/92, S. 107.

tig und heilbringend" halte[120]. In diesem Sinne genüge es nicht, „daß man sich Christ nennt, gedankenlos Gebete plappert und die kirchlichen Formen beobachtet"[121], sondern sich an der Tat orientiere. Diese gewollt provokativen Gedanken erfüllten ihren Zweck: Die Schriftleitung der „Burschenschaftlichen Blätter" sah sich zu einer Stellungnahme in der darauf folgenden Ausgabe genötigt, in der sie die Entscheidung, den Beitrag in die „Burschenschaftliche Blätter" aufzunehmen, mit der Begründung verteidigte, zum geistigen Leben der Burschenschaft gehöre auch die Erörterung wichtiger Tagesfragen auf dem Gebiet der Religion[122]. Dietz meldete sich daraufhin mittels eines Leserbriefes aus dem Winterurlaub in St. Blasien zu Wort und lobte die „Burschenschaftlichen Blätter" für den Abdruck des Egidy-Artikels, der einen „frischen, fröhlichen Meinungsaustausch" hervorgerufen habe und äußerte die Hoffnung, dass „noch recht oft über solche Sachen, wo, Gott sei Dank, einmal nicht Alle einig sind, in den ‚BBl.' Bericht erstattet werden möge"[123]. Schon lange vor seinem Engagement für den „Volkskirchenbund" und später für die „Religiösen Sozialisten" war hier Dietz' Interesse an einem offenen Diskurs über religiöse Belange zu erkennen.

b. Der Antisemitismusstreit

Dietz' Wunsch nach mehr Meinungsvielfalt wurde schon sehr bald durch eine in den „Burschenschaftlichen Blättern" des Wintersemesters 1892/93 geführte Debatte erfüllt, die alle vorherigen in dem Verbandsorgan ausgetragenen Streitigkeiten in den Schatten stellte. Der „Antisemitismusstreit" nahm ungewöhnlich viel Raum in der Zeitung der Deutschen Burschenschaft ein, was vor allem dem Umstand geschuldet war, dass sich eine Vielzahl von Burschenschaftern zumeist mittels an die Redaktion gesandter Leserbriefe zu dem Thema äußerte. Auch Dietz nutzte diese Möglichkeit mehrfach[124].

Die Debatte über die Aufnahme von Juden betraf eine Kernfrage, vor die sich die deutschen Burschenschaften seit der Gründung des „Vereins Deutscher Studenten" (VDSt) gestellt sahen. Der VDSt verstand sich als Reformkraft der deutschen Nation und profilierte sich als Behüter des burschenschaftlichen Gedankens deutschnationaler Gesinnung. Anfangs lediglich ein bloßer Verein, an dessen Betätigungen sich auch Verbindungsstudenten beteiligten, entwickelte sich der VDSt dank seiner straffen Organisation im „Kyffhäuser-

---

[120] S. *N. N.*, in: BBl. WS 1891/92, S. 107.
[121] *N. N.*, in: BBl. WS 1891/92, S. 107.
[122] Vgl. BBl. WS 1891/92, S. 132 f.
[123] S. *Dietz*, o. T., in: BBl. WS 1891/92, S. 160, 161.
[124] In der nachfolgenden Darstellung des Streits soll der Blickpunkt im Wesentlichen auf die Beiträge von Eduard Dietz und sich anschließende Erwiderungen beschränkt sein. Die aufgeführten Beiträge geben deshalb kein vollständiges bzw. abschließendes Bild über den in den BBl. geführten „Antisemitismus-Streit" ab. Zwecks detaillierter Befassung mit der Materie sei auf die BBl. WS 1892/93 verwiesen.

Verband" zu einer Korporation und trat somit in direkte Konkurrenz zu den Burschenschaften. Hauptprogrammpunkt des VDSt war die Bekämpfung des Judentums, welches die deutsche Nation angeblich zu korrumpieren drohte. Der dadurch propagierte Antisemitismus fand auch unter Burschenschaftern zunehmend Fürsprecher. Eine Folge davon war der Versuch der Burschenschaften, den Einfluss des VDSt durch einen noch schärferen, eigenen Antisemitismus zurückzudrängen, was sich am Sichtbarsten an der Frage der Aufnahme von Juden und später sogar in der Ausschließung von Alten Herren aus der Burschenschaft zeigte. Man hoffte, auf diese Weise seiner nationalen Pflicht gegenüber dem deutschen Volk gerecht zu werden[125].

Ausgangspunkt des konkreten Antisemitismusstreits war eine in den „Burschenschaftlichen Blättern" veröffentlichte Rede des Heidelberger Sanskritforschers Hermann Osthoff, in welcher er die aufkommende Judenfeindlichkeit als Bedrohung für die urburschenschaftlichen Ideale bezeichnete. Die Burschenschaften dürften nicht den Fehler begehen und dem VDSt nacheifern:

> „Man antwortet also von der burschenschaftlichen Seite den Gegnern: Ach seid doch nur ruhig, wir sind ja im Grunde auch Antisemiten so gut wie Ihr, wir verkennen den ‚berechtigten Kern' der antisemitischen Bewegung nicht, wir halten uns ja auch die jüdischen Commilitonen, die etwa bei uns eintreten möchten, möglichst vom Leibe, wir erachten es nur nicht für opportun, dies so offen zu bekennen, dies als die Hauptsache für den deutschgesinnten Studenten in den Vordergrund zu rücken."

Osthoff bedauerte und verurteilte Verunglimpfungen jüdischer Studenten oder Professoren durch Burschenschafter und befürchtete:

> „Wenn das auf dieser Bahn so weitergeht, dann kann es bald auch zu Schlimmerem kommen."[126]

Die Haltung Osthoffs polarisierte, wobei die in den „Burschenschaftlichen Blättern" veröffentlichten Reaktionen mehrheitlich ablehnend waren. Direkt im Anschluss an Osthoffs Ausführungen veröffentlichte das Verbandsorgan beispielsweise eine Entgegnung des Burschenschafters Fritz Jaeckel, der den Antisemitismus als Grundlage für eine Erneuerung der Burschenschaft ansah:

---

[125] S. zur Entwicklung des VDSt der Beitrag von *Blunk*, Kyffhäuserverband der Vereine Deutscher Studenten, in: Das Akademische Deutschland Bd. 2, S. 409 ff. Aus objektiv-wissenschaftlicher Sicht ist die Abhandlung allerdings nicht zu gebrauchen, die antisemitische Gesinnung des Verfassers, selbst ein VDSter, tritt deutlich zu Tage. Distanzierter geht *Zirlewagen*, „50 Jahre Arbeit für Volkstum und Staat" – Der Kyffhäuser-Verband der Vereine Deutscher Studenten 1881-1933, in: *Zirlewagen* (Hrsg.), 125 Jahre Vereine Deutscher Studenten, Bad Frankenhausen 2006, S. 45 ff vor. Eine detaillierte Untersuchung der Entstehungsgeschichte der VDSt liefert *Roos-Schumacher*, Der Kyffhäuser-Verband der Vereine Deutscher Studenten 1880-1914/18 – Ein Beitrag zum nationalen Vereinswesen und zum politischen Denken im Kaiserreich, Gifhorn 1986.

[126] *Osthoff*, Burschenschaft und Antisemitismus, in: BBl. WS 1892/93, S. 203, 204.

> „Mit dieser Erneuerung des Geistes ist nothwendig geboten, daß die Burschenschaft antisemitisch wird. Ein gesunder Antisemitismus ist die erste Bedingung ihrer Reorganisation. Offen muß sie es aussprechen, daß sie als Mitglieder nur Christen aufnimmt, und nicht der einzelnen Corporation es überlassen, ob sie auch Nichtchristen in ihrer Mitte duldet. Es sind nur einige wenige Burschenschaften, die nach ihrem Statut noch Juden nehmen; aber diese Minderzahl terrorisirt die ganze Gesellschaft."[127]

Auf diese Sicht der Dinge hin meldete sich unter anderem Dietz in den „Burschenschaftlichen Blättern" durch einem offenen Brief vom 3. Februar 1893 zu Wort und unternahm den Versuch, die Darstellung Jaeckels zu relativieren und verlangte Beweise für die aufgestellten Thesen:

> „Es wäre im höchsten Masse zu begrüßen gewesen, wenn der geehrte Herr Schreiber des Briefes diese Minderheit und ihren Terrorismus etwas näher geschildert hätte; so wird sich wahrscheinlich wieder niemand betroffen fühlen."[128]

Anschließend lag ihm daran herauszuarbeiten, dass eine Burschenschaft, die keine Juden mehr aufnehme, deswegen noch nicht zwangsläufig antisemitisch, sondern gar im besten Sinne des Wortes philosemitisch gesinnt sein kann. Bemerkenswert ist die Art und Weise, in der Dietz versucht, eine Tatsache in das Gegenteil umzukehren, die nicht anders als antisemitisch bewertet werden kann:

> „Daß tatsächlich nur noch wenige Burschenschaften Juden recipiren, ist noch lange kein Zeichen dafür, dass sie ‚antisemitisch' im Sinne der politischen Partei seien. Gerade eine Burschenschaft, die wie diejenige des Schreibers dieser Zeilen, nicht politisch antisemitisch ist, wird mit Fug und Recht keine Juden recipiren, schon um sich den nahe liegenden Vorwurf zu ersparen, sie sei deshalb nicht antisemitisch, weil sie eben Juden habe."[129]

Die geradezu verquere Logik der Ausführungen Dietz' war nicht nur schwer nachvollziehbar, sondern ging auch an der Wirklichkeit der in der Frankonia Heidelberg herrschenden Verhältnisse vorbei. Eine entschieden philosemitische Einstellung der Frankonia wie Dietz sie zu erkennen glaubte, war bei genauerer Betrachtung nicht vorhanden. Vielmehr sind Hinweise auf die Adaption antisemitischen Gedankenguts zumindest von Teilen der Aktivitas und der Alten Herrn erkennbar. So heißt es über die Frankonia des Jahres 1881 beispielsweise man sei „königstreu, vaterlandsliebend, dabei unparteiisch und

---

[127] *Jaeckel*, Burschenschaft und Antisemitismus, in: BBl. WS 1892/93, S. 204. 205.
[128] *Dietz*, Zu dem Eingesandt: Antisemitismus und Burschenschaft, in: BBl. WS 1892/93, S. 224, 225.
[129] *Dietz*, in: BBl. WS 1892/93, S. 224, 225.

nicht gerade judenfreundlich" gewesen[130]. Dietz' Bundesbruder Eduard Heyck bekannte sich 1893 bezüglich des neuen „Leitplans" der „Burschenschaftlichen Blätter" offen zum Antisemitismus. Und auch die Aktivitas der Frankonia bekundete in gleichem Zusammenhang ihre uneinheitliche Haltung zur „Judenfrage"[131]. Die auffallend widersprüchliche Darstellung der Verhältnisse in der Frankonia rief sogleich heftige Kritik in den „Burschenschaftlichen Blättern" hervor. So schrieb ein Alter Herr unter dem Pseudonym „Ein altes Semester":

> „Wie kann man den Antisemitismus bekämpfen und doch unverblümt erklären, daß die eigene Burschenschaft keine Juden aufnimmt? Warum nimmt sie denn keine auf? Der von Herrn Dr. Dietz angeführte Grund, sie wolle sich den naheliegenden Vorwurf ersparen, sie sei deshalb nicht antisemitisch, weil sie eben von früher her noch Juden habe, erscheint mir so wenig stichhaltig, daß mir Zweifel aufsteigen, ob Herr Dr. Dietz hier wirklich die Ansicht seiner Burschenschaft oder nur seine persönliche vertritt. Letzteres zu glauben, scheint mir das Zutreffende."[132]

Dennoch schloss Dietz seinen Brief vom 3. Februar 1893 mit der Feststellung, die Burschenschaft habe „dem Antisemitismus schon reichlich Genüge gethan, wenn sie zum guten Theile freiwillig" keine Juden mehr aufnehme. Zudem hegte er die Hoffnung, die Gegner des Antisemitismus würden diesem entschlossen die Stirn bieten:

> „Einem weiteren Streben in dieser Hinsicht werden wir von unserer Seite, die wir die Burschenschafter getreu ihrer Geschichte im liberalen Lager zu sehen hoffen, uns künftig etwas eifriger als bisher entgegenstemmen."[133]

In einer abschließenden Stellungnahme zu der Streitfrage betonte Dietz, die urburschenschaftliche Bewegung sei keineswegs antisemitisch gewesen. Vielmehr hätten die Urburschenschaften mehrheitlich Juden aufgenommen und größeren Wert auf eine deutsche als auf eine christliche Herkunft ihrer Mitglieder gelegt[134]. Außerdem beharrte er auf dem Standpunkt, „daß zwischen der bloßen Thatsache des Nichtrecipirens von Juden und dem „Antisemitismus" ein himmelweiter Unterschied" sei. [135]

Trotz der kontrovers diskutierten Judenfrage dachte Dietz nicht daran, seine Ansicht zu revidieren oder gar der Burschenschaft den Rücken zu kehren. Im Wintersemester 1896/97 bekam er nochmals Gelegenheit dazu, sich in dieser

---

[130] S. *Weiß*, a. a. O., S. 13.

[131] Zu beidem s. unten, bzgl. des neuen „Leitplans" der BBl. vgl. *Schneider*, An unsere Leser, in: BBl. SS 1893, S. 312 ff.

[132] *N. N.*, Einige Nachbemerkungen zu den „drei Eingesandts", in: BBl. WS 1892/93, S. 250, 250.

[133] *Dietz*, in: BBl. WS 1892/93, S. 224, 226.

[134] *Dietz*, Zur Berichtigung, in: BBl. WS 1892/93, S. 276, 277.

[135] *Dietz*, in: BBl. WS 1892/93, S. 276, 276.

Sache zu äußern. Gerade hatte der A.D.C. den Beschluss gefasst, in Zukunft keine jüdischen Studierenden mehr aufzunehmen. Hiergegen richtete sich ein Rundschreiben einiger Alter Herrn, die deshalb mit ihrem Austritt drohten. Ein solches Vorgehen hielt Dietz für den völlig falschen Weg:

> „Die Zeiten, wo man einfach der Burschenschaft, wenn einem etwas nicht behagte, sich ‚lossagte', die sind heut zu Tage doch wohl vorbei (...)."[136]

Nach seinem Dafürhalten konnte nur ein beständiges Eintreten für die eigenen Standpunkte, mochte man mit dieser Sicht auf die Dinge auch noch so isoliert sein, die richtige Art der Konfliktaustragung sein. Hier offenbart sich ein Charakterzug Dietz', auf den man in seiner Biographie immer wieder stößt: Dietz fand sich im Laufe seines Lebens des Öfteren in der Rolle des kämpferischen Einzelgängers wieder, sei es nun in der Burschenschaft[137] oder später in der SPD. Anstatt zu resignieren oder anzupassen war er stets bemüht, seine Meinung selbstbewusst zu vertreten, den Gegenüber mit sachlichen Argumenten zu überzeugen und so die bestehenden Verhältnisse zu ändern:

> „Aber gegen solche Beschlüsse und Bestrebungen giebt es nur einen korrekten Weg: nicht daß man sich lossagt von seiner Burschenschaft, sondern daß man in der Burschenschaft und in den ‚B. Bl.' sie bekämpft, daß man in seiner eigenen Burschenschaft den Einfluß sich verschaffe, daß sie gegen solche Bestrebungen stimme und daß man der eigenen Ansicht auf dem A.D.C. auf diesem Wege zum Ausdruck zu verhelfen suche."[138]

Dietz' Hoffnung, die Judenfeindlichkeit werde gleich einer Modeerscheinung aus der Burschenschaft wieder verschwinden[139], erfüllte sich indes nicht. Nach und nach setzte sich das Prinzip durch, keine Juden mehr aufzunehmen und auch die verbliebenen Alten Herrn jüdischen Glaubens wurden in einigen Korporationen zum Austritt gedrängt. Dass der Antisemitismus innerhalb der Burschenschaften immer mehr an Boden gewann, zeigt ein Blick auf eine statistische Aufstellung der aktiven Mitglieder des A.D.C. aus den Jahren 1899/1900[140]: Zu diesem Zeitpunkt war neben den Konfessionen „evangelisch" und „katholisch" „israelitisch" gar nicht mehr aufgeführt. Auf dem Burschentag 1919 bekannte sich die Deutsche Burschenschaft schließlich zu dem Rassegrundsatz in der „Judenfrage". Das hatte zur Folge, dass nicht länger nur die jüdische Konfession ein unüberwindbares Aufnahmehindernis bildete,

---

[136] *Dietz*, Ein Wort zur Beherzigung, in: BBl. WS 1896/97, S. 146, 146.

[137] Hingewiesen sei hier nur auf Dietz' vergebliche Versuche, die Burschenschaft „Frankonia" für sozialdemokratisches Gedankengut zu öffnen, s. Erster Teil C. IV. 2. c.

[138] *Dietz*, in: BBl. WS 1896/97, S. 146, 146.

[139] Bei *Weiß*, a. a. O., S. 209 heißt es, Dietz habe in dem „modernen Antisemitismus nur eine Zeitkrankheit" gesehen.

[140] S. die Angaben in den BBl. WS 1899/1900, S. 184 f.

sondern die jüdische Herkunft entscheidend war. Auch christlich getaufte Juden konnten demnach nicht mehr in eine Burschenschaft aufgenommen werden[141].

c. *Der neue „Leitplan" der „Burschenschaftlichen Blätter"*

Eng mit der Konkurrenz zum VDSt in deutschnationalen Belangen verknüpft ist die Auseinandersetzung über einen neuen „Leitplan" zur Gestaltung der „Burschenschaftlichen Blätter". Im Sommersemester des Jahres 1893 entschloss sich die Redaktion, den Lesern einen neuen „Leitplan" vorzustellen, der eine Neuausrichtung des Blattes anstrebte[142]. Im Mittelpunkt der Erneuerung stand der Gedanke, die „Burschenschaftlichen Blätter" neben der Beschäftigung mit geschichtlichen und das Couleurwesen betreffenden Themen einer Hinwendung zu Diskussionen über tagespolitische und vor allem nationale Fragen zuzuführen. Die Schriftleitung wollte der Gefahr entgegentreten, dass sich in der Burschenschaft eine „Teilnahmslosigkeit"[143] in nationalen Fragen ausbreitete. Zu diesem Zweck wollte man untersuchen, „welchen Antheil die nationalgesinnte deutsche Burschenschaft an dem Kampf gegen die vaterlandslose internationale Socialdemokratie zu nehmen" habe. Ebenso sollte „die Gefahr, welche dem Germanenthum durch das immer mächtiger andringende Slaventhum" im Ausland drohe, näher beleuchtet werden[144]. Überhaupt stellte man sich als leitenden Gedanken die „Erhaltung des Germanenthums" vor. Daneben wollte man mehr über die „deutschsociale Frage" und über den „Kampf gegen alles Fremdartige im deutschen Volkswesen" berichten[145].

Nur wenige Wochen später hielt Eduard Dietz auf einem Wissenschaftlichen Abend der Frankonia einen Vortrag, der als Erwiderung auf den neuen „Leitplan" zu verstehen war. In leicht abgewandelter Form wurde dieser Vortrag als zweiteiliger Aufsatz mit dem Titel „Der neue Leitplan der Burschenschaftl. Blätter und unsere Stellung zu demselben - Als Vortrag gehalten auf dem wissenschaftlichen Abend der Heidelberger Franconia und in deren Auftrag eingesandt." in den „Burschenschaftlichen Blättern" des Wintersemesters 1892/93 abgedruckt[146]. Dietz nahm dabei ausführlich zu allen aufgeworfenen Fragen Stellung und unterzog die Ausführungen der Schriftleitung einer kritischen Prü-

---

141 Vgl. *Paschke*, a. a. O., S. 24.

142 *Schneider*, in: BBl. SS 1893, S. 312 ff.

143 S. *Schneider*, in: BBl. SS 1893, S. 312, 314.

144 Vgl. *Schneider*, in: BBl. SS 1893, S. 312, 315.

145 Als weitere Programmpunkte wurden genannt: „der Kampf gegen ausländische Beeinflussung deutscher Kunst und Litteratur, Reinigung und Reinerhaltung der deutschen Schrift und Sprache, die Bekämpfung des rohen Naturalismus in Schriften und Kunstwerken, die Schaffung einer deutschen Kunst, Gründung einer deutschen Nationalbühne, Herbeiführung einer idealeren Auffassung von Kunst und Leben." S. *Schneider*, in: BBl. SS 1893, S. 312, 316.

146 *Dietz*, Der neue Leitplan der Burschenschaftl. Blätter, BBl. WS 1893/94, S. 10 ff und S. 37 ff.

fung, indem er die Frage aufwarf, ob die „Burschenschaftlichen Blätter" mit ihrem neuen Leitplan „wirklich Interessen der Burschenschaft" oder vielmehr solche verfolgten, die in entsprechenden politischen, wissenschaftlichen und Vereinsschriften, aber nicht in der Zeitung der Burschenschaft" erörtert werden sollten[147]. Drei Kernbereichen widmete sich Dietz besonders ausführlich: der Stellung der Burschenschaft zur Sozialdemokratie, ihrer Haltung zum Antisemitismus und gegenüber den Burschenschaften Österreichs. Zunächst war ihm daran gelegen, das Dogma vom „Kampf gegen die vaterlandslose internationale Socialdemokratie" zu widerlegen. Zwar räumte er ein, die Sozialdemokratie möge in einigen „politischen" oder „sittlich-philosophischen" Fragen international und damit „vaterlandslos" sein. Das Hauptaugenmerk müsse aber auf die sozialdemokratischen Wirtschaftslehren gerichtet werden, die das Wesen der Sozialdemokratie ausmachten. Eine Bekämpfung der Sozialdemokratie sei aber auf dem wirtschaftlichen Gebiet nicht möglich ohne den Nachweis, dass deren nationalökonomische Lehren falsch seien[148]. Insofern plädierte er für eine differenziertere, offenere Beschäftigung mit der Sozialdemokratie durch die Burschenschaft[149]. Weiterhin brachte er abermals seine Ablehnung des Antisemitismus zum Ausdruck und stellte sich gegen die „Verfolgung jüdischer Mitbürger ohne Ansehen der Person und des Charakters lediglich mit Rücksicht auf ihr Abstammung und Religion" und gegen die damit einhergehende „Herabdrückung zu Bürgern II. Classe"[150]. Schließlich begrüßte er das Vorhaben, die deutschstämmigen Österreicher in deren „Kampf für ihr Deutschthum" künftig stärker zu unterstützen.

Dietz' Betrachtungen über den neuen „Leitplan" riefen harsche Reaktionen zweier seiner Bundesbrüder hervor: Nur zwei Ausgaben nachdem der Schlussteil des Dietzschen Aufsatzes in den „Burschenschaftlichen Blättern" erschienen war, veröffentlichten selbige zum einen den Brief des Erstchargierten der Frankonia Max Lehmann, in dem sich die Aktiven nicht mit allen Standpunkten Dietz' einverstanden erklärten[151]. Zum anderen ergriff ein Alter Herr der Frankonia, Eduard Heyck, das Wort und verwahrte sich dagegen, der Dietzsche Beitrag gebe die Auffassung der Frankonia Heidelberg allgemein wieder[152]. Seiner Meinung nach war die Sozialdemokratie von der Burschenschaft rundweg abzulehnen, da der deutsche Sozialdemokrat dem „ihm schmeichelnden Judenthum verfallen" sei, der die deutschen Arbeiter unent-

---

[147] S. *Dietz*, in: BBl. WS 1893/94, S. 10, 11.

[148] Vgl. *Dietz*, in: BBl. WS 1893/94, S. 37, 39.

[149] S. *Dietz*, in: BBl. WS 1893/94, S. 37, 39: „Wohl aber wünschen wir, dass die B. Bl. Auch fernerhin dem Socialismus ihre lebhafte Aufmerksamkeit schenken, bekämpfend, wo jene vaterlandslose Gesinnung hervortritt, sachlich abwägend, wo es sich bloß um sittliche oder wirthschaftliche Probleme handelt."

[150] *Dietz*, in: BBl. WS 1893/94, S. 37, 39.

[151] Hervorgehoben wurde hier vor allem die „Judenfrage". S. die Erklärung der Aktiven der Burschenschaft „Frankonia" in den BBl. WS 1893/94, S. 70.

[152] *Heyck*, Protest gegen Dietz, in: BBl. WS 1893/94, S. 70 ff.

wegt „nicht nur zu Vaterlandshaß, nein zu Deutschenhaß" hetze[153]. Eine Unterstützung der von Dietz aufgestellten Thesen in den „Burschenschaftlichen Blättern" aus den Reihen der Frankonia blieb hingegen aus.

d. Der studentische Verruf

Im Wintersemester 1893/94 veröffentlichte Dietz in den „Burschenschaftlichen Blättern" eine Abhandlung über den bestehenden Verruf[154] zwischen Burschenschaften und Korps, in welchem er sich entschieden für den Fortbestand desselben aussprach[155]. Der Verruf beinhaltete die Ehrloserklärung bzw. Nichtanerkennung einer anderen Korporation oder eines einzelnen Studenten. Seit Gründung der frühen Burschenschaften im ersten Drittel des 19. Jahrhunderts war das Verhältnis zu den Korps zerrüttet, was seinen Ausdruck in einem allgemeinen Verrufsverhältnis zwischen Burschenschaft und Korps fand. Die Folge des Verrufs war u. a. die Satisfaktionsverweigerung bei Beleidigungen.

Zunächst gab Dietz einen Überblick über die Geschichte und die Entstehungsgründe des Verrufs. Er arbeitete heraus, dass der Verruf zwischen Burschenschaft und Corps seinen Ursprung einerseits in dem jeweiligen Alleinvertretungsanspruch der Studenten an den Universitäten habe. Sowohl Burschenschaften als auch Korps sahen sich als das einzig legitimierte Organ zur Vertretung der Interessen nicht nur ihrer Mitglieder sondern auch der Nichtkorporierten an einer Hochschule an. Andererseits war die Burschenschaft Mitte des 19. Jahrhunderts zu einem großen Teil von progressiven Strömungen beeinflusst, die das Prinzip der unbedingten Satisfaktion in Frage stellten. Für die Korps entstand so ein weiterer Grund, den Verruf aufrecht zu erhalten. Tatsächlich jedoch existierten von Anfang an auch freundschaftliche Beziehungen zwischen den beiden Korporationen. Ausdruck hiervon war beispielsweise die Gründung von „Paukverhältnissen" an den einzelnen Universitäten[156]. Mit Einführung der Bestimmungsmensur wurden die Burschenschaften darüber hinaus pflichtschlagend, einen praktischen Grund für ein Aufrechterhalten des Verrufs gab es aus Sicht der Korps nicht mehr. Lediglich die an die Burschenschaften gerichtete Forderung, sich von ihrem politischen Hintergrund zu trennen, wurde von den Korps nun Ende des 19. Jahrhunderts als Grund für den Fortbestand des Verrufs angeführt[157].

Von vielen Burschenschaftern im ausgehenden 19. Jahrhundert wurde der Verruf als ein Missstand betrachtet, der die satisfaktionsgebende Studentenschaft in ihrem Einfluss hinderte und endlich zu beenden sei. Nicht so Dietz, der dafür plädierte, „(...) daß endlich einmal der in der deutschen Burschen-

[153] *Heyck*, in: BBl. WS 1893/94, S. 70, 71.
[154] Über den Begriff des „Verrufs" s. *Paschke*, a. a. O., S. 285.
[155] *Dietz*, Über studentischen Verruf, in: BBl. WS 1893/94, S. 149 ff.
[156] *Dietz*, in: BBl. WS 1893/94, S. 149, 150.
[157] S. *Dietz*, in: BBl. WS 1893/94, S. 149, 150.

schaft herrschenden Ansicht hier Ausdruck verliehen wird, daß wir es in erster Linie dem Verrufe, und zwar dem consequent durchgeführten Verrufe, zu danken haben, daß man heute wieder von einer Allgemeinen Burschenschaft sprechen kann, statt von einer Reihe zusammenhangloser burschenschaftlicher Verbindungen, und sodann, daß wir diesen Verruf noch auf Jahre hin nicht entbehren können."[158] Die Burschenschaft benötige den Verruf so lange, bis sie wieder eine Einheit bilde, um sich von „fremdartigen Körpern" abzuschirmen[159].

Direkt im Anschluss an Dietz' Artikel meldete die Schriftleitung der „Burschenschaftlichen Blätter" ihre Bedenken gegenüber dessen Ausführungen an und bemerkte, es müsse „doch eigentlich traurig mit ihr bestellt sein", wenn die Burschenschaft es nötig habe, „sich ‚hermetisch' gegen nahezu ‚jeden Contact mit fremdartigen Körpern'" abzuschließen[160]. Das Thema „Verruf" sollte die „Burschenschaftlichen Blätter" in der Folgezeit noch des Öfteren beschäftigen[161].

e. *Die Aufnahme neuer Verbindungen in den A.D.C*

Im Jahr 1894 stellte Dietz die Frage: „Sollen wir die Zahl der zur Allgemeinen Deutschen Burschenschaft gehörigen Verbindungen zu vermehren suchen?"[162]. Dietz sprach sich für eine Verstärkung des A.D.C. mit Hilfe neu aufkommender oder bereits bestehender Verbindungen, die sich zu Burschenschaften umwandeln wollten, aus. Eine solche sei unerlässlich, um den Einfluss der Burschenschaft zu erhöhen. Im Besonderen griff er dabei in exemplarischer Schilderung die Verhältnisse in Tübingen an. Dort bestand mit der „Germania" lediglich eine einzige burschenschaftliche Korporation. Er nannte dabei die Germania als „in Tübingen durchaus isolirt", sie habe „in vielen Fällen nicht einmal ein regelmäßiges Paukverhältniß"[163]. Dabei verurteilte er das Vorgehen der „Germania", die Aufnahme neuer burschenschaftlicher Verbindungen aus Tübingen in den A.D.C. zu verhindern. Er sprach sich deshalb für eine Satzungsänderung aus, die es ermöglichen sollte, auch ohne die Zustimmung der örtlichen Burschenschaften eine neue Verbindungen in den A.D.C. aufzunehmen. Die Germania bezeichnete daraufhin in einer Mitteilung in den „Burschenschaftlichen Blättern" Dietz' Äußerungen als „gehässig"[164]

---

[158] *Dietz*, in: BBl. WS 1893/94, S. 149, 149.
[159] *Dietz*, in: BBl. WS 1893/94, S. 149, 153.
[160] S. die Anmerkung in den BBl. WS 1893/94, S. 153.
[161] S. nur *N. N.*, Fort mit dem schweren Verruf!, in: BBl. WS 1894/95, S. 79 ff; Mitteilung in den BBl. WS 1906/07, S. 165; *Stahl*, Der studentische Verruf und seine Reform, in: BBl. WS 1907/08, S. 281 ff.
[162] *Dietz*, Sollen wir die Zahl der zur Allgemeinen Deutschen Burschenschaft gehörigen Verbindungen zu vermehren suchen?, in: BBl. WS 1894/95, S. 47 ff.
[163] Vgl. *Dietz*, in: BBl. WS 1894/95, S. 47, 51.
[164] S. die Mitteilung in den BBl. WS 1894/95, S. 291

und übersandte dem mittlerweile als Amtsrichter tätigen Alten Herrn eine Forderung ihrer drei Chargierten auf Säbel (!), was die Aktiven der Heidelberger Frankonia, erbost über das Verhalten gegenüber einem ehemaligen Erstchargierten, wiederum zu einer PP-Forderung veranlasste. Dietz selbst stritt jede Absicht einer Kränkung der Germania ab und erklärte zugleich: „Mundtot werden wir uns aber in den BBl. nicht machen lassen“[165]. Auf dem darauf folgenden Burschentag wurden die Forderungen gegen Dietz nicht genehmigt, lediglich die PP der Frankonia gegen die Germania wurde ausgetragen[166]. Dennoch illustriert diese Episode sehr anschaulich, wie rasch mit einer Forderung auf schwere Waffen unter Satisfaktionsfähigen zu rechnen war, ein einfacher Artikel mit „schärferen Worten, als es vielleicht einem jungen Studenten ziemte“[167], genügte hierfür schon.

Auf die Frage der Erweiterung des A.D.C. kam Dietz 1899 noch einmal zu sprechen und forderte ein „verständnisvolles Entgegenkommen“ gegenüber neuen Burschenschaften, die um Aufnahme ersuchten. Zur besseren Steuerung und Kontrolle der neu hinzukommenden Korporationen empfahl er, nicht nur von deren Aktivitas, sondern auch von den Alten Herren eine Erklärung dahingehend zu verlangen, dass sie sich mit den Grundsätzen des A.D.C. einverstanden erklärten[168].

f. Die Wiedereinführung des Turnzwangs in der Burschenschaft

1895 setzte sich Dietz „Für die Wiedereinführung des Turnzwangs in der Burschenschaft“ ein[169]. In dem Artikel arbeitete er zunächst heraus, wie fest das Prinzip der körperlichen Ertüchtigung in dem geschichtlichen Fundament der Burschenschaft verankert ist und forderte, dass die Burschenschaft „mehr leiste als das gerade Nothwendige, das dem gewöhnlichen Studentenhaufen genügen mag“. Er kam zu dem Schluss, die Burschenschaft müsse auch beim Turnen, dieser „vaterländischen Sache“, die „Führerschaft in der akademischen Jugend“ übernehmen anstatt „einfach mitzutrotteln“[170]. Als Vorbild führte er die Frankonia Heidelberg an, die schon seit Mitte der 1880er-Jahre in der Städtischen Turnhalle das Turnen pflegte[171].

---

165 *Dietz*, o. T., in: BBl. WS 1894/95, S. 303, 304.

166 Vgl. zu diesem Vorfall *Weiß*, a. a. O., S. 201 f.

167 So Dietz in oben erwähnter Antwort auf die Forderung der „Germania“ in *Dietz*, in: BBl. WS 1894/95, S. 303, 304.

168 *Dietz*, In der Frage der Aufnahme neuer Verbindungen in den A.D.C., in: BBl. SS 1899, S. 207.

169 *Dietz*, Für die Wiedereinführung des Turnzwangs in der Burschenschaft, in: BBl. SS 1895, S. 130 ff.

170 S. *Dietz*, in: BBl. SS 1895, S. 130, 131.

171 Dies geht hervor aus einer in den BBl. SS 1900, S. 35, 36 veröffentlichten Statistik.

g. Die Mensuranfrage

Die Durchführung der Mensur[172] und ihre Ausformungen unterlagen einem steten Wandel. Bestimmte während der ersten Hälfte des 19. Jahrhunderts noch die Formalkontrahage, also die Mensur auf Grund einer Beleidigung, das Geschehen des studentischen Fechtens, so wurde diese ab der zweiten Hälfte des 19. Jahrhunderts von der Einführung der Bestimmungsmensur verdrängt[173]. Korps und Burschenschaften verlangten für die Aufnahme der Füchse in den engeren Kreis der Verbindung, die „Burschung", eine bestimmte Anzahl von gefochtenen Partien. Deshalb kam es zu einer Zunahme von „Contrahierkneipen", auf denen sich die Füchse gegenseitig Beleidigungen zuriefen, damit sie gefordert wurden. Dieser Zustand wurde beendet, indem man dazu überging, die Duellanten auszuwählen und somit zu einer Mensur zu „bestimmen". Eine besondere Ausprägung der Mensursitten war diejenige der „Mensuranfrage"[174]. Sie stand jeglichem auch unbeteiligten Zuschauer einer Mensur zu, wenn er der Auffassung war, einer der Duellanten habe „ungenügend", d. h. eines Waffenstudenten nicht würdig bzw. nicht den Regeln entsprechend, gefochten. Die Mensuranfrage entwickelte sich zu regelrechten „Mensurstänkereien", die einzig und allein den Zweck verfolgten, „den Paukanten durch übertriebene Anforderungen an seine Haltung, durch unnütze und durchaus nicht wohlwollende Anfragen zu belästigen und irre zu machen"[175]. Der Dachverband der Korps, der Kösener Seniorenconvent (Kösener S.C.), hatte die Mensuranfrage schon 1889 für unzulässig erklärt und so die Beurteilung, ob eines ihrer Mitglieder ungenügend gefochten habe, wieder jedem Korps selbst überlassen. In einem Beitrag im Wintersemester 1897/98 bezeichnete Dietz die in einer vorangegangenen Ausgabe der „Burschenschaftlichen Blätter" aufgekommene Forderung nach der Abschaffung des Duells als den „am verkehrtesten und aussichtslosesten" Weg und gab sich somit als grundsätzlicher Befürworter der Mensur zu erkennen[176]. An eine Abschaffung sei „so wie die Verhältnisse liegen, doch gar nicht zu denken"[177]. Gleichwohl forderte Dietz von der Burschenschaft, dem Beispiel der Korps zu folgen, um die Mensurpraxis zu verbessern. Dabei versicherte er, er sei „weit davon entfernt, denen zuzustimmen, die die Unterschiede zwischen Korps und Burschenschaften beseitigen wollen, im Gegenteil"[178].

---

[172] Zu Begriff und Entwicklung der Mensur s. *Paschke*, a. a. O., S. 178 ff.
[173] Vgl. hierzu *Paschke*, a. a. O., S. 41.
[174] Vgl. *Paschke*, a. a. O., S. 184.
[175] So *Weiß*, a. a. O., S. 168.
[176] *Dietz*, Die Beseitigung der Mensuranfrage im Kösener S. C., in: BBl. WS 1897/98, S. 298 ff.
[177] *Dietz*, in: BBl. WS 1897/98, S. 298, 298.
[178] *Dietz*, in: BBl. WS 1897/98, S. 298, 300.

h. Studentenkneipen und Sperrstunde

Im Wintersemester 1898/99 widmete sich Dietz einer Entscheidung des Oberlandesgerichts Karlsruhe, welches die Frage zu klären hatte: „Bedarf eine Studentenverbindung für ihr in einem Wirtshause befindliches Kneiplokal Polizeistundenverlängerung?“[179]. Nach § 356 RStGB machte sich strafbar, wer „in einer Schankstube (...) über die gebotene Polizeistunde hinaus verweilt, ungeachtet der Wirth, sein Vertreter oder ein Polizeibeamter ihn zum Fortgehen aufgefordert hat“. Auf Grund dieser Vorschrift wurden im Juli 1897 Mitglieder der Karlsruher Burschenschaft „Arminia“ bestraft, weil sie über die Polizeistunde hinaus nach ihrem Stiftungsfest noch im „Badischen Hof“ beisammen saßen. Die Besonderheit des Falls war, dass die Arminia ein Nebenzimmer des Lokals ausschließlich für ihre Zwecke gemietet hatte. Nachdem das Schöffengericht auf Grund der Sachlage zu dem Schluss gekommen war, dass das Nebenzimmer nicht mehr zur „Schankstube“ im Sinne des § 365 RStGB zu zählen war, sprach es die Angeklagten frei. Die Staatsanwaltschaft legte Berufung ein, das Landgericht folgte aber der Auffassung des Amtsgerichts. Auch die Revision beim Oberlandesgericht brachte keine Änderung der Ausgangsentscheidung. Ein solches Kneiplokal habe nicht mehr den vom Gesetz geforderten Charakter einer „Schankstube“, wenn es zur ausschließlichen Benutzung zu Verbindungszwecken vorgesehen sei[180]. Mit dieser Entscheidungsmitteilung lieferte Dietz praktische Hinweise für den Verbindungsalltag und konnte dabei auf reges Interesse bei den Burschenschaftern hoffen, denn längst nicht alle Verbindungen besaßen ein eigenes Haus und mussten deshalb für ihre Kneipe ein öffentliches Gasthaus nutzen.

i. Die Duellfrage

Mehrere Duelle, bei denen es zur Tötung oder schweren Verletzung eines Duellanten kam[181], beschäftigten um die Jahrhundertwende die deutsche Öffentlichkeit und sorgten auch in den „Burschenschaftlichen Blättern“ für eine lebhafte Diskussion[182]. Im November 1901 druckten die „Burschenschaftlichen Blätter“ einen Zeitungsartikel ab, der sich kritisch mit den Ehrenhändeln unter

[179] *Dietz,* Bedarf eine Studentenverbindung für ihr in einem Wirtshause befindliches Kneiplokal der Polizeistundenverlängerung?, in: BBl. WS 1898/99, S. 142 f.

[180] S. *Dietz,* in: BBl. WS 1898/99, S. 142, 143.

[181] Bei *N. N.*, Zur Zweikampffrage, in: BBl. WS 1901/02, S. 79, 79 wird auf ein Duell in Insterburg Bezug genommen. Ebenfalls in den BBl. WS 1901/02 in einem Aufsatz von *Böttger,* In den Duelldebatten, in: BBl. WS 1901/02, S. 268, 268 heißt es: „Allmählich wendet sich die Tagespresse wieder anderen Dingen zu, nachdem sie wochenlang die Duell-Streitfrage bis zur Erschöpfung des Lesers behandelt hatte“. Die BBl. WS 1902/03, S. 64 berichten von einem Pistolenduell in Karlsruhe mit tödlichem Ausgang.

[182] Zu Geschichte und Entwicklung des Duells in Deutschland s. *Frevert,* Ehrenmänner - Das Duell in der bürgerlichen Gesellschaft, München 1991 mit weiteren Nachweisen.

den Studenten auseinandersetzte und sich für eine harte Bestrafung von Duellen jeder Art einsetzte. In dem Artikel ist die Rede von einem „Ehrenterrorismus" und weiter heißt es, es bildeten sich „in dem studentischen Mensurwesen häufig Raufbolde"[183] aus.

Dietz bekundete in einer Erwiderung auf den Beitrag seine Sorge über den Missbrauch schwerer Forderungen[184]. Er legte zunächst dar, dass die Entscheidung des A.D.C. aus dem Jahre 1890, Pistolenduelle bei Waffenfähigkeit beider Duellanten nicht zuzulassen, richtig und geboten war, da in studentischen Kreisen „höchst selten Anlässe gegeben" seien, „die eine Sühne durch die Tödtung des Gegners auch bei rigorosester Auffassung des Satisfaktionsprinzipes verlangten"[185]. Im Anschluss daran äußerte er sein Missfallen gegenüber der nunmehr gängigen Praxis, die schwerste Form des vom A.D.C. gebilligten Duells, die Säbel-A.D.C.-Forderung[186], zu wählen. Um ein Überhandnehmen solcher Forderungen zu verhindern, schlug er vor, die Ehrengerichte mehr als bisher mit Alten Herrn als mit Studenten zu besetzen. Nach seinem Wunsch sollte die Burschenschaft durch ein „Unterdrücken solcher Auswüchse der Gefahr vorbeugen, daß der Säbelmensur und schließlich der Schlägermensur durch jene Mißbräuche noch mehr Gegner" entstünden[187]. Schon 1896 hatte sich Dietz mit der Problematik der vermehrt auftretenden Pistolenduelle befasst, damals aber noch geglaubt, dass „durch den A.D.C.-Beschluss von 1890 (...) einer leichtfertigen Anwendung der Pistole ein für allemal ein kräftiger Regel vorgeschoben" worden sei[188]. In dem Aufsatz beschäftigte er sich mit der Frage der geschichtlichen Entwicklung des Duells in Deutschland und zeigte sich offen gegenüber dem Gedanken, dass „ein Duell im modernen Sinne wegen Ehrenkränkungen dem Germanen der Urzeit und des Mittelalters, dem doch ganz gewiss Niemand Feigheit vorwerfen wolle, unbekannt gewesen", sondern „in seinem Grundwesen romanischen, wälschen Ursprungs" sei. Die Thesen entstammten dem Buch eines Duellgegners[189], das Dietz der Burschenschaft zur Lektüre empfahl und welches „Stoff zu reichen Anregungen" geben könne, weshalb die Anschaffung „warm empfohlen" werde[190].

Zu einer Eindämmung des Duellwesens, speziell des Pistolenduells, kam es jedoch nicht. Überregionale Berühmtheit erlangte in diesem Zusammenhang im Jahr 1902 die sogenannte „Karlsruher Duellaffäre", ein Pistolenduell, das für einen Korpsstudenten tödlich endete[191]. Das Echo in den „Burschenschaft-

---

183 Zitiert nach *N. N.*, in: BBl. WS 1901/02, S. 79, 80.
184 *Dietz*, Zur Zweikampffrage, in: BBl. WS 1901/02, S. 108 f.
185 *Dietz*, in: BBl. WS 1901/02, S. 108, 108.
186 Diese erlaubte die Gefahr „tödtlicher Hals-, Brust und Bauchwunden und schwere dauernde Verkrüppelungen", s. *Dietz*, in: BBl. WS 1901/02, S. 108, 108.
187 *Dietz*, in: BBl. WS 1901/02, S. 108, 109.
188 *Dietz*, Das Duell und der germanische Ehrbegriff, BBl. WS 1895/96, S. 343, 343.
189 *V. Below*, Das Duell und der germanische Ehrbegriff, Kassel 1896.
190 *Dietz*, in: BBl. WS 1895/96, S. 343, 344.
191 S. die Mitteilung in den BBl. WS 1902/03, S. 64.

lichen Blättern" war groß, stellte der Vorfall doch das gesamte studentische Duellwesen in ein schlechtes Licht. Auf über drei Seiten schilderten die „Burschenschaftlichen Blätter" ausführlich das Geschehen, das sich auf einem Schießstand der Unteroffiziersschule in Ettlingen abgespielt hatte, unter Verwendung von Polizei- und Gerichtsprotokollen[192].

In der Folgezeit konstituierte sich innerhalb der Studentenschaft eine „Bewegung gegen die Pistolenduelle". Nicht nur bei Studenten untereinander war die Pistole als Zweikampfwaffe immer beliebter geworden, sondern hauptsächlich bei Duellen, die von einem Offizier und einem Studenten ausgetragen wurden. Hauptziel der neuen Bewegung war es deshalb, Offiziere und Studenten bei Ehrenhändeln gleichzustellen. Dazu sollten gemeinsame Ehrenräte gebildet werden und die bevorzugte Duellwaffe sollte wieder der Säbel werden[193]. Bedenken hiergegen äußerten vor allem die Offiziere, die einerseits der Ansicht waren, es sei mit ihrem Ehrbegriff nicht vereinbar, sich mit den Studenten auf eine Stufe zu stellen und andererseits den Studenten im Umgang mit dem Säbel für geübter hielten[194]. Gegen diese Einwände richtete sich ein offener Brief von Dietz, veröffentlicht in den „Burschenschaftlichen Blättern", in welchem er sowohl die Offiziere als auch die Studentenschaft aufforderte, aufeinander zuzugehen und Kompromissbereitschaft zu zeigen. Das sei die Voraussetzung dafür, dass „die Bewegung gegen das Pistolenduell kein ‚Schlag ins Wasser'" werde[195]. Im Sinne der Bewegung gegen Pistolenduelle und anlässlich der „Karlsruher Duellaffäre" wurde Anfang des Jahres 1903 in Heidelberg eigens eine studentische Versammlung zur Einschränkung der Pistolenduelle abgehalten, auf welcher unter anderem Dietz als Referent auftrat und den Standpunkt der Offiziere entschieden ablehnte[196], ein Beleg dafür, wie sehr ihm eine Lösung des Duellproblems am Herzen lag.

j. Buchrezensionen in den „Burschenschaftlichen Blättern"

Dietz betätigte sich für die „Burschenschaftlichen Blätter" in steter Regelmäßigkeit als Rezensent sowohl von Romanen und Sachbüchern als auch von juristischen Lehr- und Übungsbüchern[197]. So empfahl er den Lesern „aufs wärmste" den Roman „Aus den Tagebuchblättern eines Heidelberger Studenten" seines Bundesbruders Karl Alexander Ziebert[198], in welchem der Verfas-

---

[192] Vgl. die Meldung in den BBl. WS 1902/03, S. 210 ff.
[193] S. *Böttger*, Die Bewegung gegen die Pistolenduelle, in: BBl. WS 1902/03, S. 128, 129.
[194] Vgl. *Böttger*, in: BBl. WS 1902/03, S. 128, 130 ff; mit weiteren Nachweisen.
[195] S. *Dietz*, Zur studentischen Bewegung gegen die Pistolenduelle, in: BBl. WS 1902/03, S. 167, 168: „Wo ein Wille ist, da ist auch ein Weg. Wenn man in militärischen Kreisen überhaupt den Willen hat, den Versuch mit der blanken Waffe zu machen, so wird sich das mit oder ohne Nachhülfe seitens des Kriegsministeriums sehr wohl möglich machen lassen."
[196] Vgl. die Meldung in den BBl. WS 1902/03, S. 218.
[197] S. dazu im Anhang dieser Arbeit.
[198] *Ziebert*, Aus den Tagebüchern eines Heidelberger Studenten, Heidelberg 1905.

ser „Wahrheit und Dichtung zu einem lebensvollen Bilde vereinigt“[199]. Im WS 1911/12 befasste sich Dietz mit einem Buch, das die Geschichte und die Organisation des Ausschusses der Heidelberger Studentenschaft thematisierte[200]. In der Rezension des Werkes begrüßte er diese Einrichtung, die es „verstanden hat, trotz mannigfacher Schwierigkeiten in einer auf den deutschen Universitäten wohl fast einzig dastehenden Art, die Gesamtstudentenschaft zu gemeinsamem Zusammenwirken fruchtbringend und zweckentsprechend beisammen zu halten“[201].

Im gleichen Semester kam Dietz auf eine Abhandlung zu sprechen, die sich mit dem Recht als wiederkehrende Erscheinungsform in den Werken Heinrich v. Kleists beschäftigte[202]. Der Autor des Buches arbeitete zunächst heraus, dass das Recht in einigen von Kleists Schriften eine wichtige Rolle spielte[203] und folgerte aus der literarisch gelungenen Verwertung, Kleists Verständnis für juristische Fragestellungen hätte ihn auf dem Gebiet der Jurisprudenz noch wertvoller für Deutschland gemacht als seine schriftstellerischen Fähigkeiten. Dietz entgegnete einerseits, es sei nicht verwunderlich, dass sich Kleists Werke oft mit juristischen Themen befassten, denn das Recht als solches sei nur „Erscheinungs- und Ausdrucksform“, in welcher sich „auf einem bestimmten historischen und materiellen Boden alle Kämpfe, die nicht rein innerlicher, seelischer Natur sind, abspielen“[204]. Andererseits bezweifelte er auch, Kleist hätte den Deutschen als Jurist mehr Nutzen gebracht denn als Schriftsteller. Einen Zusammenhang zwischen den Tätigkeiten der Schriftstellerei und der Juristerei im Sinne von gesellschaftlicher Gleichwertigkeit vermochte Dietz nicht zu erkennen und brachte seine Wertschätzung des Dichters Kleist und dessen Werk zum Ausdruck:

> „Dem ‚Vaterland' sowohl wie der ‚Rechtspflege' dürfte Kleist durch seine dichterischen Werke mehr geleistet haben, als wenn er gleich Hunderten und Tausenden von noch so tüchtigen Richtern der preußischen Monarchie sein Leben mit Zivil- und Strafurteilen und dem Anfertigen von ‚Entscheidungsgründen' gelebt hätte.“[205]

k. Das Eintreten für die Wissenschaftlichen Abende

Zudem setzte sich Dietz in außergewöhnlicher Weise für eine möglichst umfassende politische Bildung der Burschenschafter ein. Über viele Jahre hinweg tat er sich als Referent der Wissenschaftlichen Abende der Frankonia hervor. Die Abende waren eine feste Einrichtung und wurden gewöhnlich Freitag-

[199] S. *Dietz*, o. T., in: BBl. WS 1905/06, S. 193.
[200] *Sperling*, Der Ausschuß der Heidelberger Studentenschaft, Heidelberg 1911.
[201] *Dietz*, o. T., in: BBl. WS 1911/12, S. 96, 96.
[202] *Caro*, Heinrich von Kleist und das Recht, Berlin 1911.
[203] So z. B. im „Prinz von Homburg“ oder im „Kätchen von Heilbronn“.
[204] *Dietz*, o. T., in: BBl. WS 1911/12, S. 172, 173.
[205] *Dietz*, in: BBl. WS 1911/12, S. 172, 173.

abends abgehalten[206]. Sie knüpften an die burschenschaftliche Tradition an, nicht nur die Geselligkeit unter den Studenten, sondern auch deren wissenschaftliche Ausbildung zu fördern. Die Burschenschaft wollte ihre Mitglieder so zu wohlinformierten, mündigen Bürgern erziehen und Diskussionen über burschenschaftliche und gesellschaftspolitische Themen Raum geben, wenn auch diese Abende seit ihrer Einführung sehr umstritten waren[207]. „Wissenschaftlich" ist hier eher im Sinne von „politisch" zu verstehen, was bedeutet, dass bildungsmäßige, staatsrechtliche, volkswirtschaftliche und allgemeinpolitische Diskurse stattfinden sollten. Der missverständliche Begriff „wissenschaftlich" stammt noch aus der Zeit der Repression gegen die Burschenschaften[208].

Qualität und Beliebtheit der Wissenschaftlichen Abende hingen zu einem großen Teil von dem jeweiligen Organisator und dem Referenten ab. Dietz, der bereits zu seiner aktiven Zeit im Wintersemester 1887/88 Leiter des „Wissenschaftlichen Abends" gewesen war, tat sich durch seine regelmäßige Referententätigkeit ab dem Wintersemester 1892/93 besonders hervor. Seine Vorträge thematisierten vorwiegend studentengeschichtliche Erkenntnisse, dies verraten die Titel der Referate: „Die Beteiligung der alten Frankonia am Frankfurter Attentat", „Die Progressbestrebungen der Burschenschaft in den 30er und 40er Jahren", „Scheffel als Heidelberger Alemanne" und „Scheffel als Heidelberger Frankone". Daneben beschäftigten sich seine Ausführungen aber auch mit sozialpolitischen Fragestellungen, wobei der von ihm erhoffte Effekt, einen offenen geistigen Diskurs über die Soziale Frage und Lösungsansätzen zu derselben anzustoßen, nicht eintrat[209].

Wie wichtig Dietz eine freie und vor allem freiwillige Befassung der Burschenschaft mit wissenschaftlichen und gesellschaftlichen Themen war, tritt in dem Artikel „Die Komödie mit der Wissenschaft" hervor, in welchem er einen von manchen Verbindungen beschlossenen „Kollegienzwang", also eine Pflicht für die Aktiven zum Besuch von Vorlesungen, scharf verurteilte[210]. Er bekräftigte darin, dass die Wissenschaftlichen Abende „in keiner Weise be-

---

[206] S. *Weiß*, a. a. O., S. 65.

[207] Vgl. *Busch*, Der Wissenschaftliche Abend, in: BBl. WS 1903/04, S. 207, 207, wo es heißt: „Und endlich ist der ‚Wissenschaftliche Abend' die burschenschaftliche Einrichtung, deren Berechtigung von ihren Mitgliedern am meisten angezweifelt wird". In gleicher Weise auch *Weiß*, a. a. O., S. 161, welcher die Aussprachen auf Wissenschaftlichen Abenden über politische Fragen als „rührend hilflos" bezeichnet.

[208] So *Weiß*, a. a. O., S. 162.

[209] Vgl. *Weiß*, a. a. O., S. 135: „(...) man hörte wohl seine Vorträge auf wissenschaftlichen Abenden an, man ließ sich davon aber nicht überzeugen oder auch nur von der Gegnerschaft gegen die Sozialdemokratie abbringen".
Die Vorträge waren im einzelnen betitelt: „Unsere Stellung zum neuen Leitplan der BBl. in den BBl. SS 1893" im WS 1893/94, „Über die Burschenschaft vor 25 Jahren" im SS 1894 (vgl. BBl. SS 1894, 240 ff.), „Die Stellung der Vereine, insonderheit der Korporationen nach dem BGB" im WS 1899/1900 und „Die Kartellpolitik bei den Heidelberger Burschenschaften" im SS 1900. Einige veröffentlichte Dietz in überarbeiteter Form in den BBl.

[210] *Dietz*, Die Komödie mit der Wissenschaft, in: BBl. SS 1897, S. 149 f.

stimmt sein können, dem wissenschaftlichen Fachstudium zu dienen", sondern lediglich „Gelegenheit zur Behandlung burschenschaftlicher und politischer Themata bieten"[211] sollten, sprach sich jedoch entschieden für den Erhalt des selbstbestimmten Studiums und die akademische Freiheit der Studierenden aus, indem er den Burschenschaften empfahl, sich vor solchen Zwängen zu hüten[212].

l. Die Beseitigung des Trinkzwangs

Bemerkenswert ist ebenfalls Dietz' Beteiligung an einem Aufruf Alter Herren zur Beseitigung jeglichen Trinkzwangs in den Burschenschaften, der in den „Burschenschaftlichen Blättern" des Wintersemesters 1907/08 veröffentlicht wurde[213]. Mehrere Hundert Alte Burschenschafter befanden darin, dieses „altererbte Übel", das „Körper und Geist zerrüttende Trinken", sei der von „burschenschaftlichen Idealen beseelten Jugend auf Deutschlands Hochschulen unwürdig". Zugleich begrüßten die Unterzeichner, dass der vorhergehende Burschentag in Eisenach eine Resolution verabschiedet hatte, die sich gegen jeglichen Trinkzwang richtete[214]. Es schloss sich eine längere Diskussion in den „Burschenschaftlichen Blättern" über dieses Thema an, wobei die meisten Zuschriften das Vorgehen gegen den Trinkzwang begrüßten. Die Einschätzung der Lage war dabei aber höchst unterschiedlich: Während die einen im übermäßigen Alkoholkonsum ein großes Problem sahen, welches mit Resolutionen allein nicht zu lösen sei[215], standen andere auf dem Standpunkt, eine Änderung der Trinkgebräuche sei nicht notwendig, da übermäßiges Trinken ohnehin eher die Ausnahme sei und zumeist nicht die Trinksitten, sondern das individuelle Fehlverhalten des einzelnen schuld an der Misere trage[216]. Als Erwiderung auf den übermäßigen Alkoholkonsum in der Studentenschaft entstanden vielerorts die „Vereine abstinenter Studenten", die sich für ein alkoholfreies Leben einsetzten und über deren Aktivitäten auch in den „Burschenschaftlichen Blättern" interessiert berichtet wurde[217].

m. Ämter und sonstiges Hervortreten Dietz' im Dienste der Frankonia

Eine herausragende Position kam Dietz in seiner Tätigkeit als Mitglied des Süddeutschen Ehrenrats der Frankonia zu. Dieses Amt bekleidete er von 1899

[211] *Dietz*, in: BBl. SS 1897, S. 149, 149.
[212] *Dietz*, in: BBl. SS 1897, S. 149, 150.
[213] Abdruck des Briefes in den BBl. WS 1907/08, S. 76 ff.
[214] Vgl. BBl. WS 1907/08, S. 76, 76.
[215] So *Lienert*, Gründlichkeit, in: BBl. SS 1908, S. 157 f.
[216] So *Bürstinghaus*, Trinkzwang und Alkoholfrage, in: BBl. S. 217 f.
[217] S. *Wehberg*, Der Verein abstinenter Studenten und die akademischen Trinksitten, in: BBl. WS 1911/12, S. 94 ff.

bis 1904[218]. Der Ehrenrat war gegründet worden, um die Gerichtsbarkeit über die Alten Herren auszuüben und bestand aus einem Norddeutschen und einem Süddeutschen Ehrenrat[219]. Zudem ging die entscheidende Initiative von Dietz aus, auf Grund von Unregelmäßigkeiten in der Aktivenkasse im Jahr 1896 diese von einem Alten Herrn verwalten zu lassen, was letztendlich zu einer geordneten Kassenlage führte[220]. Zu seinen Verdiensten gehört auch die Anbringung des gemeißelten Steinwappens der Frankonia auf der Ostseite des 1893 erbauten Frankonenhauses, dessen Finanzierung unter der Leitung von Dietz stand[221]. Eine persönliche Spende von Dietz stellte eine Sammlung von Schattenrissen dar[222].

An vielen Stellen findet man weitere Hinweise für das außergewöhnlich intensive Wirken Eduard Dietz' auf burschenschaftlichem Gebiet. So war er beispielsweise regelmäßig bei den Zusammenkünften der Vereinigung Alter Burschenschafter (V.A.B.) in Karlsruhe[223] zugegen[224]. Hier war er ebenfalls nicht nur stiller Teilhaber am Geschehen, sondern darum bemüht, sich aktiv einzubringen. Im Juli 1893 organisierte die V.A.B. Karlsruhe einen großen Burschenschafterkommers, auf welchem Dietz die Festrede hielt[225]. Als er Ende des Jahres 1894 seine erste Stelle als Amtsrichter in Offenburg antrat, hielt die V.A.B. Karlsruhe zu seinen Ehren eine Festkneipe ab, auf welcher die auf ihn zurückgehende Anregung zur Gründung einer Ortsgruppe Karlsruhe hervorgehoben wurde[226]. Auch die Festrede anlässlich des Weihnachtsfestes 1905 wurde von Eduard Dietz vorgetragen[227].

---

[218] Dies geht hervor aus *Weiß*, a. a. O. S. 172 und 255. Auf S. 173 heißt es über die Arbeit des Ehrenrates: Die Einrichtung des Ehrenrates hat sich gut bewährt und tut es noch heute".

[219] Schon 1887 hatte Dietz im Auftrag der „Frankonia" den Entwurf einer Ehrengerichtssatzung erstellt.

[220] S. näher *Weiß*, a. a. O., S. 174 f.

[221] Vgl. *Weiß*, a. a. O., S. 152.

[222] *Weiß*, a. a. O., S. 186

[223] Dieser Zusammenschluss umfasste im Jahr 1893 ca. 70 Alte Herren aus Karlsruhe und Umgebung und traf sich jede Woche im „Krokodil" und im „Café Tannhäuser". Vgl. BBl. WS 1893/94, S. 218 und *Böttger*, Handbuch für den Deutschen Burschenschafter, Berlin 1909, S. 298.

[224] Vgl. die Mitteilungen in den BBl. SS 1893, S. 328 und den BBl. WS 1894/95, S. 155.

[225] S. *Weiß*, a. a. O., S. 99.

[226] BBl. WS 1894/95, S. 155.

[227] BBl. WS 1905/06, S. 191.

D. *Die berufliche Laufbahn*

I. Der Staatsdienst

1. Rechtspraktikant und Ministerialsekretär (1889-1893)

Nach bestandenem Referendarexamen im April 1889 setzte Dietz die juristische Ausbildung im badischen Staatsdienst als „Rechtspraktikant" fort[228]. Die erste Ausbildungsstation des juristischen Vorbereitungsdienstes führte ihn an das Amtsgericht Karlsruhe[229]. Der Vorbereitungsdienst war in Baden auf drei Jahre angelegt. In dieser Zeit lernten die angehenden Juristen die Bereiche Justiz, Anwaltschaft und Verwaltung in umfangreichem Maße kennen. Im einzelnen hatte der Rechtspraktikant den Dienst 12 Monate beim Amtsgericht, acht Monate beim Oberlandesgericht, dem Landgericht oder der Staatsanwaltschaft, 12 Monate bei einer Verwaltungsbehörde und schließlich vier Monate bei einem Kollegialgericht zu absolvieren[230]. So war Dietz ab August 1890 in Tauberbischofsheim für das dortige Großherzogliche Bezirksamt als „Amtsgehilfe" tätig[231]. Vom April des Jahres 1891 an teilte man ihn der Staatsanwaltschaft am Landgericht Karlsruhe als „Amtsanwalts-Gehilfe" zu[232]. Der Aufenthalt in seiner Heimatstadt war aber nur von kurzer Dauer. Im Juli 1891 ordnete ihn das Justizministerium an das Amtsgericht Kehl ab, wo er die Aufgaben eines „Dienstverwesers" zu verrichten hatte[233], ehe Dietz' Rechtspraktikum mit der Versetzung an das Karlsruher Amtsgericht im November 1891 die letzte Station erreichte[234]. Im Juni 1892 bestand Dietz die zweite juristische Staatsprüfung und erhielt die Ernennung zum „Referendär"[235]. Seine Leistungen waren glänzend: Wiederum bescheinigte ihm das Prüfungsamt das Prädikat „gut"[236], womit er zu denjenigen gehörte, die bei der Verwendung im Staatsdienst zuvörderst zu berücksichtigen waren[237]. Aus diesem Grund wurde er nach bestandener Prüfung dem „Secretariate des Großherzoglichen Mi-

[228] S. die Ernennung zum Rechtspraktikant vom 16. April 1889 im Staatsanzeiger 1889, S. 103.
[229] BBl. SS 1889, S. 122.
[230] Zum juristischen Vorbereitungsdienst in Baden s. *Schönberg*, in: Schriften des Vereins für Socialpolitik Bd. 33 (1887), S. 129, 143 ff.
[231] BBl. SS 1890, S. 276.
[232] BBl. SS 1891, S. 46.
[233] BBl. SS 1891, S. 190.
[234] BBl. WS 1891/92, S. 64.
[235] Staatsanzeiger 1892, S. 232.
[236] S. die Angaben in der Personalakte der Badischen Anwaltskammer, GLA 69/2001-58/138.
[237] *Schönberg*, in: Schriften des Vereins für Socialpolitik Bd. 34 (1887), S. 129, 144.

nisteriums der Justiz zur Dienstleistung überwiesen"[238]. Im September 1893 schließlich hatte man sich im badischen Justizministerium entschieden, dem jungen Juristen eine Karriere im Justizdienst zu ermöglichen und beförderte ihn zum „Sekretär beim Ministerium der Justiz, des Kultus und Unterrichts"[239]. Das Jahressalär betrug das Wohnungsgeld inbegriffen 2 620 RM[240].

2. Amtsrichter, Oberamtsrichter und Landgerichtsrat in Offenburg und Karlsruhe (1894-1900)

Als in Offenburg eine Amtsrichterstelle zu besetzen war, wurde Dietz am 24. Oktober 1894 zum Amtsrichter am dortigen Amtsgericht ernannt[241]. Bereits im darauf folgenden November 1895 folgte die Abordnung ans Landgericht Karlsruhe als „Hilfsrichter"[242]. Im Januar 1897 endete diese Dienstzeit und er wurde als Amtsrichter an das Amtsgericht Karlsruhe versetzt[243]. Während der Tätigkeit als Amtsrichter lernte er vor allem die Einrichtung des Schöffengerichts zu schätzen[244]. Das Schöffengericht bestand aus zwei Laienrichtern und dem Amtsrichter als Vorsitzenden. Seit der badischen Justizreform des Jahres 1864 waren Schöffengerichte ein Bestandteil des hiesigen Justizwesens und wurden 1879 auch reichsweit eingeführt[245]. Im Juni 1899 stieg Dietz zum „Oberamtsrichter" auf[246], bevor er im Juli gleichen Jahres schließlich die Ernennung zum „Landgerichtsrat" am Landgericht Karlsruhe erhielt[247].

Aus Dietz' Tätigkeit als Richter sind zwei von ihm geleitete Verfahren bekannt, welche jedoch lediglich durch mittelbare Quellen dokumentiert sind[248]. Bei beiden Prozessen stand der spätere sozialdemokratische Reichstagsabgeordnete Adolf Geck[249] auf Beklagten- bzw. Angeklagtenseite. Der Herausgeber des sozialdemokratischen „Volksfreundes" musste sich vor dem Amtsrichter Dietz beide Male in politischen Beleidigungsprozessen verantworten.

---

238 BBl. SS 1892, S. 163.

239 Staatsanzeiger 1893, S. 288.

240 „Bestallungsurkunde" vom 30. September 1893 (privat).

241 Staatsanzeiger 1894, S. 348 sowie „Bestallungsurkunde" vom 24. Oktober 1894 (privat).

242 BBl. WS 1895/96, S. 149. Gleichwohl wurde er im Hof- und Staatshandbuch 1896, S. 360 als Amtsrichter am Amtsgericht Offenburg geführt.

243 Staatsanzeiger 1897, S. 19 sowie „Bestallungsurkunde" vom 15. Januar 1897 (privat).

244 S. *Dietz*, in: März Bd. 3 (1907), S. 195, 198.

245 S. Fischer, 150 Jahre badische Amtsgerichte, Karlsruhe 2007, S. 17 f. Zur Reichsjustizgesetzgebung s. *Kissel*, 100 Jahre Gerichtsverfassungsgesetz – Grundlegung einer einheitlichen deutschen Rechtspflege, in: NJW 1979, S. 1953 ff sowie *ders.*, 125 Jahre Reichsjustizgesetze, in: NJW 2004, S. 2872 ff.

246 Staatsanzeiger 1899, S. 262 sowie Ernennungsurkunde vom 7. Juni 1899 (privat).

247 Staatsanzeiger 1899, S. 325.

248 Den ersten Prozess beschreibt *Baur*, Mein politischer Lebenslauf, Konstanz 1929, S. 22. Das zweite Verfahren wird in kurzen Sätzen geschildert von *Eisele*, 70 Jahre Dienst am Volke, Karlsruhe 1959, S. 40.

249 *Dittler*, in: BB NF Bd. 4, S. 84 f.

1897 strengte Albert Herzog, der Chefredakteur der „Badischen Presse“[250], sowohl gegen Geck als auch gegen Adam Röder, Chefredakteur der konservativen „Landpost“, einen Prozess wegen Beleidigung an. Herzog warf Geck und Röder vor, deren Blätter hätten die Behauptung verbreitet, die „Badische Presse“ berichte über nichts, „das nicht durch Inserate in der „Badischen Presse“ empfohlen und bezahlt sei“[251]. Am Ende einigte man sich auf einen Vergleich. Ebenfalls während Dietz’ Dienstzeit als Amtsrichter fand ein Verfahren statt, das die Beleidigung eines Fabrikanten durch Geck zu verhandeln hatte[252]. Dietz’ zwischenzeitliche Hinwendung zu sozialdemokratischem Gedankengut wird offenbar, wenn es heißt: „Der Richter sprach zum Erstaunen des Angeklagten vom geleisteten Mehrwert der Arbeiter“[253]. Dietz sprach Geck vom Vorwurf der Beleidigung frei. In der Berufungsinstanz wurde das Urteil jedoch kassiert und Geck zur Zahlung einer Geldstrafe verurteilt[254]. Im Übrigen war Dietz als eher strenger Strafrichter und Schöffengerichtsvorsitzender bekannt, vor dem die Angeklagten „Manschetten“[255] hatten.

II. Die anwaltliche Tätigkeit seit 1900

Den ersten großen Bruch im Leben des Eduard Dietz stellte die auf seinen Antrag hin erfolgte Entlassung aus dem Justizdienst im Februar des Jahres 1900 dar[256].

1. Gründe für den Wechsel in die Anwaltschaft und Kanzleialltag

Dieser Schritt war ein großes Wagnis, bedenkt man, dass Dietz damit seine sichere Stellung als Beamter, die ihm als Landgerichtsrat ein Jahressalär von immerhin 3 820 RM einbrachte[257], aufgab. Es müssen also gewichtige Gründe gewesen sein, die Eduard Dietz dazu bewogen, den Dienst zu quittieren. Das Ausscheiden aus dem Staatsdienst beruhte auf der sozialdemokratischen Ü-

---

250 Vorgängerzeitung der heutigen „Badischen Neuesten Nachrichten“.

251 Zitiert nach *Baur*, a. a. O., S. 22. Hier heißt es weiter: „Die Firma Thiergarten von der ‚Badischen Presse‘ kam nicht gut weg.“

252 Vgl. *Eisele*, a. a. O., S. 40. Eine genaue Angabe, wann sich dieser Prozess ereignete, gibt *Eisele* nicht.

253 Vgl. *Eisele*, a. a. O., S. 40. Schon im Jahr 1892, als Verfasser der Schrift „Heidelberger Communisten und Atheisten der 40er Jahre“, zeigte sich ein besonderes Interesse Dietz’ für die Arbeiterbewegung.

254 *Eisele*, a. a. O., S. 40.

255 So sein späterer Mandant *Carl Hau*, Das Todesurteil. Die Geschichte meines Prozesses, Berlin 1925, S. 198: „Und was für ein strammer Richter ist der gewesen! Manschetten haben sie vor ihm gehabt, die Spitzbuben.“

256 Die Entlassung erfolgte am 9. November 1899, wurde aber auf den 31. Januar 1900 terminiert, Staatsanzeiger 1900, S. 30.

257 „Bestallungsurkunde“ vom 14. Juli 1899 (privat).

berzeugung Dietz'[258]. Querverbindungen oder Berührungspunkte zwischen Arbeiterbewegung und Beamtenschaft waren nach dem Historiker *Hans-Georg Merz* Ende des 19. Jahrhunderts auch im verhältnismäßig liberalen Großherzogtum Baden undenkbar:

> „Auch für andere Beamtengruppen [als die Volksschullehrer] existierte selbst dann eine unüberbrückbare ‚klassenmäßige' Kluft zwischen ‚Staatsdienern' und Lohnarbeitern, wenn ihre materielle Lage sich kaum von derjenigen des Arbeiterstandes unterschied. Die Drohung repressiver Maßnahmen wie mentale Gründe stellten über Jahrzehnte hinweg eine sichere Garantie für das Wohlverhalten der Staatsbeamten dar. Daß für sozialdemokratische Bewerber der Zugang zu den staatlichen Ämtern von vornherein verschlossen blieb, verstand sich von selbst."[259]

Dass ein hoher Beamter wie der Landgerichtsrat Dietz sich mit Gedanken der Arbeiterbewegung identifizierte[260], machte ihn angreifbar. Das offene Bekenntnis eines Richters zum sozialdemokratischen Programm hätte in Baden wahrscheinlich ohnehin zur Dienstentlassung geführt[261]. Wollte Dietz für seine politischen Ansichten in der Öffentlichkeit einstehen, war das Ausscheiden aus dem Staatsdienst also unumgänglich und lediglich eine Frage der Zeit. Die aus seiner Sicht einzig mögliche; Erfolg versprechende Alternative war der Einstieg in den freien Anwaltsberuf. Er entschied sich gegen die Eröffnung einer selbständigen Praxis und trat in die Kanzleigemeinschaft Otto Cantors und des Karlsruher Stadtrats Friedrich Weill[262] ein, deren Büroräume sich in der Hebelstraße 13 befanden[263]. Am 6. Januar 1900 erfolgte die Zulassung als Rechtsanwalt am Landgericht Karlsruhe[264].

---

[258] So auch *Fischer*, Juristenportraits, S. 46; *ders*, Eduard Dietz (1866-1940) – Vater der badischen Landesverfassung von 1919, S. 17. Dies lässt sich stützen auf die Angaben *Heinrich Kronsteins*, Jugendfreund von Dietz' Sohn Eduard und späterer Direktor des Instituts für ausländisches und internationales Wirtschaftsrecht der Universität Frankfurt, s. *Kronstein*, Briefe an einen jungen Deutschen, München 1967, S. 53. Dort heißt es: „Als Bester beendete er Schule und Jurastudium und dann, gerade auf dem Sprungbrett zu glänzender Karriere, wurde er Marxist."

[259] *Merz*, Beamtentum und Beamtenpolitik in Baden. Studien zu ihrer Geschichte vom Großherzogtum bis in die Anfangsjahre des nationalsozialistischen Herrschaftssystems, München 1985, S. 62.

[260] Die Debatte um den neuen Leitplan der BBl. zeigt, dass sich Dietz bereits Anfang der 1890er-Jahre mit der Sozialdemokratie beschäftigte und mit deren Thesen bezüglich der Wirtschaftspolitik anfreundete; vgl. *Dietz*, in: BBl. WS 1893/94, S. 10 ff und S. 37 ff.

[261] So *Kißener*, zwischen Diktatur und Demokratie – Badische Richter 1919-1952, Konstanz 2003, S. 45 f.

[262] S. *Feuchte*, in: BB NF Bd. 4, S. 310 ff.

[263] S. Adressbuch der Stadt Karlsruhe 1900, S. 81.

[264] Staatsanzeiger 1900, S. 98. Später erhielt er zudem die Zulassung bei der Kammer für Handelssachen in Pforzheim; s. Hof- und Staatshandbuch 1910, S. 479.

Im Jahr 1905 entschloss man sich zu einem Umzug der Kanzlei in die Kaiserstraße 199[265]. 1907 wurde Karl Kirchenbauer in die Bürogemeinschaft aufgenommen[266]. 1910 schied Friedrich Weill aus und praktizierte von nun an als Einzelanwalt in der Maximilianstraße 6[267]. Nach dem Tode Otto Cantors im Jahr 1920 wurde Kurt Sickinger dessen Nachfolger. Zudem trat Walter Weill, der Sohn Friedrich Weills, in die Kanzlei ein, sodass nunmehr vier Anwälte in der Kaiserstraße 199 ihr Büro unterhielten[268]. Weill verließ die Sozietät aber bereits wieder im Jahr 1924, um die Praxis seines verstorbenen Vaters weiterzuführen. Seitdem betrieb Eduard Dietz die Kanzlei gemeinsam mit Kirchenbauer und Sickinger bis zu seinem Tod im Jahr 1940. Die Gemeinschaft mit den Kanzleikollegen war nicht frei von Missstimmungen. Vor allem in politischer Hinsicht war Dietz in der Kanzlei isoliert. Als ihm 1914 von sozialdemokratischer Seite die Übernahme eines Landtagsmandats angeboten wurde, musste er auf Grund der ohnehin schon großen Arbeitsbelastung von Stadtratsmandat und Kanzleitätigkeit ablehnen. Die Kanzleikollegen jedenfalls waren nicht dazu bereit, ihm berufliche Entlastung zu gewähren. Zwar gab es Überlegungen, sich von der Partnerschaft zu lösen, diese gediehen aber nicht soweit, dass Dietz eine Karriere als Einzelanwalt ernsthaft erwogen hätte[269].

Dietz legte sich nicht auf ein bestimmtes Tätigkeitsgebiet fest, sondern übernahm die anwaltliche Vertretung in Zivil-, seltener auch in Strafsachen. Er galt als kompetenter und engagierter Interessenvertreter, der das anwaltliche Handwerk beherrschte[270]. Ein Einblick in Dietz' Kanzleialltag ergibt sich aus der Auswertung einiger Beiträge, die er für die von der Badischen Anwaltskammer herausgegebene Zeitschrift „Badische Rechtspraxis" verfasste. Im Jahr 1906 erschienen gleich drei Stellungnahmen Dietz' zu gerichtlichen Entscheidungen. So kritisierte er eine handelsrechtliche Entscheidung, die hohe Anforderungen an den Nachweis der Prokura stellte und seiner Ansicht nach den Handelsverkehr wesentlich erschwerte und beeinträchtigte[271].

Dietz' heftigen Widerspruch rief eine Entscheidung des Oberlandesgerichts Karlsruhe[272] hervor, die einen „Beschälvertrag" zwischen dem Eigentümer eines Deckhengstes und dem einer Stute als Werkvertrag im Sinne von §§ 631 ff BGB einordnete. Dietz plädierte dafür, nicht „alle die vielseitigen Verträge

[265] Adressbuch der Stadt Karlsruhe 1904, S. 172; Adressbuch der Stadt Karlsruhe 1905, S. 186.

[266] Adressbuch der Stadt Karlsruhe 1908, S. 99.

[267] Adressbuch der Stadt Karlsruhe 1911, S. II.17.

[268] Adressbuch der Stadt Karlsruhe 1921, S. II. 26.

[269] Vgl. Erster Teil E. II.

[270] *Kronstein*, a. a. O., S. 52, bezeichnet Dietz als seinen „Lehrmeister in der Kunst der Anwaltschaft".

[271] *Dietz*, Muß bei einem „per procura" akzeptierten Wechsel auch im Versäumnisverfahren der Nachweis, dass der akzeptierende Prokurist tatsächlich Prokura hatte, als Nachweis einer „klagbegründenden Tatsache" durch die Urkunden geführt und mangels dieses Nachweises die Klage nach § 597 ZPO von Amtswegen abgewiesen werden?, in: Badische Rechtspraxis 1906, S. 99, 99.

[272] OLG Karlsruhe, Badische Rechtspraxis 1906, S. 193.

des täglichen Lebens unter irgendein Schema der „benannten“ Verträge des BGB zu bringen“[273]. Stattdessen solle im Bereich der Obligationen „der Vielgestaltigkeit des Verkehres und des Lebens“ durch Orientierung am Parteiwillen Rechnung getragen werden. Er erkannte in dem Spruch des Oberlandesgerichts ein Prinzip, das bekämpft werden müsse, „(...) weil dieses Unterpressen des obligatorischen Vertragsreichtums unter eine abgegrenzte Zahl von Schematen dem BGB fremd ist, wie dem gemeinen und französischen Rechte, weil es der Tod jeder lebendigen Rechtswissenschaft und jeder lebendigen Rechtanwendung ist“[274].

Schließlich setzte er sich mit einer Entscheidung des OLG Karlsruhe auseinander, die sich mit der einstweiligen Einstellung der Zwangsvollstreckung aus einer einstweiligen Verfügung nach §§ 707, 719 ZPO zu befassen hatte[275]. Auf Grund der detaillierten Schilderung des Sachverhaltes ist davon auszugehen, dass Dietz die anwaltliche Vertretung einer der Parteien oblag.

Im Jahr 1912 wies er anlässlich eines praktischen Falls seine Kollegen darauf hin, dass die Vollstreckung deutscher Urteile in St. Gallen „mangels eines staatlichen Vertrags der Schweiz mit Deutschland und eines besonderen Übereinkommens mit dem Kanton St. Gallen“[276] nicht durchführbar sei.

Im Folgejahr nahm Dietz auf ein Urteil des Landgerichts Karlsruhe Bezug, das dem Schutz des durch Börsenterminsgeschäfte geschädigten Wechselschuldners vor weiteren Schädigungen diente[277]. Die Besonderheit des Falles war, dass der gewerbsmäßige Verleiter zu den Börsenspekulationsgeschäften nach § 94 des Börsengesetzes, der „Remisiers“, seinen Wohnsitz im Ausland hatte.

1918 erläuterte Dietz die Umstände, unter denen die Eisenbahnbetriebe gem. § 465 HGB i.V.m § 30 EBO dem Reisenden gegenüber für verloren gegangene Gepäckstücke hafteten. Er konnte bekannt geben, dass die Großherzogliche Generaldirektion der badischen Staatseisenbahn im konkreten Fall ihre zunächst ablehnende Haltung gegenüber dem Vorbringen des Anspruchstellers aufgegeben und das verlorene Gepäck ersetzt hatte[278].

---

[273] *Dietz*, In der Entscheidung des OLG in BadRpr. 1906 S 193 über: „Die rechtliche Natur des Beschälvertrages“, in: Badische Rechtspraxis 1906, S. 272.

[274] Erwähnt sei, dass die Schriftleitung der „Badischen Rechtspraxis“ sich dazu entschloss, den Beitrag zu kürzen, da Dietz nachdem er bereits die Nacherfüllung und die Rückgewähr bei Wandlung eines „Beschälvertrages“ bereits „in humorvoller Weise“ dargestellt hatte, offenbar allzu ausführlich die weiteren Konsequenzen der Anwendung der Vorschriften des Werkvertrags illustrierte, Badische Rechtspraxis 1906, S. 272.

[275] *Dietz*, Einstweilige Einstellung der Zwangsvollstreckung aus einer einstweiligen Verfügung nach §§ 707/719 ZPO, in: Badische Rechtspraxis 1906, S. 370 f.

[276] *Dietz*, Die Vollstreckung deutscher Urteile in der Schweiz, in: Badische Rechtspraxis 1912, S. 215, 215.

[277] *Dietz*, Gerichtshilfe gegen gewerbsmäßige Remisiers im Ausland, in: Badische Rechtspraxis 1913, S. 17 ff.

[278] *Dietz*, Über die Haftung der Eisenbahn für verloren gegangenes „Reisegepäck“ (sog. Passagiergut), in: Badische Rechtspraxis 1918, S. 71.

Im gleichen Jahr kritisierte er die Badisch-Österreichische Auslieferungspraxis[279]. Durch mehrere Abkommen mit Österreich[280], war zuvor die Rechtsgrundlage zur Verhaftung und Auslieferung von Verdächtigen geschaffen worden. Im konkreten Fall führte dies Anfang August 1914 auf Ersuchen Österreichs zur Festnahme eines österreichischen Beamten durch die badischen Behörden wegen des „Verdachts der Teilnahme an der großserbischen Propaganda“[281]. Insgesamt verbrachte der Mann fast vier Monate in Haft, ohne dass die Beschwerden Dietz' an das Landgericht bzw. das Oberlandesgericht Erfolg gehabt hätten, da es sich um ein nicht justitiables, „reines Verwaltungsverfahren“[282] handelte. Die Entlassung erfolgte erst Ende November 1914, nachdem das Landesgericht Wien hierum ersucht hatte. Dietz bezeichnete dies als „unhaltbare Zustände“, die es zu überdenken gelte[283].

Offenbar wurde Dietz bevorzugt von politisch Linksstehenden mit der anwaltlichen Vertretung beauftragt: Im Jahr 1920 berichtete er über die Untersuchungshaft von fünf durch ihn vertretenen KPD-Aktivisten[284]. Die „Spartakisten“ waren am 26. Februar 1920 im Anschluss an die (rechtswidrige[285]) Auflösung der Reichskonferenz der KPD in Durlach[286] festgenommen und anschließend wegen Hochverrats nach §§ 81 II, 86, 73 RStGB in Untersuchungshaft genommen worden, weil sie angeblich einen Umsturz planten. Nachdem der Haftbefehl nach § 126 II StPO 14 Tage lang offensichtlich aus politischen Erwägungen heraus aufrechterhalten wurde, stellte der Oberreichsanwalt das Verfahren wegen mangelnden Tatverdachts schließlich ein. Nach Dietz' Ansicht mussten sich die badischen Justizbehörden deshalb den Vorwurf gefallen lassen, „dass sie hier den polizeilichen und politischen Gesichtspunkten mehr Rücksicht getragen haben als den juristischen“[287].

---

279 *Dietz*, Seitheriges Badisch-Österreichisches Auslieferungsrecht, in: Badische Rechtspraxis 1918, S. 142 f.

280 BJMBl. vom 31. Juli 1911 (Nr. 25644), S. 145 ff. Die einschlägigen Rechtsgrundlagen sind zusammengestellt bei *Dietz*, in: Badische Rechtspraxis 1918, S. 142, 142.

281 Zitiert nach *Dietz*, in: Badische Rechtspraxis 1918, S. 142, 142.

282 *Dietz*, in: Badische Rechtspraxis 1918, S. 142, 142.

283 *Dietz*, in: Badische Rechtspraxis 1918, S. 142, 143.

284 *Dietz*, Aus der badischen „Rechtspraxis“ eines Verteidigers, in: Badische Rechtspraxis 1920, S. 70 f.

285 Es mangelte an der Voraussetzung des Belagerungszustandes, s. *Dietz*, in: Badische Rechtspraxis 1920, S. 70, 70.

286 Die Versammlung, an der insgesamt 82 Kommunisten teilnahmen, fand im Gasthaus „Schlößle“ statt.

287 *Dietz*, in: Badische Rechtspraxis 1920, S. 70, 71.

2. Dietz als Verteidiger im „Sensationsprozess Carl Hau“ und auch danach als Rechtsbeistand

In ganz Deutschland bekannt machte Dietz die Übernahme der Verteidigung im „Sensationsprozess Carl Hau“[288], der sogar internationale Berühmtheit erlangte. Der Fall sollte ihn noch weit über den Abschluss des eigentlichen Strafverfahrens mit der Verwerfung der Revision durch das Reichsgericht im Oktober 1907 hinaus beschäftigen und letztlich bis zur vorzeitigen Haftentlassung Haus 1924 nicht zur Ruhe kommen lassen.

Welche Bedeutung der Fall Carl Hau zu seiner Zeit hatte[289] und bis heute hat, zeigt sich bereits an der Fülle von künstlerischen Werken, die sich im Laufe der Zeit aus den unterschiedlichsten Blickwinkeln dem Thema näherten. Sowohl in der Belletristik[290] als auch in der Filmkunst[291] wurde der Stoff einige Male entweder in direkter Form oder verfremdet aufgegriffen. Nicht verschwiegen werden soll auch die wahre Flut an Groschenromanen, die im Anschluss an den Prozess erschien[292], und das lebhafte Interesse der Öffentlichkeit an dem Kriminalfall widerspiegelte. Auch aus juristischer Sicht wurde das umstrittene Verfahren gegen den Washingtoner Rechtsanwalt von verschiedenster Sicht beleuchtet[293]. Aus rechtsgeschichtlicher Perspektive sind vor allem die Untersuchungen von *Zippelius*[294], *Dahringer*[295] und *Haehling von Lanzenauer*[296] hervorzuheben[297].

---

[288] So der Titel der Ausstellung der Literarischen Gesellschaft e.V. in Karlsruhe im Jahr 2007 anlässlich der hundertsten Jährung des Aufsehen erregenden Prozesses.

[289] Der gesamte Bestand des GLA betreffend den Fall Carl Hau umfasst erstaunliche 268 Akten, GLA 234/9059 bis 9266.

[290] Die bekanntesten: *Lindau*, Karl Hau und die Ermordung der Frau Josefine Molitor, Berlin 1907; *Wassermann*, Der Fall Maurizius, Berlin 1928; *Oswald*, Lichtenbergs Fall, München 1997; *Avena*, Mordaffäre Molitor: Ein Tatsachenroman, 4. Aufl., Halle 2006. In neuerer Zeit *B. Schroeder*, Hau, München/Wien 2006. Hau selbst verfasste im Gefängnis zwei Bücher, die sich mit dem Prozess und den Haftbedingungen auseinandersetzten: *Hau*, Das Todesurteil - Die Geschichte meines Prozesses, Berlin 1925; *ders.*, Lebenslänglich - Erlebtes und Erlittenes, Berlin 1925.

[291] Erstmals 1925 sogar unter der Mitwirkung Haus selbst, vgl. *Haehling von Lanzenauer*, Angeklagt wegen Mordes: Rechtsanwalt Karl Hau in: Jahrbuch der Juristischen Zeitgeschichte Bd. 7 (2005/2006), S. 389, 406. Allerdings ist das Filmmaterial quasi seit Entstehung verschollen.

[292] Vgl. *Haehling von Lanzenauer*, in: Jahrbuch der Juristischen Zeitgeschichte Bd. 7 (2005/2006), S. 389, 409 mit weiteren Nachweisen.

[293] Bspw. *Sello*, Die Hau-Prozesse und die Lehren – auch ein Beitrag zur Strafrechtsreform, Berlin 1908.

[294] *K. Zippelius*, Der Fall Carl Hau, eine „cause célèbre“ der badischen Kriminalgeschichte, in: Archiv für Kriminologie Bd. 158 (1976), S. 109 ff.

[295] *Dahringer*, Der Kriminalfall Hau, in: AQUAE B Heft 24 (1991), S. 79 ff.

[296] *Haehling von Lanzenauer*, in: Jahrbuch der Juristischen Zeitgeschichte Bd. 7 (2005/2006), S. 389 ff; *ders.*, Das Strafverfahren gegen den Rechtsanwalt Karl Hau, in: ZGO Bd. 153 (2005), S. 545 ff; *ders.* Eduard Dietz, Strafverteidiger im Hau-Prozess, in: Badische Heimat 2007, S. 437 ff.

Erster Teil: Leben und Wirken

Carl Hau wurde am 3. Februar 1881 in Großlittgen nahe Trier als Sohn eines Bankdirektors geboren. Er begann das Studium der Rechtswissenschaften, musste es aber alsbald unterbrechen, um sich 1901 auf Korsika von einem Lungenleiden zu erholen. Bei diesem Aufenthalt lernte er die vermögende Medizinalratswitwe Josefine Molitor aus Baden-Baden und deren Töchter Lina und Olga kennen. Hau und die fünf Jahre ältere Lina verliebten sich ineinander und beschlossen einige Monate später, miteinander durchzubrennen. Auf der Flucht in die Schweiz unternahm Lina einen Selbstmordversuch, der allerdings misslang. Letztendlich kam Haus Vater für die ausstehenden Hotelrechnungen auf. Es folgte die Hochzeit im August 1901 in Mannheim und die Übersiedelung des Ehepaars in die Vereinigten Staaten, um dem durch die Ereignisse ausgelösten Skandal im beschaulichen Baden-Baden zu entgehen. Hau nahm sogleich an der Universität Washington das Rechtsstudium auf, erlangte 1904 den Grad des „Bachelor of Law" und erhielt dort anschließend einen Lehrauftrag für Römisches Recht. Zudem wurde er als Rechtsanwalt zugelassen und zum Sekretär des türkischen Generalkonsuls in Washington ernannt.

Im Sommer 1906 weilten Lina und Carl Hau mit ihrer Tochter in Europa. Auf der Rückreise, die sie Ende Oktober über Paris und London führen sollte, hielten sie sich auch in Baden-Baden auf. Linas jüngere Schwester Olga entschloss sich dazu, das Ehepaar nach Paris zu begleiten. Auf dieser Reise kam es vermutlich zu einem intimen Verhältnis von Hau und Olga. Nachdem das Ehepaar Hau in London angekommen war, rief Hau ein geheimes Telegramm nach Berlin und er begab sich erneut nach Deutschland. Am 6. November 1906 gegen 17:45 Uhr erreichte Josefine Molitor der Anruf eines angeblichen Postvorstehers. Dieser gab vor, eine wichtige Nachricht für sie zu haben, weshalb sie auf dem Postamt erscheinen solle. Josefine Molitor holte ihre Tochter Olga aus der nahe gelegenen Villa Engelhorn ab und gemeinsam machten sie sich auf den Weg zum Postamt. Nachdem sie in die Kaiser-Wilhelm-Straße eingebogen waren, wurde Josefine Molitor hinterrücks aus nächster Nähe erschossen und verstarb noch am Tatort.

Schnell fiel der Verdacht auf Hau, der daraufhin von der englischen Polizei festgenommen und am 8. Januar 1907 nach Karlsruhe überstellt wurde. Den Ermittlungen der zuständigen Staatsanwaltschaft Karlsruhe und des Untersu

297 Außerdem zu nennen: *Jacta*, Berühmte Strafprozesse - Deutschland II, München 1967, S. 168 ff und *Seibert*, Der Fall Hau, in: MDR 1966, S. 732 f. Bei *K. Zippelius*, in: ArchKrim Bd. 158 (1976), S. 109, 110 und *Haehling von Lanzenauer*, in: Jahrbuch der Juristischen Zeitgeschichte Bd. 7 (2005/2006), S. 389, 409 ff findet sich jeweils eine umfangreiche Angabe der zu dem Komplex existierenden Veröffentlichungen. Neben *Haehling von Lanzenauer*, in ZGO Bd. 153 (2005), S. 545 ff sowie *ders.*, in: Jahrbuch der Juristischen Zeitgeschichte Bd. 7 (2005/2006), S. 389 ff liefert *Dahringer*, in: AQUAE Bd. 91 (1991), S. 79, 83 ff eine ausführliche Darstellung der Tat mit Tatortskizze. Auch die Schilderung der Tat von *Brenk-Keller*, Der Fall Carl Hau – die Mordaffäre Molitor: Versuch einer Rekonstruktion, in: *Avena*, a. a. O., S. 216 ff liefert Aufschlussreiches über Tathergang und Prozessverlauf.

chungsrichters[298] zufolge war er am 3. November nicht nach Berlin, sondern nach Frankfurt gereist. Dort habe er sich am Folgetag einen falschen braunen Vollbart besorgt und die bereits in London erstandene Perücke umfärben lassen. Am 6. November sei er dann mit dem Zug nach Baden-Baden gefahren und habe den Anruf getätigt, der Josefine Molitor aus dem Haus in Richtung Postamt locken sollte. Schließlich habe er die Medizinalratswitwe erschossen und sei mit dem Zug um 18:15 Uhr nach Karlsruhe gefahren, von wo aus er zurück nach London gelangt sei. Das Tatmotiv seien akute Geldnot und die Aussicht auf den Erbteil seiner Frau Lina in Höhe von 75.000 Reichsmark gewesen.

Am 25. Mai 1907 erhob Staatsanwalt Hermann Bleicher Anklage gegen Carl Hau wegen Mordes an Josefine Molitor[299]. Der Vorsitzende des Schwurgerichts des Großherzoglichen Landgerichts Karlsruhe[300], Carl Eller, eröffnete die Hauptverhandlung am 17. Juli[301]. Trotz des immensen Aufwands, den der Prozess mit sich brachte[302], sollte er sich auf lediglich fünf Verhandlungstage beschränken. Bereits am 10. Dezember 1906 hatte Haus Vater Eduard Dietz mit der anwaltlichen Vertretung seines Sohnes beauftragt[303], der seinen Mandanten noch in der Untersuchungshaft in London besuchen konnte[304]. Zwischen den beiden bestand von Anfang nicht das Vertrauensverhältnis, das für einen Mordprozess erforderlich gewesen wäre. Schon bei der ersten Unterredung in London machte Hau deutlich, dass er Dietz als Verteidiger ablehnte[305]. Bereits zu diesem Zeitpunkt zeichnete sich ein Zwiespalt zwischen den beiden ab: Hau wollte sich lieber selbst verteidigen und Dietz zog aus den kargen Äußerungen seines Mandanten den Schluss, Hau sei der Täter. Deshalb ver-

[298] Zum Aufbau der Strafverfolgungsbehörden im Großherzogtum Baden und zur „Voruntersuchung“ durch den Ermittlungsrichter s. *Haehling von Lanzenauer*, in: Jahrbuch der Juristischen Zeitgeschichte Bd. 7 (2005/2006), S. 389, 393 f.

[299] Die Anklageschrift umfasste 58 eng beschriebene Seiten und wurde von Hand verfasst, s. GLA 234/9059 sowie 234/9149.

[300] Dieses war besetzt mit 12 Geschworenen, die die Schuldfrage zu bewerten und drei Berufsrichtern, die, gebunden an die Entscheidung der Geschworenen, die Strafzumessung zu ermitteln hatten. Grundlage hierfür waren das 1877 im Zuge der Reichjustizgesetze erlassene und am 1. Oktober 1879 in Kraft getretene Gerichtsverfassungsgesetz (RGBl. 1877, S. 41) und das „Gesetz die Einführung der Reichsjustizgesetze im Großherzogthum Baden betreffend“ vom 3. März 1879 (RegBl. 1879, S. 91 ff. Vgl. *Stiefel*, Baden 1648-1952 Bd. 2, Karlsruhe 2001 (Nachdruck der Ausgabe von 1977), S. 943 sowie *Haehling von Lanzenauer*, in: ZGO Bd. 153 (2005), S. 545, 553.

[301] Hauptverhandlung s. GLA 234/9149 – 9150.

[302] Allein die Staatsanwaltschaft hatte in der Anklageschrift 85 Zeugen und sieben Sachverständige aufgeführt, vgl. *Haehling von Lanzenauer*, in: Jahrbuch der Juristischen Zeitgeschichte Bd. 7 (2005/2006), S. 389, S. 397.

[303] Bevollmächtigung s. GLA 234/9119.

[304] S. *Sello*, a. a. O., S. 120.

[305] S. *Hau*, Das Todesurteil, S. 35: „Ich konnte ihm kein Vertrauen schenken“.

suchte er zunächst, dessen Schuldunfähigkeit nach § 51 RStGB zu belegen, was aber nicht gelang[306].

Im Verlauf des Prozesses wurde für die Öffentlichkeit ersichtlich, dass Hau eine eigene Strategie verfolgte und mit Einlassungen aufwartete, die nicht nur das Gericht, sondern auch seinen Verteidiger immer wieder überraschten und eine abgestimmte Verteidigung unmöglich machten. So stritt Hau anfangs ab, am Tattag überhaupt in Baden-Baden gewesen zu sein. Erst als dies auf Grund von Zeugenaussagen, die ihn trotz der Verkleidung mit Bart und Perücke identifizierten, nicht mehr zu leugnen war, gab er zu, sich am Tattag in der Nähe der Villa Molitor in Baden-Baden aufgehalten zu haben. Den tödlichen Schuss aber wollte er nicht abgegeben haben. Überhaupt war es ihm während des Prozesses offensichtlich ein Vergnügen, ihn belastende Vorhaltungen zunächst abzustreiten und überführende, aber langwierige Zeugenaussagen abzuwarten, um dann kurzerhand den von der Staatsanwaltschaft rekonstruierten Geschehensablauf einzugestehen[307]. Nur das Motiv seiner Fahrt in die Kurstadt mit der seltsamen Vermummung behielt der Angeklagte bis zum vorletzten Verhandlungstag für sich. Zum Erstaunen aller, einschließlich seines Anwalts[308], erklärte er, er habe leidenschaftliche Empfindungen für seine Schwägerin Olga gehegt und sie vor der Rückreise nach Amerika noch einmal sehen wollen. Nachdem er erkannt habe, dass sie nicht alleine anzutreffen war, habe er die Rückreise angetreten. Mit dieser Aussage gelang es Hau, den Fokus weg von seinen finanziellen Schwierigkeiten und der durch den Tod von Josefine Molitor zu erwartenden Erbschaft und hin zu dem Beziehungsgeflecht zwischen ihm und den beiden Schwestern zu wenden[309]. Mittlerweile war auch Dietz von der Unschuld Haus überzeugt und verfolgte eine neue Strategie: Anstatt die Schuldunfähigkeit des Angeklagten zu beweisen, konzentrierte er sich auf das von Hau angedeutete Dreiecksverhältnis. Um die Rolle Olga Molitors näher zu beleuchten, beantragte er am fünften und letzten Verhandlungstag die Verlesung von Briefen der Schwestern Molitor. Hau jedoch versuchte, die Rolle des Ehrenmannes aufrechtzuerhalten und wollte die Verlesung von „intimen Familienverhältnissen"[310] verhindern[311].

---

[306] S. *Hau*, Das Todesurteil; S. 35 f.: „Wenn sich die Sache so verhält, bleibt mir nichts anderes übrig, als Ihre Verteidigung in der Weise zu führen, als hielte ich Sie für schuldig".

[307] S. *Hoche*, Jahresringe – Innenansicht eines Menschenlebens, München 1950, S. 214.

[308] Vgl. *Dahringer*, in: AQUAE Bd. 91 (1991), S. 79, 103.

[309] Hinzu kam der Selbstmord von Lina Hau im Juni 1906, kurz vor Beginn der Hauptverhandlung.

[310] Zitiert nach *Dahringer*, in: AQUAE Bd. 91 (1991), S. 79, 105.

[311] Daraufhin Dietz: „Ich muss darauf bestehen. Der Angeklagte behauptet, in Baden-Baden wegen eines Rendezvous gewesen zu sein. Ich muß also die Möglichkeit beweisen. Mit einem solchen Menschen ist freilich schwer auszukommen. Wenn er nicht mir folgen will, dann soll er sich verurteilen lassen.", zitiert nach *K. Zippelius*, in: ArchKrim Bd. 158 (1976), S. 109, 115.

Nach den Plädoyers[312] zogen sich die Geschworenen zur Beratung zurück und verkündeten am 23. Juli 1907 um 1.45 Uhr ihre Entscheidung: Hau wurde auf Grund der ihn belastenden Indizien für schuldig im Sinne des § 211 RStGB befunden. Anschließend verurteilte das Schwurgericht den Angeklagten zum Tode[313]. Dietz reichte am 11. August 1907 gegen diese Entscheidung eine über 100-seitige Revisionsschrift beim Reichsgericht ein, in welcher er formelle Fehler des Verfahrens rügte[314]. Die Revision wurde am 15. Oktober 1907 als unbegründet verworfen[315], das Urteil war damit rechtskräftig. Dietz stellte sein Engagement für Hau anschließend aber nicht ein, sondern richtete zunächst ein Gnadengesuch an den neuen Großherzog Friedrich II[316]. Dieser wandelte Ende November 1907 das Urteil in lebenslange Zuchthausstrafe um[317]. Im darauf folgenden Jahr legte Dietz nach § 399 Nr. 5 StPO gestützt auf neue Tatsachen und Beweismittel ein Wiederaufnahmegesuch ein, welches aber ebenfalls verworfen wurde[318]. Während der Haftzeit besuchte Dietz den Verurteilten des Öfteren und sandte ihm wiederholt Literatur zu, die Hau vom Gefängnisalltag ablenken sollte[319]. Nachdem er durch die Ereignisse der Jahre 1918/19 an politischem Gewicht gewonnen hatte[320], erreichte Dietz einen Beschluss des badischen Staatsministeriums, der eine vorzeitige Haftentlassung Haus auf den April des Jahres 1925 legte[321]. Nach einer nochmaligen Vorverlegung des Entlassungstermins wurde Hau schließlich im August 1924 auf freien Fuß gesetzt[322]. Der Fall Carl Hau hatte nun auch für Dietz endlich einen Abschluss gefunden. Bereits nach dem Ende des Prozesses gegen Hau hatte Dietz die Entscheidung gefällt, kein Strafmandat mehr anzunehmen.

---

312 Der Staatsanwalt forderte die Todesstrafe, Dietz plädierte auf Freispruch, vgl. *Haehling von Lanzenauer*, in: Badische Heimat 2007, S. 437, 439.

313 Unterlagen betr. die Hauptverhandlung in GLA 234/9149 und 9150.

314 GLA 234/9080. Bspw. wurde bei Lina Hau befindliche Korrespondenz mit ihrem Ehemann beschlagnahmt, obwohl sie entgegen § 97 StPO nicht der Teilnahme verdächtig war, vgl. auch *Dietz*, in: März Bd. 3 (1907), S. 195, 197. Der Revisionsschrift vorangestellt war zudem eine von Dietz verfasste, „moralische Rechtfertigung" der Revision.

315 Revisionsentscheidung, GLA 234/9151.

316 *Kaller*, BB NF Bd. 1, S. 24 ff.

317 GLA 234/9059.

318 GLA 234/9093.

319 Hau machte sich sogar um die Rechtswissenschaft verdient, indem er während der Haft Rudolf von Jherings „Geist des römischen Rechts" ins Englische übersetzte, s. *Haehling von Lanzenauer*, in: Badische Heimat 2007, S. 437, 439.

320 Vgl. Erster Teil E. III.

321 GLA 233/24313.

322 Die Auflagen, die der Entlassung zu Grunde lagen, hielt Hau nicht ein, sodass nach Veröffentlichung der beiden Bücher „Das Todesurteil" und „Lebenslänglich" Widerrufsbeschluss und Haftbefehl ergingen. Hau starb auf der Flucht in Italien am 5. Februar 1926.

E. Die politische Laufbahn

I. Eintritt in die SPD: Geschichte und Situation der badischen SPD und des Karlsruher Wahlvereins zur Zeit der Jahrhundertwende

Ein genaues Eintrittsdatum Eduard Dietz' in den Karlsruher Ortsverein der Sozialdemokratischen Partei Deutschlands (SPD) ist nicht bekannt. Viele Schriftstücke, Korrespondenzen und Dokumente aus der Zeit vor dem „Dritten Reich" wurden vernichtet, sei es aus Angst vor Entdeckung von Sozialdemokraten selbst oder durch Beschlagnahme der Gestapo. Auch die Fliegerangriffe während des Zweiten Weltkriegs zerstörten einen Großteil der Unterlagen, weshalb die Geschichte der Karlsruher SPD einer umfangreichen und lückenlosen Aufarbeitung nicht zugänglich ist[323]. Der Eintritt in die SPD ist wohl um die Jahrhundertwende zu datieren[324]. Ein erster Beleg für Eduard Dietz' politisches Engagement für die SPD findet sich in einer Schrift aus dem Jahr 1907, in der er sich selbst als „Marxist" bzw. „Sozialdemokrat" bezeichnet[325].

Eduard Dietz wurde für eine Partei aktiv, die sich in einer Phase des Umbruchs befand und eine Vielzahl von Schwierigkeiten und Hindernissen, auch und vor allem aus den eigenen Reihen zu überwinden hatte[326]. Entgegen der SPD auf Reichsebene neigte die Führungsspitze der badischen SPD der revisionistischen Reformpolitik zu[327]. Vor allem der Vorsitzende des Karlsruher

---

[323] S. der Hinweis von *Eisele*, a. a. O., S. 7.

[324] S. *Fischer*, Eduard Dietz (1866-1940). Vater der badischen Landesverfassung von 1919 – Ein Juristenleben, Karlsruhe 2008, S. 17 mit weiteren Nachweisen.

[325] *Dietz*, in: März Bd. 3 (1907), S. 195, 198.

[326] Zur Geschichte der badischen SPD s. *Schadt*, Die Sozialdemokratische Partei in Baden. Von den Anfängen bis zur Jahrhundertwende 1868-1900, Hannover 1971, sowie *ders.* Die badische Sozialdemokratie in den 90er Jahren, in: *Schadt/Schmierer* (Hrsg.), Die SPD in Baden-Württemberg und ihre Geschichte. Von den Anfängen der Arbeiterbewegung bis heute, Stuttgart 1979, S. 78 ff. Ausführlich zu den innerparteilichen Richtungsdiskussionen s. *Franzen*, Auf der Suche nach politischen Handlunsspielräumen – Die Diskussion um die Strategie der Partei in den regionalen und lokalen Organisationen der badischen Sozialdemokratie zwischen 1890 und 1914 (2 Bde), Frankfurt 1087.

[327] Nach Verabschiedung des Erfurter Programms im Jahr 1891 kämpften die beiden Protagonisten der widerstreitenden Interessen innerhalb der SPD, Eduard Bernstein und Karl Kautsky, um die Grundausrichtung sozialdemokratischer Politik im Kaiserreich. Auf dem Parteitag in Dresden 1903 erteilte die SPD den revisionistischen Ideen Bernsteins eine Absage. Vgl. *Franzen*, Die SPD in Baden 1900-1914, in: *Schadt/Schmierer* (Hrsg.), Die SPD in Baden-Württemberg und ihre Geschichte. Von den Anfängen der Arbeiterbewegung bis heute, Stuttgart 1979, S. 88, 91. S. auch *Potthoff*, Die Sozialdemokratie von den Anfängen bis 1945, in: *Potthoff/Miller*, Kleine Geschichte der SPD: 1848-2002, 8. Aufl., Bonn 2002, S. 67 ff und *Grebing*, Der Revisionismus – Von Bernstein bis zum „Prager Frühling", München 1977, S. 16 ff.

Wahlvereins und Mitglied der badischen Landesorganisation, Wilhelm Kolb, glaubte nicht an einen plötzlichen Zusammenbruch des kapitalistischen Wirtschaftsystems, sondern sah die Umwälzung der gesellschaftlichen Verhältnisse als einen langsamen Prozess an. Ablehnend stand er der Politik der bloßen Negation und Verweigerung gegenüber, die sich in einer Kritik des bestehenden Zustands erschöpfte[328]. Eine Realpolitik, die die Situation der Arbeiter schrittweise verbesserte, erschien ihm als die richtige Wahl der Mittel[329]. Sein Mannheimer Parteigenosse Ludwig Frank[330], eine weitere charismatische Führungsfigur der badischen SPD, sah es wie die Mehrheit der badischen Genossen[331] ebenfalls als legitim an, die Instrumente des Parlamentarismus zu nutzen, um die Lage der Arbeiter zu verbessern[332]. Dass die Führungskräfte der badischen SPD Befürworter einer realpolitischen Reformarbeit waren, machte auch den Weg frei für eine lange Zeit undenkbare gemeinsame Politik von SPD und bürgerlichen Parteien im badischen Landtag. Ausgangspunkt hierfür war die Reform des Landtagswahlrechts im Jahr 1904, welche es den Badenern ermöglichte, die Zusammensetzung des Badischen Landtags 1905 in direkter und gleicher Wahl zu bestimmen[333]. Dies wirkte sich günstig auf die sozialdemokratischen Wahlergebnisse aus[334].

Als 1905 dennoch eine Mehrheit des Zentrums im Landtag zu befürchten stand, war sowohl im bürgerlichen Lager als auch bei der SPD die Angst vor einer rückwärtsgewandten ultramontanen Kulturpolitik groß. Die einstmals heftig bekämpften Nationalliberalen wurden nun zu einem Koalitionspartner. Während in den Bereichen der Wirtschafts- und Sozialpolitik eine gemeinsame Linie der Sozialdemokratie und des Nationalliberalismus nur schwer auszumachen war, gab vor allem die Schul- und Bildungspolitik den Ausschlag für die Annäherung der beiden Lager[335]. Aus diesem Grund trafen Nationalliberale

---

[328] *Franzen*, in: *Schadt/Schmierer* (Hrsg.), Die SPD in Baden-Württemberg und ihre Geschichte. Von den Anfängen der Arbeiterbewegung bis heute, Stuttgart 1979, S. 88, 94.

[329] *Pohl*, Ludwig Marum – Ein Sozialdemokrat jüdischer Herkunft und sein Aufstieg in der badischen Arbeiterbewegung 1882-1919, Karlsruhe 2003, S. 123.

[330] *Walle*, in: BB NF Bd. 2, S. 89 ff.

[331] So *Franzen*, in: *Schadt/Schmierer* (Hrsg.), Die SPD in Baden-Württemberg und ihre Geschichte. Von den Anfängen der Arbeiterbewegung bis heute, Stuttgart 1979, S. 88, 91 f.

[332] S. *Pohl*, a. a. O., S. 124.

[333] Zur Wahlrechtsreform s. *Eichhorn*, Das neue Landtagswahlrecht: ein Führer durch die badische Wahlrechts- und Verfassungsreform, 2. Aufl., Karlsruhe 1904.

[334] In ganz Baden erlangte die SPD 17 % der Stimmen und 12 Sitze, im Jahr 1909 sogar 28 % und 20 Sitze von insgesamt 73 zu vergebenden Mandaten. Zahlen nach *Pohl*, a. a. O., S. 120. Eine Übersicht über die Entwicklung der Landtagswahlen aus Sicht der SPD gibt *Niehuss*, Die Stellung der Sozialdemokratie im Parteiensystem Bayerns, Württembergs und Badens, in: *Ritter* (Hrsg.), Der Aufstieg der deutschen Arbeiterbewegung, München 1990, S. 102, 116 ff.

[335] In diesem Zusammenhang ist vor allem die Aufrechterhaltung der simultanen Volksschule, in welcher Kinder aller Konfessionen unterrichtet wurden, hervorzuheben; näheres s. *Elsässer*, Die badische Sozialdemokratie 1890 bis 1914. Zum Zusammenhang von Bildung und Organisation, Marburg 1978, S. 80 ff. *Stehling*, Weimarer Koalition und SPD in Baden, Frankfurt a. M. 1976, S. 57, will in der gemeinsam verfolgten Politik eine „Regie-

und Sozialdemokraten für die anstehende Stichwahl eine Übereinkunft dahingehend, dass die SPD zugunsten der Bürgerlichen eigene Kandidaten zurückzog. Von 73 Sitzen gewann das Zentrum lediglich 28, während auf die Deutsche Volkspartei 6, die Sozialdemokraten 12 und die Nationalliberalen 23 Mandate verteilt wurden[336]. Aus diesem anfänglich bloßen Abwehrbündnis entwickelte sich eine ständige parlamentarische Zusammenarbeit der bürgerlichen Parteien mit den Sozialdemokraten gegen das Zentrum, der sogenannte „Großblock“[337]. Die Großblockpolitik brachte der badischen SPD viel Kritik aus den eigenen Reihen ein. Den offenen Bruch mit der Partei im Reich riskierte man, als 1908 die Bewilligung des badischen Haushalts zur Debatte stand. Die Landtagsfraktion stimmte dem Budget mehrheitlich zu, was als offizielle Aufgabe einer grundlegend ablehnenden Haltung gegenüber dem bestehenden System verstanden und dementsprechend heftig kritisiert wurde. Die knappe Abstimmung mit sieben zu fünf Stimmen innerhalb der Landtagsfraktion verdeutlicht den Konflikt, in welchem sich der gesamte Landesverband befand[338]. Die Führung der badischen SPD ließ sich aber hiervon nicht beirren. Spätestens 1909 war die revisionistisch-reformistische Linie innerhalb der badischen SPD bestimmend[339].

Die Streitigkeiten über die Richtung der Partei gingen am Karlsruher Wahlverein nicht spurlos vorbei. Ein wichtiges Machtmittel in der Hand der Reformisten war dabei die Parteizeitung „Der Volksfreund“. Diese war 1880 von dem späteren Reichstagsabgeordneten Adolf Geck gegründet und in Offenburg herausgegeben worden. Das Erstarken des Karlsruher Wahlvereins nach dem Fall des Sozialistengesetzes[340] ließ die Forderungen nach einem lokalen Presseorgan lauter werden. So entschloss sich Wilhelm Kolb 1899, den „Volksfreund“ in Parteigentum zu überführen und in Karlsruhe erscheinen zu lassen[341]. Bis zu diesem Zeitpunkt hatte der Parteilinke Adolf Geck als Druckereibesitzer und Eigentümer des „Volksfreundes“ ein wirksames Instrument zur

---

rungsbeteiligung“ der SPD erblicken. Da nach der Verfassung von 1818 im Großherzogtum Baden die Minister nicht dem Landtag gegenüber verantwortlich waren, sondern vom Großherzog ernannt und abberufen wurden, erscheint es irreführend, die SPD als an der Zusammensetzung des Exekutivorgans „Regierung“ beteiligt zu bezeichnen.

336 *Cser*, Badischer Landtag bis 1918, in: *Blickle* (Hrsg.), Von der Ständeversammlung zum demokratischen Parlament – Die Geschichte der Volksvertretungen in Baden-Württemberg, Stuttgart 1982, S. 153, 177.

337 *Franzen*, in: *Schadt/Schmierer* (Hrsg.), Die SPD in Baden-Württemberg und ihre Geschichte. Von den Anfängen der Arbeiterbewegung bis heute, Stuttgart 1979, S. 88, 92 ff.

338 Vgl. *Pohl*, a. a. O., S. 128.

339 *Elsässer*, a. a. O., S. 85. Zwar bildeten sich als Reaktion auf eine erneute Budgetbewilligung 1909 sogenannte Karl-Marx-Klubs. Diese auf Anregung von Adolf Geck gegründeten Klubs sollten nach Auffassung der Linken die marxistische Bildung und Theoriearbeit wieder vorantreiben. Jedoch konnten diese Vereinigungen auf Grund der zunehmend reformistischen Strömung nie wirklich Fuß fassen und wurden 1911 wieder aufgelöst. S. *Pohl*, a. a. O., S. 134 f.

340 RGBl. Teil I 1878, S. 351 ff.

341 *Eisele*, a. a. O., S. 36 ff.; *100 Jahre SPD Karlsruhe*, Karlsruhe 1977, S. 43.

Beeinflussung der innerparteilichen Stimmung in der Hand. Mit Hilfe des „Volksfreundes" konnte die reformistische Politik einem breiten Publikum nahe gebracht werden[342]. Dietz nutzte den „Volksfreund" vor allem während der Revolutionsereignisse in den Jahren 1918/19 als Publikationsorgan.

Der Eintritt eines Akademikers in die SPD war zumindest ungewöhnlich. Entsprechend dem Gesamtbild der Partei[343] waren Hochschulabsolventen und Intellektuelle in der Karlsruher Partei anteilig zwar nur marginal vertreten. Dafür stellten sie aber Anfang des 20. Jahrhunderts einen Gutteil der Führungsriege der Karlsruher SPD[344]. Neben den „Volksfreund"-Redakteuren Eugen Geck[345], Wilhelm Kolb und Anton Weißmann werden hierzu Arbeitersekretär Albert Willi und Parteisekretär Oskar Trinks gezählt, die abgesehen von Eugen Geck zunächst in Arbeiterberufen tätig waren, bevor sie hauptamtliche Parteifunktionäre wurden. Diese Gruppe wurde ergänzt um die beiden Rechtsanwälte Leo Kullmann und Eduard Dietz[346]. Auch dem Rechtsanwalt Ludwig Marum[347] ist seit seiner Niederlassung in Karlsruhe eine Führungsrolle innerhalb des Karlsruher Wahlvereins zuzuschreiben. Dietz wird innerhalb der Führungsgruppe als Mittler zwischen der die Mehrheit stellenden reformistischen Position Kolbs und des Vertreters der Linken, Trinks, bezeichnet[348]. Dies ist für die Vorkriegszeit und bis ins Jahr 1920 sicher zutreffend. Ein Beleg für die These, dass Dietz eher der reformistischen Linie zugewandt war, findet sich im Jahr 1916, als er sich auf einer Parteiversammlung zu einer Rede Kolbs äußerte. Kolb betonte hier, an einen Zusammenbruch der bürgerlichen Gesellschaft sei nicht mehr zu denken, die Sozialdemokratie müsse die Möglichkeiten, die das Parlament als Mittel zur Umgestaltung der Gesellschaft biete, in vollem Maße nutzen. In der sich anschließenden Diskussion verteidigte Dietz die Ausführungen Kolbs[349].

Dietz' besonderes Interesse galt der Bildungsarbeit des Wahlvereins. Auf Veranstaltungen des sozialdemokratischen Bildungsausschusses betätigte er sich oft als Redner und entwickelte sich zu einem wichtigen Förderer der breit gefächerten Arbeiterbildung in Karlsruhe[350]. Die Parallelen zu seinem Enga-

---

[342] Im Jahr 1907 verfügte der „Volksfreund" über 16 000 Abonnenten, vgl. *Pohl*, a. a. O., S. 120.

[343] S. *v. Saldern*, Wer ging in die SPD? Zur Analyse der Parteimitgliedschaft in wilhelminischer Zeit, in: *Ritter* (Hrsg.), Der Aufstieg der deutschen Arbeiterbewegung, München 1990, S. 161, 167.

[344] S. hierzu näher *Pohl*, a. a. O., S. 153.

[345] *Dittler*, in: BB NF Bd. 4, S. 85 f.

[346] Erstmals herausgearbeitet wurde diese Struktur von *Pohl*, a. a. O., S. 175 f.

[347] *Storck*, in: BB NF Bd. 4, S. 198 ff.

[348] S. *Pohl*, a. a. O., S. 177.

[349] KA-Chronik 1916, S. 188.

[350] *Eisele*, a. a. O., S. 27: „Es fanden u. a. Kurse zur Einführung in die sozialistische Gedanken, über das Parteiprogramm, sowie volkswirtschaftliche Unterrichtskurse statt, außerdem Vorträge über diverse Wissensgebiete, sowie Besuche von Museen. Neben auswärtigen Rednern waren es besonders die Gen. Dr. Dietz, Prof. Wilhelm und Rektor Stark, die die Bestrebungen des Bildungsausschusses förderten."

gement für die Wissenschaftlichen Abende der Frankonia sind unübersehbar. Bei beiden Organisationen war ihm außerordentlich daran gelegen, Wissen zu vermitteln und die Zuhörerschaft auf der Grundlage der erworbenen Kenntnisse zu selbstbestimmtem und kritischem Denken anzuregen. Angesichts der Titel der von Dietz gehaltenen Vorträge zeigt sich erneut seine großes Interesse für geschichtliche Zusammenhänge[351].

II. Kommunalpolitisches Wirken als Stadtrat und die Ablehnung des Landtagsmandats 1914

Obgleich sich Dietz schon als junger Richter sozialdemokratischem Gedankengut zuwandte, trat er auch in den Anfangsjahren als Rechtsanwalt noch nicht in exponierter Stellung für seine politischen Ansichten ein. Dies änderte sich mit der Wahl in den Karlsruher Stadtrat im Jahr 1911[352]. Die Aufstellung zur Kandidatur für dieses Amt stellte einen erheblichen Vertrauensbeweis seitens der Partei gegenüber ihrem Bewerber dar, bedenkt man, dass Dietz damit die Position eines politischen Entscheidungsträgers zukam.

Den Aufbau der Verwaltung der sieben größten Gemeinden Badens bestimmte die Städteordnung vom 24. Juni 1874[353]. Das von Innenminister Julius Jolly[354] verfasste Gesetz brachte die längst überflüssige Reform der Gemeindeverwaltung, die den Gegensatz zwischen den Wenigen, die das Bürgerrecht besaßen und der überwältigenden Mehrheit, die die Gemeindeverwaltung weder wählen durfte noch wählbar war[355], aufhob. Die Städteordnung legte nun fest, dass grundsätzlich jedem Einwohner das bürgerliche Ehrenrecht zukam. Die Verwaltung in den sieben badischen Städten[356] war wie folgt organisiert: Kern der Gemeindeverwaltung war der Stadtrat, ihm oblag die Verwaltung der

351 Die Themen seiner Vorträge wiesen ein breites Spektrum auf: 1910 sprach er vor der Ortsgruppe Weststadt und Mühlburg des Deutschen Metallarbeitervereins ganz allgemein über „Karl Marx“, KA-Chronik 1910, S. 214. 1912 brachte er dem Sozialdemokratischen Verein „Das Arbeiterprogramm von Ferdinand Lassalle und seine geschichtliche Bedeutung“ näher, KA-Chronik 1912, S. 73. Auch juristische Fragestellungen wurden von Dietz behandelt. So hielt er 1916 vor dem Sozialdemokratischen Verein einen Vortrag, der sich mit „Bevölkerungspolitik und Zivilgesetzgebung“ befasste, KA-Chronik 1916, S. 358. Im Februar 1918 wandte er sich dann der „Reform der Städteordnung“ zu, KA-Chronik 1918, S. 244.

352 KA-Chronik 1911, S. 31.

353 Amtliche Bezeichnung: „Gesetz vom 24. Juni 1874, besondere Bestimmungen über die Verfassung und Verwaltung der Stadtgemeinden betreffend“ (GVBl. 1874, S. 337). S. ausführlich zur Städteordnung *Walz*, Das badische Gemeinderecht, Heidelberg 1914, S. 599 ff.

354 *M. Fischer*, in: BB AF Bd. 6, S. 572 ff.

355 S. *Goldschmit*, Die Stadt Karlsruhe, ihre Geschichte und Verwaltung – Festschrift zur Erinnerung an das 200jährige Bestehen der Stadt, Karlsruhe 1915, S. 182.

356 Neben Karlsruhe gehörten hierzu Mannheim, Freiburg, Heidelberg, Pforzheim, Baden-Baden und Konstanz (Art. 1 der Städteordnung).

Städte[357]. Dem Stadtrat gehörten der Oberbürgermeister und ihm zugeordnete Bürgermeister an. Hinzu kam noch eine näher zu bestimmende Anzahl an Stadträten. Der Oberbürgermeister wurde vom Bürgerausschuss auf neun, die Bürgermeister auf sechs Jahre gewählt. Die Stadträte wurden ebenfalls vom Bürgerausschuss auf sechs Jahre gewählt, nach drei Jahren trat allerdings eine hälftige Erneuerung ein. Die sonstigen Aufgaben des Bürgerausschusses bestanden in einer Art Kontrollfunktion über die Tätigkeiten des Stadtrats. In einer Reihe von Angelegenheiten hatte der Stadtrat nach Beschlussfassung die Zustimmung des Bürgerausschusses einzuholen. Der Bürgerausschuss setzte sich aus den Mitgliedern des Stadtrats und den Stadtverordneten zusammen. Die Zahl der Stadtverordneten war bei einer Einwohnerzahl über 2000 auf 96 festgelegt. Die Stadtverordneten waren die einzigen Amtsträger innerhalb der Verwaltungsorganisation, die die Bürgerschaft direkt wählen konnte. Ursprünglich war hierbei das Dreiklassenwahlrecht maßgebend. Zum einen waren alle Einwohner von der Wahl ausgeschlossen, die keine Steuern zu entrichten hatten, weil ihr Jahreseinkommen weniger als 500 Reichsmark betrug[358]. Von den Wahlberechtigten bestand die Gruppe der Höchstbesteuerten aus einem Zwölftel aller Wahlberechtigten, die zweite Klasse stellte zwei Zwölftel und die Niederstbesteuerten neun Zwölftel. Jede Klasse wählte aber für sich ein Drittel der Mandatsträger, zudem wurde nach dem Mehrheitsprinzip gewählt. Dies führte dazu, dass die Sozialdemokraten lange Zeit keine Kandidaten in den Karlsruher Bürgerausschuss entsenden konnten. Zwar nahmen die Bürgerlichen bei den Wahlen 1890 und 1893 drei Sozialdemokraten in ihre Liste auf. Als erster großer Erfolg konnte aber erst 1899 der Wahlsieg in der dritten Klasse verbucht werden[359]. Bei den Wahlen zum Karlsruher Stadtrat verhielt es sich ähnlich, da die Stadträte ebenfalls nach dem Mehrheitsprinzip zu wählen waren. Auch hier gelang es den Sozialdemokraten nur mit Hilfe der Bürgerlichen, Eugen Geck und Wilhelm Kolb in den Stadtrat zu wählen.

Als Eduard Dietz 1911 für die SPD in den Karlsruher Stadtrat gewählt wurde[360], war die Städteordnung gerade novelliert worden[361]. Zwar behielt man das Dreiklassenwahlrecht bezüglich der Stadtverordnetenwahlen ebenso bei wie die Drittelung der Mandate nach Klassen. Jedoch wurden die Bevölkerungsanteile derart berücksichtigt, dass die erste Klasse sich nunmehr aus einem Sechstel, die zweite Klasse aus zwei Sechsteln und die dritte Klasse aus

[357] Art. 15 der Städteordnung bestimmte: „Die Verwaltung in jeder Stadtgemeinde ist dem Stadtrat anvertraut." Zur Verwaltungsorganisation in Baden s. *Walz*, Großherzogtum Baden, in: Schriften des Vereins für Socialpolitik Bd. 120 – Verfassung und Verwaltungsorganisation der Städte, Berlin 1906, S. 3, 18 ff.

[358] Vgl. *Landmann*, Die rechtlichen und sozialen Grundlagen, sowie die Verfassung und die Verwaltungsorganisation der Stadt Mannheim, in: Schriften des Vereins für Socialpolitik Bd. 120 – Verfassung und Verwaltungsorganisation der Städte, Berlin 1906, S. 75, 94.

[359] *Eisele*, a. a. O., S. 19 f.

[360] KA-Chronik 1911, S. 31.

[361] GVBl. 1910, S. 597 ff.

drei Sechsteln der Wahlberechtigten zusammensetzte. Die wichtigste Änderung lag aber in der Umstellung auf das Verhältniswahlrecht und der Einführung von gebundenen Listen[362]. Die Parteien mussten also nicht mehr eine Wählerklasse „gewinnen", um ihre Bewerber im Bürgerausschuss zu platzieren, sondern die Mandate wurden anteilig nach dem Stimmenverhältnis in der jeweiligen Wählerklasse verteilt. Bei der Wahl 1911 war den Sozialdemokraten deshalb ein großer Erfolg beschieden: Auf die SPD entfielen 30 Stadtverordnete, auf die Nationalliberalen ebenso. Die Fortschrittliche Volkspartei erhielt 18 Sitze, das Zentrum 16 und die Konservativen 2. Auch die Wahl des Stadtrats richtete sich nun nach dem Verhältniswahlrecht, weshalb die Sozialdemokraten 6 von 22 Stadträten stellen konnten[363]. Im Juni 1914 wurde Eduard Dietz erneut in den Stadtrat gewählt[364]. Während des Krieges fanden keine Wahlen statt.

Da die Unterlagen, die die Arbeit des Karlsruher Stadtrats dokumentierten, nicht mehr erhalten sind, muss auch in diesem Bereich auf mittelbare Quellen zurückgegriffen werden[365]. Zu den Erfolgen der sozialdemokratischen Rathausfraktion gehörte die Einführung der vollständigen Sonntagsruhe im Jahr 1913[366]. Eine Angelegenheit, bei welcher Dietz eine besondere Rolle spielte, war die geplante Privatisierung der städtischen Straßenbahn im gleichen Jahr. Der seit 1906 amtierende Oberbürgermeister Karl Siegrist plante die Gründung einer „Karlsruher Eisenbahngesellschaft AG". Die Stadt Karlsruhe sollte 51% der Anteile erhalten. Obwohl das Nahverkehrswesen demnach nur teilweise in private Hand gelangt wäre, rief dieser Plan den heftigen Widerstand der Sozialdemokraten im Rathaus hervor. Dietz gilt im Kampf gegen die Privatisierung als „Wortführer", der sich in diesem Zusammenhang „außerordentliche Verdienste erworben"[367] habe. Letztendlich verwarf der Stadtrat die Vorlage des Oberbürgermeisters mit großer Mehrheit[368].

1914 bot man Eduard Dietz zudem das Mandat des gefallenen Ludwig Frank in der Zweiten Kammer der Badischen Ständeversammlung an. Die Arbeit im Stadtrat lag ihm jedoch sehr am Herzen und eine Doppelbelastung wollte er nicht eingehen[369]. An seiner Stelle konnte Ludwig Marum für die SPD

---

[362] *Goldschmit*, a. a. O., S. 184.

[363] *Eisele*, a. a. O., S. 20. Vgl. außerdem KA-Chronik 1911, S. 29 f. 1919 hob der Landtag durch Gesetz vom 13. März 1919 das Dreiklassenwahlrecht und damit die Drittelung der Mandate nach den Klassen schließlich auf (GVBl. 1919, S. 203 ff).

[364] KA-Chronik 1914, S. 34.

[365] Zur sozialdemokratischen Kommunalpolitik dieser Zeit s. auch *Pohl*, a. a. O., S. 235 ff.

[366] *Eisele*, a. a. O., S. 22.

[367] *Eisele*, a. a. O., S. 22 f. Auf die Problematik der Rechtsform der kommunalen Daseinsvorsorge kam Dietz im Rahmen der Rezension einer ingenieurwissenschaftlichen Dissertation zurück: An dieser Stelle sprach er sich allerdings für die Mischform des „Kommunalbetriebs in Privatrechtsform" aus, s. *Dietz*, o. T., in: Badische Rechtspraxis 1919, S. 8.

[368] S. *Eisele*, a. a. O., S. 23.

[369] Am 28. September 1914 schrieb die Ehefrau Dietz', Laura, an Marie Geck, die Ehefrau Adolf Gecks: „Dem Dr. ist das Landtagsmandat angeboten worden. Er hätte es gern genommen, aber bei seiner Art der Praxis geht es nicht: er muss schon jetzt für den Stadtrat

das Landtagsmandat erlangen und die Politik Badens im Kriege mitbestimmen.

III. Der Weg zur badischen Verfassung von 1919: Ablauf der Ereignisse unter besonderer Berücksichtigung der Beteiligung Eduard Dietz'

Nachdem die oberste Heeresleitung Ende September 1918 die militärische Niederlage des Deutschen Reiches eingestehen musste, kam es zu Waffenstillstandsverhandlungen, die das Ende der Kämpfe und somit faktisch des Ersten Weltkriegs darstellten. Möglich wurde dies durch die Umgestaltung der Reichsregierung unter Führung des neuen Reichskanzlers Prinz Max von Baden[370], der erstmals auch Sozialdemokraten angehörten. Damit einher ging eine Verfassungsreform, die den Reichskanzler an das Vertrauen des Reichstages band[371]. Bereits zu diesem Zeitpunkt aber war die alte Ordnung nicht mehr zu halten. Die Novemberrevolution, deren Ausgangspunkt der Kieler Matrosenaufstand am 3. November 1918 bildete und die Gründung von Arbeiter- und Soldatenräten zur Folge hatte, erfasste das gesamte Reich.

Die badische SPD war auf die revolutionären Umtriebe der ersten Novembertage nicht vorbereitet. Der Glaube an eine Änderung des Systems von innen heraus war in der Führungsriege der badischen Sozialdemokratie fest verankert. Nur so lässt sich erklären, dass Ludwig Marum noch am 30. Oktober 1918 auf einer Parteiveranstaltung in Karlsruhe zur Besonnenheit aufrief und sich gegen jede umstürzlerische Regung stellte. Auch der Frage nach der Staatsform kam seiner Ansicht nach keine Bedeutung zu. Anschließend betrat Dietz das Rednerpult und stärkte ihm den Rücken, indem er die Verdienste des Kaisers besonders hervorhob, der durch sein Vorgehen hinsichtlich der Kriegspolitik und der Erklärung des Burgfriedens erheblich zur Aufwertung der Arbeiterbewegung beigetragen habe[372]. Die SPD war also nicht gewillt, staatsfeindliche Aktionen zu unterstützen[373].

In dieses Bild fügen sich die Vorgänge, die sich wenige Tage später ereigneten. Oberbürgermeister Siegrist hatte Vertreter der Mehrheitsparteien zu einem Treffen eingeladen, um ihnen für den 10. November 1918 eine gemein-

---

des nachts nachholen, was er Tags versäumt. Und die Kollegen würden wohl kaum die Arbeit übernehmen: Ja, wenns ein nationalliberales Mandat wäre, dann vielleicht. Aber selbst da ginge es schlecht, denn die Praxis ist ganz auf den Dr. zugeschnitten und ginge sofort verloren, wenn er nicht da wäre. Wenn man nur unabhängig wäre!", GLA N Geck 952.

[370] *Kaller*, in: BB NF Bd. 3, S. 15 ff.

[371] Durch die Änderung des Art. 15 RV wandelte sich das Deutsche Kaiserreich de iure in eine parlamentarische Monarchie um, vgl. *Gusy*, Die Weimarer Reichsverfassung, Tübingen 1997, S. 7 f.

[372] S. Volksfreund, 31. Oktober 1918.

[373] *Pohl*, a. a. O., S. 342 beschreibt dies treffend als „Arrangement mit den alten Gewalten".

same Veranstaltung vorzuschlagen. Zu dieser Gelegenheit sollte je ein Parteivertreter die Treue zum Reich und zur Monarchie bekräftigen und so zur Entschärfung der aufgeheizten Stimmung in der Bevölkerung beitragen. Für die SPD nahm Eduard Dietz an der Besprechung teil und sicherte Siegrist den Auftritt des Stadtrats Heinrich Sauer zu[374]. Offenbar konnten weder Dietz noch Sauer zunächst abschätzen, welche Reaktionen ihr Vorgehen in der Partei hervorrufen würde. Als die Absprache der Parteivertreter mit dem Oberbürgermeister bekannt wurde, regte sich heftiger Widerstand gegen die Allparteienveranstaltung. Man befürchtete zu Recht, eine gemeinsame Kundgebung der Mehrheitsparteien, auf welcher sich die Mehrheitssozialisten Seite an Seite mit den Bürgerlichen präsentierten, könnte als Signal verstanden werden, die alte Ordnung ungeachtet der sich ändernden Verhältnisse auch in Zukunft mittragen zu wollen. Schließlich entschloss sich Sauer am 8. November 1918, der Veranstaltung nicht beizuwohnen und sagte seine Teilnahme ab.

Die revolutionäre Stimmung entlud sich am späten Nachmittag des darauf folgenden Tages auf dem Karlsruher Bahnhofsvorplatz. Dort hatte sich spontan[375] eine große Zahl von Soldaten eingefunden, um das weitere Vorgehen zu besprechen. Man kam überein, einen Zug zum Rathaus zu bilden, um dort einen Soldatenrat zu etablieren. Währenddessen hatte man auch im Rathaus erkannt, dass die politische Lage schnelles Handeln erforderte und einen „Wohlfahrtsausschuss" gegründet, der seine Aufgabe in der Aufrechterhaltung von Ruhe und Ordnung sah. Wiederum ging die Initiative von Oberbürgermeister Siegrist aus[376]. Der Ausschuss setzte sich zwar aus Vertretern aller Parteien zusammen, die SPD stellte aber ein gutes Drittel des 31-köpfigen Gremiums und war so die vorherrschende Kraft[377]. Zum Vorsitzenden wurde Heinrich Sauer bestimmt. Es verwundert, dass sich der Name Eduard Dietz auf der Liste des Wohlfahrtsauschusses nicht findet, galt er doch gerade in kommunalen Fragen als kompetenter Fachmann der SPD. Zudem genoss er den Respekt aller Stadtratsfraktionen und war als besonnener und loyaler Politiker bekannt.

Nachdem die Soldaten am Rathaus angekommen waren, wurden 50 von ihnen hinein gelassen, welche von nun an den Soldatenrat bildeten. In der Nacht auf den 10. November 1918 ließ der Soldatenrat eine Proklamation des Wohlfahrtsausschusses beschlagnahmen und stattdessen eine eigene Erklärung an die Bevölkerung an den Plakatsäulen in der Stadt anbringen. Außerdem stand das Generalkommando nun unter der Kontrolle der aufständischen

---

[374] S. *Oeftering*, Der Umsturz 1918 in Baden, Konstanz 1920, S. 65 ff.

[375] Wer Zeit und Ort bestimmte, war im Nachhinein nicht mehr nachzuvollziehen, s. *Oeftering*, a. a. O., S. 86.

[376] S. *Kaller*, Die Revolution des Jahres 1918 und die Tätigkeit des Arbeiter- und Soldatenrats in Karlsruhe, in: ZGO Bd. 114 (1966), S. 301, 303.

[377] S. *Pohl*, a. a. O., S. 349. Die Mitglieder des Wohlfahrtsausschusses sind namentlich aufgeführt bei *Oeftering*, a. a. O., S. 124.

Soldaten[378]. Diese Vorgänge beunruhigten den Wohlfahrtsausschuss, welcher am Morgen des 10. November 1918 wieder im Rathaus zusammengekommen war. Man entschloss sich dazu, einer Radikalisierung der Bewegung entgegenzuwirken und erstellte gemeinsam mit Vertretern des Soldatenrats eine Liste von Ministern, aus welcher sich eine vorläufige Volksregierung zusammensetzen sollte. Damit alle an den Beratungen beteiligten Parteien sich zur Regierung bekennen konnten, wurde die Zahl der Ministerien auf insgesamt elf erhöht. Die SPD übernahm dabei die Ministerien der Justiz, des Verkehrs, des Kultus und Unterrichts und der Übergangswirtschaft. Der USPD wurde das Ministerium für soziale Fürsorge und für militärische Angelegenheiten zugesprochen. Die Fortschrittliche Volkspartei erhielt das Ministerium des Innern, das Zentrum die Ministerien für Finanzen und für Ernährungswesen. Die Nationalliberalen stellten den Außenminister[379].

Es erscheint erklärungsbedürftig, warum die Vertreter der Arbeiterbewegung ihre vorteilhafte Ausgangslage nicht nutzten und sich stattdessen in so gefälliger Art und Weise um eine Integration der bürgerlichen Kräfte in die Regierung bemühten. Der Wunsch der badischen SPD, eine möglichst einmütige Lösung der Führungskrise zu finden, die alle Bevölkerungsteile mittragen konnten, wird an den Vorgängen, die zur Regierungsbildung führten, besonders deutlich[380]. Was die Vertreter der USPD betrifft, so waren diese einerseits politisch unerfahren[381] und verfolgten eine an den Vorstellungen der SPD orientierte, gemäßigte Linie. Andererseits waren sie von den die ganze Nacht währenden Diskussionen des Soldatenrats erschöpft und zu langwierigen Verhandlungen nicht mehr in der Lage[382]. Insgesamt begnügte man sich auf Seiten der Sozialdemokraten wohl damit, mit sieben gegen vier Ministerposten ohnehin die Oberhand im Kabinett zu besitzen. Zudem nahm mit Anton Geiß[383] ein Mehrheitssozialdemokrat den Platz des Vorsitzenden der vorläufigen Volksregierung Badens ein.

Für dieses Amt war laut *Benz*[384], *Stehling*[385], *Brandt/Rürup*[386] und *Pohl*[387] anfänglich neben Adolf Geck und Anton Geiß auch Eduard Dietz im Gespräch

[378] *Oeftering*, a. a. O., S. 118 f. Wenn auch diese Kontrolle als nicht besonders wirkungsvoll anzusehen ist; vgl. *Brandt/Rürup*, Volksbewegung und demokratische Neuordnung in Baden 1918/1919, Sigmaringen 1991, S. 107.

[379] Eine namentliche Aufstellung des Kabinetts samt näherer Angaben zu den Personen findet sich bei *Oeftering*, a. a. O., S. 153 ff. und *Zehnter*, Die Badische Verfassung vom 21. März 1919, 3. Aufl., Mannheim 1921, S. 11.

[380] *Pohl*, a. a. O., S. 354 nennt dies einen „Klassenkompromiss" der badischen SPD.

[381] Der zum Minister für militärische Angelegenheiten aufgestiegene Johann Brümmer war gelernter Schmied und einen Tag zuvor noch einfacher Soldat gewesen. Er hatte einen Ministerposten zunächst abgelehnt und ließ sich darauf nur ein, weil ihm die Unterstützung durch erfahrene Beamte zugesichert wurde. Vgl. *Oeftering*, a. a. O., S. 137 f.

[382] *Oeftering*, a. a. O., S. 135 f.

[383] S. *Kaller*, in: BB NF Bd. 1, S. 136.

[384] *Benz*, Süddeutschland in der Weimarer Republik. Ein Beitrag zur deutschen Innenpolitik 1918-1923, Berlin 1970, S. 38.

[385] *Stehling*, a. a. O., S. 109.

gewesen[388]. Bestätigung findet diese These durch den Erlebnisbericht des Zentrumspolitikers Heinrich Köhler, der angibt, für das Amt des Staatspräsidenten sei „zuerst" Dietz vorgesehen gewesen. Marum jedoch habe erklärt, „Dr. Dietz werde die Sache nicht übernehmen"[389]. Offenbar war diese Stellungnahme Marums sehr bestimmt und ließ keine Zweifel aufkommen, denn der Name Dietz fiel in der Diskussion nicht mehr. Entweder kannte Marum seinen langjährigen Parteikollegen und dessen abgeneigte Haltung gegenüber einem solch verantwortungsvollen Amt sehr gut oder er wollte Dietz aus der Diskussion um den Posten des Staatsministers auf Grund von politischen Motiven oder Rivalitäten heraushalten. Der weitere Verlauf, insbesondere die Berufung Dietz' in die Verfassungskommission nur wenige Tage später, die maßgeblich von Marum beeinflusst war, sprechen eher für ersteres[390].

Deshalb überrascht es ähnlich wie bei der Zusammensetzung des Wohlfahrtsausschusses einen Tag zuvor, dass Dietz nicht wenigstens ein Ministeramt zugeteilt wurde. *Stehling* ist der Auffassung, Dietz sei der einzige mögliche Gegenkandidat zu Friedrich Stockinger als Minister des Kultus und des Unterrichts gewesen[391]. Der Krankenkassenbeamte und Pforzheimer Stadtrat Stockinger brachte keine besondere Qualifikation für diesen Posten mit[392]. Dem Bereich Schule und Kultur wurde zu diesem Zeitpunkt demnach wenig Aufmerksamkeit geschenkt. Die Ansicht *Stehlings*, man habe von einer Besetzung des bekennenden Staatskirchengegners Dietz abgesehen, um einen erneuten Kulturkampf zu vermeiden, ist hingegen nicht nachvollziehbar. Zum einen erscheint es zweifelhaft, dass man sich im Zusammenhang mit dem Kulturressort überhaupt mit der Person Eduard Dietz beschäftigte. Zum anderen fügt sich dies nicht in das ebenfalls von *Stehling* entworfene Bild, Dietz habe den ihm angebotenen Posten des Staatsministers abgelehnt[393]. Hätte man tatsächlich befürchtet, durch die Berufung Dietz' als Kultusminister einen Kul-

---

386 *Brandt/Rürup*, a. a. O., S. 83.

387 *Pohl*, a. a. O., S. 354.

388 Bezeichnenderweise war keiner der drei zu den Besprechungen im Rathaus anwesend. Friedrich Stockinger beispielsweise erfuhr erst am nächsten Tag aus der Zeitung von seiner Berufung zum Minister. Anton Geiß erging es ähnlich; GLA 233/27960.

389 GLA 233/27960. Die Darstellung *Benz*', a. a. O., S. 38 und *Stehlings*, a. a. O., S. 109, nach welcher Dietz das Amt des Ministerpräsidenten „abgelehnt" habe, ist also unzutreffend.

390 Ein vollständiges Bild über den Ablauf des Berufungsverfahrens lässt sich leider nicht mehr zeichnen, der Erlebnisbericht Marums macht zu diesem Vorgang interessanterweise keinerlei Angaben; GLA 233/27960.

391 Aus dem Erlebnisbericht des Zentrumspolitikers Heinrich Köhler geht hingegen hervor, dass für kurze Zeit der spätere Finanzminister Joseph Wirth (ebenfalls Zentrum und später Reichskanzler) für das Amt des Kultusministers im Gespräch war; GLA 233/27960.

392 Laut *Oeftering*, a. a. O., S. 139, sollte die Berufung des nicht aus Karlsruhe kommenden Stockinger Signalwirkung entfalten. Zu seiner fachlichen Befähigung heißt es lediglich: „Außerdem heiße er in der Partei und im Bekanntenkreise nur der ‚Oberlehrer'. Da sei er im Unterrichtsministerium am Platz." S. auch Erlebnisbericht Köhler, GLA 233/27960.

393 S. *Stehling*, a. a. O., S. 109.

turkampf hervorzurufen, so wäre er wohl kaum vom Zentrumspolitiker Heinrich Köhler für das Amt des Staatsministers vorgeschlagen worden[394]. Am wahrscheinlichsten ist daher, dass Dietz nach den entschiedenen Worten Marums bezüglich des Staatsministeramtes für einen Regierungsposten überhaupt nicht mehr in Frage kam.

Die Frage der Ernennung des Kabinetts erübrigte sich, als Großherzog Friedrich II. verlauten ließ, er erkenne die vorläufige Volksregierung zwar nicht als verfassungsgemäß an, wolle aber keinen Widerspruch gegen deren Aufnahme der Amtsgeschäfte erheben. Er nehme von der Errichtung einer provisorischen Volksregierung „lediglich Kenntnis"[395]. Im Anschluss daran verkündete die Volksregierung ihre Konstituierung und kündigte die Abhaltung von Wahlen zu einer verfassunggebenden Nationalversammlung an, die über die künftige Staatsform entscheiden sollte[396]. Der Volksregierung war also daran gelegen, die vorrevolutionären Institutionen nicht in Frage zu stellen und größtmögliche Kontinuität bis zu einer endgültigen Entscheidung durch eine Nationalversammlung zu wahren[397]. Anders als in Berlin oder Bayern schreckte man vor einer voreiligen Ausrufung der Republik zurück. Offenbar hatte die vorläufige Volksregierung tatsächlich das Selbstverständnis eines Provisoriums. Nur so lässt sich erklären, dass man darauf aus war, eine Zeit des Übergangs möglichst reibungslos zu meistern, ohne den Entscheidungsspielraum der zu wählenden Volksvertretung durch bereits geschaffene Tatsachen allzu sehr einzuschränken. Der Druck auf die Regierung erhöhte sich jedoch durch die Arbeiter- und Soldatenräte, die die Verkündung der Republik verlangten[398]. Man entschloss sich deshalb zur Schaffung klarer Verhältnisse und entsandte Staatsminister Anton Geiß und seinen Amtsvorgänger Johann v. Bodman[399] am 13. November 1918 nach Schloss Zwingenberg, um dem Großherzog den Rücktritt nahe zu legen.

Hierhin hatte sich die großherzogliche Familie zurückgezogen, nachdem es am Abend des 11. November 1918 zu einer Schießerei am Karlsruher Schloss gekommen war[400]. Der Abordnung gelang es, Großherzog Friedrich II. zum vorläufigen Verzicht auf die Ausübung der Regierungsgewalt zu bewegen[401].

---

394 GLA 233/27960.

395 Die vollständige Erklärung ist abgedruckt bei *Oeftering*, a. a. O., S. 150 f. Alle Proklamationen sind auch zu finden bei *Remmele*, Staatsumwälzung und Neuaufbau in Baden – Ein Beitrag zur politischen Geschichte Badens 1914/24, Karlsruhe 1925, S. 19 ff. Jegliche Bekanntgaben der Regierung sind außerdem in einer Akte gesammelt, GLA 233/28117.

396 Der Text findet sich bei: *Oeftering*, a. a. O., S. 153 ff.

397 Vgl. *Kaller*, Zur Revolution von 1918 in Baden – Klumpp-Putsch und Verfassungsfrage, in: Oberrheinische Studien Bd. II (1973), S. 175, 179.

398 S. *Brandt/Rürup*, a. a. O., S. 85 f.

399 *Kaller*, in: BB NF Bd. 1, S. 68 ff.

400 Der sogenannte „Klumpp-Putsch" wurde von einem angetrunkenen Matrosen namens Heinrich Klumpp initiiert, der dabei einen wirklichen Umsturz aber nicht im Sinn hatte. Ausführlich beschrieben sind die Vorgänge bei *Kaller*, in: Oberrheinische Studien Bd. II (1973), S. 175, 180 ff. S. auch *Oeftering*, a. a. O., S. 182 ff.

401 Abgedruckt bei *Oeftering*, a. a. O., S. 220.

Dies stellte zwar im staatsrechtlichen Sinne keine Abdankung dar[402], konnte aber nur als ein unumkehrbares Vorzeichen für eine solche angesehen werden. Noch am gleichen Tag, dem 14. November 1918, nahm das Staatsministerium hierzu Stellung und verkündete, alle Staatsgewalt sei in der Hand der vorläufigen Volksregierung. Zudem wurde für Baden die „freie Volksrepublik" proklamiert. Die endgültige Entscheidung über die Staatsform sollte jedoch weiterhin der Nationalversammlung obliegen[403]. Wiederum hatte sich die Volksregierung in der Staatsformfrage also eines klaren Wortes enthalten. Am 22. November 1918 dankte der Großherzog schließlich ab und entband die Beamten von dem ihm geleisteten Treueeid[404].

Zur Stabilisierung der Lage, und um keine Zweifel an der Machtstellung der Volksregierung aufkommen zu lassen, trat am 19. November 1918 eine Verordnung in Kraft, die sanktionierte, dass Verordnungen der Volksregierung allein durch Unterzeichnung ihres Präsidenten und des Fachministers nach Verkündung Gesetzeskraft erlangten[405]. Am 22. November 1918 folgte der Erlass, dass alle Regierungshandlungen, die bis zu diesem Zeitpunkt durch den Großherzog oder das Staatsministerium oder den Großherzog und die Landstände erfolgt waren, nunmehr von der vorläufigen Volksregierung vorzunehmen waren[406]. Die Machtfrage war damit zu Gunsten der vorläufigen Volksregierung entschieden. Wie die bürgerlichen Parteien wollte die SPD den Räten ein Mitspracherecht oder staatliche Entscheidungsgewalt unter keinen Umständen zubilligen. Ein für den 21. und 22. November 1918 in Mannheim einberufener Landesausschuss der Soldatenräte beschloss zwar die Bestellung eines sogenannten „engeren Ausschusses", der Regierung und Verwaltung im Namen der Räte kontrollieren sollte. Die geringe Bedeutung dieses Kontrollorgans lässt sich aber zum einen daran ablesen, dass alle Mitglieder des dreiköpfigen Gremiums den Mehrheitssozialdemokraten angehörten[407]. Zum anderen verstand sich der „engere Ausschuss" mehr als Vermittlungsinstanz zwischen Regierung und Räten denn als Kontrollinstanz[408].

Die Volksregierung versuchte nicht nur, innenpolitisch eine Beruhigung der Situation herbeizuführen, sondern war auch darauf bedacht, die außenpolitische Lage zu sondieren. Man bemühte sich um eine Verständigung mit den Regierungen der übrigen süddeutschen Staaten und entsandte Eduard Dietz, sowie einen Regierungsrat am 22. November 1918 zu Gesprächen nach München und Stuttgart[409]. Neben der Erkundung der allgemeinen politischen Verhältnisse lautete der Auftrag, die Möglichkeit eines gemeinsamen Vorgehens

402 S. hierzu auch *Remmele*, a. a. O., S. 25 f., sowie *Oeftering*, a. a. O., S. 213.
403 *Oeftering*, a. a. O., S. 221.
404 Vollständiger Text der Abdankung bei *Oeftering*, a. a. O., S. 238 f.
405 GVBl. 1918, S. 397 (beschlossen am 16. November 1918).
406 GVBl. 1918, S. 403 f.
407 Bzgl. der Zusammensetzung des „engeren Ausschusses" s. *Oeftering*, a. a. O., S. 285.
408 *Brandt/Rürup*, a. a. O., S. 108 f.
409 Ausführlich mit den von Dietz durchgeführten Sondierungsgesprächen beschäftigt sich *Benz*, a. a. O., S. 52 ff.

der süddeutschen Staaten auszuloten. Vor allem die Angst vor einem von der Reichshauptstadt ausgehenden „bolschewistischen Terror“[410] beschäftigte die Volksregierung. Dietz traf am 23. November 1918 in München ein. Es gelang ihm bis zum Mittag des nächsten Tages, fast das gesamte Kabinett der Republik Bayern mit Ausnahme des Ministerpräsidenten Kurt Eisner, der in Berlin weilte, zu sprechen[411]. Am 25. November 1918 kam es dann in Stuttgart zu einem Treffen mit der württembergischen Regierung[412]. Dietz konnte nach seiner Rückkehr berichten, dass ein gemeinsames Vorgehen von allen Landesregierungen gewünscht war. Außerdem war man sich in der Abwehr linksradikaler Vorgänge, wenn nötig auch militärisch, einig. Bezüglich einer baldigen Berufung von Landesversammlungen zeigten sich nur in Bayern Befürworter eines späteren Wahltermins. Insgesamt zeichnete sich eine „betonte Einmütigkeit“[413] der süddeutschen Staaten ab.

Einen Monat später, am 27. und 28. Dezember 1918, fand in Stuttgart eine gemeinsame Konferenz der Staaten Baden, Bayern, Hessen und Württemberg statt, bei welcher man sich über einheitliche verfassungsrechtliche Grundsätze verständigen wollte. Außerdem rückte der Entschluss zur Gründung einer „gemeinschaftlichen politischen Organisation der süddeutschen Staaten“[414] in den Mittelpunkt des Treffens[415]. Für eine solche ständige gemeinsame Kommission, die ihren Sitz in Stuttgart haben sollte, war als Vertreter Badens Eduard Dietz vorgesehen[416]. Die Kommission kam aber nie zustande. Letztendlich scheiterte die Bildung eines süddeutschen Länderrates am Wunsch der bayerischen Regierung nach politischer Eigenständigkeit[417].

Unterdessen wurde die Verfassungsfrage immer drängender. Die Volksregierung hatte von Anfang an deutlich gemacht, dass sie sich mit einer Reform der bisherigen Staatsverfassung nicht begnügen wollte, sondern die Schaffung einer neuen Grundordnung anstrebte[418]. Die Wahlen zur badischen Nationalversammlung terminierte sie mit Verordnung vom 22. November 1918 auf den 5. Januar 1919[419]. Bis dorthin musste also ein Entwurf zur Hand sein. Bereits einige Tage zuvor, am 16. November 1918, erhielten Eduard Dietz, der Präsident des Verwaltungsgerichtshofs und Nationalliberale Karl Glockner[420] und der Präsident des Oberlandesgerichts und Zentrumspolitiker Johann August

---

410 So Dietz wörtlich in dem von ihm verfassten Bericht an das Staatsministerium, GLA 233/25690.

411 Auch mit dem Verkehrsminister kam es zu keiner Unterredung, GLA 233/25690.

412 Die Vermutung *Benz*', Dietz habe den undatierten Bericht am 24. November 1918 abgefasst, ist also unzutreffend; *ders.*, a. a. O., S. 53.

413 So *Benz*, a. a. O., S. 57.

414 So der badische Delegierte, Außenminister Heinrich Dietrich, in der Sitzung des Regierungskabinetts am 30. Dezember 1918, GLA 233/28134.

415 Ausführlich bei *Benz*, a. a. O., S. 66 ff.

416 GLA 233/28134.

417 *Benz*, a. a. O., S. 78 ff.

418 S. *Fenske*, 175 Jahre Badische Verfassung, Karlsruhe 1993, S. 84.

419 GVBl. 1918, S. 401 f.

420 S. *Leiser*, in: BB NF Bd. 1, S. 139 f.

Zehnter[421] von der Volksregierung den Auftrag, gemeinsam einen Verfassungsvorentwurf zu erarbeiten, welchen die Regierung als Grundlage für den der Nationalversammlung vorzulegenden Entwurf zu verwenden gedachte[422]. Einige Tage später wurde noch der Stadtrat der Fortschrittlichen Volkspartei und frühere Kanzleikollege von Eduard Dietz, Friedrich Weill, hinzugezogen[423]. Die Zusammensetzung der Kommission lässt die Frage aufkommen, warum die SPD und die USPD, die ja die Mehrheit in der Regierung bildeten, einer überwiegend bürgerlich besetzten Kommission die Aufgabe der Erarbeitung eines Verfassungsentwurfs anvertrauten. Vor allem das Verhalten der USPD-Vertreter gibt Rätsel auf, wurde der Kabinettsbeschluss zur Einsetzung der Kommission doch einstimmig gefasst. Vermutlich maß man in sozialdemokratischen Kreisen den Vorarbeiten durch die Kommission nur eine untergeordnete Bedeutung bei und vertraute auf die Argumentationsfähigkeit und das Verhandlungsgeschick Eduard Dietz'. Außerdem empfand man es wohl als Rückversicherung, dass die Sozialdemokratie in der Regierung, welche in der Frage des Verfassungsentwurfs das letzte Wort hatte, die Mehrheit stellte.

Entgegen der anfänglichen Ankündigung wurden vom Staatsministerium keine Richtlinien zur Beachtung durch die Vierer-Kommission aufgestellt, worüber Dietz die anderen Mitglieder am 29. November 1918 in Kenntnis setzte. In den ersten beiden Sitzungen der Kommission am 3. und 4. Dezember 1918 im Karlsruher Ständehaus wurden diejenigen Fragen erörtert, deren Regelung in den Augen der Mitglieder oberste Priorität besaß[424]. Zudem erklärten sowohl Glockner als auch Dietz, einen eigens konzipierten Entwurf in die Beratungen einbringen zu wollen. In den darauf folgenden Einzelberatungen am 5., 6. und 7. Dezember scheiterte Dietz mit seinem Antrag, den Beratungen seinen Entwurf zu Grunde zu legen. Stattdessen wurden nach Mehrheitsbeschluss die Beratungen an Hand des Entwurfs Glockners aufgenommen[425]. Während man in vielen Punkten zu einer Einigung kam, zeigte sich bald eine grundsätzliche Differenz zwischen Dietz und den anderen Kommissionsmitgliedern: Für Eduard Dietz, der sich auf der Grundlage des sozialdemokratischen Erfurter Programms bewegen wollte, war eines der zentralen Anliegen die Einrichtung eines Einkammersystems. Die Vertreter der bürgerlichen Parteien hingegen bestanden auf einem Zweikammersystem. Infolgedessen teilte Dietz dem Präsidenten der Volksregierung mittels eines Schreibens vom 9. Dezember 1918 mit, dass er eine gemeinsame Beschlussfassung der Kommission auf Grund der divergierenden Auffassungen nicht nur über die Frage

---

421 Zehnter war von 1919 bis 1920 auch Mitglied der Verfassung gebenden Deutschen Nationalversammlung; vgl. *Feuchte*, in: BB NF Bd. 3, S. 310 ff.

422 GLA 233/28117.

423 GLA 233/28135.

424 S. *Zehnter*, Badische Verfassung, S. 37. Welche Fragen das genau waren, lässt sich leider nicht mehr ermitteln, da die Kommission über ihre Sitzungen kein Protokoll führte. Es handelte sich wohl nicht um die Diskussion einzelner Regelungen, sondern um allgemeine Absprachen staatsorganisationsrechtlicher Art.

425 *Zehnter*, Badische Verfassung, S. 37.

des Ein- oder Zweikammersystems, sondern auch über andere Punkte, deren Umsetzung das Erfurter Programm verlangte, nicht für möglich hielt. Er kündigte an, einen eigenen Entwurf im Staatsministerium einzureichen, was am 11. Dezember 1918 auch geschah. Eine ausführliche Begründung dieses Entwurfs ließ er bereits ab dem 5. Dezember 1918 im „Volksfreund" erscheinen.

Trotz der schwerwiegenden Meinungsverschiedenheit beteiligte sich Dietz an den weiteren Beratungen über den Verfassungsentwurf der Kommission, die in der Woche vom 16. Dezember 1918 stattfanden. Nach Abschluss dieser zweiten Lesung sprachen sich zwar nur noch zwei Kommissionsmitglieder für das Zweikammersystem aus. Gleichwohl weigerte sich Dietz, dem Kommissionsentwurf vom 23. Dezember 1918 seine Unterschrift zu erteilen, da er dem Entwurf im Ganzen und im Einzelnen ablehnend gegenüber stand[426]. Der Regierungsentwurf, der nach Abhaltung der Nationalwahlen am 5. Januar 1919 der Badischen Nationalversammlung zur Beratung vorgelegt wurde, stützte sich im Wesentlichen auf den Entwurf Dietz, was vor allem dem Einsatz von Justizminister Ludwig Marum zu verdanken war[427].

Als Spitzenkandidat der SPD engagierte sich Dietz im Wahlkampf, eine Rede wurde später im „Volksfreund" veröffentlicht[428]. Im Gegensatz zu seinem Parteigenossen Ludwig Marum, der vorwiegend die radikale Linke angriff[429], konzentrierte Dietz sich auf die Rolle, die das „Bürgertum" im Krieg und der Revolution gespielt hatte. Er merkte dabei an, dass sich im Kaiserreich nur wenige der Bürgerlichen auf die Seite der Sozialdemokratie im Kampf gegen die Kriegstreiberei gestellt hätten. Es habe erst des Krieges bedurft, um die „Verderblichkeit der alten Zustände" zu verdeutlichen, was letztendlich zur „größten und gewaltigsten Revolution" der Weltgeschichte geführt habe[430]. Der zweite Teil der Rede beschäftigte sich unter Verwendung marxistischen Vokabulars mit dem Verhältnis von „Proletariat" und „Bourgeoisie" bzw. „Großgrundbesitz", welchen es entschlossen zu bekämpfen gelte[431]. Trotz des intensiv geführten Wahlkampfes gestaltete sich das Wahlergebnis aus Sicht der SPD enttäuschend: Bei einer außerordentlich hohen Wahlbeteiligung von 88,1% konnte die SPD nur 36 der insgesamt 107 Sitze erringen. Auf das Zentrum hingegen entfielen 39 Sitze. Die liberale Deutsche Demokratische Partei konnte 25 Abgeordnete ins Ständehaus entsenden. Die konservative Christliche Volkspartei war mit 7 Kandidaten vertreten[432]. Überraschenderweise

---

[426] S. *Zehnter*, Badische Verfassung, S. 38.

[427] *Pohl*, a. a. O., S. 442 ff. S. auch *Kaller*, in: Oberrheinische Studien Bd. II (1973), S. 175, 198 f. Der Regierungsentwurf wurde am 3. Januar 1919 vom Gesamtministerium verabschiedet, GLA 233/24312. Unterschiede und Gemeinsamkeiten des Entwurfs Dietz und des Regierungsentwurfs werden im zweiten Teil der Arbeit erörtert.

[428] Volksfreund, 27. und 30. Januar 1919.

[429] S. hierzu *Pohl*, a. a. O., S. 417 ff.

[430] *Dietz*, Sozialdemokratie und Bürgertum, in: Volksfreund, 27. Januar 1919.

[431] Volksfreund, 30. Januar 1919.

[432] Zahlen nach *Stehling*, a. a. O., S. 107, und *Pohl*, a. a. O., S. 420.

konnte die USPD in keinem der vier Wahlkreise die nach dem Verhältniswahlrecht erforderliche Stimmenzahl erringen, um einen Abgeordneten in der Nationalversammlung zu platzieren. Die Minister der USPD zogen hieraus die Konsequenz und traten aus der Regierung aus.

Dietz wurde bei Zusammentritt der Nationalversammlung am 15. Januar 1919 in den Vorstand der sozialdemokratischen Fraktion sowie zum Vorsitzenden des Verfassungsausschusses gewählt, der am 23. Januar 1919 die Arbeit aufnahm. Die Sitzungen des Verfassungsausschusses gliederten sich in eine Generaldebatte über die grundsätzlichen Fragen der Aufnahme der Grundrechte, zur Frage des Staatspräsidenten und des Einkammersystems, sowie in sich anschließende Einzeldebatten. Grundlage der Beratungen war der Regierungsentwurf. Vor allem bezüglich der Bestimmungen die Schule und Kirche betreffend kam es zu heftigen Diskussionen. Nach insgesamt 33 Sitzungen und zwei Lesungen des Verfassungsausschusses wurde der Verfassungsentwurf schließlich von der Nationalversammlung nach der zweiten Lesung im Plenum am 25. März 1919 einstimmig verabschiedet[433]. Noch bevor die Verfassung im Rahmen der Volksabstimmung am 13. April 1919 von einer deutlichen Mehrheit von 91% der Stimmen[434] angenommen wurde, reichte Eduard Dietz am 2. April 1919 sein Rücktrittsgesuch ein und schied aus der Nationalversammlung aus[435]. Das an den Präsidenten der Nationalversammlung gerichtete Rücktrittschreiben enthielt keine Begründung[436], weshalb über die Beweggründe für diesen Schritt keine sichere Erkenntnis gewonnen werden kann. *Kaller* vermutet, Dietz habe mit weniger Änderungen seines Entwurfes gerechnet und deshalb sein Mandat niedergelegt[437]. Auf Grund der Tatsache, dass sich der Entwurf Dietz weitgehend durchgesetzt habe, hält *Fischer* dies hingegen für fern liegend und sieht es als wahrscheinlicher an, dass Dietz seine vornehmliche Aufgabe in der Fertigstellung einer neuen badischen Verfassung sah. Als diese erfolgreich auf den Weg gebracht war, habe er seinen Auftrag als erfüllt angesehen[438]. Bezieht man in die Überlegungen mit ein, dass Dietz schon im November 1918 für das Amt des Vorsitzenden der vorläufigen Volksregierung aus eigenem Antrieb nicht zur Verfügung stand und sich außerhalb der Verfassungsfrage nicht um die Besetzung einer politischen Machtposition bemühte, erscheint die Erklärung *Fischers* stimmig. Die große politische Bühne suchte Dietz nur selten, die Rolle des eher im Hintergrund agierenden Theoretikers behagte ihm offensichtlich mehr.

---

433 GVBl. 1919, S. 279 ff. S. auch *Glockner*, Badisches Verfassungsrecht, 2. Aufl., Karlsruhe 1930, S. 3.

434 Allerdings lag die Wahlbeteiligung bei lediglich 34 %, vgl. *Glockner*, a. a. O., S. 3. S. auch Prot. vom 15. April 1919, S. 73.

435 GLA 231/3434.

436 Wortlaut des Schreibens auch in den Amtlichen Berichten über die Verhandlungen der verfassunggebenden badischen Nationalversammlung vom 12. April 1919, Sp. 770.

437 *Kaller*, in: Oberrheinische Studien Bd. II (1973), S. 175, 201.

438 *Fischer*, Juristenportraits, S. 49; *ders.*; in: RuP 2004, S. 58, 59; *ders.*, Eduard Dietz (1866-1940). Vater der badischen Landesverfassung von 1919, S. 38 ff.

Nachdem die erste demokratisch legitimierte Verfassung im Deutschen Reich[439] von der Badischen Nationalversammlung verabschiedet worden war, hielt er eine Fortführung der parlamentarischen Arbeit für überflüssig.

IV. Der Austritt aus der SPD und die Aufgabe des Stadtratmandats Ende 1920: Beweggründe und Reaktionen

Während die badische SPD in der Weimarer Republik ihren reformistischen Kurs fortsetzte und unter stetem Stimmenverlust als Juniorpartner des Zentrums bis zum Jahr 1932 an der Regierung blieb[440], trat schon kurz nach seinem Austritt aus der Nationalversammlung eine tiefgehende Entfremdung Eduard Dietz' gegenüber seiner Partei ein. Dietz sorgte sich zunehmend um die programmatische Ausrichtung der Partei und die Sicherung der Revolutionserfolge. Auf dem Parteitag der badischen SPD in Baden-Baden, der am 26. und 27. November 1920 stattfand, stellte er daher einen Antrag auf „schärferes Auftreten", welches die „Grenzen der Demokratie" zur Sprache bringe, was nichts anderes als den Austritt aus der Koalitionsregierung mit dem Zentrum bedeutete[441]. Er sah den gefährlichsten politischen Feind rechts der Mitte und befürchtete, die „formal-juristische Demokratie" werde dazu benutzt, „die Republik und die Errungenschaften der Revolution zu beseitigen". Zudem forderte er, die Sozialisierung von Produktionsmitteln müsse endlich umgesetzt werden. Die Demokratie dürfe nur ein Mittel sein zur Vergesellschaftung. Zuvor war Dietz mit dem gleichen Antrag auf dem Parteitag der Gesamt-SPD in Kassel gescheitert. Hier hatte er sogar verlauten lassen, die Demokratie sei ein Schwindel, aus dem die Sozialdemokratie rasch heraus müsse[442]. Welch großes Misstrauen er zu diesem Zeitpunkt bereits gegen die Demokratie hegte, verdeutlicht eine von ihm zusammengestellte Sammlung von Marx-Zitaten, die belegen sollte, dass Marx die Gewaltanwendung über die Demokratie gesetzt habe[443]. Das Experiment „Demokratie" war in seinen Augen gescheitert. Der für seine Dialogbereitschaft bekannte Kommunalpolitiker betonte auf dem Parteitag, er habe bereits in der Fraktion der Nationalversammlung die Ansicht vertreten, man solle nicht in eine bürgerliche Regierung eintreten[444]. Der einst reformistisch orientierte Dietz, durch seine Arbeit an der liberalen Verfassung

---

[439] Das Landesgrundgesetz von Mecklenburg-Strelitz wurde zwar schon am 29. Januar 1919 erlassen, vor Inkrafttreten am 1. Februar 1919 aber nicht einer Volksabstimmung unterzogen. Vgl. *Brückner*, Die mecklenburgische Verfassungsfrage seit 1913, in: JböR Bd. 9 (1920), S. 218, 223 ff.

[440] Vgl. *Stehling*, a. a. O., S. 6 ff.

[441] Volksfreund, 29.November 1920.

[442] Volksfreund, 30. November 1920.

[443] Volksfreund, 30. November 1920. Das Manuskript war zum Abdruck im „Volksfreund" bestimmt gewesen, auf Grund der sich abzeichnenden Spannungen mit der Partei aber nie zur Veröffentlichung gelangt.

[444] Volksfreund, 29. November 1920.

selbst am Aufbau der Demokratie in Baden maßgeblich beteiligt gewesen, hatte sich zum Linksabweichler entwickelt[445]. Knapp zwei Jahre zuvor hatte er noch vor einem „bolschewistischen Terror" aus der Reichshauptstadt gewarnt[446]. Nun bekundete er seine Sympathie für eine gewaltsame Einführung des Rätemodells.

Die Partei nahm dieses radikale Auftreten mit Befremden auf: Dietz' Antrag wurde auf dem „in jeder Hinsicht prächtig verlaufenen Parteitag"[447] mit überwältigender Mehrheit abgelehnt. Dietz zog hieraus die Konsequenz und trat noch am gleichen Tag aus der SPD aus. Die Reaktion auf das Austrittsschreiben, welches am 30. November 1920 im „Volksfreund" veröffentlicht wurde, lässt Erleichterung darüber erkennen, sich des engagierten Querdenkers endlich entledigt zu haben. Dietz sei schon seit Monaten „gewissermaßen nur noch auf tägliche Kündigung" in der Partei gewesen. In völliger Verkennung der Stimmungslage in der Partei habe Dietz seine radikalen Gedankengänge für mehrheitsfähig gehalten und stattdessen eine „glatte und unverblümte Niederlage" erlitten[448]. Mit der SPD-Mitgliedschaft legte er zugleich das Stadtratsmandat nieder.

V. Kirchenpolitik: Dietz und der Bund Religiöser Sozialisten in der Weimarer Republik

Der gläubige Christ Eduard Dietz war zu Beginn des 20 Jahrhunderts[449] aus der evangelischen Kirche ausgetreten, weil er keiner „innerlich abhängigen Staatskirche" mehr angehören wollte[450]. Durch die Veränderungen, die die

[445] Der Schriftsteller René Schickele schrieb am 8. Mai 1934 in sein Tagebuch, er habe Dietz als „Linkssozialisten" und „strengen Marxisten" gekannt, s. *Schickele*, Werke in drei Bänden - Dritter Band, Köln und Berlin 1959, S. 1108.

[446] S. Bericht Dietz, GLA 233/25960.

[447] Volksfreund, 30. November 1920. Die vorhergehende Aussprache fiel deutlich aus. Adam Remmele beispielsweise sagte: „Dr. Dietz stellt auch in der praktischen Arbeit draußen nicht seinen Mann, er verfaßt nur Resolutionen und kritisiert auf den Versammlungen.", s. Volksfreund, 29. November 1920

[448] Volksfreund, 30. November 1920. Die kapitale Fehleinschätzung Dietz' wird deutlich, wenn man bedenkt, dass er verlauten ließ, er habe in Kassel gesehen, dass die Partei „nicht gewillt sei ins kleinbürgerliche oder reformistische Fahrwasser zu segeln". Noch in seinem Austrittsschreiben verlieh er der vagen Hoffnung Ausdruck, lediglich die „führenden" Parteigenossen hätten seinem Kurs eine Absage erteilt, Volksfreund, 30. November 1920. Zur Reaktion der Partei auf Dietz' Austritt s. außerdem *Stehling*, a. a. O., S. 82.

[449] Aus der Personalakte der Badischen Rechtsanwaltskammer geht hervor, dass seine Ehefrau Laura im Jahr 1905 aus der evangelischen Kirche ausgetreten ist. Es liegt nahe anzunehmen, dass dies einen gemeinsamen Entschluss der Eheleute darstellte. GLA 69/2001-58/138. In der Anklageschrift des Beleidigungsprozesses, den Olga Molitor gegen Eduard Dietz anstrengte, vom 7. April 1908 heißt es, er sei konfessionslos, GLA 234/9259.

[450] Zitat nach *Dietrich*, Wie es zum Bund der religiösen Sozialisten kam, Karlsruhe 1927, S. 11.

Revolution der Jahre 1918/19 mit sich brachte, sah Dietz jedoch die Möglichkeit, die Kirche von innen heraus zu reformieren[451]. Aus dieser Motivation gründete er gemeinsam mit dem evangelischen Stadtpfarrer Franz Rohde die „Volkskirchliche Vereinigung“[452]. Die Programmatik der Vereinigung fassten die Vorstände Dietz und Rohde in einem Aufruf zum demokratischen Umbau der evangelischen Landeskirche zusammen[453]. Zu den vornehmlichsten Zielen zählte demnach neben der Einführung einer neuen, demokratischen Kirchenverfassung die Reform des Religionsunterrichts und die „Beseitigung der Staatsdotationen“[454]. Der Aufruf wurde im Frühjahr 1919 auf zwei Werbeveranstaltungen von Rohde und Dietz bekannt gemacht und zusätzlich an alle badischen Pfarrer übersandt. Sieben der 36 sozialdemokratischen Abgeordneten der badischen Nationalversammlung unterschrieben die Proklamation, die nach dem Willen des Vorstands der „Volkskirchlichen Vereinigung“ einen ersten Schritt hin zu einem besseren Verhältnis von Sozialdemokratie und Kirche darstellen sollte.

Um Einfluss auf die Kirchenpolitik zu nehmen, beteiligte sich die „Volkskirchliche Vereinigung“, die sich bald in „Badischer Volkskirchenbund“ umbenannte, an den am 28. September 1919 stattfindenden Urwahlen zur außerordentlichen badischen Generalsynode. Die Synode sollte eine neue Kirchenverfassung erarbeiten und beschließen. Um ein größeres Gewicht zu erhalten, entschlossen sich die kirchlich-liberale Gruppe und der „Volkskirchenbund“ dazu, ein Wahlabkommen einzugehen. Am Zustandekommen dieses Abkommens hatte Dietz entscheidenden Anteil, indem er ebenso wie Rohde und der Heidelberger Professor Hans Ehrenberg[455] an verschiedenen Orten für eine Zusammenarbeit mit den Liberalen warb[456]. Weil das Bündnis aber kurz vor Einreichung der Wahllisten von liberaler Seite gebrochen wurde, konnte sich der „Volkskirchenbund“ nicht zur Wahl stellen[457]. Der befürchtete Schritt rückwärts der Synode blieb jedoch aus. Die im Dezember 1919 verabschiedete

---

[451] Im August 1919 schrieb Dietz in dem von der „Volkskirchlichen Vereinigung“ verlegten Halbmonatsblatt, das bisherige System sei „befreit von den Schlacken des Staatskirchentums“; *Dietz*, Aus „Drei Reden“ – Über Sozialdemokratie und Religion, in: Christliches Volksblatt, 1. August 1919.

[452] Ein genauer Zeitpunkt der Gründung lässt sich nicht mehr feststellen. Allerdings kann aus der Darstellung *Dietrichs* geschlossen werden, dass die Gründung der „Volkskirchlichen Vereinigung“ vor der Wahl zur Nationalversammlung am 5. Januar 1919 erfolgte, vgl. *Dietrich*, a. a. O., S. 7.

[453] Vollständiger Text des Aufrufs bei *Dietrich*, a. a. O., S. 8 ff.

[454] Vgl. *Heimann*, in: *Heimann/Walter*, Religiöse Sozialisten und Freidenker in der Weimarer Republik, Bonn 1993, S. 13, 122.

[455] Zu Leben und Wirken Ehrenbergs s. *Brakelmann*, Hans Ehrenberg. Ein judenchristliches Schicksal in Deutschland, Bd. 1 – Leben, Denken und Wirken (1883-1932), Waltrop 1997 sowie *ders.*, Bd. 2 – Widerstand, Verfolgung und Emigration (1933-1939), Waltrop 1999.

[456] *Dietrich*, a. a. O., S. 17.

[457] Zu dem Bruch des Wahlabkommens s. *Baig*, Bund der religiösen Sozialisten Deutschlands in der Weimarer Republik, Bochum 1996, S. 29 mit weiteren Nachweisen.

Kirchenverfassung beinhaltete viele demokratisch-parlamentarische Elemente. Beispielsweise wurden alle Gremien nach dem Verhältniswahlrecht gewählt[458].

Die örtlichen Kirchenwahlen, welche im Juni und Juli des Jahres 1920 in den einzelnen Gemeinden stattfanden, stellten die erste Wahl dar, an der sich der „Volkskirchenbund" beteiligte. Die Führung des Bundes wurde nach dem Rückzug Rohdes von dem Schuldirektor Heinrich Dietrich übernommen. An vielen Stellen findet man Hinweise auf die Beschwerlichkeiten des Wahlkampfs, in welchem sich Eduard Dietz in besonderem Maße engagierte. So hielt er innerhalb einer Woche Vorträge in Durlach, Karlsruhe und Grünwettersbach[459]. Ein wichtiges Mittel im Wahlkampf war das vom Volkskirchenbund herausgegebene und sonntäglich erscheinende „Christliche Volksblatt"[460].

Der Volkskirchenbund konzentrierte sich anschließend auf die im Herbst 1920 anstehenden Wahlen zur Landessynode. Man einigte sich auf ein Programm, welches das „sozialistische Ideal" in den Mittelpunkt des Bemühens stellte[461]. Um dieses Mal in der Synode vertreten zu sein, kooperierte der Volkskirchenbund mit dem von dem Pforzheimer Pfarrer Erwin Eckert ins Leben gerufenen „Bund evangelischer Proletarier". Das Wahlergebnis war mit 13.000 Stimmen für den Volkskirchenbund, was einem Anteil von 9% und drei Mandaten entsprach, bemerkenswert[462]. Unter dem Eindruck dieser erfolgreich verlaufenen Synodalwahl kam es schließlich im Jahr 1922 zum Zusammenschluss des Volkskirchenbundes und des „Bundes evangelischer Proletarier". Das neue Bündnis trug nun den Namen „Volkskirchenbund evangelischer Sozialisten". Die Zusammenführung ließ eine heftig geführte Programmdiskussion aufkommen, an welcher sich auch Eduard Dietz beteiligte. Im Mittelpunkt der Debatte stand ein von Eckert vorgelegter Programmentwurf, der eine gemeinsame, verbindliche Vorgehensweise in allen kirchlichen Belangen forderte. Demgegenüber sah Hans Ehrenberg keine Notwendigkeit einer Einführung eines Programms. Auf der Landesversammlung im September 1923 in Karlsruhe legten beide ihre Positionen erneut dar. Allerdings äußerten die Delegierten weder Zuspruch noch Ablehnung, da Dietz um Enthaltung gebeten hatte[463].Damit war die Frage nach einer verbindlichen Programmatik lediglich vertagt. Dietz hielt eine Festlegung auf ein starres Programm für nicht erforderlich: Aus der „Verbindung von evangelisch und Sozialismus" ergebe sich das eigene Bekenntnis in den Kernfragen von selbst, alles weitere solle man

[458] *Heimann*, in: *Heimann/Walter*, Religiöse Sozialisten und Freidenker in der Weimarer Republik, Bonn 1993, S. 13, 121; *Erbacher*, Die evangelische Landeskirche in Baden in der Weimarer Republik und im Dritten Reich, 1918-1945, Karlsruhe 1983, S. 22.

[459] S. die Mitteilung im „Christlichen Volksblatt" vom 18. Juli 1920. Das Thema der Reden war jeweils „Sozialismus und Kirche". Das Ergebnis der Wahlen für den Volkskirchenbund wird von *Dietrich*, a. a. O., S. 27, als „relativ gut" bezeichnet.

[460] Dieses löste ab 1920 das bis dorthin erschienene Halbmonatsblatt „Christliches Volk" ab.

[461] Zitiert nach *Dietrich*, a. a. O., S. 24.

[462] Eine genaue Aufschlüsselung der Wahlergebnisse in der Weimarer Republik findet sich bei *Erbacher*, a. a. O., S. 24 ff.

[463] Vgl. *Baig*, a. a. O., S. 34 f.

aber dem einzelnen überlassen[464]. In einem weiteren kontrovers diskutierten Punkt, der Haltung des Volkskirchenbundes gegenüber dem Marxismus, verteidigte er die marxistische Wirtschaftslehre als zukunftweisend und hielt es für erforderlich, dass „unsere Freunde in der marxistischen Arbeiterschaft aller Richtungen wissen, dass auch im Kreise der evangelischen Sozialisten der Marxismus lebt“[465].

Im Jahr 1924 wurde die Zusammenarbeit mit dem „Bund Religiöser Sozialisten Deutschlands“ mit Sitz in Berlin ausgeweitet und das bisherige „Christliche Volksblatt“ in das „Sonntagsblatt des arbeitenden Volkes“ (SdaV) umbenannt[466]. Zur besseren Abstimmung der gemeinsamen Programmatik fand im August 1924 eine von Erwin Eckert in Meersburg einberufene Tagung statt, an der religiöse Sozialisten aus ganz Deutschland teilnahmen und aus welcher die „Arbeitsgemeinschaft religiöser Sozialisten“ hervorging. Erwin Eckert, Heinrich Dietrich, Georg Wünsch und Eduard Dietz bildeten den „vorläufigen Arbeitsausschuss“[467]. Zwar herrschte über die Ausrichtung der Arbeitsgemeinschaft weitgehend Uneinigkeit. Aufschlussreich ist aber eine Klarstellung Eckerts aus dem Jahr 1925, in der die parteipolitische Zugehörigkeit eines religiösen Sozialisten zu einer bürgerlichen Gruppierung als unmöglich bezeichnet wurde und die keinen Widerspruch hervorrief[468].

Das nächste Ziel des Volkskirchenbundes war die Vermehrung der Mandate bei den für Juli 1926 angesetzten Wahlen zur Landessynode. Diese verliefen für den Volkskirchenbund überaus erfolgreich: Er erhielt insgesamt 27.000 Stimmen und konnte somit sieben Kandidaten in die Synode entsenden[469].

Im August 1926 wurde die zweite Meersburger Tagung abgehalten und aus der religiös-sozialistischen Arbeitsgemeinschaft entstand der „Bund der Religiösen Sozialisten Deutschlands“. Das Amt des ersten Vorsitzenden bekleidete seitdem Erwin Eckert. Die Entwicklung des neuen deutschlandweiten Bundes war vielfach geprägt von Programmdebatten und Richtungsstreitigkeiten. Während eine gemäßigte Richtung, vor allem vertreten von dem Marburger

---

[464] S. *Dietz*, Zur Programmdebatte, in: Christliches Volksblatt, 4. November 1923: „Wer einerseits sich vorbehaltlos als Sozialist bekennt und als Evangelischer innerhalb und außerhalb der Kirche tätig ist, der ist „Evangelischer Sozialist“ und für den sind damit die Ziele und die Wege seines Strebens und seiner Betätigung gegeben. Hierin liegt die notwendige Unitas, die Voraussetzung der gemeinsamen Arbeit im Volkskirchenbund, und hierin demgemäß auch der Kernpunkt des Programms. In allen anderen Punkten aber kann, wer auf diesem grundlegenden Boden steht, die libertas für sich in Anspruch nehmen, insbesondere also in dogmatischen Fragen, in Schulfragen, in Verfassungs- und Finanzfragen.“

[465] *Dietz*, Das Ende des Marxismus und die Evangelischen Sozialisten, in: Christliches Volksblatt, 16. Dezember 1923.

[466] Von Januar 1931 bis zu Verbot im März 1933 erschien die Zeitung unter dem Namen „Der Religiöse Sozialist“.

[467] S. *Baig*, a. a. O., S. 36.

[468] Vgl. *Heimann*, in: *Heimann/Walter*, Religiöse Sozialisten und Freidenker in der Weimarer Republik, Bonn 1993, S. 13, 100.

[469] S. *Erbacher*, a. a. O., S. 24 ff.

Theologen Georg Wünsch[470], ein klares Bekenntnis des Bundes zum Marxismus für verfehlt hielt, sahen vor allem Eckert und Dietz den Marxismus als die für die Religiösen Sozialisten verbindliche Wirtschaftstheorie an und verlangten ein bedingungsloses Bekenntnis des BRSD zum Marxismus[471]. Auf der Mannheimer Konferenz im Jahr 1928 trat dieser Konflikt offen zu Tage. Eckert forderte, der BRSD solle sich verbindliche Richtlinien auf der Grundlage des Marxismus geben[472]. Dietz pflichtete ihm bei und bekräftigte das Verlangen nach einem „rückhaltlosen Bekenntnis zum Marxismus“. Zudem merkte er an, dass Nichtmarxisten im Bund lediglich geduldet seien und stellte die provokante These auf: „Der Arbeiter ist entweder ein Marxist oder ein Wirrkopf“[473]. Zu einem Abschluss der Diskussion kam es in Mannheim nicht, eine endgültige Entschließung wurde vertagt. Allerdings war eine wichtige Folge der Tagung die Entscheidung zu Gunsten einer intensiveren wissenschaftlichen Arbeit mittels der Herausgabe einer wissenschaftlichen Zeitschrift[474]. Zudem wurde die Durchführung einer religiös-sozialistischen Tagung beschlossen, an welcher auch Eduard Dietz teilnahm[475]. Überhaupt machte sich Dietz um die Weiterentwicklung der Idee des religiösen Sozialismus außerordentlich verdient: Er war Vorsitzender der „Verlagsgenossenschaft der religiösen Sozialisten“[476] mit Sitz in Karlsruhe-Rüppurr und verfasste selbst einige ausführliche Abhandlungen, die sich mit den verschiedensten Themen aus dem religiös-sozialistischen Bereich beschäftigten[477]. Auf Grund der Tatsache, dass rund 99% der badischen Bevölkerung einer Glaubensrichtung angehörten, sah er die „statistische Notwendigkeit des religiösen Sozialismus“ als erwiesen an[478].

Durch das kämpferische Eintreten Erwin Eckerts für den Marxismus kam es immer wieder zu Spannungen zwischen ihm und der evangelischen Kirche[479]. Rechtsbeistand in allen Prozessen Eckerts gegen die Kirche war Eduard

---

[470] S. *Baig*, a. a. O., S. 128 ff.
[471] Bzgl. *Eckert* s. seine Schrift: Was wollen die religiösen Sozialisten?, Karlsruhe 1927.
[472] S. *Heimann*, in: *Heimann/Walter* Religiöse Sozialisten und Freidenker in der Weimarer Republik, Bonn 1993, S. 13, 107.
[473] Zitiert nach *Heimann*, in: *Heimann/Walter*, Religiöse Sozialisten und Freidenker in der Weimarer Republik, Bonn 1993, S. 13, 107.
[474] Ab Januar 1929 erschien unter der Leitung von Georg Wünsch die „Zeitschrift für Religion und Sozialismus“ (ZSR), für welche Eduard Dietz gleich in der ersten Ausgabe einen Aufsatz verfasste: *Dietz*, Die Rolle der Gewalt in der Wirtschafts- und Staatslehre von Marx und Engels, in: ZSR 1/1929, S. 36 ff; vgl. *Breipohl*, Religiöser Sozialismus und bürgerliches Geschichtsbewusstsein zur Zeit der Weimarer Republik, Zürich 1971, S. 23.
[475] Diese fand im April 1929 statt, s. *Breipohl*, a. a. O., S. 23.
[476] Vgl. *Balzer*, Klassengegensätze in der Kirche: Erwin Eckert und der Bund der Religiösen Sozialisten Deutschlands, Köln 1973, S. 276.
[477] *Dietz*, Das heilige Eigentum und die Arbeiterencyclica des Papstes Leo XIII. von 1891, Karlsruhe 1927; *ders.*, Wilhelm Hohoff und der Bund katholischer Sozialisten, Karlsruhe 1927; *ders.*, Das religiöse Problem des Marxismus, Karlsruhe 1929; *ders.*, Die Staatsauffassung von Marx und Engels, Karlsruhe 1929.
[478] *Dietz*, Die statistische Notwendigkeit des religiösen Sozialismus, in: SdaV, 20. Juni 1926.
[479] Den ersten dienstlichen „Verweis“ erhielt Eckert in der Auseinandersetzung um die Reichspräsidentenwahl im Jahr 1925, vgl. *Balzer*, a. a. O., S. 106 f.

Dietz[480]. Nachdem Eckert 1931 aus der SPD aus und in die KPD eingetreten war, eröffnete die badische Kirche ein Disziplinarverfahren gegen den unliebsamen Pfarrer, welches im Dezember gleichen Jahres schließlich mit dessen Entlassung aus dem Kirchendienst endete[481]. Bereits im November hatte der Bundesvorstand des BRSD beschlossen, Eckert wegen dessen Äußerungen gegenüber der Sozialdemokratie als Geschäftsführer des Bundes abzuberufen. Dies veranlasste ihn dazu, aus dem BRSD auszutreten[482].

Nach dem Ausscheiden Eckerts war der BRSD in Baden mit der Vorbereitung der Wahlen zur Landesynode im Jahr 1932 beschäftigt. Für die Religiösen Sozialisten kam es mit 30.000 Stimmen, was 14% der Stimmanteile entsprach, und sieben Mandaten zu keinerlei spürbaren Veränderungen. Allerdings beteiligten sich erstmals auch die „Evangelischen Nationalsozialisten" an den Wahlen und erhielten mit 13 Mandaten fast doppelt so viele wie der frühere Volkskirchenbund[483]. Der Widerstand vieler religiöser Sozialisten gegen den Nationalsozialismus[484] war letztendlich vergeblich. Im März 1933 wurde das Sonntagsblatt „Der Religiöse Sozialist" verboten. Mit Verfügung des Ministeriums des Innern vom 18. Juli 1933 wurde der BRSD aufgelöst und das Erscheinen der „Zeitschrift für Religion und Sozialismus" untersagt[485]. Damit endete auch der kirchenpolitische Kampf des Eduard Dietz.

---

[480] *Balzer*, a. a. O., S. 101. Wie er sich vor dem Dienstgericht für den umstrittenen Kirchendiener einsetzte, beschrieb 1931 der Pfarrer und Religiöse Sozialist *Heinz Kappes*, Der Fall Eckert, abgedruckt in: *Balzer/Wendelborn* (Hrsg.), „Wir sind keine stummen Hunde" – Heinz Kappes (1893-1988). Christ und Sozialist in der Weimarer Republik, Bonn 1994, S. 204, 205 ff.

[481] *Balzer*, a. a O., S. 98.

[482] S. hierzu *Heimann*, in: *Heimann/Walter*, Religiöse Sozialisten und Freidenker in der Weimarer Republik, Bonn 1993, S. 13, 116 f.

[483] *Erbacher*, a. a. O., S. 24, 27.

[484] Vgl. *Heimann*, in: *Heimann/*Walter, Religiöse Sozialisten und Freidenker in der Weimarer Republik, Bonn 1993, S. 13, 118 f. und S. 132 f.

[485] S. *Erbacher*, a. a. O., S. 38.

F. Die Tätigkeit als Vertreter der Badischen Anwaltskammer

I. Der Eintritt in den Vorstand 1918 und die Berufung zum Vorstandsvorsitzenden 1922

Bereits als Amtsrichter im Jahr 1899 ließ Dietz ein außerordentliches Engagement für die Belange der Anwaltschaft erkennen. In der ersten Ausgabe des Publikationsorgans der Badischen Anwaltskammer, der „Badischen Rechtspraxis", ist sein Name als Mitarbeiter zu finden[486]. In der Folgezeit veröffentlichte er in der „Badischen Rechtspraxis" mehrere Beiträge, die ihn für das Amt des Vorstandsmitglieds der Anwaltskammer empfahlen[487]. Er trat ebenfalls als Mitarbeiter der „Zeitschrift für badische Verwaltung und Verwaltungsrechtspflege" in Erscheinung[488]. Im April 1918 wurde Dietz in den Vorstand der Badischen Anwaltskammer gewählt[489].

Die Gründung der Badischen Anwaltskammer reicht bis ins Jahr 1865 zurück. Rechtsgrundlage war die Badische Anwaltsordnung (BAO) von 1864[490], die bestimmte, dass die zugelassenen Anwälte eines Landgerichtsbezirks in einer Rechtsanwaltskammer zusammengefasst waren[491]. Zudem verwendete sie durchgehend den einheitlichen Terminus „Anwalt", anstatt in „advocatus" und „procurator" zu unterscheiden[492]. Schließlich regelte sie den Grundsatz der „freien Advokatur"[493]. Die BAO verlor ihre Geltungskraft jedoch schon 1878 mit Inkrafttreten der reichseinheitlichen Rechtsanwaltsordnung (RAO)[494]. Die

---

486 Badische Rechtspraxis 1899, S. 1 und 39.

487 Neben der Darstellung von Problemen, die sich aus seiner praktischen Tätigkeit als Rechtsanwalt ergaben (vgl. Erster Teil D. II. 1.), verfasste er auch Rezensionen juristischer Fachliteratur. Beispielsweise rezensierte er ein Buch über das Namensrecht, *Dietz*, o. T., in: Badische Rechtspraxis 1899, S. 136 f.

488 In den Jahren 1906 und 1912 tat er sich u. a. als Experte auf dem Gebiet des Wasserrechts hervor; s. *Dietz*, Wasserrechtliche Betrachtungen Nr. II, ZfbadVerw 1906, S. 141 ff sowie *ders.*, Der Entwurf eines preußischen Wassergesetzes, ZfbadVerw 1912, S. 33 ff.

489 Badische Rechtspraxis 1918, S. 40.

490 RegBl. 1864, S. 661 ff. Zur BAO s. *Gönner*, Zur Geschichte der Badischen Rechtsanwaltschaft im 19. Jahrhundert, in: JW 1930, S. 2893, 2987 f. sowie *K. Zippolius*, Die Badische Anwaltsordnung von 1864, in: FS 125 Jahre Anwaltsverein Karlsruhe, Karlsruhe 2004, S. 36, 36 ff mit weiteren Nachweisen.

491 Die Begrifflichkeiten „Anwaltsverein" und „Anwaltskammer" waren noch nicht klar voneinander unterschieden. S. *Borgstedt*, Die Geschichte des Karlsruher Anwaltsvereins, in: FS 125 Jahre Anwaltsverein Karlsruhe, S. 12, 12.

492 Zu dieser Unterscheidung s. *Ostler*, Die deutschen Rechtsanwälte 1871-1971, Essen 1971, S. 5 ff und ausführlich *Weißler*, Geschichte der Rechtsanwaltschaft, Leipzig 1905, S. 93 ff.

493 S. hierzu *Ostler*, a. a. O., S. 59 ff und in neuerer Zeit *Friese*, Die Freiheit der Advokatur, Frankfurt 1989.

494 RGBl. 1878, S. 177 ff. Zu Motiven und Entstehung s. *Schubert*, Entstehung und Quellen der Rechtsanwaltsordnung von 1878, Frankfurt 1985.

RAO bestimmte, dass die Anwälte eines Oberlandesgerichtsbezirks eine Anwaltskammer bildeten. Die Rechtsnatur dieser Kammer war zwar umstritten, als ganz herrschend setzte sich jedoch im Laufe der Zeit die Ansicht durch, die Anwaltskammern seien Körperschaften des öffentlichen Rechts[495].

Nach § 42 RAO bestand der Vorstand aus neun Mitgliedern, konnte aber durch die Geschäftsordnung der jeweiligen Anwaltskammern auf insgesamt fünfzehn erweitert werden, wovon die badische Kammer Gebrauch machte[496]. Gemäß § 44 RAO wurde der Vorstand auf vier Jahre gewählt, nach zwei Jahren hatte eine hälftige Erneuerung stattzufinden. Mit Beginn seiner Vorstandstätigkeit trat Dietz auch sogleich in das nach §§ 62 ff RAO vorgesehene Ehrengericht der Anwaltskammer ein[497].

Durch die Vorstandstätigkeit erarbeitete sich Dietz die Anerkennung und das Vertrauen seiner Standeskollegen, sodass er auf der Jahrestagung der Badischen Anwaltskammer im April 1922 als Vorstandsmitglied wieder gewählt wurde[498]. Am 22. Dezember 1922 schließlich übernahm er den Vorstandsvorsitz von seinem Karlsruher Standesgenossen Otto Zutt, der seine Ämter krankheitsbedingt niederlegen musste[499]. Als Vorsitzendem oblag ihm die Leitung der Vorstandssitzungen und der Mitgliederversammlungen, § 52 RAO. Außerdem war er für die Führung der Kammergeschäfte verantwortlich und hatte die Ausführung der Kammerbeschlüsse zu vollziehen, § 57 RAO. Der Vorstand führte seine Geschäfte unentgeltlich, lediglich ein Aufwendungsersatz wurde gewährt, § 51 RAO. Der Vorstandsvorsitzende der Anwaltskammer musste also über ein hohes Maß an Idealismus verfügen, um die arbeitsintensive Tätigkeit zu übernehmen[500]. Der außerordentliche Einsatz im Rah-

---

495 S. *Friedländer*, RAO, 3. Aufl., München 1930, S. 336.

496 Nachdem 1927 § 42 RAO dahingehend novelliert worden war, dass der Kammervorstand nunmehr 36 Mitglieder umfassen konnte (RGBl. Teil I 1927, S. 133), änderte die Badische Anwaltskammer ihre Geschäftsordnung und erhöhte die Zahl der Vorstandsmitglieder auf 18, s. Badische Rechtspraxis 1928, S. 157.

497 S. Staatsanzeiger 1918, S. 508.

498 Badische Rechtspraxis 1922, S. 44.

499 Vgl. das Schreiben Dietz' an das badische Justizministerium vom 30. März 1933, GLA 240/611, sowie Badische Rechtspraxis 1924, S. 199. *Gönner*, Zur Geschichte der Badischen Rechtsanwaltschaft, in: JW 1930, S. 2893, 2898 gibt den Beginn der Amtszeit Dietz' fälschlicherweise mit dem Jahr 1924 an.

500 In den Memoiren des Mannheimer Rechtsanwalts *Max Hachenburg*, Lebenserinnerungen eines Rechtsanwalts, Düsseldorf 1927, S. 250, der selbst seit 1896 Vorstandsmitglied der Badischen Anwaltskammer war, heißt es hierzu: „Jetzt, nach dem Hinscheiden von Zutt, hat Dietz den Vorsitz übernommen. Die Sitzungen erinnern wieder an die Zeiten Blums. Der Stoff ist gewaltig angewachsen, und doch gelingt es stets, dank der vorzüglichen Vorbereitung, das Material aufzuarbeiten. (...) Auch Dietz muß einen erheblichen Teil seiner Zeit den Geschäften des Vorsitzenden widmen. Er nimmt die Nächte dazu. Ich kann nur wünschen, dass er möglichst lange dies aushält."

men dieses Amtes trug Eduard Dietz die Wertschätzung und Anerkennung seiner Kollegen ein[501].

Während Dietz' Amtszeit sah sich die Anwaltschaft mit vielerlei Schwierigkeiten konfrontiert. Am Dringlichsten erschien die Bewältigung der sich aus den ansteigenden Anwaltszulassungen ergebenden Probleme. Auch die Badische Anwaltskammer musste sich in der Weimarer Republik mit der „Notlage der Anwaltschaft"[502] auseinandersetzen. Waren 1920 lediglich 449 Anwälte im Oberlandesgerichtsbezirk Karlsruhe zugelassen, so gehörten der Badischen Rechtsanwaltskammer im Jahr 1932 bereits 615 Mitglieder an[503]. Um das befürchtete Überangebot an Rechtsberatung zu beschränken und den sinkenden Einkommen der Anwälte[504] entgegenzuwirken, wurden vielerlei Ansätze verfolgt. Zum einen setzte man bereits in der Juristenausbildung an und diskutierte die Einführung eines Numerus Clausus zur Übernahme in den Vorbereitungsdienst oder sogar als Studienzulassungsbeschränkung[505]. Zum anderen wurde in der Anwaltschaft die Einführung einer dreijährigen Wartezeit zwischen Assessorexamen und Zulassung diskutiert[506]. Auf der Tagung der vereinigten deutschen Kammervorstände[507] 1930, an welcher Dietz als Vertreter der badischen Kammer teilnahm, wurden beide Vorschläge beraten und Empfehlungen an den Gesetzgeber ausgesprochen. Im Namen der badischen Anwälte sprach sich Dietz gegen die Vorhaben aus, wurde jedoch von den übrigen Teilnehmern überstimmt[508]. Keiner der Vorschläge erlangte allerdings in der Folgezeit Gesetzeskraft.

---

501 Regelmäßig sprach die Kammer ihrem Vorsitzenden Dietz anlässlich der Jahresversammlung „unter lebhaftem Beifall" ihren Dank „für seine außerordentliche mühevolle und zeitraubende Tätigkeit" aus, s. Badische Rechtspraxis 1927, S. 47.

502 So der Bericht von der Jahresversammlung 1928, Badische Rechtspraxis 1928, S. 36. Die Jahresberichte sind auch einsehbar im GLA 240/611. Zur Lage Ende der 1920er Jahre für das gesamte Reich s. *Ostler*, a. a. O., S. 207 ff.

503 Allerdings ging die Zahl bis um Jahr 1936 im Zuge des „Gesetzes über die Zulassung zur Rechtsanwaltschaft" (RGBl. Teil I 1933, S. 175 ff) auf 556 Anwälte zurück. Zahlen nach *K. Zippelius*, in: FS 125 Jahre Anwaltsverein Karlsruhe, Karlsruhe 2004, S. 36, 40 sowie den Jahresbericht der Badischen Anwaltskammer 1932, S. 1. *K. Zippelius* weist auf S. 36, 41 f (mit weiteren Nachweisen) überdies darauf hin, dass bereits zu Anfang des 19. Jahrhunderts erste Klagen über die (angeblich) zu hohe Zahl an Anwälten laut wurden.

504 *Schiller*, Das Oberlandesgericht Karlsruhe im Dritten Reich, Berlin 1997, S. 250 weist nach, dass sich allein vom Jahr 1930 auf das Jahr 1931 das Einkommen der Rechtsanwälte im OLG-Bezirk Karlsruhe um 15 % reduzierte.

505 Vgl. *Ostler*, a. a. O., S. 164 ff. Weitere Vorschläge bei *Gönner*, Zulassungsbeschränkungen in der Anwaltschaft, in: Badische Rechtspraxis 1929, S. 81 f. Zum Numerus Clausus s. ausführlich *Krach*, Jüdische Rechtsanwälte in Preußen, München 1991, S. 40 ff.

506 Beides wurde schon vor Beginn des 20. Jahrhunderts vorgebracht, s. *Borgstedt*, in: FS 125 Jahre Anwaltsverein Karlsruhe, S. 12, 16.

507 Zur Arbeit dieser Vereinigung s. Buhmann, Die Vereinigung der deutschen Anwaltskammervorstände und die Rechtsanwaltsordnung, in: JW 1917, S. 881 ff sowie Ostler, a. a. O., S. 57.

508 Lediglich Berlin, Hamburg und Stuttgart stimmten ebenfalls gegen die Vorschläge, vgl. Badische Rechtspraxis 1931, S. 35.

Eng mit der Frage von Zugangsbeschränkungen zum Anwaltsberuf verknüpft war die „Bekämpfung des Rechtskonsulentenunwesens". In einer gleichnamigen „Vorstellung" an das badische Justizministerium gemäß § 50 RAO brachte der Vorstandsvorsitzende Dietz dieses Problem 1929 auf ministerieller Ebene zur Sprache[509]. Zudem verschärfte sich die Konkurrenzsituation zusätzlich mit der 1928 in Kraft getretenen Änderung der RAO[510], welche die Simultanzulassung der Amtsgerichts-Anwälte beim Landgericht zum gesetzlichen Regelfall machte[511].

Ein weiteres Erschwernis für die Berufsausübung stellte zudem das Inkrafttreten des Arbeitsgerichtsgesetzes (ArbGG)[512] im Jahr 1927 dar. Nach § 11 I ArbGG war eine anwaltliche Vertretung vor den Arbeitsgerichten erster Instanz nicht zulässig. Der teilweise Ausschluss der Rechtsanwälte von der Arbeitsgerichtsbarkeit wurde schon während des Gesetzgebungsverfahrens scharf angegriffen[513]. Auch der Vorstand der Badischen Anwaltskammer hatte „ständig sein Augenmerk gerichtet auf alle Bestrebungen, welche geeignet" waren, „den ungerechten und für die Interessen der Beteiligten schädlichen Ausschluß der Rechtsanwaltschaft vor den Arbeitsgerichten nach § 11 des Arbeitsgerichtsgesetzes aus der Welt zu schaffen"[514]. An Hand eines Falles aus seiner Kanzlei illustrierte Dietz die durch das ArbGG entstandene Rechtswirklichkeit[515]: Da es sich um eine arbeitsrechtliche Streitigkeit handelte und somit die Vertretung vor Gericht durch einen Anwalt nicht zulässig war, musste an Stelle von Dietz selbst dessen Sekretärin stellvertretend für die Mandantin den Einspruch gegen ein ergangenes Versäumnisurteil einlegen. Dietz befand, der Fall zeige „in besonders krasser Weise (...), wie unwürdig und für eine geordnete Rechtsverteidigung und Rechtsvertretung ungeeignet der gegenwärtige gesetzliche Zustand" sei.

Ausdrücklich sprach sich Dietz ferner gegenüber dem Badischen Justizministerium im September 1932 gegen eine „weitere Herabsetzung der Rechts-

---

509 Badische Rechtspraxis 1930, S. 38. Zum „Rechtskonsulenten" oder auch „Winkeladvokaten" s. *Ostler*, a. a. O., S. 101 mit weiteren Nachweisen.

510 RGBl. Teil I 1927, S. 71.

511 Zur Simultanzulassung s. *Carstens*, Zur Frage der Simultanzulassung der AG-Anwälte beim übergeordneten LG, in: JW 1921, S. 873 ff; *Hawlitzky*, Die Zulassung der Amtsgerichtsanwälte bei den Landgerichten, in: JW 1919, S. 990 sowie *Friedländer*, Das Reichsgesetz vom 27. März 1927 über die Änderung der Rechtsanwaltsordnung, in: JW 1927, S. 1129 ff.

512 RGBl. Teil I 1926, S. 507 ff.

513 Vgl. beispielhaft *Kurlbaum*, Das Arbeitsgerichtsgesetz und die Rechtsanwaltschaft, in: JW 1922, S. 537 f.; *Baum*, Der Rechtsanwalt im Klassenkampf, in: JW 1922, S. 541 ff.; *Bendix*, Zulassung der Rechtsanwälte bei den Arbeitsgerichten 1. Instanz, in: JW 1926, S. 758 f. Für die Möglichkeit der Zulassung im Rahmen des ArbGG *Walder/Wörmbcke*, Zulassung der Rechtsanwälte auch bei den Arbeitsgerichten (nach geltendem Recht), in: JW 1928, S. 2773 f.

514 Jahresbericht der Badischen Anwaltskammer 1929, S. 6.

515 *Dietz*, Ausschluß der Rechtsanwaltschaft von der Vertretung vor den Arbeitsgerichten § 11 ArbGerGes., in: Badische Rechtspraxis 1929, S. 102 f.

anwaltsgebühren" aus, welche neben den anderen Erschwernissen des Berufsstandes wie der Einführung der Gewerbesteuer für Rechtsanwälte[516] „immer mehr zum vollständigen wirtschaftlichen und damit auch beruflichen Zusammenbrechen der badischen Anwaltschaft beitragen müsste"[517].

Ein weiteres Vorhaben, das Dietz' Widerspruch hervorrief, war die Überlegung, ein Begnadigungsrecht in Ehrenangelegenheiten einzuführen. Er sah hierin einen Eingriff in die Souveränität der Ehrengerichte. Es sei „unerträglich" einer staatlichen Stelle gegenüber dem Urteil eines Standesgerichts ein solches Begnadigungsrecht einzuräumen. Die Strafe der Ausschließung werde überdies nur in „ganz seltenen Fällen und nur nach äußerst eingehender Prüfung" ausgesprochen[518].

Aus Dietz' umfangreicher Tätigkeit für die Badische Anwaltskammer erscheint schließlich erwähnenswert, dass er sich auf der Jahresversammlung im April 1928 zwar für die Änderung der Geschäftsordnung aussprach, die eine ununterbrochene Mitgliedschaft im Vorstand über 12 Jahre hinaus als in der Regel unzulässig ansah[519]. Er selbst hingegen blieb bis zum Jahr 1933 insgesamt fast 15 Jahre Mitglied des Vorstands, was vermutlich daran lag, dass sich lange niemand fand, die ehrenvolle, aber sehr arbeitsintensive Tätigkeit zu übernehmen.

II. Die Absetzung des Vorstandes 1933 und der vergebliche Einsatz für Ludwig Marum

Seit dem Jahr 1928 gehörte Eduard Dietz' ehemaliger Parteigenosse und nunmehrige Reichstagsabgeordnete Ludwig Marum dem auf 18 Mitglieder erweiterten Vorstandskollegium der Badischen Rechtsanwaltskammer an[520]. In diesem Amt wurde er 1932 bestätigt und gehörte fortan auch zur ordentlichen Besetzung der Abteilung II des Ehrengerichts[521], für welches er bis zu diesem Zeitpunkt nur als Ersatzrichter vorgesehen gewesen war[522]. Bei der Reichstagswahl am 5. März 1933 gelang es ihm, sein Abgeordnetenmandat zu verteidigen. Bevor er dieses antreten konnte, wurde er jedoch von den

[516] Verordnung vom 1. Dezember 1930, RGBl. Teil I 1930, S. 517 ff.

[517] Brief Dietz' an das Badische Justizministerium, GLA 240/769. Vgl. *Schiller*, a. a. O., S. 250.

[518] Badische Rechtspraxis 1927, S. 46.

[519] Badische Rechtspraxis 1928, S. 37.

[520] Badische Rechtspraxis 1928, S. 37.

[521] Auf Grund des mit der zunehmenden Zahl an Anwälten einhergehenden Anstiegs der Ehrengerichtssitzungen beschloss die Jahresversammlung der Badischen Anwaltskammer am 24. Februar 1929 eine Zweiteilung des Ehrengerichts, Badische Rechtspraxis 1929, S. 50. Im Jahr zuvor war bereits unter Abänderung der Geschäftsordnung die Zweiteilung des Kammervorstandes beschlossen worden, Badische Rechtspraxis 1928, S. 157.

[522] Jahresbericht der Badischen Anwaltskammer 1932, S. 10.

neuen Machthabern der NSDAP neben anderen badischen Oppositionspolitikern[523] am 10. März 1933 in „Schutzhaft" genommen und in das Karlsruher Amtsgefängnis verbracht, bevor man die Inhaftierten am 16. Mai 1933 mit einer öffentlichkeitswirksamen Schaufahrt durch die Karlsruher Innenstadt in das Konzentrationslager Kislau verlegte[524]. Als Sozialdemokrat mit jüdischen Vorfahren war Marum praktisch das personifizierte nationalsozialistische Feindbild.

Unverzüglich schaltete sich Dietz in den Vorgang ein und bemühte sich noch am Abend der Verhaftung in seiner Eigenschaft als Vorstandsvorsitzender der Anwaltskammer um die Freilassung Marums, konnte mit seinem Anliegen aber nicht durchdringen[525]. Nachdem er sich am 11. März 1933 beim Polizeipräsidenten vergeblich um die Aushändigung einer Besuchskarte bemüht hatte, durfte er Marum am 13. März 1933 im Gefängnis treffen und erhielt von ihm Vollmacht „i. S. des Rechtsanwalts Dr. Ludwig Marum in Karlsruhe gegen den Badischen Staat wegen gesetzwidriger Schutzhaft"[526]. Rechtsgrundlage für die „Schutzhaft" war die nach Art 48 II WRV ergangene „Verordnung des Reichspräsidenten zum Schutz von Volk und Staat vom 28. Februar 1933"[527], welche die nach Art. 114 WRV garantierte Unverletzlichkeit der persönlichen Freiheit außer Kraft setzte. Dietz führte im Rahmen einer Vorstellung nach § 50 RAO an den kommissarischen Justizminister Johannes Rupp[528] ins Feld, die Schutzhaft sei im Falle Ludwig Marums verfassungswidrig und daher aufzuheben. Da Marum als Reichstagsmitglied und Mitglied des

---

[523] Unter ihnen waren der ehemalige sozialdemokratische Staatsminister Adam Remmele und der Rechtsanwalt Hans Venedey, für dessen Freilassung sich Dietz als Vorstandsvorsitzender der Kammer am 24. März 1933 im Wege einer Vorstellung gem. § 50 RAO ebenfalls einsetzte.

[524] Eingehend zu der Verhaftung und der Schaufahrt s. *Storck*, Ludwig Marum – der Mensch und der Politiker. Ein Lebensbild, in: *Marum,* Briefe aus dem Konzentrationslager Kislau, 2. Aufl., Karlsruhe 1988, S. 15, 33 ff. Zu Dietz' Entlassungsbemühungen s. *Fischer*, Wiederkehr, Begegnungen zwischen den Karlsruher Anwälten Eduard Dietz und Ludwig Marum, in: FS 125 Jahre Anwaltsverein Karlsruhe, Karlsruhe 2004, S. 51, 55 ff. sowie *ders.*, Eduard Dietz (1866-1940) – Vater der badischen Landesverfassung von 1919, S. 46 ff.

[525] Die Korrespondenz, die Dietz als Vorstandsvorsitzender der Anwaltskammer in der Sache Marum führte, ist in der Personalakte Ludwig Marums der badischen Anwaltskammer zusammengefasst, GLA 69/2001-58/209. Eine umfangreiche Quellensammlung zu dem Schicksal Marums findet sich in *Marum*, Briefe aus dem Konzentrationslager Kislau (Ausgewählt und bearbeitet von *Elfriede Marum-Lunau* und *Jörg Schadt*), 2. Aufl., Karlsruhe 1988.

[526] GLA 69/2001-58/209.

[527] Sog. „Reichstagsbrandverordnung", RGBl. Teil I 1933, S. 83.

[528] Zur Verfassungswidrigkeit der Einsetzung eines „Reichskommissars" für Baden, der wiederum u. a. den nationalsozialistischen Reichstagsabgeordneten Johannes Rupp zum Justizminister ernannte, und zu den Ereignissen 1933 in Baden überhaupt s. *Rehberger*, Die Gleichschaltung des Landes Baden 1932/33, Heidelberg 1966, S. 107 ff.

Überwachungsausschusses[529] nach Art. 35 II, 40 a und 37 II WRV auf Grund der ihm zustehenden Immunität keinerlei Beschränkung der persönlichen Freiheit unterworfen werden dürfe. In dem Schreiben wies er darauf hin, dass § 1 der Reichstagsbrandverordnung zwar Art. 114 WRV, nicht aber die Art. 37 und 40 a WRV außer Kraft gesetzt habe[530]. Auch dieses Vorbringen hatte keinen Erfolg. Anlässlich einer Besprechung mit Rupp berichtete Dietz dennoch am 27. März 1933 seinen Vorstandskollegen hoffnungsvoll:

> „Bezüglich der in Schutzhaft befindlichen Kollegen Marum, Hans Venedey und Grumbach ist Herr Rupp der Auffassung, dass der Zeitpunkt für eine Beendigung der Schutzhaft aus allgemeinen Gründen noch nicht gekommen sei, dass aber in nicht zu ferner Zeit allmählich mit dem Abbau der Schutzhaft begonnen werden könne, wobei er die Interessen der verhafteten Kollegen nach Möglichkeit berücksichtigen werde."[531]

Unterdessen war die nationalsozialistische Führung bestrebt, die bisherigen Strukturen im Staat aufzulösen und Schlüsselpositionen mit Parteikadern zu besetzen[532]. Am 28. März 1933 forderte der Vorstand der Badischen Anwaltskammer Eduard Dietz und Ludwig Marum auf, von ihren Ämtern zurückzutreten. Beide lehnten ab[533]. Auf Grundlage der „Reichstagsbrandverordnung" wurde daraufhin der Vorstand mit sofortiger Wirkung aufgelöst und der bisherige stellvertretende Vorstandsvorsitzende Wilhelm Brombacher zum kommissarischen Vorsitzenden ernannt[534].

In der Folgezeit stellte Dietz seine Bemühungen um eine Entlassung Marums nicht ein, sondern verfasste eine Vielzahl von Anträgen und Bitten an die Anwaltskammer, das Justiz-, sowie das Innenministerium, die aber entweder gar nicht oder abschlägig verbeschieden wurden[535]. Selbst aussichtslose Bitt-

---

[529] Diesem oblag die Kontrolle über die Einhaltung der parlamentarischen Rechte. Vgl. *Gusy*, a. a. O., S. 129 f.; *Anschütz*, Die Verfassung des Deutschen Reiches, 12. Aufl. (3. Bearb.), Berlin 1930, Art. 35 S. 203 f.

[530] GLA 69/2001-58/209.

[531] GLA 69/2001-58/209.

[532] S. *Rehberger*, a. a. O., S. 121 ff.

[533] S. *Marum*, a. a. O., Brief Nr. 9, S. 51. Marum erwiderte seinem Vorstandskollegen Brombacher am 29. März 1933: „Wenn die Regierung ‚Marxisten und Juden' für unfähig hält, Mitglied des Kammervorstandes zu sein, so mag sie mich absetzen. Aber ich wünsche, dass die politische Verantwortlichkeit für diese Massregel klar und jedermann ersichtlich zutagetritt.", GLA 69/2001-58/209.

[534] GLA 69/2001-58/209. Zur Gleichschaltung der Anwaltskammern im Reich s. *Ostler*, a. a. O., S. 235. Zu den Vorgängen betreffend den Karlsruher Anwaltsverein und die Badische Anwaltskammer s. *Schiller*, a. a. O., S. 252 ff sowie *Borgstedt*, in: FS 125 Jahre Anwaltsverein Karlsruhe, Karlsruhe 2004, S. 12, 23 ff, wonach Brombacher dafür sorgte, dass die Badische Anwaltskammer nach ihrer Neuorganisation entsprechend der nationalsozialistischen Rassenideologie keine jüdischen Mitglieder mehr aufwies.

[535] Der neue Vorstandsvorsitzende der Anwaltskammer Brombacher wies Dietz in seiner Antwort vom 23. Juni 1933 darauf hin, dass es sich bei der Inhaftierung Marums um eine

briefe versandte er, um dem ehemaligen Parteigenossen zur Freilassung zu verhelfen: Am 7. August 1933 wandte er sich in einem umfangreichen Schreiben an den neuen Präsidenten des Deutschen Anwaltsvereins (DAV), das NSDAP-Mitglied Hermann Voß, mit der Bitte, die anwaltliche Vertretung Marums zu übernehmen und sich für den Inhaftierten bei den offiziellen Stellen zu verwenden[536]. Wie zu erwarten stand, war auch dieses Bemühen Dietz' nicht erfolgreich[537]. Während die mit Marum festgenommenen Sozialdemokraten nach und nach frei kamen, blieb jegliches Engagement für eine Freilassung Marums ergebnislos[538]. Nach über einem Jahr in „Schutzhaft" wurde er in der Nacht vom 28. auf den 29. März 1934 in seiner Zelle im KZ Kislau auf Anweisung des NSDAP-Gauleiters Robert Wagner ermordet[539].

„rein politische Angelegenheit" handle, weshalb er keine Möglichkeit sehe, „erfolgversprechende Schritte" einzuleiten, GLA 69/2001-58/209.

536 GLA 69/2001-58/209.

537 Voß antwortete Dietz: „Als Präsident (...) halte ich mich nicht für verpflichtet, die Vertretung zu übernehmen, da ich gerade bestrebt bin, die jüdischen Kollegen aus dem Deutschen Anwaltsverein zu entfernen", zitiert nach *Marum*, a. a. O., S. 79.

538 S. *Fischer*, in: FS 125 Jahre Anwaltsverein Karlsruhe, Karlsruhe 2004, S. 51, 56.

539 Um die wahren Todesumstände zu vertuschen, wurde der Selbstmord Marums vorgetäuscht. Allerdings wurde in der Bevölkerung die offizielle Todesversion als unglaubwürdig wahrgenommen. Die Sympathie, die Marum genoss, lässt sich daraus ersehen, dass mehrere Tausend Menschen an seiner Trauerfeier am 3. April 1934 in Karlsruhe teilnahmen. S. hierzu und zum späteren Prozess gegen die Täter *Fischer*, in: FS 125 Jahre Anwaltsverein Karlsruhe, S. 51, 57 sowie *Storck*, in: *Marum*, Briefe aus dem Konzentrationslager Kislau, 2. Aufl., Karlsruhe 1988, S. 15, 42.

G. Lebensabend und Lebensende

Eduard Dietz konnte seine Kanzlei auch nach der Absetzung als Vorstandsvorsitzender der Badischen Anwaltskammer und der Ermordung Ludwig Marums weiterführen. Zwar hatte er wie seine Standeskollegen auf Grund des „Gesetzes zur Zulassung zur Rechtsanwaltschaft“ vom 7. April 1933[540] seine „arische“ Abstammung zu beweisen, konnte aber belegen, dass sowohl er als auch seine Ehefrau nichtjüdische Vorfahren hatten[541]. Dass er trotz seiner bekanntermaßen marxistischen Haltung und diesbezüglicher politischer Aktivitäten bis zu seinem Tod 1940 die Zulassung nicht verlor[542], ist bemerkenswert. Dies lässt sich nur auf Grund des hohen Ansehens erklären, welches er in der badischen Anwaltschaft genoss. Um die berufliche Tätigkeit unbehelligt fortführen zu können, war es allerdings förderlich, wenn nicht sogar unumgänglich, dem „Bund nationalsozialistischer deutscher Juristen“ (BNSDJ) anzugehören, in welchen der DAV Ende des Jahres 1933 übergeführt wurde[543]. Aus einem Fragebogen der Badischen Anwaltskammer vom 6. April 1938 geht hervor, dass Dietz Mitglied der BNSDJ-Nachfolgeorganisation „Nationalsozialistischer Rechtswahrerbund“ (NSRB) war[544]. Bereits am 7. November war er dem BNSDJ beigetreten[545]. Seit November 1935 zierte den Briefkopf der Kanzlei Dietz, Kirchenbauer und Sickinger der Reichsadler samt Waage, Schwert und Hakenkreuz[546]. Zudem betätigten sich Dietz' Kanzleikollegen an-

---

[540] RGBl. Teil I 1933, S. 188. Dieses nahm Bezug auf das am gleichen Tag in Kraft getretene „Gesetz zur Wiederherstellung des Berufsbeamtentums“, RGBl. Teil I 1933, S. 175 ff. Die zahlreichen nachfolgenden Gesetze und Verordnungen betreffend den Anwaltsstand erläutert anschaulich *Ostler*, a. a. O., S. 250 ff. Ausführlicher *Majer*, Entrechtung jüdischer und politisch missliebiger Anwälte in Deutschland 1933-1945, in: Jahrbuch der Juristischen Zeitgeschichte Bd. 5 (2003/2004), S. 711, 718 ff.

[541] Auf dem Personalbogen der Badischen Anwaltskammer vom 11. Mai 1935 vermerkte er unter der Rubrik „Arische Abstammung“ ein ausdrückliches „Ja!“, GLA 69/2001-58/138. Die Ermessensvorschrift, die zum Widerruf der Anwaltszulassung von Juden oder politischen Oppositionellen ermächtigte (§ 1 ZulG), wurde in Baden sehr rigoros als „Mussbestimmung“ angewendet, vgl. *Borgstedt*, Badische Juristen im Widerstand gegen den Nationalsozialismus, in: *Borgstedt* (Hrsg.), Badische Juristen im Widerstand (1933-1945), Konstanz 2004, S. 9, 13.

[542] § 3 ZulG: „Personen, die sich in kommunistischem Sinne betätigt haben, sind von der Zulassung zur Rechtsanwaltschaft ausgeschlossen. Bereits erteilte Zulassungen sind zurückzunehmen.“ Als „kommunistisch“ wurde auch jede Parteiarbeit für die SPD oder sonstige marxistische Betätigung verstanden, vgl. *Majer*, in: Jahrbuch der Juristischen Zeitgeschichte Bd. 5 (2003/2004), S. 711, 719.

[543] Zum BNSDJ s. *Ostler*, a. a. O., S. 229 ff mit weiteren Nachweisen. Vgl. auch *Krach*, a. a. O., S. 223 ff.

[544] Mitgliedsnummer 44332, GLA 69/2001-58/138. Zum NRSB s. *Ostler*, a. a. O., S. 239 ff sowie *Landau*, Justiz und Rechtsanwaltschaft in der nationalsozialistischen Diktatur, in: Jahrbuch der Juristischen Zeitgeschichte Bd. 5 (2003/2004), S. 329, 333.

[545] Mitgliedsnummer: 44332; Personalbogen BNSDJ vom 9. Juli 1938 (privat).

[546] GLA 69/2001-58/138.

geblich nationalsozialistisch[547]. Gleichwohl wäre es verfehlt, eine Hinwendung Dietz' zu nationalsozialistischem Gedankengut zu vermuten. Richtig erscheint hingegen, eine als notwendige empfundene Anpassung an die geänderten Verhältnisse anzunehmen. Dafür spricht die seit September 1935 von Dietz für offizielle Schreiben gebrauchte neutrale Grußformel „Mit deutschem Gruss"[548]. Bewusst entschied er sich gegen das allgemein gebräuchlichere „Heil Hitler".

Aus der Bemessung des Beitrags, den Dietz an die Anwaltskammer zu leisten hatte, ergibt sich aus seinen letzten Berufsjahren ein durchschnittliches Nettojahreseinkommen von ca. 20.000 RM[549]. Im Vergleich mit dem durchschnittlichen Jahreseinkommen eines deutschen Rechtsanwalts für die Jahre 1935 bis 1938, welches ca. 10.000 RM betrug[550], ergibt sich, dass die Nazi-Diktatur dem bekennenden Marxisten Dietz zumindest in wirtschaftlicher Hinsicht keinen Nachteil brachte. In dieses Bild fügt sich das in herzlichen Worten gehaltene Glückwunschschreiben Brombachers zum 70. Geburtstag vom November 1936, in welchem er Dietz für die jahrelange Tätigkeit im Dienste der Badischen Anwaltskammer dankte. Das Antwortschreiben Dietz' ist nicht weniger freundlich und lässt eine Missstimmung gegenüber seinem Nachfolger im Amte nicht erkennen. Offenbar besaß Dietz einen gewissen Abstand zu den politischen Vorgängen, der ihm auch nach den Ereignissen seit dem März 1933 einen weiterhin persönlichen Umgang mit Brombacher ermöglichte[551].

Jedoch liegt der Schluss nahe, dass Dietz von der Rücksichtslosigkeit und Unbedingtheit der nationalsozialistischen Machthaber überrascht wurde. Er, der einer „anderen, größeren Kultur, die bei den Jüngeren durch den 1. Weltkrieg abgebrochen worden sei"[552] entstammte, führte seine mitunter heftigen politischen Auseinandersetzungen stets mit Respekt vor dem politischen Gegner. Eine solche an Werten des Kaiserreichs orientierte Geisteshaltung war der neuen politischen Führung fremd.

Am 17. Dezember 1940 verstarb Eduard Dietz nach kurzer Krankheit an einer Lungenentzündung im Landeskrankenhaus Stuttgart. Seine letzte Ruhestätte befindet sich auf dem Hauptfriedhof in Karlsruhe.

---

[547] Sickinger, der nach der Absetzung des Vorstandes der Anwaltskammer von Brombacher in den Vorstand berufen wurde, war Beisitzer im Vorstand des Karlsruher Anwaltsvereins und trat 1937 in die NSDAP ein, vgl. *Borgstedt*, in FS 125 Jahre Anwaltsverein Karlsruhe, S. 12, 26. In den Tagebuchaufzeichnungen *Schickeles*, a. a. O., S. 1108 vom 8. Mai 1934 heißt es außerdem: „Dietzens Kollegen und Geschäftsteilhaber in seinem Büro sind erprobte Nationalsozialisten."

[548] GLA 69/2001-58/138.

[549] GLA 69/2001-58/138.

[550] S. *Ostler*, a. a. O., S. 275.

[551] Anlässlich seines 70. Geburtstages lud er den Vorstand der Anwaltskammer sogar zum Essen ein, GLA 69/2001-58/138.

[552] So der religiöse Sozialist Heinz Kappes über Eduard Dietz; zitiert nach *Wendelborn*, Das Ringen von Heinz Kappes um die Verwirklichung des Reiches Gottes auf Erden, in: *Balzer/Wendelborn*, „Wir sind keine stummen Hunde" – Heinz Kappes (1893-1988), S. 36, 46.

H. Familienleben und Privates

Als Eduard Dietz durch die Übernahme in den Staatsdienst über das erforderliche Einkommen verfügte, um eine Familie zu ernähren, heiratete er im am 8. April 1897 Laura Wohlgemuth. Sie hatten sich auf einem Fest der Frankonia kennengelernt, an welchem Laura als Tochter des ehemaligen Centraldirektors des Fürsts zu Fürstenberg und Alten Herrn der Frankonia Philipp Wohlgemuth teilgenommen hatte. Aus der Ehe gingen drei Kinder hervor: 1897 wurde Eduard jun. geboren. 1908 folgte Laura jun. nach. Schließlich kam im Jahr 1911 Diether zur Welt. Zunächst wohnte die Familie Dietz in der Herrenstraße und am Haydnplatz in der Karlsruher Weststadt, ehe sie 1909 in dem in Karlsruhe als „Musikerviertel" bekannten Stadtteil das Haus in der Händelstraße[553] bezogen.

Laura Dietz, die dem Karlsruher Bürgertum entstammte, war eine für ihre Zeit außergewöhnlich selbstbewusste und selbständige Frau. Mit ihrem Ehemann teilte sie das Engagement für die Arbeiterbewegung und soziale Missstände[554]. Zudem wies sie wie er eine außerordentliche Begabung für Sprachen auf. Einen Teil ihrer Schulzeit hatte sie in Großbritannien verbracht, weshalb sie das Englische fließend beherrschte. Angeleitet von ihrem humanistisch gebildeten Ehemann lernte sie Latein und Griechisch und war schließlich in der Lage, mit ihm angeregte Unterhaltungen in lateinischer Sprache zu führen.

Auf die Ausbildung aller ihrer Kinder hatte das Ehepaar Dietz ein wachsames Auge. So bestand Eduard Dietz darauf, dass sie sich juristischen Studien widmeten, wenn auch zumindest Laura jun. sich lieber der Biologie gewidmet hätte. Letztlich war aber aller Widerstand zwecklos.

Die Familie Dietz pflegte eine Reihe von innigen Freundschaften. Hervorzuheben sei hierbei die Frauenrechtlerin und Sozialpolitikerin Marie Baum, mit der ein reger und herzlicher Gedankenaustausch stattfand. In jungen Jahren setzte sich Marie Baum mit der Situation der Arbeiterinnen in Karlsruhe auseinander[555], was die Dietzens nachhaltig beeindruckte. Eine besonders innige Freundschaft verband das Ehepaar Dietz zudem mit der Familie des ersten Reichstagsabgeordneten der Karlsruher SPD, Adolf Geck[556]. Aus dessen

---

[553] S. *Fischer*, Rechtshistorische Rundgänge, S. 69 f.

[554] Sie arbeitete ehrenamtlich in der Armenfürsorge und der Gesundheitsprävention, s. *Pohl*, a. a. O., S. 236.

[555] S. ihre Schrift *Baum*, Drei Klassen von Lohnarbeiterinnen in Industrie und Handel der Stadt Karlsruhe, Karlsruhe 1906.

[556] Dietz und Geck schätzten sich sowohl politisch als auch menschlich, was wohl auch daher rührte, dass beide einen ähnlich starken Charakter und einen Sinn für spöttische Reden aufwiesen. Eine weitere Gemeinsamkeit stellte die Verbundenheit zur Deutschen Burschenschaft dar: Geck war während seiner Studienzeit an der Polytechnischen Hochschule Karlsruhe Mitglied der Burschenschaft „Teutonia" gewesen und ihr auch danach als Alter Herr freundschaftlich verbunden, bis er im Januar 1934 auf Grund seiner marxistischen Gesinnung ausgeschlossen wurde, vgl. GLA N Geck 205.

Nachlass ist eine umfangreiche Korrespondenz der beiden Familien erhalten[557]. Hier findet sich auch ein Brief, in dem Laura Dietz den Gecks ihre tiefe Trauer über den Verlust ihres ältesten Sohnes Eduard ergreifend schildert[558]. Eduard jun. hatte gerade das Studium der Rechte in Heidelberg aufgenommen, als er 1917 eingezogen wurde. Er war wie seine Eltern kein unbedingter Befürworter des Krieges gewesen[559], meldete sich im Laufe des Krieges aber freiwillig. Im Oktober 1918 fiel er kurz vor Kriegsende. Eduard jun. diente im 1. badischen Leibgrenadier-Regiment Nr. 109 und war kurz vor seinem Tod noch vom Vizefeldwebel zum Leutnant befördert worden[560]. Der tragischen Verlust seines ersten Sohnes, der eigentlich in die Fußstapfen des Vaters treten sollte, bedeutete für Eduard Dietz einen schweren Schicksalsschlag, den er nie ganz verwinden konnte[561].

Eduard Dietz' besonderes Augenmerk galt der Geschichtsforschung, der er selbst einen großen Teil seiner freien Zeit widmete. In diesem Zusammenhang ergab sich die Bekanntschaft mit dem Karlsruher Historiker Franz Schnabel[562], mit welchem er einen Briefwechsel unterhielt[563].

Entspannung von seinem sonst so arbeitsreichen Alltag fand Dietz in der Natur. Oft machte er sich gemeinsam mit seinem Sohn Eduard und dessen Schulfreund Heinrich Kronstein auf zu einer ausgedehnten Wanderung im Bühlertal. Selbst hier ließen ihn die Fragen der Zeit jedoch nicht zur Ruhe kommen[564]. Dietz' besondere Beziehung zur Natur zeigt sich auch in seiner

als Alter Herr freundschaftlich verbunden, bis er im Januar 1934 auf Grund seiner marxistischen Gesinnung ausgeschlossen wurde, vgl. GLA N Geck 205.

557 GLA N Geck und GLA N Geschwister Geck.

558 Brief Laura Dietz an Marie Geck vom 29. Oktober 1918: „Und das Herz ist mir so schwer, es wird jeden Tag schwerer (...). Gott schütze Sie davor, ähnliches zu erfahren.", GLA N Geck 952.

559 *Kronstein*, a. a. O., S. 55: „Beim 40jährigen Jubiläum meines Abiturs hat später einer meiner Mitschüler, der heute Gymnasialdirektor ist, daran erinnert, daß Eduard Dietz, den Du schon aus meinem letzten Brief kennst, und ich die einzigen gewesen seien, die nicht im allgemeinen Optimismus der Zukunft entgegengingen."

560 Die Beförderung erreichte ihn allerdings nicht mehr, s. BBl. WS 1918/19, S. 29.

561 Hierzu nunmehr eingehend *Fischer*, Eduard Dietz (1866-1940) – Vater der badischen Landesverfassung von 1919, S. 38 ff.

562 S. *Gall*, in: BB NF Bd. 2, S. 244 ff.

563 Ausführlich hierzu nunmehr *Fischer*, Eduard Dietz (1866-1940). Vater der badischen Landesverfassung von 1919, S. 50 ff.

564 *Kronstein*, a. a. O., S. 53: „Der Vater Dietz, ein ausgezeichneter Jurist und einer der besten Kenner süddeutscher Geschichte, brach das Stillschweigen und unterhielt sich mit uns darüber, wie das alles wurde und wohin es einmal führen würde. Er war so anders als die meisten. Als begeisterter Burschenschaftler war er den Ideen des Jahres 1848 und des Hambacher Kongresses ergeben gewesen. Als Bester beendete er Schule und Jurastudium und dann, gerade auf dem Sprungbrett zu glänzender Karriere, wurde er Marxist. Die Forstarbeiter gaben ihm Anlaß, über seine Ideen zu sprechen, die Kirchlein luden ein, ü-

Arbeit für die Anfang des 19. Jahrhunderts im Aufbau befindliche Gartenstadtbewegung, die sich als Bewegung für modernes Wohnen verstand. Die Gartenbaugenossenschaft Karlsruhe–Rüppurr fand in ihm einen engagierten Fürsprecher[565].

ber die Organisation der Kirche und über die Mönche nachzudenken. Eduard, sein Sohn, war viel weiter als ich in der Konzentration des Denkens und des Fragens."

[565] S. *Fischer*, Juristenportraits, S. 46 f.; *ders.*, in: RuP 2004, S. 58, 59; *ders.*, Eduard Dietz (1866-1940). Vater der badischen Landesverfassung von 1919, S. 27 f.

Zweiter Teil: Das Werk

Eduard Dietz' größtes Verdienst stellt die Ausarbeitung des grundlegenden Entwurfs der ersten demokratischen Verfassung Badens und die anschließende Leitung der Verfassungskommission dar. Er war jedoch nicht nur auf juristischem Gebiet tätig, sondern machte sich als Historiker ebenso wie als Vordenker sozialreligiöser Theorien verdient. Seine Abhandlungen leisteten einen wertvollen Beitrag zur Erhellung der burschenschaftlichen Geschichte. Die Denkschriften, die er für die Religiösen Sozialisten in der ausgehenden Weimarer Republik verfasste, stellten zudem eine wichtige theoretische Stütze der These von der Vereinbarkeit von Religion und Marxismus dar.

A. Die Verfassung von 1919: Systematische Analyse des Vorentwurfs Dietz

Die Entstehungsgeschichte der ersten demokratischen Verfassung Badens wurde in ihren Grundzügen bereits im ersten Teil der Arbeit erläutert. Bezüglich des Forschungsstandes über die Revolutionsgeschichte und die Verfassungsentstehung ist festzustellen, dass die Ereignisse und Vorgänge, die letztendlich zur Verabschiedung der Verfassung führten, in einem hohen Maße erschlossen sind[1]. Eine umfassende historische Darstellung der Geschehnisse soll daher nicht Aufgabe des folgenden Kapitels sein, wenngleich diese Arbeiten bezüglich der historischen Abläufe vorliegender Untersuchung als Grundlage dienten.

Da den Gegenstand des zweiten Teils der Arbeit das Werk Eduard Dietz' bildet, muss vielmehr eine Fokussierung und Beschränkung auf die Dietzschen Leistungen erfolgen. Deshalb steht der Verfassungsentwurf, den Dietz im Alleingang ausarbeitete und der vorläufigen Volksregierung vorlegte[2], im Mittelpunkt der Betrachtung. Kern der Untersuchung ist die Einordnung des Verfassungsvorentwurfs Dietz (VED)[3] in staatsrechtliche Kategorien.

Die nachfolgenden Ausführungen sollen aber ebensowenig eine lückenlose „Kommentierung" der einzelnen Vorschriften des Vorentwurfs Dietz darstellen. An Hand einer systematischen Analyse dieses Entwurfs werden vielmehr die grundsätzlichen Bestimmungen herausgearbeitet, in einen zeitgenössischen staatsrechtlichen Kontext gebracht und gegebenenfalls aus heutiger Sicht bewertet. In diesem Zusammenhang wird der Einfluss anderer Verfassungen, zuvörderst der Schweizer Kantonsverfassungen, auf den Vorentwurf Dietz eingehender Betrachtung unterzogen. Ein wichtiges Hilfsmittel, um die Beweggründe für die Abfassung einzelner Regelungskomplexe herauszuarbeiten, stellt die von Dietz eigens verfasste Begründung seines Entwurfs dar, die von Dezember 1918 bis Januar 1919 im „Volksfreund" und auch als Sonderabdruck in Buchform erschien. Zudem liefert das Originalexemplar des Ent-

---

[1] *Remmele*, a. a. O.; *Oeftering*, a. a. O.; *Zehnter*, Badische Verfassung, S. 3 ff; *Glockner*, Badisches Verfassungsrecht, 2. Aufl., Karlsruhe 1930, S. 3 ff; *Kaller*, in: Oberrheinische Studien Bd. II, Bretten 1973, S. 175 ff; *ders.*, in: ZGO Bd. 114 (1966), S. 301 ff.; *Stehling*, a. a. O., S. 3; *Pohl*, a. a. O., S. 3 ff.

[2] Der vollständige Text des Vorentwurfs Dietz erschien erstmalig im „Volksfreund" mitsamt einer Begründung ab dem 5. Dezember 1919 als Fortsetzung. Er ist zudem vollständig abgedruckt in *Dietz*, Entwurf einer neuen badischen Verfassung – Sonderabdruck aus dem Karlsruher „Volksfreund", Karlsruhe 1919, S. 62 ff und nunmehr auch in *Fischer*, Eduard Dietz (1866-1940). Vater der badischen Landesverfassung von 1919, S. 88 ff. Der Vorentwurf Dietz war dem Regierungsentwurf als Anl. 3 beigegeben in LT-DS Beil. Nr. 1 (Heft 524, 1919) wie auch der Entwurf Glockner-Zehnter-Weill (Anl. 2) und der Entwurf der Arbeiter und Soldatenräte Anl. 4, zu finden in den Akten des Staatsministeriums, GLA 233/28134.

[3] Herkömmlich als Vorentwurf II bezeichnet, im Folgenden aber zwecks Vereinfachung als VED aufgeführt.

wurfs[4] wichtige Hinweise auf konkrete Referenzvorschriften, die Dietz bei der Ausarbeitung berücksichtigte. Nicht außer Acht gelassen werden zudem der Vorentwurf Glockner-Zehnter-Weill (GZW)[5] sowie der von der vorläufigen Volksregierung am 15. Januar 1919 in die Nationalversammlung eingebrachte Entwurf (RegEntw)[6], welcher die Grundlage für die Beratungen der Verfassungskommission der Nationalversammlung bildete. Auch die großherzogliche Verfassung Badens aus dem Jahre 1818 (BVaF) findet an den entsprechenden Stellen Erwähnung. Die endgültig getroffenen Regelungen in der Verfassung vom 25. März 1919[7] (BV) und ein Vergleich derselben mit der neuen württembergischen Verfassung vom 20. Mai 1919 (WürttV)[8] wird zudem in die jeweiligen Überlegungen miteinfließen[9]. Schließlich wird die Einfügung der neuen Grundordnung in das reichsrechtliche Verfassungsgefüge (WRV vom 11. August 1919 und die alte RV von 1871) näher beleuchtet. So entsteht eine umfassende Darstellung von Motiven, Wirkungen und Auswirkungen des Entwurfs Dietz.

I. Aufbau und Gliederung

Der Vorentwurf Dietz wurde am 11. Dezember 1918 im Staatsministerium eingereicht. Er umfasste 74 Paragraphen und war in sieben Abschnitte gegliedert:

I. Von der Staatsgewalt, der Staatsform, den Staatsgrenzen und der Regierung im Allgemeinen, §§ 1–7;

[4] Zu finden in den Akten des Staatsministeriums, GLA 233/28134.

[5] Herkömmlich als Vorentwurf I bezeichnet, im Folgenden mit GZW abgekürzt; Anl. 2 zu LT-DS Beil. Nr. 1 (Heft 524, 1919); GLA 233/28134.

[6] Beilage Nr. 1 zum Protokoll der 1. öffentlichen Sitzung der Nationalversammlung vom 15. Januar 1919, LT-DS (Heft 524, 1919), S. 1 ff.

[7] GVBl. 1919, S. 279 ff. Ein Abdruck des Verfassungstextes findet sich bei *Fischer*, Eduard Dietz (1866-1940). Vater der badischen Landesverfassung von 1919 – Ein Juristenleben, S. 144 ff.

[8] WürttRegBl. 1919, S. 85 ff.

[9] Die Verfassung in ihrer endgültigen Form wurde erstmals 1950 von *Böhringer*, Die Badische Verfassung vom 21. März 1919 – Entstehung, Inhalt und Vergleich mit der württembergischen und preussischen Verfassung, Freiburg 1950, einer umfangreichen Untersuchung unterzogen. In einer kürzeren Abhandlung legte bereits *Koellreutter*, Die neue staatsrechtliche Gestaltung in Baden, in: JböR 1920, S. 180 ff, die Verfassung systematisch dar. Für eine ausführliche und detaillierte Befassung mit den einzelnen Regelungen der badischen Verfassung in Kommentarform wird auf *Glockner*, Badisches Verfassungsrecht, 2. Aufl., Karlsruhe 1930, sowie auf *Zehnter*, Die Badische Verfassung (a. a. O.) verwiesen. *Koellreutter* unternahm auch erstmals einen Vergleich der badischen und der württembergischen Verfassung s. *ders.*, Die neue badische und die neue württembergische Verfassung, eine vergleichende Gegenüberstellung, in: AöR Bd. 39, S. 437 ff.

II. Staatsbürgerliche und politische Rechte der Badener (Rechte und Freiheiten der Einzelnen und Körperschaften), §§ 8–24;

III. Volksvorschlagsrecht (Volksinitiative) und Volksabstimmung (Volksreferendum), §§ 25–27;

IV. Volksvertretung (Landtag):
1. Zusammensetzung der Volksvertretung, §§ 28–34
2. Zuständigkeit der Volksvertretung, §§ 35–46
3. Kollegiale und Schutzrechte der Volksvertretung, §§ 47–54
4. Form der Beratungen und Abstimmungen, §§ 55–59;

V. Staatsministerium, Zusammensetzung, Berufung und Abberufung, Zuständigkeit, Verantwortlichkeit, §§ 60–67;

VI. Von den Anklagen gegen die Minister und Mitglieder der obersten Staatsbehörden, §§ 68–72;

VII. Verfassungsrevision und Übergangsbestimmungen, §§ 73, 74.

Eine Präambel war nicht vorgesehen, ebensowenig eine Bestimmung über das Inkrafttreten der neuen Grundordnung. Einige Titel orientierten sich an der Verfassung vom 18. August 1818[10], so die Abschnitte II und VI, andere wurden der neuen Staatsorganisation angepasst, so der Abschnitt I, oder komplett neu formuliert.

Sowohl der Regierungsentwurf als auch der endgültige Verfassungstext übernahmen die systematische Einteilung des Vorentwurfs Dietz, die Überschriften der einzelnen Abschnitte waren lediglich geringfügigen sprachlichen Änderungen ausgesetzt[11].

II. Grundlage: Das Erfurter Programm der SPD von 1891

Die Grundlage für den Entwurf Dietz bildete das Erfurter Programm der Sozialdemokratischen Partei Deutschlands aus dem Jahr 1891[12]. Das Wesen dieses Programms zumindest in den Grundzügen zu erfassen, ist daher für die Analyse des Entwurfs Dietz unerlässlich.

---

[10] RegBl. 1818, S. 101 ff.

[11] Vgl. *Böhringer*, a. a. O., S. 43 ff.

[12] S. hierzu ausführlich *Miller*, Das Problem der Freiheit im Sozialismus – Freiheit, Staat und Revolution in der Programmatik der Sozialdemokratie von Lassalle bis zum Revisionismusstreit, Frankfurt/Main 1964, S. 199 ff. Der vollständige Text des Erfurter Programms ist an gleicher Stelle auf S. 310 ff zu finden.

Das Erfurter Programm war sowohl äußerlich als auch thematisch zweigeteilt: Der erste Teil bestand aus grundsätzlichen Ausführungen, der zweite Teil setzte sich aus praktischen Forderungen zusammen. Die prinzipiellen Feststellungen des ersten Abschnitts waren gänzlich an der marxistischen Ideologie orientiert. Der Untergang der Kleinbetriebe in der kapitalistischen Wirtschaftsordnung und das damit einhergehende Anwachsen des Arbeiterproletariats wurden als naturgesetzliche Notwendigkeit beschrieben. Die Ablehnung der bürgerlichen Gesellschaft und die damit verbundene Sozialisierung von Produktionsgütern war deshalb Kern der Programmatik, die letztlich eine „Abschaffung der Klassenherrschaft und der Klassen“ (EP I) anstrebte.

Der zweite Abschnitt hingegen (EP II) erhob konkrete Forderungen nach politischen Rechten und der Verbesserung der Lebensbedingungen der Bevölkerung, insbesondere der Arbeiterschaft. Ob diese Fortschritte nun auf dem Wege der parlamentarischen Demokratie oder auf anderem Wege durchgesetzt werden sollten, war Gegenstand einer heftigen Grundsatzdebatte zwischen Marxisten und Revisionisten. In der SPD gab es aber zur Zeit der Ausarbeitung des Verfassungsentwurfs durch Dietz ein klares Bekenntnis zum parlamentarischen Demokratiesystem[13]. Das zu erreichende Endziel stellte jedoch nach wie vor die klassenlose sozialistische Gesellschaft dar, in welcher der Staat eine nur untergeordnete, wenn nicht gar überhaupt keine Rolle mehr spielte[14].

III. Die Staatsorganisation

1. Die Staatsform: Baden als demokratische Republik

Die Wahl der Staatsform kann man als die grundlegendste Richtungsentscheidung des postrevolutionären Baden bezeichnen. Die Staatsform weist den Weg für die Organisation des Staates und bestimmt die Vorgaben für staatliches Handeln. Sie legt fest, welche Aufgaben dem Staat zukommen, welches Organ zuständig ist, welche Befugnisse der Herrschaftsausübung ihm dabei zustehen, aber auch, welche Grenzen ihm gesetzt sind.

[13] Vgl. Erster Teil E. I.

[14] Vgl. die verschiedenen Stellungnahmen führender sozialdemokratischer Vordenker hierzu wissenschaftlich aufbereitet von *Miller*, a. a. O., S. 227 ff.

a. *Grundentscheidung für die Republik*

Seit dem 22. August 1818 war das Großherzogtum Baden eine konstitutionelle Monarchie[15]. Diese Staatsform kam aus mehreren naheliegenden Gründen für eine künftige Verfassung nicht mehr in Frage: Die von der SPD geführte vorläufige Volksregierung hatte bereits am 14. November 1918 die freie Republik Baden proklamiert. Am 22. November 1918 folgte die Abdankung des Großherzogs. Nicht zu vergessen ist in diesem Zusammenhang die Entwicklung im Reich: Am 9. November 1918 wurde von Seiten der nunmehr die Amtsgeschäfte der Reichsregierung leitenden SPD die Republik ausgerufen[16]. Eine Rückkehr in vorrevolutionäre Verhältnisse wurde anschließend von keiner ernstzunehmenden politischen Gruppierung erwogen. Darüber, dass Baden eine Republik sein sollte, bestand denn auch später im badischen Verfassungsausschuss „kein Zweifel"[17]. Das Entstehen und Bestehen der Republik bewirkte einen regelrechten Automatismus, der die Monarchie als Staatsform ausschloss.

Nach *Montesquieu* lassen sich drei Grundtypen von Staatsformen herausarbeiten[18]: Die Republik, die Demokratie oder Aristokratie sein kann[19], die Mo-

---

[15] § 5 BVaF: „Der Großherzog vereinigt in sich alle Rechte der Staatsgewalt und übt sie unter den in dieser Verfassungsurkunde festgesetzten Bestimmungen aus."
§ 6 BVaF: „Das Großherzogtum hat eine ständische Verfassung"; RegBl. 1818, S. 101 ff.
S. zur geschichtlichen und rechtlichen Entwicklung Badens im Konstitutionalismus *v. Weech*, Geschichte der badischen Verfassung – Nach amtlichen Quellen, Karlsruhe 1868, S. 1 ff; *Goldschmit*, Geschichte der badischen Verfassungsurkunde 1818-1919, Karlsruhe 1919; *Walz*, Das Staatsrecht des Großherzogtums Baden, Tübingen 1909; *Glockner*, Badisches Verfassungsrecht, 1. Aufl., Karlsruhe 1905, S. 1 ff; *Heinrich*, Über den Einfluss des Westens auf die Badische Verfassung von 1818, in: *Bader* (Hrsg.), Baden im 19. und 20. Jahrhundert – Bd. 1, Karlsruhe 1948, S. 23 ff; *Baldes*, Die Entstehung des Strafgesetzbuches für das Großherzogtum Baden von 1845 – Mit Blick auf die badische Verfassungsgeschichte und die an der Strafgesetzgebung beteiligten Personen, Hamburg 1999, S. 80 ff; *Fenske*, a. a. O., Karlsruhe 1993, S. 15 ff; *ders.*, Die badische Verfassung vom 22. August 1818 – Entstehung und Bedeutung, in: *Weinacht* (Hrsg.), Baden – 200 Jahre Großherzogtum: Vom Fürstenstaat zur Demokratie, Freiburg 2008, S. 79 ff.
Grundsätzlich zur Staatsform der Monarchie s. *G. Jellinek*, Allgemeine Staatslehre, 3. Aufl., Berlin 1914, S. 669, sowie in neuerer Zeit *R. Zippelius*, Allgemeine Staatslehre, 14. Aufl., München 2003, S. 174 ff., jeweils mit weiteren Nachweisen.

[16] Zu den Vorgängen im Reich s. *Winkler*, Weimar 1918-1933 - Eine Geschichte der ersten deutschen Demokratie, München 1993, S. 33 ff; *Laufs*, Rechtsentwicklungen in Deutschland, 6. Aufl., Berlin 2006, S. 329 ff. Reichskanzler Max von Baden übertrug am 9. November 1918 die Amtsgeschäfte an den Sozialdemokraten Friedrich Ebert. Dieser Fall war verfassungsrechtlich nicht vorgesehen und stellte somit einen Rechtsbruch dar. Eberts Legitimation zur Leitung der Amtsgeschäfte wurde von der Staatsdienerschaft in der Folgezeit jedoch nicht angezweifelt, s. *Gusy*, a. a. O., S. 14.

[17] So Berichterstatter Zehnter am 19. März 1919 im Badischen Landtag, Sten.Ber 1919 (11.Sitzung), Sp. 394.

[18] Vgl. hierzu statt vieler: *Schmidt*, Demokratietheorien, 3. Aufl., Opladen 2000, S. 77 ff; *Staff*, Lehren vom Staat, Baden-Baden 1981, S. 115 ff; *Koch*, Montesquieus Verfassungstheorie, Schutterwald 1997 (erstmals 1883 erschienen), S. 22 ff; *Bluntschli*, Geschichte der neue-

narchie und der Despotismus. Die Republik kennzeichnet, dass die Herrschaftsgewalt nicht in der Hand einer einzelnen Person liegt, sondern vom Volk oder zumindest einem Teil des Volkes ausgeübt wird. Als Monarchie bezeichnet er die gemäßigte Form der Herrschaftsausübung durch den Regenten, die von Zwischengewalten begrenzt wird. Der Despotismus hingegen erscheint als Unterform der Monarchie und findet seine Ausformung im unbeschränkten Absolutismus. Die Tauglichkeit dieser Einstufung wurde vielfach bestritten und zu Recht weist etwa *Georg Jellinek* darauf hin, dass der Despotismus als Erscheinungsform der Monarchie in einer obersten Einteilung der Staatsformen nicht zu berücksichtigen sei[20]. Demnach stehen sich lediglich die Regierungssysteme der Monarchie und der Republik als Antipoden gegenüber. Dieser Auffassung folgten mit der gesamten zeitgenössischen Staatsrechtswissenschaft der Vorentwurf Dietz und mit ihm der endgültige Verfassungstext, indem sie die Republik als Staatsform sanktionierten (§ 3 I VED; § 1 RegEntw; § 1 BV)[21].

Mitunter werden die Begriffe „Republik" und „Demokratie" gleichbedeutend verwendet[22]. Um eine Verwirrung um die Terminologie zu vermeiden, sollte auf die herkömmliche Betrachtung zurückgegriffen werden, die auch in der damaligen Staatswissenschaft anerkannt war: Wenn auch hinsichtlich der positiven Ausgestaltung des Begriffs der „Republik" keine einheitliche Deutung vorgenommen wurde, so lässt sich zumindest eine negative Bestimmung vornehmen: Die Republik erscheint demnach schlicht als die Abwesenheit der Monarchie[23]. Folglich ist eine Vermengung mit Fragen der Souveränität[24] und der Herrschaftsgewalt im Staat erforderlich, um eine positive Ausfüllung des Terminus „Republik" zu erhalten[25]. Demnach soll jedenfalls in diesem Punkt

---

ren Staatswissenschaften, 3. Aufl., München 1881 (Neudruck Aalen 1991), S. 298 ff; *Gumplowicz*, Geschichte der Staatstheorien, Innsbruck 1905, S. 234 ff

[19] Vgl. *Montesquieu*, in: *Forsthoff* (Hrsg.), Vom Geist der Gesetze – Bd. 1, Tübingen 1951, 2. Buch 2. Kap., S. 19: „Wenn in einer Republik das ganze Volk die höchste Gewalt innehat, so ist sie Demokratie. Ist dagegen die oberste Gewalt in den Händen nur eines Teiles des Volkes so nennen wir das eine Aristokratie".

[20] S. *G. Jellinek*, Allgemeine Staatslehre, 3. Aufl., Berlin 1914, S. 666 ff.

[21] § 3 I 1 VED: „Die Staatsform des badischen Volkes und Landes ist die Republik."

[22] *Herzog*, Allgemeine Staatslehre, Frankfurt a. M. 1971, der zwar die Demokratie, nicht aber die Republik einer gesonderten Untersuchung unterzieht.

[23] Vgl. *Gusy*, a. a. O., S. 84. Zum republikanischen Prinzip allgemein *K. Stern*, Das Staatsrecht der Bundesrepublik Deutschland – Bd. I: Grundbegriffe und Grundlagen des Staatsrechts, Strukturprinzipien der Verfassung, 2. Aufl., München 1984, S. 575 ff. Dass dies auch nach heute h. L. so gesehen wird, zeigt *Dreier*, in: *ders.* (Hrsg.), Grundgesetzkommentar - Bd. II: Art. 20-82 GG, 2. Aufl., Tübingen 2006, S. 21.

[24] Mit Souveränität ist im Folgenden die nach innen gerichtete, politische Staatshoheit gemeint. Es wird also die Frage verfolgt, von wem die originäre Staatsgewalt in Baden ausgeht bzw. wer Träger der Staatsgewalt ist; vgl. *Stern*, Staatsrecht, S. 645. Zur völkerrechtlichen Beurteilung der Souveränität, also der Staatssouveränität, des Staates Baden s. u.

[25] S. *Meyer/Anschütz*, Lehrbuch des deutschen Staatsrechts, 7. Aufl., München und Leipzig 1914, S. 32 f., wonach die Einteilung der Staatsformen gewöhnlich an Hand der Formation des Trägers der Staatsgewalt geschieht. *Maurer*, Staatsrecht I - Grundlagen, Verfas-

den Grundgedanken *Montesquieus* gefolgt und die Demokratie als Unterart der Republik angesehen werden.

b. Räterepublik contra parlamentarische Demokratie

Die Aristokratie im Sinne einer Fürstenherrschaft als Unterform der Republik schied von vornherein aus. Demzufolge kam entweder die Demokratie als „Herrschaft des Volkes" oder die marxistische „Diktatur des Proletariats" als Staats- und Regierungsform in Betracht. Letztere hätte eine oligarchische bzw. ochlokratische[26] Staatsform zur Folge gehabt, in welcher die Klasse des Proletariats die Souveränität im Staate inne hat und somit Träger der Staatsgewalt ist. Zuvörderst war daher zu bestimmen, wer der Souverän im neuen Gemeinwesen sein sollte. Hier eröffnete sich das Spannungsfeld zwischen der liberal-demokratischen Republik, die die Gesamtheit des Volkes als Inhaber der Souveränität anerkennt, und der marxistisch-sozialistischen Republik, die lediglich einem Teil des Volkes bzw. der Bevölkerung[27], nämlich der Arbeiterschaft, dem Proletariat, die Souveränität im Staate zuweist. Diese Klassenherrschaft ist nach der marxistischen Staatslehre ein notwendiges Durchgangsstadium zur angestrebten klassenlosen Gesellschaft. Der Staat und seine Organe müssen demnach von der herrschenden Arbeiterklasse benutzt werden, um dessen Überwindung einzuleiten[28].

Die sozialistische Klassenherrschaft hätte durch die Einführung eines Rätesystems installiert werden können. Die Ambivalenz des Begriffs vom „Rätesys-

---

sungsorgane, Staatsfunktionen, 5. Aufl., München 2007, S. 176 f. unterscheidet zwei Bedeutungsebenen: Die Frage Monarchie oder Republik entscheidet sich demzufolge an Hand der Art und Weise der Einsetzung des Staatsoberhauptes. Auf der zweiten Ebene, die darüber befindet, ob es sich um ein demokratisches Staatswesen handelt, widmet er sich der Frage, wer Inhaber der Staatsgewalt ist. Demnach können sich die Begriffe Demokratie und Monarchie überschneiden, etwa wenn wie in England der Premierminister durch demokratische Wahlen legitimiert ist, das Staatsoberhaupt aber dynastisch bestimmt wird.

[26] Die aristotelische Lehre vom Staatswesen bezeichnet die Oligarchie als Herrschaft der Besitzenden, während in der Ochlokratie die Herrschaft beim gemeinen Volk, dem „Pöbel", liegt, vgl. *Hübner*, Die Staatsform der Republik, Bonn und Leipzig 1919, S. 8 f; *Dreier*, in: *ders.* (Hrsg.), a. a. O., S. 33 f.

[27] Zum Unterschied zwischen „Volk" und „Bevölkerung" s. u.

[28] S. hierzu Dietz selbst: *Dietz*, Die Staatsauffassung von Marx und Engels, Karlsruhe 1929, S. 18 ff. Außerdem allgemein zur marxistischen Theorie zur Überwindung des Staates *Knorr*, Wandel und Kontinuität in der sowjetischen Staatsrechtslehre – Die Entwicklung von 1917 bis 1977, Bonn 1981, S. 39 ff.; *Petev*, Kritik der marxistisch-sozialistischen Rechts- und Staatsphilosophie, Berlin 1989, S. 40 ff, *Röhrich*, Marx und die materialistische Staatstheorie – Ein Überblick, Darmstadt, 1980. Aufschlussreich zur Entstehung des sozialistischen Staates bzw. der „Diktatur des Proletariats" und der marxistischen Staatsrechtslehre allgemein *Badura*, Die Methoden der neueren allgemeinen Staatslehre, Erlangen 1959, S. 158 f mit weiteren Nachweisen.

tem" erschwert die Einordnung in herkömmliche staatsrechtliche Kategorien[29]. Hilfreich erscheint jedoch die Einschätzung der zeitgenössischen Literatur: Stellvertretend für die herrschende Ansicht hebt *Anschütz* hervor, die demokratische Republik des Deutschen Reichs sei keine „Diktatur des Proletariats" und setzt diese „Klassenherrschaft" gleich mit dem Modell der „Räterepublik"[30]. Er geht also stellvertretend für die herrschende Meinung davon aus, dass eine „Räterepublik" nicht demokratisch sein kann, diese beiden Staatsformen sich vielmehr gegenseitig ausschließen[31]. Eine Herrschaft der Gesamtheit des Volkes –und nur unter dieser Voraussetzung kann von einem echten demokratischen System gesprochen werden- erscheint innerhalb eines sozialistischen Rätesystems nicht denkbar, da die Räte lediglich bestimmte Klasseninteressen, nämlich die des „Proletariats", artikulieren sollen[32]. Die politischen Rechte werden lediglich dem „werktätigen Volk" zugebilligt, welches die Räte wählt. Aus der Arbeiterklasse leitet sich somit die oberste Herrschaftsmacht des Staates ab[33]. Eine klassenunabhängige Volkssouveränität, die den Ausgangspunkt des modernen Demokratieverständnisses bildet, kann dem Rätemodell also von vornherein nicht zu Grunde liegen.

Die praktische Umsetzung des Rätegedankens während der Revolution liefert wichtige Belege für die Demokratiefeindlichkeit der sozialistischen Räterepublik, weshalb die Ereignisse kurz skizziert werden sollen: Die im Reich neben der parlamentarischen Regierung Friedrich Eberts entwickelte Räteherrschaft setzte sich aus vom Volk gewählten Räten zusammen[34]. Die Staatslei-

---

[29] S. der Hinweis von *Anschütz*, Verfassung, S. 640 f. Weder in der zeitgenössischen noch in der aktuelleren marxistischen Theorie herrscht Einigkeit darüber, wie ein solches Rätesystem im einzelnen beschaffen sein soll. Vgl. *Vestring*, Die Mehrheitssozialdemokratie und die Entstehung der Reichsverfassung von Weimar 1918/19, Münster 1987, S. 199 ff; *Dähn*, Rätedemokratische Modelle – Studien zur Rätediskussion in Deutschland 1918-1919, Meisenheim am Glan 1975, S. 69 ff; *Kolb*, Die Arbeiterräte in der deutschen Innenpolitik 1918-1919, Düsseldorf 1919. Bei *Gusy*, a. a. O., S. 11 f. ist die Rede von einem „diffusen Rätegedanken".

[30] *Anschütz*, Verfassung, S. 35; ebenso *Giese*, Die Verfassung des Deutschen Reichs vom 11. August 1919, Berlin 1919, S. 65 und *W. Jellinek*, Revolution und Reichsverfassung – Bericht über die Zeit vom 9. November 1918 bis 31. Dezember 1919, in: JböR Bd. 9 (1920), S. 1, 85.

[31] Ebenso *Giese*, Verfassung, S. 103 und *Poetzsch-Heffter*, Handkommentar der Reichsverfassung vom 11. August 1919 – Ein Handbuch für Verfassungsrecht und Verfassungspolitik, 3. Aufl., Berlin 1928, S. 84. Anschaulich *Hatschek*, Institutionen des Deutschen Staatsrechts – Bd. 1: Das Reichsstaatsrecht, Berlin 1923, S. 66 ff.

[32] Zu den verschiedenen Rätesystemen in ihrer tatsächlichen Form während der Revolutionsereignisse s. *Vestring*, a. a. O., S. 178 ff. Auf S. 199 ff werden zudem die Theorien sozialdemokratischer Rätekonzeptionen je nach ihrer Haltung zum Parlamentarismus anschaulich dargestellt.

[33] Vgl. *Kelsen*, Sozialismus und Staat – Eine Untersuchung der politischen Theorie des Marxismus, Leipzig 1920, S. 106 ff, der der Räterepublik große Beachtung schenkt.

[34] Da die Wahlen jedoch auf SPD- und USPD-Parteiveranstaltungen stattfanden, erscheint die demokratische Legitimation zumindest fraglich, s. *Gusy*, a. a. O., S. 11 f. Ausführlich zu den Ereignissen die Räteherrschaft betreffend *Huber*, Deutsche Verfassungsgeschichte

tung oblag dem sechsköpfigen „Rat der Volksbeauftragten", paritätisch besetzt mit jeweils drei Mitgliedern der SPD und der USPD, ebenfalls unter der Leitung Eberts[35]. Zwar bestand der vorrevolutionäre Staatsapparat weiterhin fort. Der Rat der Volksbeauftragten vereinigte aber in einer Hand die vollziehende und die gesetzgebende Gewalt[36]. Es entsprach jedoch dem Selbstverständnis der Regierung Ebert als Provisorium, nicht die Auflösung bestehender Strukturen zu betreiben, sondern vielmehr eine Politik der Kontinuität zu betreiben[37]. Daneben hatte sich der von der USPD dominierte „Vollzugsrat der Berliner Arbeiter- und Soldatenräte" konstituiert, welcher dem Rätegedanken erheblich näher stand. Sowohl SPD als auch USPD lehnten die monarchischen Elemente des vorrevolutionären Deutschen Reichs strikt ab[38]. Die Institutionen der Verwaltung sollten nach dem Willen des „Rats der Volksbeauftragten" aber weiterhin genutzt und auch in das System der parlamentarischen Demokratie transferiert werden[39]. Die Entscheidung gegen das Rätesystem und für die parlamentarische Demokratie fiel auf dem „Allgemeinen deutschen Rätekongress", der vom 16. bis zum 20. Dezember 1918 in Berlin stattfand und auf welchem sich eine breite Mehrheit der überwiegend mehrheitssozialdemokratischen Delegierten für die Abhaltung von Wahlen zu einer verfassunggebenden Nationalversammlung und gegen eine Räterepublik entschloss[40]. Die Räteherrschaft des „Rats der Volksbeauftragten" ist demnach letztlich als „unechtes" Rätesystem zu bezeichnen.

Eine ebenso wenig, wenn nicht gar minder einflussreiche Entwicklung nahmen die Arbeiter- und Soldatenräte in Baden[41]. In Bayern setzte sich dagegen kurzzeitig eine Münchener Räterepublik ähnlich dem russischen Sowjetsystem durch[42]. Gemein ist den „echten", d. h. systemüberwindenden Rätemodellen wie beispielsweise dem „Vollzugsrat"[43], neben der politischen Entrechtung des

---

seit 1780 Bd. 5: Weltkrieg, Revolution und Reichserneuerung – 1914-1919, Stuttgart 1978, S. 706 ff.

[35] S. hierzu *Gusy*, a. a. O., S. 42 ff mit weiteren Nachweisen.

[36] S. *Anschütz*, Verfassung, S. 11.

[37] Vgl. *Meinecke*, Die Revolution – Ursachen und Tatsachen, in *Anschütz/Thoma* (Hrsg.), HbDStR I, Tübingen 1930, S. 95, 113.

[38] Vgl. *Laufs*, a. a. O., S. 337.

[39] *Nipperdey*, Deutsche Geschichte (1866-1918) Bd.2: Machtstaat vor der Demokratie, 2. Aufl., München 1993, S. 875 bezeichnet das Rätesystem im Reich denn auch als „sekundär und interimistisch".

[40] Vgl. *Willoweit*, Deutsche Verfassungsgeschichte – Vom Frankenreich bis zur Wiedervereinigung Deutschlands, 5. Aufl., München 2005, S. 361 f.; *Frotscher/Pieroth*, Verfassungsgeschichte, 5. Aufl., München 2005, S. 250 ff.

[41] S. o. und vgl. *Brandt/Rürup*, a. a. O., S. 73 ff.

[42] Die Münchener Räterepublik bestand insgesamt sechs Monate vom 8. November 1918 bis zum 1. Mai 1919; vgl. *Barreneche*, Materialien zu einer Strafrechtsgeschichte der Münchener Räterepublik 1918/19, Berlin 2004, S. 23 ff; *Koellreutter*, Die neuen Landesverfassungen, in: *Anschütz/Thoma* (Hrsg.), HbDStR I, Tübingen 1930, S. 138, 138, 143; *Piloty*, Die bayerische Verfassung vom 14. August 1919, in: JböR Bd. 9, S. 129, 129 ff.

[43] Der Rat der Volksbeauftragten ist dagegen als systemerhaltend zu charakterisieren; vgl. zu den Begrifflichkeiten *Dähn*, a. a. O., S. 476 f.

„Bürgertums", dass sie im Gegensatz zur parlamentarischen Demokratie keine Unterscheidung der Staatsgewalten in Legislative, Judikative und Exekutive vornehmen, alle Gewalt liegt bei den Räten[44]. Die Räte verfügen zudem lediglich über ein imperatives Mandat[45]. Das Ziel der Systemüberwindung bezweckt die Beseitigung bestehender staatlicher Strukturen und ist gekennzeichnet durch die Ablehnung des parlamentarischen Systems. Die Theoriekonzepte dieser „echten" Rätemodelle basierten auf den marxistischen Reflexionen über die Pariser Kommune von 1851 und dem in Russland seit 1917 praktizierten Sowjetsystem.

Die Demokratie ist dagegen gekennzeichnet durch die Herrschaft des Volkes, d. h. das gesamte Volk ist Träger der Staatsgewalt[46]. „Volk" ist dabei nicht nur als Gesamtheit aller stimmberechtigten Staatsangehörigen zu verstehen[47], sondern alle Staatsangehörigen werden hierunter zusammengefasst. Gemeint ist also nicht allein das Staatsvolk im politischen Sinn, welchem jedoch die Ausübung der Staatsgewalt zukommt. Der Souverän des Staates ist das Volk, von ihm geht letztlich jedwede Legitimation staatlichen Handelns aus[48]. Die Bestimmung des Begriffs der „Republik" hat sich also notwendig mit demjenigen der „Demokratie" bzw. der „Volkssouveränität"[49] zu befassen[50]. Im Zeitalter der Aufklärung erfuhr die Idee der Volkssouveränität vor allem durch *Rousseau* eine vertiefte Weiterentwicklung[51]. In die Allgemeinheit betreffenden Angelegenheiten stimme der wahre Wille eines jeden Volksgenossen stets überein, wodurch ein allgemeiner Wille des Volkes entstehe[52]. Wenngleich die

---

[44] Der Aufruf Karl Liebknechts und Rosa Luxemburgs: „Alle Macht den Räten!" veranschaulicht dies; s. *Schneider*, Die Reichsverfassung vom 11. August 1919, in: *Isensee/Kirchhof* (Hrsg.), HbStR I, 3. Aufl., Heidelberg 2003, S. 177, 181.

[45] Vgl. zu diesen Merkmalen der Rätedemokratie *Kriele*, Einführung in die Staatslehre – Die geschichtlichen Legitimitätsgrundlagen des demokratischen Verfassungsstaates, 6. Aufl., Stuttgart 2003, S. 262 ff; *K. Stern*, Staatsrecht, S. 601 f. mit weiteren Nachweisen.

[46] Vgl. *Köbler*, Juristisches Wörterbuch, 13. Aufl. München 2005; S. 104; *Weber*, Demokratie, in: Creifelds Rechtswörterbuch, 19. Aufl., München 2007, S. 262 f.

[47] Zur Unterscheidung der Begriffe „Staatsvolk", „Staatsangehöriger" und „Staatsbürger" s. u.

[48] S. *Thoma*, Das Reich als Demokratie, in: *Anschütz/Thoma* (Hrsg.), HbDStR I, Tübingen 1930, S. 186, 188 f., der als unverzichtbare Voraussetzung für ein demokratisches Gemeinwesen darauf abhebt, „ob in einem Staate alle Inhaber staatlicher Herrschaftsgewalt unmittelbar oder mittelbar aus Volkswahlen hervorgehen und dieses Wahlen nach einem wirklich allgemeinen und gleichen Wahlrecht erfolgen".

[49] Zum Begriff s. *Pernthaler*, Allgemeine Staatslehre und Verfassungslehre, 2. Aufl., Wien/New York 1996, S. 171 ff.

[50] S. *Gusy*, a. a. O., S. 85.

[51] S. *Rousseau*, Vom Gesellschaftsvertrag oder Grundsätze des Staatsrechts, 1767 (neu übersetzt und herausgegeben von *Hans Brockard*, Stuttgart 1986), 3. Buch, 11. Kap., S. 96 ff. S. zur Lehre Rousseaus *Schmidt*, a. a. O., S. 61 ff; *Hoffmann*, Einführung in die Rechts- und Staatsphilosophie, 2. Aufl., Darmstadt 2003, S. 160 ff.

[52] Vgl. *Redslob*, Die Staatstheorien der französischen Nationalversammlung – Ihre Grundlagen in der Staatslehre der Aufklärungszeit und in den englischen und amerikanischen Verfassungsgedanken, Leipzig 1912, S. 52.

Konstruktion eines –nur schwer feststellbaren- „volonté générale", der über die Geschicke des Staates entscheiden solle, eine eklatante Missachtung des Willens einer möglicherweise beachtlichen Minderheit darstellt[53], so ist es das Verdienst *Rousseaus*, durch die Herausbildung des Begriffs der „Volkssouveränität" den Weg für die Demokratiemodelle im modernen Sinne bereitet zu haben.

Dietz' Vorentwurf sah, wie bereits erwähnt, als Staatsform „die Republik" vor, § 3 I 1 VED. Mehr Aufschluss über die Staatsform gab der angefügte Zusatz: „der demokratische Volksstaat". Im Zusammenspiel mit § 1 S. 1 VED, der das „badische Volk" als „Quelle und Träger der Staatsgewalt" bestimmte, ergibt sich, dass der Entwurf das gesamte Volk als Souverän anerkannte und einer „Diktatur des Proletariats" eine klare Absage erteilte[54]. Dietz gründete die Republik also gerade nicht auf eine durch Klassenzugehörigkeit selektierte Volksgruppe, wie es bei einer Räterepublik der Fall gewesen wäre. Vielmehr war ihm daran gelegen, dass die stimmberechtigten Staatsangehörigen ohne Unterschied an der Ausübung der Staatsgewalt in gleichem Maße beteiligt sein sollten. In gleicher Weise gingen aufbauend auf dem Vorentwurf Dietz der Regierungsentwurf und die neue Verfassung vor (§§ 1, 2 RegEntw; §§ 1, 2 BV).

Das demokratische Prinzip spiegelt sich in den Vorschriften bezüglich der Wahlen und Abstimmungen wider, die das freie, allgemeine, gleiche und unmittelbare Wahlrecht konstituierten (§§ 1 S. 2, 2 VED; § 3 RegEntw; § 3 BV) und das Volk so an der Ausübung der Staatsgewalt teilhaben ließen. Aufschlussreich ist ebenfalls die Berücksichtigung der Vorbildbestimmungen für die §§ 1, 3 VED. Als Referenz dienten Dietz Art. 1 VerfSolothurn[55], sowie Art. 1 VerfBern[56], die jeweils den „demokratischen Freistaat" als Grundlage des Gemeinwesens nannten[57]. Eine Ergänzung fanden diese Regelungen durch den jeweiligen Art. 2 der genannten Kantonsverfassungen, der festlegte, die Staatsgewalt beruhe auf der „Gesamtheit des Volkes"[58].

---

[53] *R. Zippelius*, a. a. O., S. 141.

[54] Die Begriffe der „Souveränität" und der „Staatsgewalt" sind nicht bedeutungsgleich, sondern vielmehr streng voneinander zu unterscheiden; s. zum Souveränitätsbegriff *Randelzhofer*, Staatsgewalt und Souveränität, in: *Isensee/Kirchhof* (Hrsg.), HbStR II, 3. Aufl., Heidelberg 2004, S. 143, 152. Diese Unterscheidung nimmt auch der Entwurf Dietz vor: Das Volk ist als Souverän „Quelle und Träger" der Staatsgewalt (§ 1 S. 1), nicht jedoch die Staatsgewalt selbst. Ebenso ist die Frage nach der Ausübung der Staatsgewalt von der Souveränität abzugrenzen, s. unten.

[55] Verfassung des Kantons Solothurn vom 23. Oktober 1887 (Amtliche Sammlung der Gesetze und Verordnungen des Kantons Solothurn, 60. Bd., 1886-1890, Solothurn 1890, S. 47 ff).

[56] Staatsverfassung des Kantons Bern vom 4. Juni 1893 (Amtliche Sammlung der Gesetze, Dekrete und Verordnungen des Kantons Bern, Bd. 1, 1815-1900, Bern 1943, S. 619 ff).

[57] Entwurf einer badischen Verfassung (Dietz), GLA 233/28134.

[58] Vgl. hierzu *Giacometti*, Das Staatsrecht der Schweizerischen Kantone, Zürich 1941, S. 43 ff.

Neben der Minoritäten vernachlässigenden Idee eines „volonté générale" liegt eine weitere Schwäche der Lehre *Rousseaus* darin begründet, dass schon die ständige Feststellung dieses „allgemeinen Willens" in die Allgemeinheit betreffenden legislativen Angelegenheiten höchstens bei einer zahlenmäßig überschaubaren Gemeinschaft, jedoch nicht bei einem derart großen Gemeinwesen wie Baden gelingen kann. Die direkte Demokratie, in der das Volk alle politischen Entscheidungen selbst trifft, schied also von vornherein als Regierungsform aus. Die Übertragung von Herrschaftsmacht durch das souveräne Volk auf staatliche Entscheidungsträger war unumgänglich[59], weshalb die Errichtung einer repräsentativen, nur mittelbaren Demokratie die logische Konsequenz war[60]. Aus der Entscheidung für die demokratische Republik ergibt sich zwangsläufig auch Notwendigkeit der Errichtung eines Volksvertretungsorgans. Nach § 5 I VED war eine „vom Volke gewählte Volksvertretung" zu bestimmen, deren Aufgaben, Rechte und Pflichten durch §§ 28–59 VED eine nähere Ausgestaltung erfuhren. Das Parlament erhielt umfassende Kontrollrechte gegenüber der Regierung, dem Staatsministerium (§§ 7, 60–67 VED), und ist als zentrales Organ im neuen Aufbau des badischen Staates zu bezeichnen. Im Gegensatz zum Rätesystem[61] waren die Volksvertreter in ihren Abstimmungsfreiheit nicht beeinträchtigt, ein imperatives Mandat bestand nicht, § 48 I 1 VED.

Der Verfassungsentwurf Dietz beinhaltete des Weiteren starke plebiszitäre Elemente. Das Volk selbst sollte in den durch die Verfassung festgelegten Belangen unmittelbar an der Ausübung der der Staatsgewalt teilhaben, §§ 5, 7, 25 ff VED.

Das Staatsministerium stand unter der Leitung eines „Vorsitzenden" (§ 60 II VED), der jedoch selbst vom Vertrauen der Volksvertretung, dem Badischen Landtag, abhängig war. Das Staatsministerium entschied zudem über die ihm obliegenden Angelegenheiten als Kollegialorgan, § 63 VED. Ein mit weitreichenden Entscheidungskompetenzen ausgestatteter und vom Parlament unabhängiger Präsident, wie ihn beispielsweise die Verfassung der Vereinigten Staaten von Amerika aus dem Jahre 1789 kennt[62], war in dem Entwurf nicht vorgesehen. Es handelte sich demnach nicht um eine präsidentielle, sondern um eine parlamentarische Demokratie.

Ein weiteres Element der freiheitlich-demokratischen Republik bildet die Garantie von näher zu bezeichnenden Grundrechten, welche der Entwurf Dietz als „Grundfreiheiten" nach §§ 8-24 VED dem Bürger garantierte.

Weder die Errichtung einer demokratischen Republik, noch die Schaffung der besonderen Organe des Staatsministeriums und des Landtags stießen bei

---

[59] *Rousseau* lehnt jegliche legislativen Repräsentativorgane ab, s. *ders.*, a. a. O., 3. Buch, 15. Kap., S. 102 f.

[60] Vgl. zu den Voraussetzungen einer unmittelbaren Demokratie *Herzog*, a. a. O., S. 205 ff.

[61] S. *Doehring*, Allgemeine Staatslehre – Eine systematische Darstellung, 3. Aufl., Heidelberg 2004, S. 134.

[62] S. aus der zeitgenössischen Literatur *Freund*, Das öffentliche Recht der Vereinigten Staaten von Amerika, Tübingen 1911, S. 123 ff.

den Beratungen der Verfassungskommission und im Plenum der Nationalversammlung erwartungsgemäß auf Widerspruch, sodass die oben erläuterten Regelungen des Vorentwurfs Dietz über den Regierungsentwurf teilweise wörtlich Eingang in die endgültige Verfassung fanden[63].

Nach dem Erfurter Programm der SPD war die Entscheidung für die parlamentarische Demokratie durchaus nicht zwingend. Nicht einmal die Ablehnung der Monarchie war hierin explizit festgelegt[64], was aber dem Einfluss des zur Zeit der Entstehung des Programms außer Kraft gesetzten „Sozialistengesetzes“[65] zuzuschreiben ist. Es entsprach jedoch der geschlossenen Haltung der SPD gegenüber der USPD und den Spartakisten, dass Dietz in der Begründung seines Textvorschlages die Option der Räterepublik gänzlich unerwähnt ließ. Die kollegiale Zusammenarbeit der badischen Arbeiter- und Soldatenräte mit der vorläufigen Volksregierung war eine bemerkenswerte Besonderheit des hiesigen Revolutionsverlaufs, denn im Grunde war man vor einer zu großen Macht der Räte in Sorge. Bereits die Entscheidung der SPD-geführten vorläufigen Volksregierung, die endgültige Staatsform einer aus demokratischen Wahlen hervorgehenden Nationalversammlung[66] zu überlassen, manifestierte die Durchsetzung des demokratischen Prinzips in Baden. Schon vor den Revolutionsereignissen des November 1918 hatte die SPD die Frage „Demokratie oder Diktatur des Proletariats“ mit der Frage „parlamentarisches System oder Räterepublik“ verknüpft und den Bolschewismus kategorisch abgelehnt[67]. Gerade in der eher liberalen, ideologiekritischen badischen SPD war eine ausgesprochene Neigung zur revisionistischen Haltung zu verzeichnen. Den marxistischen Zukunftsvisionen stand man hier deshalb ebenso skeptisch gegenüber wie der Idee der Räterepublik und bekannte sich klar zur parlamentarischen Demokratie[68]. Anders als auf Reichsebene verstanden sich die badischen Arbeiter- und Soldatenräte ebenso wie die vorläufige Volksregierung als politische Organe der Übergangszeit, deren Ziel die Errichtung eines parlamentarisch-demokratischen Volksstaates war[69].

---

[63] Vgl. *Böhringer*, a. a. O., S. 46 ff. Der Vorentwurf Glockner-Zehnter-Weill wich lediglich bezüglich der Frage des Zweikammersystems von den anderen Entwürfen ab.

[64] S. hierzu auch Dietz' Rede im Plenum der Nationalversammlung am 19. März 1919 (11. Sitzung), Sten.Ber., Sp. 418: „Sie wissen alle, dass unser Erfurter Programm, dem wir uns gebunden erachten, uns nicht vorschreibt, für eine Republik notwendigerweise stimmen zu müssen und Sie erinnern sich auch des Wortes, das unser Meister Bebel einst gesprochen und mehr als einmal wiederholt hat, dass es Monarchien konstitutioneller Art geben kann und auch gegeben hat, die erheblich fortschrittlicher, freiheitlicher und sozialistischer zu betrachten sind als gewisse Republiken (...)“.

[65] Gesetz gegen die gemeingefährlichen Bestrebungen der Sozialdemokratie, RGBl. Teil I 1878, S. 351 ff.

[66] VO über die Wahlen zur verfassunggebenden badischen Nationalversammlung, GVBl. 1918, S. 401 ff.

[67] Vgl. *Kolb*, a. a. O., S. 169 ff.

[68] S. zur Haltung des revisionistischen Flügels der SPD zum Parlamentarismus allgemein *Vestring*, a. a. O., S. 12.

[69] S. *Brandt/Rürup*, a. a. O., S. 111.

Zur Klarstellung betonte Dietz während den Beratungen der Verfassungskommission, die „demokratische Republik" stehe sowohl im Gegensatz zur Räte- als auch zu einer sozialistischen bzw. sozialdemokratischen Republik. Der badische Staat solle nicht auf ein bestimmtes Programm einer politischen Partei festgelegt sein[70]. Damit verdeutlichte er nicht nur den Unterschied zu einem sozialistischen Rätesystem, sondern hob als weiteres Element der zu errichtenden demokratischen Republik Baden den parteipolitischen Pluralismus hervor, der eine Konkurrenzsituation zwischen den Parteien schaffen sollte. Verstärkt wurde die frühe Richtungsentscheidung zu Gunsten der parlamentarisch-demokratischen Demokratie durch den Umstand, dass ein alternativer Verfassungsentwurf der Arbeiter- und Soldatenräte[71] zwar durchaus vorhanden war und von der Volksregierung auch neben dem Regierungsentwurf und den Vorentwürfen I und II aufgeführt wurde. Eine inhaltliche Auseinandersetzung mit dem Räteentwurf wurde, im Gegensatz zu den Vorentwürfen I und II, bei der Entstehung des Regierungsentwurfs jedoch nicht vorgenommen. Die Grundlage des Entwurfs der vorläufigen Volksregierung bildete schließlich der Vorentwurf Dietz[72]. Der Verfassungsausschuss der Nationalversammlung führte seinerseits die Beratungen an Hand des Regierungsentwurfs durch. Eine ernsthafte Beschäftigung mit dem Entwurf der Arbeiter- und Soldatenräte fand daher zu keinem Zeitpunkt statt[73].

Es wäre zudem auch nicht durchführbar gewesen, als badische Räterepublik „Bestandteil des deutschen Volksstaates" (§ 3 I 2 VED; § 1 RegEntw; § 1 BV) zu bleiben, da das Deutsche Reich seinerseits als demokratische Republik organisiert sein sollte. Dies wurde spätestens am 16. Dezember 1918 durch die Entscheidung des „Allgemeinen deutschen Rätekongresses", eine verfassunggebende Nationalversammlung einzuberufen, deutlich. Zur Herstellung von Homogenität von Reich und Reichsgliedern sanktionierte Art. 17 I WRV in der Reichsverfassungsurkunde vom 11. August 1919: „Jedes Land muss eine freistaatliche Verfassung haben." Die weiteren Regelungen bestimmten für die Landesverfassungen die Einrichtung einer Volksvertretung sowie ein demokratisches Wahlrecht[74]. Die so manifestierte Einheitlichkeit von Reichs- und Landesverfassung untersagte jedwede Form der Minderheiten- bzw. Klassenherrschaft, sowie die Errichtung von Räten statt eines Parlaments. Im Wege der Reichsexekution (Art. 48 WRV) hätte das Reich die Umsetzung des Art. 17 WRV sogar erzwingen können[75]. Der Wahl einer anderen

---

[70] S. *Glockner*, Badisches Verfassungsrecht, 2. Aufl., Karlsruhe 1930., S. 32.

[71] Anl. 4 zu LT-DS Beil. Nr. 1 (Heft 524, 1919); GLA 233/28134.

[72] Vgl. *Zehnter*, Komm.Ber., LT-DS Beil. Nr. 1a (Heft 524, 1919), S. 10; *Glockner*, Badisches Verfassungsrecht, 2. Aufl., Karlsruhe 1930, S. 2.

[73] Vgl. *Brandt/Rürup*, a. a. O., S. 127 f.

[74] S. hierzu *Wenzel*, Die reichsrechtlichen Grundlagen des Landesverfassungsrechts, in: *Anschütz/Thoma* (Hrsg.), HbDStR I, Tübingen 1930, S. 604 ff.

[75] Vgl. *Giese*, Verfassung, S. 102. Zur Reichsexekution s. *Huber*, Deutsche Verfassungsgeschichte seit 1789 – Bd. 4: Die Weimarer Reichsverfassung, Stuttgart 1981, S. 731 ff mit weiteren Nachweisen.

Staatsform als der demokratischen Republik, namentlich des Rätesystems, hätte demnach einen unhaltbaren Widerspruch zu der in Entstehung begriffenen neuen Reichsverfassung dargestellt[76].

Ob Baden künftig als „Republik" oder doch eher als „Freistaat" gelten sollte, hielt Dietz in seiner Entwurfsbegründung angesichts der synonymen Bedeutung der Begriffe zutreffend für „gleichgültig"[77]. Der Regierungsentwurf folgte den oben ausgeführten Grundausrichtungen des Vorentwurfs Dietz, bezeichnete Baden aber –in der Sache unerheblich- in § 1 RegEntw als „demokratische Republik". Der später auch im Verfassungsausschuss vorgebrachte Antrag auf Verwendung des deutschen Wortes „Freistaat", fand auf Grund der Tatsache, dass der Begriff „Republik" feststehend und hinreichend bestimmt sei, keine Mehrheit[78]. § 1 RegEntw passierte daher ohne Änderung den Verfassungsausschuss. Die Verfassung vom 21. März 1919 legte in § 1 BV fest, dass Baden eine „demokratische Republik" ist.

Die Staatsform Badens war somit nach den Vorentwürfen Dietz und Glockner, dem Regierungsentwurf und schließlich der neuen Verfassung eine pluralistische, parlamentarisch-demokratische Republik mit kollegialer Spitze[79].

c. „Formaldemokratie" als bloßer Übergang zur „sozialen Demokratie"

Dass die parlamentarische Demokratie im bürgerlich-liberalen Sinne jedoch nicht das zu erreichende Ziel der Sozialdemokratie darstellte, verdeutlichte Dietz anlässlich der Präsentation des vorläufigen Verfassungstextes durch den Verfassungsausschuss vor der Nationalversammlung: „Selbstverständlich" sei die „Demokratisierung der Staatsverfassung" ein bloßes Mittel zum Zweck, nämlich zur Sozialisierung der Wirtschaft. In allererster Linie müsse man darauf bedacht sein, die „Errungenschaften der Revolution" zu sichern und auszubauen[80]. Die Errichtung der demokratischen Republik war für ihn also kein Selbstzweck, sondern lediglich ein Hilfsmittel zur im Vordergrund stehenden Sozialisierung von Produktionsgütern[81]. Dietz sah die Arbeiterräte auch weiterhin als notwendig an, um die Vergesellschaftung voranzutreiben. Er gab sich optimistisch, dass die Arbeitervertretungen Eingang in die Reichsverfas-

---

[76] S. dazu *Anschütz*, Verfassung, S. 123 ff.

[77] S. *Dietz*, Sonderabdruck, S. 1.

[78] S. Sten.Ber. vom 19. März 1919 (11. Sitzung), Sp. 395.

[79] S. hierzu auch *Böhringer*, a. a. O., S. 46 ff.

[80] S. Sten.Ber. vom 19. März 1919 (11. Sitzung), Sp. 406. Bereits bei Zusammentritt der Nationalversammlung am 15. März 1919 (1. Sitzung) hob er dies stellvertretend für die sozialdemokratische Fraktion hervor, Sten.Ber. (1. Sitzung am 15. Januar 1919), Sp. 15. S. auch *Dietz*, Achtung! Alle Mann an Bord!, in: Volksfreund, 11. März 1919.

[81] Der spätere Parteiaustritt Dietz', der mit ebendieser „Sicherung der Errungenschaften der Revolution" zusammenhing (vgl. Erster Teil E. IV.) macht deutlich, dass er die starke revisionistische Strömung innerhalb der badischen SPD schon bei der Ausarbeitung des Vorentwurfs Ende 1918 nicht angemessen einschätzte.

sung finden würden[82], was mit Art. 165 WRV in allerdings sehr stark abgeschwächter Form auch geschah. Die Hoffnung, sie bei den kommenden Sozialisierungsgesetzen auf Landesebene zu berücksichtigen, erfüllte sich hingegen nicht[83].

Deutlich werden schon hier die Vorbehalte, die Dietz offenbar gegen die sogenannte „Formaldemokratie" liberaler Art hegte. Eine Abneigung, die sich in der sozialdemokratischen Staatslehre der Weimarer Republik noch klarer zeigen sollte und die nach *Heller* zwischen einer bürgerlichen „Formaldemokratie" und einer „sozialen Demokratie" bzw. schlicht „Sozialismus" deutliche Unterschiede ausmachte, welche vor allem in der angestrebten Wirtschaftsordnung lagen[84]. Während die „Formaldemokratie" einen Zustand politischer Freiheit und Gleichheit des einzelnen anstrebte, war erklärtes Hauptziel der „sozialen Demokratie" die öffentlich-rechliche Umgestaltung der privatrechtlichen Arbeits- und Güterordnung, um eine „gemeinwirtschaftliche Ordnung"[85] zu erreichen. Die Parallelen in der Vorstellung von der Umgestaltung des Staates hin zu einer „sozialen Demokratie" bei Dietz und *Heller* sind unübersehbar. Die „Formaldemokratie" stellte demnach eine Phase des Übergangs dar, die lediglich der Schaffung der Voraussetzungen zur Errichtung des „Sozialismus" bzw. der „sozialen Demokratie" zu dienen bestimmt war. Der Staat und das Regierungssystem dienten dabei lediglich als notwendige Stützen einer Übergangszeit in eine neue Staats- und Gesellschaftsordnung.

2. Das Verhältnis zum Reich: Bundesstaat und Staatlichkeit

Im Anschluss an die Klärung der Frage nach der Staatsform des postrevolutionären Badens ergibt sich zwangsläufig das Problem der Staatlichkeit der demokratischen Republik Baden. Oder anders ausgedrückt: Ist Baden nach der Revolution im staatsrechtlichen Sinne überhaupt ein Staat? Dieses Problem lässt sich am anschaulichsten an Hand der Einordnung in das föderative

---

[82] Sten.Ber. vom 19. März 1919 (11. Sitzung), Sp. 426.

[83] Die Bereitschaft in der badischen SPD zur Sozialisierung von Produktionsmitteln und somit zur Schaffung der Grundlagen eines sozialistischen Staatswesens war erheblich geringer als Dietz es offenbar vermutete. Schon während der Arbeit in der Verfassungskommission kündigte sich also schon seine Entfremdung von der Mehrheitssozialdemokratie an, die letztendlich zum Parteiaustritt führte.

[84] S. *Heller*, Die politischen Ideenkreise der Gegenwart, in: *Heller/Müller* (Hrsg.), Gesammelte Schriften Bd. 1 – Orientierung und Entscheidung, 2. Aufl., Tübingen 1992 (erstmals 1926 erschienen), S. 267, 326 ff. Vgl. auch *Buchstein*, Von Max Adler zu Ernst Fraenkel. Demokratie und pluralistische Gesellschaft in der sozialistischen Demokratietheorie der Weimarer Republik, in: *Gusy* (Hrsg.), Demokratisches Denken in der Weimarer Republik, Baden-Baden 2000, S. 534, 567 ff. Einen ausführlichen Überblick über die zeitgenössische sozialdemokratische Staatslehre gibt *Blau*, Sozialdemokratische Staatslehre in der Weimarer Republik – Darstellung und Untersuchung der staatstheoretischen Konzeptionen von Hermann Heller, Ernst Fraenkel und Otto Kirchheimer, Marburg 1980.

[85] *Heller*, a. a. O., S. 267, 399.

reichsrechtliche System untersuchen. § 3 I 2 VED sah vor: „Die badische Republik bildet einen Bestandteil des deutschen Volksstaates". In welcher staatsrechtlichen Verbindung Baden zum Deutschen Reich, dem „deutschen Volksstaat", zukünftig stehen sollte, brachte der Vorentwurf nicht klar zum Ausdruck. Als Dietz den Vorentwurf im November 1918 erarbeitete, war die politische und verfassungsrechtliche Entwicklung im Reich –Einheitsstaat auf der einen, Staatenverbindung auf der anderen Seite- nicht absehbar, weshalb sich der Text hinsichtlich der Frage der Fortführung des bundesstaatlichen Staatsaufbaus bewusst bedeckt hielt. Es lassen sich allerdings mehrere Anzeichen dafür herausarbeiten, dass der Vorentwurf von einer eigenständigen, vom Reich besonderen Staatlichkeit Badens ausging. In dem gesamten Textentwurf finden sich hierfür Belege in der Wortwahl bezüglich einzelner Bestimmungen. So war die Rede von „Staatsgewalt", „Staatsform", „Staatsangehörigen", „Staatsgrenzen", „Staatsministerium", „staatsbürgerlichen Rechten", „Staatsverwaltung", „Staatsvoranschlag" bzw. „Staatsbudget", „Staatsausgaben", „Staatsbehörden", „Staatsgerichtshof" oder ganz allgemein dem „Staat". Allerdings fand auch der Terminus „Land" Verwendung, was auf eine Negation der Staatlichkeit Badens hindeuten könnte.

Es erscheint deshalb geboten, die Rechtslage hinsichtlich der Staatlichkeit der Länder im Kaiserreich näher zu beleuchten, um Rückschlüsse auf das Staatsverständnis des Vorentwurfs Dietz ziehen zu können. Das vorrevolutionäre Deutsche Reich war nach herrschender zeitgenössischer Ansicht ein aus nicht-souveränen Staaten zusammengesetzter Bundesstaat[86]. Ein Bundesstaat war und ist nach herkömmlicher Definition[87] ein Staat, der sich aus mehreren Staaten zusammensetzt, wodurch eine doppelte Staatlichkeit -nämlich der Gliedstaaten einerseits und des Gesamtstaates andererseits- entsteht[88]. Sowohl die Gliedstaaten als auch der Gesamtstaat verfügen über eine eigene staatliche Organisation, die Aufgaben der staatlichen Verwaltung übernimmt[89]. Der Bundesstaat steht in scharfem Gegensatz zum Einheitsstaat. In diesem existiert lediglich eine Staatsgewalt, es besteht eine einheitliche Staatsorganisation[90]. Eine weitere Besonderheit ist der Staatenbund, welcher einen bloßen Zusammenschluss mehrerer souveräner Staaten auf der Ebene des Völker-

---

[86] S. stellvertretend *Meyer/Anschütz*, a. a. O., S. 7. A. A. *v. Seydel*, Der Bundesstaatsbegriff – Eine staatsrechtliche Untersuchung, in: ZgStW Bd. 28 (1872), S. 185 ff, der das Kaiserreich als Staatenbund ansieht. Ratlosigkeit verbreitet *Zorn*, Die deutsche Reichsverfassung, Leipzig 1913, S. 49 ff, der zwar die Souveränität der Einzelstaaten anerkennt und *v. Seydels* Auffassung ablehnt, sich jedoch nicht eindeutig für die Einordnung als Bundesstaat ausspricht. Eine umfassende Zusammenstellung des Meinungsstandes findet sich bei *Holste*, Der deutsche Bundesstaat im Wandel (1867-1933), Berlin 2002, S. 243 ff.

[87] Vgl. *Stern*, Staatsrecht, S. 635 ff mit weiteren Nachweisen.

[88] Auch heute noch ist diese Definition gültig, was BVerfGE 36, 342, 360 f. beweist: „Das Eigentümliche des Bundesstaates ist, dass der Gesamtstaat Staatsqualität und dass die Gliedstaaten Staatsqualität besitzen." Vgl. außerdem *Degenhart*, Staatsrecht I - Staatsorganisationsrecht, 23. Aufl., Heidelberg 2007, S. 3, 165 ff.

[89] S. *Maurer*, a. a. O., S. 284 ff.

[90] Vgl. *Maurer*, a. a. O., S. 286.

rechts darstellt[91]. Der Bund selbst verfügt beim Staatenbund also über keine Souveränität. Ein bloßer Staatenbund, wie er in Gestalt des Deutschen Bundes von 1815 bis 1866 bestand[92], schied auf Grund der zwischen Reich und Ländern aufgeteilten Aufgabenwahrnehmung und der übergeordneten Stellung des Reichs aus. Im seit 1866 bestehenden Norddeutschen Bund und im neuen deutschen Kaiserreich sah die überwiegende Staatsrechtswissenschaft hingegen ein doppeltes Staatsgebilde, welches die Kriterien eines Bundesstaates erfüllte[93]. Den Kernpunkt zur Bestimmung der Staatlichkeit der Glieder des Reiches bildete in der zeitgenössischen Staatsrechtswissenschaft nicht die Frage nach der Souveränität[94] sondern die Bestimmung der Ursprünglichkeit der Herrschaftsgewalt[95]. „Souveränität" wurde dabei von dem Begriff der „Staatsgewalt" unterschieden und als diejenige Herrschaftsmacht verstanden, die keine andere Recht setzende Gewalt über sich hat[96]. Staatsgewalt hingegen wurde als originäre, nicht abgeleitete Herrschaftsgewalt definiert[97]. Die Souveränität war also lediglich eine mögliche, keinesfalls aber notwendige Eigenschaft der Staatsgewalt[98]. Die ursprüngliche Hoheitsgewalt wurde den Reichsgliedern mehrheitlich zuerkannt[99]. Die Kompetenzen waren zwischen Gesamtstaat und Gliedern geteilt. Nach der noch heute anerkannten Definition von *Anschütz* ist der Bundesstaat „ein Gesamtstaat, körperschaftlich zusammengefügt aus einfachen Staaten, die ihm einerseits unterworfen, andererseits beteiligt sind bei der Bildung des Willens"[100]. So gelingt die Herleitung der Staatlichkeit der Reichsglieder ohne Zuerkennung der Souveränität, die ausschließlich beim Bund liegt[101].

---

[91] Vgl. *Ipsen*, Staatsrecht I – Staatsorganisationsrecht, 19. Aufl., Köln und München 2007, S. 171.

[92] S. *Anschütz*, Rückblick auf ältere Entwicklungsstufen der Staatsbildung und des Staatsrechts in Deutschland, in: *Anschütz/Thoma* (Hrsg.), HbDStR I, Tübingen 1930, S. 17, 28.

[93] Statt vieler *Anschütz*, Der Norddeutsche Bund und seine Erweiterung zum Kaiserreich, in: *Anschütz/Thoma* (Hrsg.), HbDStR I, Tübingen 1930, S.63, 65 ff.

[94] „Souveränität" ist in diesem Kontext als Staatssouveränität bzw. völkerrechtliche Souveränität eines Gemeinwesens aufzufassen und nicht im Sinne der „Volkssouveränität". Zur Ambivalenz des Begriffs s. *Thoma*, Das Reich als Demokratie, in: *Anschütz/Thoma* (Hrsg.), HbDStR I, Tübingen 1930, S. 186, 187. Zu den wichtigsten Erklärungsversuchen und Abgrenzungstheorien des „Bundesstaates" in der damaligen und heutigen internationalen Staatsrechtswissenschaft s. *Pernthaler*, a. a. O., S. 294 ff.

[95] So später *Anschütz*, Verfassung, S. 37.

[96] S. *Laband*, Deutsches Reichsstaatsrecht Bd. 1, 6. Aufl., Tübingen 1912, S. 18.

[97] S. *G. Jellinek*, Allgemeine Staatslehre, S. 489 f.; *Laband*, a. a. O., S. 18.

[98] Vgl. *G. Jellinek*, Allgemeine Staatslehre, S. 474.

[99] Vgl. *Holste*, a. a. O., S. 249.

[100] S. *Anschütz*, Das System der rechtlichen Beziehungen zwischen Reich und Ländern, in: *Anschütz/Thoma* (Hrsg.), HbDStR I, Tübingen 1930, S. 295, 295; *Meyer/Anschütz*, a. a. O., S. 49.

[101] Auch die heutige Staatsrechtswissenschaft sieht in der Staatsgewalt und nicht in der Souveränität die staatsbildende Eigenschaft, vgl. statt vieler *Degenhart*, a. a. O., S. 2 f.

Von dieser staatsrechtlichen Situation ausgehend, ist die Wertung Badens als Staat, die der Entwurf Dietz konkludent vornahm[102], nachvollziehbar und eine logische Konsequenz. Der Regierungsentwurf brachte dann den Anspruch Badens auf eine eigenständige Staatlichkeit explizit zum Ausdruck, indem er in § 1 RegEntw festlegte: „Baden ist eine demokratische Republik und bildet als selbständiger Bundesstaat einen Bestandteil des Deutschen Reiches."[103] Diese Fassung wurde als § 1 BV ohne Diskussion und unverändert in den endgültigen Text übernommen. Sie basierte weitestgehend auf § 1 des Vorentwurfs Glockner-Zehnter-Weill. Die neue badische Verfassung hielt also an dem bisherigen bundesstaatlichen Charakter des Reiches fest. Mit der Formulierung vom „selbständigen Bundesstaat" wurde zum Ausdruck gebracht, dass sich an dem vorrevolutionären staatsrechtlichen Verhältnis der Reichsglieder zum Reich nichts geändert hatte[104].

Mit Inkrafttreten der Weimarer Reichsverfassung wurde die Staatlichkeit der Länder allerdings erneut in Frage gestellt[105]. An Hand der Drei-Elemente-Lehre des Zusammentreffens von Staatsgewalt, Staatsgebiet und Staatsvolk wurde den Ländern die Staatsqualität teilweise abgesprochen[106] und das Deutsche Reich nunmehr als „dezentralisierter Bundesstaat" bzw. „Bundesstaat ohne „bündische Grundlage"[107] angesehen. Hiervon ungeachtet wird im Folgenden im Sinne des Vorentwurfs Dietz der Staatscharakter der demokratischen Republik Baden vorausgesetzt und deren Grundpfeiler Staatsgebiet, Staatsgewalt und Staatsvolk näher untersucht.

---

[102] Dietz selbst macht über die Staatlichkeit Badens bzw. über das Verhältnis zum Reich keine Angaben und vermerkt lediglich, dass Baden einen Teil des deutschen Volksstaates bilden solle, sei „selbstverständlich": *Dietz*, Sonderabdruck, S. 1.

[103] S. hierzu Innenminister Haas anlässlich der Übergabe des Regierungsentwurfs an die Nationalversammlung, Sten.Ber. vom 15. Januar 1919 (1. Sitzung), Sp. 19 f.

[104] S. *Zehnter*, Badische Verfassung, S. 44; *Glockner*, Badisches Verfassungsrecht, 2. Aufl., Karlsruhe 1930, S. 33.

[105] Wenn auch die h. L. die Staatlichkeit der Länder bekräftigte, vgl. *Anschütz*, Verfassung, S. 38. Das Reichsgericht schloss sich der h. L. an, RGZ 116, S. 29 ff und RGZ 121, S. 6. S. zum Meinungsstand *Holste*, a. a. O., S. 524 ff. Insoweit irreführend: *Schneider*, in: *Isensee/Kirchhof* (Hrsg.), HbStR I, S. 177, 194, der davon ausgeht, dass in der zeitgenössischen Staatsrechtwissenschaft den Ländern auf Grund der Vielfältigkeit der ihnen überlassenen Hoheitsrechte die Staatsqualität nicht abgesprochen wurde.

[106] Gegen ein ländereigenes Staatsgebiet: *Poetzsch-Heffter*, a. a. O., S. 79. Dafür: *Giese*, Gebiet und Gebietshoheit, in: *Anschütz/Thoma* (Hrsg.), HbDStR Bd. I, Tübingen 1930, S. 225, 233.
Gegen ein ländereigenes Staatsvolk: *Poetzsch-Heffter*, a. a. O., S. 79. Dafür: *Nawiasky*, Grundprobleme der Reichsverfassung – Erster Teil: Das Reich als Bundesstaat, Berlin 1928, S. 2.
Gegen eine originäre Staatsgewalt der Länder: *Poetzsch-Heffter*, a. a. O., S. 77 f.; *Giese*, Verfassung, S. 73 f. Dafür stellvertretend für die g. h. L.: *Anschütz*, Verfassung, S. 68 f.

[107] So *C. Schmitt*, Verfassungslehre, München und Leipzig 1928, S. 389.

3. Die demokratische Republik Baden nach der Drei-Elemente-Lehre

Der Staat definiert sich über den Umfang der Rechte und Pflichten, die ihm zukommen und ist somit Rechtssubjekt, dies war bei Entstehung der neuen badischen Verfassung bereits anerkannt. Der Staat als Rechtssubjekt ist gekennzeichnet nach der von *Georg Jellinek* entwickelten Drei-Elemente-Lehre als Gesamtheit von Staatsgebiet, Staatsvolk und Staatsgewalt[108].

a. Staatsgebiet

Durch das Staatsgebiet werden die unterschiedlichen Herrschaftsbereiche benachbarter Staaten voneinander abgegrenzt[109]. In negativer Hinsicht ist es jedem fremden Staat grundsätzlich untersagt, auf das Staatsgebiet zuzugreifen. Im positiven Sinne sind alle auf dem Gebiet sich aufhaltenden Personen der Herrschaftsmacht des zugehörigen Staates unterworfen[110]. Das Staatsgebiet bildet also die räumliche Begrenzung der Ausübung der Gebietshoheit. Eine positive Darlegung der badischen Grenzen war im Vorentwurf Dietz nicht enthalten. Dieser sah in § 4 VED lediglich vor: „Die Staatsgrenzen können nur im Wege der Gesetzgebung geändert werden." Dietz nahm hierbei Bezug auf § 3 BVaF (1818), der bestimmte, das Großherzogtum sei „untheilbar und unveräußerlich in allen seinen Theilen"[111]. Auch der Regierungsentwurf und die endgültige Verfassung hielten es in § 5 nicht für erforderlich, die Staatsgrenzen positiv zu bestimmen und verwiesen damit stillschweigend auf die vor den Revolutionsereignissen geltenden Grenzen[112].

Nach § 55 I VED war für eine Änderung der Staatsgrenzen die absolute Stimmenmehrheit im Landtag erforderlich, wobei jedoch stets die Mehrheit der Abgeordneten an der Abstimmung teilnehmen musste. Eine Volksabstimmung über diese Frage war nicht zwingend vorgesehen. § 4 VED erhielt jedoch bereits im Regierungsentwurf dahingehend eine Änderung, dass statt eines einfachen Gesetzesvorbehaltes die Voraussetzungen einer verfassungsändernden Stimmenmehrheit im Landtag erfüllt sein mussten (§ 5 RegEntw). Dies

---

[108] S. *G. Jellinek*, Allgemeine Staatslehre, S. 394 ff bzw. S. 183: „Als Rechtsbegriff ist der Staat demnach die mit ursprünglicher Herrschermacht ausgerüstete Körperschaft eines seßhaften Volkes oder, um einen neuerdings gebräuchlich gewordenen Terminus anzuwenden, die mit ursprünglicher Herrschermacht ausgestattete Gebietskörperschaft."; s. auch *Meyer-Anschütz*, a. a. O., S. 11 ff, jeweils mit weiteren Nachweisen. S. in neuerer Zeit *Kettler*, Die Drei-Elemente-Lehre – Ein Beitrag zu Jellineks Staatsbegriff, seiner Fortführung und Kritik, Rahden 1995.

[109] Vgl. *Doehring*, a. a. O., S. 29. Ausführlich zum Merkmal des Staatsgebiets s. *Vitzthum*, Staatsgebiet, in: *Isensee/Kirchhof* (Hrsg.), HbStR Bd. II, 3. Aufl., Heidelberg 2004, S. 163 ff.

[110] S. zu dieser heute noch gültigen Bewertung *G. Jellinek*, Allgemeine Staatslehre, S. 394 ff. Zur doppelten Qualität des Staatsgebietes im Bundesstaat s. o.

[111] S. *Glockner*, Badisches Verfassungsrecht, 1. Aufl., Karlsruhe 1905, S. 42 f.

[112] Näher umschrieben von *Walz*, Staatsrecht, S. 11 ff.

ging zurück auf § 2 des Vorentwurfs Glockner-Zehnter-Weill. Entgegen *Merk*[113] ist *Böhringer*[114] dahingehend beizupflichten, dass auch nach der endgültigen Regelung der §§ 5, 23 I BV bezüglich einer Gebietsänderung die Abhaltung einer Volksabstimmung nicht obligatorisch war, da davon nur solche Gesetze betroffen waren, die das Verfassungsgesetz selbst änderten. Gesetze, die lediglich bezüglich der Abstimmungsmodalitäten (§ 48 BV) wie Verfassungsgesetze zu behandeln waren, gehörten nicht dazu, wie der Kommissionsbericht ausdrücklich klarstellte[115].

b. Volk – Staatsvolk

Der Vorentwurf Dietz und im Anschluss daran der Regierungsentwurf und die neue badische Verfassung verwendeten keine einheitliche Terminologie hinsichtlich der Bestimmung des „Staatsvolkes“. Zum einen war die Rede vom „badischen Volk“ (bspw. § 1 S. 1 VED; § 2 RegEntw; § 2 I BV). In gleichem Zusammenhang rekurrierte der Vorentwurf Dietz auf die „Gesamtheit der stimmberechtigten badischen Staatsangehörigen“ (§ 1 S. 2 VED) und die Verfassung auf die „stimmberechtigten Staatsbürger“ (§ 2 II BV), an anderer Stelle schlicht auf die „Staatsangehörigen“ (§ 2 I VED), das „Volk“ (bspw. § 5 I VED; § 6 BV) oder die „Badener“ (bspw. § 8 I VED; §§ 9, 10 BV). Schließlich geht aus § 18 I VED und § 18 I BV hervor, dass den „Landeseinwohnern“ die Glaubens- und Gewissensfreiheit garantiert werden sollte, was wiederum unter den Abschnitt der „staatsbürgerlichen Rechte der Badener“ gefasst wurde. Diese Begrifflichkeiten gilt es, in ihrer Bedeutung zu erfassen und in staatsrechtliche Kategorien einzuordnen.

aa. Staatsangehörige

Derjenige Bevölkerungsteil eines Staates, der als „Staatsvolk“ bezeichnet wird, setzt sich aus der Gesamtheit der Staatsangehörigen zusammen[116]. Eine sol-

[113] *Merk*, Gebiet, Gebietsveränderungen und Grenzzeichen nach der Reichs- und der badischen Verfassung, in: AöR Bd. 8 NF (1925), S. 305, 316 f.

[114] *Böhringer*, a. a. O., S. 46. So auch *Glockner*, Badisches Verfassungsrecht, 2. Aufl., Karlsruhe 1930, S. 144 ff.

[115] S. *Zehnter*, Komm.Ber., LT-DS Beil. Nr. 1a (Heft 524, 1919), S. 36. S. zur reichsrechtlichen Regelung nach Art 18 WRV *Anschütz*, Verfassung, S. 131 ff.

[116] *Maurer*, a. a. O. S. 3; *Isensee*, Staat und Verfassung, in: *Isensee/Kirchhof* (Hrsg.), HbStR II, 3. Aufl. Heidelberg 2004, S. 3, 65; *Grawert*, Staatsvolk und Staatsangehörigkeit, in: *I-sensee/Kirchhof* (Hrsg.), HbStR II, 3. Aufl., Heidelberg 2004, S. 107, 116. f. Abweichend *K. Stern*, Staatsrecht, S. 257, der als Staatsvolk das Staatsbürgervolk ansieht, welches aktiv an der Staatswillensbildung teil hat, wozu nicht notwendig die Staatsangehörigkeit erforderlich sei. An dieser Stelle soll jedoch zwischen bloßer Staatsangehörigkeit und Staatsbürgereigenschaft unterschieden werden. S. auch unten bzgl. der Statuslehre *G. Jellineks*.

che badische Staatsangehörigkeit setzten § 3 IV VED, § 4 III RegEntw, § 4 II BV voraus. Erwerb und Verlust der badischen Staatsangehörigkeit richtete sich nach den „Gesetzen des deutschen Volksstaates". Insofern bestand Kontinuität zur vorrevolutionären Rechtslage, da bereits Art. 4 I der alten Reichsverfassung die Einzelstaatsangehörigkeit unter die Kompetenz des Reichsgesetzgebers fasste. Die Rechtsgrundlage für Erwerb und Verlust der Staatsangehörigkeit war demnach das Reichs- und Staatsangehörigkeitsgesetz (RuStAG) vom 22. Juli 1913[117]. Das RuStAG unterschied zwischen mittelbarer und unmittelbarer Reichangehörigkeit, wobei die mittelbare Reichangehörigkeit die Regel darstellte. Die deutsche Reichsangehörigkeit wurde einerseits durch die Einzelstaatsangehörigkeit vermittelt, §§ 1, 2-32 RuStAG. Deutscher im juristischen Sinne war hiernach, wer die Staatsangehörigkeit eines Teilstaates des Deutschen Reichs besaß[118]. Der Erwerb der Einzelstaatsangehörigkeit folgte damit dem Prinzip des ius sanguinis[119]. Andererseits gab es aber auch die Möglichkeit der unmittelbaren Reichsangehörigkeit, §§ 33-35 RuStAG[120].

bb. Landeseinwohner

Schwierigkeiten bei der Einordnung in staatsrechtliche Kategorien bereitet es, dass der Vorentwurf Dietz die Formulierung des § 18 I der alten badischen Verfassung übernahm und nach § 18 I VED jedem „Landeseinwohner" die Glaubens- und Gewissensfreiheit zuerkannte. Die Formulierung fand über § 18 I RegEntw Eingang in § 18 I der endgültigen Verfassung. Staatsrechtlich gesehen ist die Verwendung des Begriffs „Landeseinwohner" wenig ergiebig und innerhalb des Systems des Vorentwurfs Dietz und der neuen Verfassung auch fehl am Platz. Denn vom Wortsinn her braucht ein „Landeseinwohner" nicht zwangsläufig im Besitz der badischen, ja nicht einmal der deutschen Staatsangehörigkeit zu sein, sondern lediglich einen badischen Wohnsitz zu unterhalten. Aus den Erläuterungen, die Dietz dem Vorentwurf anfügte, wird aber deutlich, dass lediglich den badischen Staatsangehörigen die Verbürgungen des zweiten Abschnitts zustehen sollten[121]. Es wäre deshalb sinnvoller, weil gängiger und klarer gewesen, hier einen Terminus wie „jeder badische Staatsangehörige" oder „jeder Badener" zu verwenden. „Landeseinwohner" ist daher wie „Badener" oder „badischer Staatsangehöriger" zu lesen.

[117] RGBl. 1913, S. 583 ff.

[118] Zu den Einzelheiten s. *Keller/Trautmann*, Kommentar zum Reichs- und Staatsangehörigkeitsgesetz vom 22. Juli 1913, München 1914, S. 48 ff; *Magnus*, Reichs- und Staatsangehörigkeitsgesetz vom 22. Juli 1913, Berlin 1917, S. 24 ff; *Schätzel*, Das deutsche Staatsangehörigkeitsrecht, Berlin 1928, S. 23 ff; *Isay*, Kommentar zum Reichs- und Staatsangehörigkeitsgesetz und zu den deutschen Staatsverträgen, Berlin 1929, S. 19 ff.

[119] Zu den Erwerbs- und Verlustgründen s. *Keller/Trautmann*, a. a. O., S. 58 ff.

[120] Zu den Erwerbs- und Verlustgründen s. *Keller/Trautmann*, a. a. O., S. 333 ff.

[121] Dies geht allein schon aus der Überschrift des zweiten Abschnitts hervor: „Staatsbürgerliche und politische Rechte der Badener". Ausführlich zu den Grundfreiheiten s. u.

cc. Staatsbürger – Aktivbürger

Eine andere Bedeutung erfährt der Begriff „Volk", wenn man ihn auf das Recht des einzelnen zur Teilhabe am politischen Willensbildungs- und Entscheidungsprozess reduziert. Es ist also zu untersuchen, wer im badischen Staat zur Teilnahme an der Staatswillensbildung berechtigt sein sollte. Hier bietet sich die Verwendung des staatsrechtlichen Begriffs des „Staatsbürgers" an. Nicht die Gesamtheit der Staatsangehörigen, sondern nur die zur Teilnahme an staatlichen Willensbildungsprozessen von der Verfassung Berechtigten sind staatsrechtlich als „Staatsbürger" zu bezeichnen[122]. In diesem Sinne ist Staatsbürgerschaft als Aktivbürgerschaft zu verstehen, die dem einzelnen den Anspruch gegen den Staat vermittelt, als Organ wirksam werden zu können[123]. Überall dort, wo sich der einzelne an der demokratischen Legitimation staatlichen Handelns durch Wahlen und Abstimmungen beteiligt, zeigt sich dessen Eigenschaft als Aktivbürger[124]. Der Staatsbürger ist demnach Konstitutions- und Integrationselement des politischen Gemeinwesens und die Staatsbürgerschaft das Rechtsinstitut, durch das der einzelne an dem konkreten Wirkzusammenhang des Staates teilnimmt[125].

Der Vorentwurf Dietz verwandte bezüglich der Aktivbürgerschaft bzw. des status activus genauso wie der Regierungsentwurf und schließlich der endgültige Verfassungstext eine wenig übersichtliche Terminologie[126]: Die Grundfreiheiten wurden zwar im Titel des zweiten Abschnitts als „staatsbürgerliche" Rechte bezeichnet. Diese „staatsbürgerlichen Rechte" stellten jedoch genauer

[122] Die beiden Termini „Staatsangehöriger" und „Staatsbürger" werden zumeist als Synonyme verstanden, an dieser Stelle jedoch bildet *Georg Jellineks* Statuslehre den Ausgangspunkt der Überlegungen; s. *G. Jellinek*, Allgemeine Staatslehre, S. 418 ff. Vgl. *Kettler*, a. a. O., S. 31 ff; *Pauly/Siebinger*, Staat und Individuum. Georg Jellineks Statuslehre, in: *Anter* (Hrsg.), Die normative Kraft des Faktischen – Das Staatsverständnis Georg Jellineks, Baden-Baden 2004, S. 135, 138 ff. In der Sache ähnlich, ohne jedoch die Status-Terminologie zu verwenden, gehen *Böhringer*, a. a. O. S. 60 ff sowie *Sartorius*, Die Aktivbürgerschaft und ihre politischen Rechte, in: *Anschütz/Thoma* (Hrsg.), HbDStR I, Tübingen 1930, S. 281 ff vgl. S. auch *Grawert*, in: *Isensee/Kirchhof* (Hrsg.), HbStR II, 3. Aufl., Heidelberg 2004, S. 107, 135 ff.

[123] Status activus nach *G. Jellinek*, Allgemeine Staatslehre, S. 423. Ausführlicher *ders.*, Das System der subjektiven öffentlichen Rechte, 2. Aufl., Tübingen 1919 (Neudruck der Ausgabe von 1905), S. 136 ff.

[124] *Müller*, Wer ist das Volk? Die Grundfrage der Demokratie – Elemente einer Verfassungstheorie VI, Berlin 1997, S. 23 ff., fügt die Begriffe „Volk" und „Aktivbürger" zusammen und kommt so zu dem treffenden Terminus vom „Aktivvolk". S. auch *G. Jellinek*, System der subjektiven öffentlichen Rechte, S. 159: „Jede Bestellung eines Staatsorgans aber, daher auch jeder Anteil an einer staatlichen Wahl ist Ausübung einer staatlichen Funktion, daher selbst Organtätigkeit."

[125] So *Grawert*, in: *Isensee/Kirchhof* (Hrsg.), HbStR II, 3. Aufl., Heidelberg 2004, S. 107, 135.

[126] Im Gegensatz zu § 6 der bayerischen Verfassung, der positiv definierte: „Staatsbürger ist (...) jeder Angehörige des bayerischen Staates, welcher das 20. Lebensjahr vollendet hat.", Bayerisches GVBl. 1919, S. 531 ff. S. *Piloty*, in: JböR Bd. 9 (1920), S. 129, 148 ff.

betrachtet den status negativus[127] bzw. positivus[128], und nicht den status activus dar. Aus diesem Grund hätte sich eine andere Überschrift des zweiten Abschnitts angeboten, die die Bindung der Grundfreiheiten an die Staatsangehörigkeit verdeutlicht und vom Begriff des „Staatsbürgers“ abhebt.

Quelle und Träger der Staatsgewalt war das „badischen Volk“ (§ 1 S. 1 VED; § 2 S. 1 RegEntw). Hierunter ist die Gesamtheit der Staatsangehörigen zu verstehen. Die „Ausübung“ der Staatsgewalt jedoch oblag lediglich den „stimmberechtigten badischen Staatsangehörigen (§ 1 S. 2 VED; § 2 S. 2 RegEntw), die wiederum nach § 5 VED bzw. § 6 RegEntw als „Volk“ das Recht zur Ausübung der Volksinitiative bzw. des Referendums besaßen. Bezüglich des aktiven und passiven Wahlrechts bzw. der Volksabstimmungen[129] wurde der Terminus „Staatsbürger“ also konsequent vermieden, indem auf die „stimmberechtigten Staatsangehörigen“ oder auf „das Volk“ Bezug genommen wurde. Gleichwohl entstand durch das Wahl- und Stimmrecht nach §§ 1, 2 VED (§§ 2, 3 RegEntw) und durch die direkt-demokratischen Volksrechte dasjenige staatsbürgerliche politische Beteiligungsrecht, welches als status activus, die Aktivbürgerschaft, einzuordnen ist. Indem der einzelne diese Rechte wahrnimmt, betätigt er sich somit als Staatsbürger im Sinne eines Aktivbürgers. Die Gruppe der Staatsbürger fiel also zusammen mit derjenigen der Landtagswähler.

Aus den Änderungen der Kommission geht ebenfalls ein wenig differenziertes Verständnis von den Termini des „Staatsangehörigen“ und „Staatsbürgers“ hervor. Kurzerhand beschloss man, an jeder Stelle des Regierungsentwurfs das Wort „Staatsangehöriger“ durch „Staatsbürger“ zu ersetzen[130]. Diese Korrektur brachte zwar immerhin eine Vereinheitlichung der Verfassungssprache, aber keinerlei Verbesserungen im Hinblick auf die Unterscheidung von Staatsangehörigkeit und Aktivbürgerschaft. Träger der Staatsgewalt war demnach „das badische Volk“ (§ 2 S. 1 BV). Die Ausübung der Staatsgewalt geschah jedoch durch die „stimmberechtigten Staatsbürger“ (§ 2 S. 2 BV), während, wie bereits erwähnt, die Grundrechte nach §§ 9–20 BV als staatbürgerliche Rechte bezeichnet wurden, obwohl sie erkennbar allen Staatsangehörigen zustanden.

Voraussetzung für die Stimmberechtigung war zunächst die badische Staatsangehörigkeit. Weitere Einschränkungen bildeten nach dem Vorentwurf Dietz die Vollendung des 20. Lebensjahres und der Wohnsitz in Baden, § 2 I VED. Eine Begrenzung auf das männliche Geschlecht fand nicht mehr statt. Die relativ niedrige Altersgrenze von 20 Jahren[131] erklärte Dietz in der Be-

---

[127] Abwehranspruch gegen Beeinträchtigungen der Freiheit des einzelnen durch staatliches Handeln, s. *G. Jellinek*, System der subjektiven öffentlichen Rechte, S. 94 ff.

[128] Teilhaberechte- und Ansprüche gegen den Staat, s. *G. Jellinek*, System der subjektiven öffentlichen Rechte, S. 114 ff.

[129] Es sind dies das Initiativrecht, das Referendum sowie sonstige direkt-demokratische Volksrechte. S. dazu Zweiter Teil A. III. 5. a.

[130] *Zehnter*, Komm.Ber, LT-DS Beil. Nr. 1a (Heft 524, 1919), S. 14.

[131] Nach der vorhergehenden Verfassung betrug das Wahlalter 25 Jahre, § 34 BVaF.

gründung seines Textvorschlags mit der entsprechenden Forderung des Erfurter Programms[132]. Zudem wies er darauf hin, dass das badische Wahlgesetz zur Nationalversammlung die gleiche Altersgrenze festlegte[133]. Als Referenzvorschriften führte er zudem Art. 8 VerfSolothurn, Art. 3 Nr. 1 a. VerfBern und Art. 16 VerfZürich[134] an, die allesamt das vollendete 20. Lebensjahr als Wahlalter forderten[135]. Während der Regierungsentwurf die Formulierung des § 2 I VED in § 3 I RegEntw unverändert übernahm, ging man in der Kommission dazu über, an das Erfordernis des Wohnsitzes im Land das mindestens sechsmonatige Bestehen desselben zu knüpfen. Jedoch genügte der Wohnsitz zur Zeit der Wahl, sofern seit sechs Monaten die badische Staatsangehörigkeit bestand. So sollte sichergestellt werden, dass einerseits nur mit den badischen Verhältnissen vertraute Staatsangehörige auch politische Entscheidungsrechte erhielten, andererseits aber nicht allein deswegen ein Ausschluss vom Wahl- und Stimmrecht erfolgte, weil der Wohnsitz in Baden noch nicht sechs Monate bestand[136]. Diese Regelung fand schließlich -nebst einer Sonderregelung, die vorrangig für Eisenbahnbeamte gelten sollte[137]- auch Eingang in den endgültigen Verfassungstext, § 3 I BV.

Der Vorentwurf Dietz kannte lediglich drei Ausschlussgründe von der Stimmberechtigung[138]: Die Aberkennung der bürgerlichen Ehrenrechte durch rechtskräftiges strafgerichtliches Urteil, die Entmündigung und die vorläufige Vormundschaft, § 2 III. Auch hier orientierte sich Dietz an den Vorgaben des Erfurter Programms. Die Bestimmung setzte sich durch und fand als § 3 III BV ohne inhaltliche Veränderung Aufnahme in die Verfassung.

Bemerkenswert ist die Hervorhebung des Frauenwahlrechts durch die an sich durch den allgemeinen Gleichheitsgrundsatz nach § 8 I, IV VED überflüssige Formulierung in § 2 I VED: „(...) ohne Unterschied des Geschlechts (...)", welche von der neuen Verfassung übernommen wurde (§ 3 I BV). So wurde eine symbolträchtige Errungenschaft der Revolution[139] klar und deutlich sanktioniert.

---

[132] *Dietz*, Sonderabdruck, S. 2.

[133] § 3 I VO über die Wahlen zur verfassunggebenden badischen Nationalversammlung, GVBl. 1918, S. 401 ff. S. *Dietz*, Sonderabdruck, S. 2 f.

[134] Verfassung des eidgenössischen Standes Zürich vom 18. April 1869 (Officielle Sammlung der seit Annahme der Verfassung vom Jahre 1831 erlassenen Gesetze, Beschlüsse und Verordnungen des Eidgenössischen Standes Zürich, Bd. 14, Zürich 1866/69, S. 549 ff).

[135] Entwurf einer badischen Verfassung (Dietz), GLA 233/28134.

[136] *Zehnter*, Komm.Ber, LT-DS Beil. Nr. 1a (Heft 524, 1919), S. 15. Vgl. auch *Glockner*, Badisches Verfassungsrecht, 2. Aufl., Karlsruhe 1930, S. 37 ff.

[137] Diese hatten ihren dienstlichen Wohnsitz mitunter in Würzburg oder Basel, vgl. *Zehnter*, Komm.Ber, LT-DS Beil. Nr. 1a (Heft 524, 1919), S. 23; *Glockner*, Badisches Verfassungsrecht, 2. Aufl., Karlsruhe 1930, S. 39.

[138] S. hierzu Zweiter Teil A. III. 5. b. bb. (1).

[139] Schon bei der Wahl zur Badischen Nationalversammlung erhielten die Frauen das aktive und passive Wahlrecht (§ 3 Landtagswahlgesetz vom 20. November 1918, GVBl. 1918, S. 401).

§ 2 IV VED regelte das passive Wahlrecht. Gemäß den Vorgaben des Erfurter Programms[140] formulierte der Vorentwurf Dietz, dass jeder Wahlberechtigte seinerseits auch wählbar war. Damit war die Wählbarkeit der Frauen festgestellt. Sowohl der Regierungsentwurf als auch der endgültige Verfassungstext knüpften in § 3 IV als Voraussetzung an die Wählbarkeit die Vollendung des 25. Lebensjahres. Schon das Wahlgesetz zur verfassunggebenden Nationalversammlung hatte dieses Erfordernis aufgestellt[141]. Dietz' Begründung seines Vorentwurfs zufolge war die Heraufsetzung des passiven Wahlalters nicht gerechtfertigt. Zum einen komme es ohnehin selten vor, dass eine Person sich in so jungen Jahren schon solch ein Vertrauen erworben habe, dass eine Partei sie als Kandidaten aufstellen werde. Zum anderen sei es aber ein „bedauerlicher Fehler" wenn sich ausnahmsweise eine an Jahren junge Person, die das Vertrauen der Wähler erringen könne, finden ließe, diese Person aber von der Wählbarkeit ausgeschlossen sei. Zudem sei zu bedenken, dass sich das künftige Reichswahlrecht an dem Reichswahlgesetz zur verfassunggebenden Nationalversammlung orientieren werde. Dann nämlich werde es zu dem unhaltbaren Zustand kommen, dass Personen, die zwar das 20., nicht aber das 25. Lebensjahr vollendet hätten, in den Reichstag, nicht aber in den Badischen Landtag gewählt werden könnten[142]. Dietz drang mit seiner Kritik nicht durch, ein entsprechender Antrag wurde von der Verfassungskommission mit Hinweis auf tradierte Verfahrensweisen abgelehnt[143].

c. Staatsgewalt(en) – Gewaltenteilung?

„Quelle und Träger der Staatsgewalt" war nach dem Vorentwurf Dietz das badische Volk, § 1 S. 1 VED. Grundsätzlich wurde damals wie heute als Staatsgewalt die unwiderstehliche Herrschergewalt[144] bzw. die ursprüngliche und prinzipiell unbeschränkte Herrschaftsmacht im Staat bezeichnet[145]. Die Staatsgewalt des badischen Staates sollte zudem „einheitlich und ungeteilt" sein[146], d. h. dass im Staatsgebiet keine hoheitlichen Regelungsbefugnisse existieren sollten, die der Staatsgewalt gegenüber eigenständig gewesen wären[147]. Dadurch, dass das Volk Träger der Staatsgewalt war, kam zum Ausdruck, dass jegliche Legitimation staatlichen Handelns auf das Prinzip der

---

[140] S. EP II Nr. 1.

[141] § 3 II der VO über die Wahlen zur verfassunggebenden deutschen Nationalversammlung (Reichswahlgesetz), RGBl. Teil II 1918, S. 1345 ff.

[142] *Dietz*, Sonderabdruck, S. 3.

[143] § 36 der alten Verfassung legte die Wählbarkeit auf die Vollendung des 30. Lebensjahres. S. *Zehnter*, Komm.Ber, LT-DS Nr. 1a (Heft 524, 1919), S. 16: „Die 25 Jahre entsprächen dem, was bisher bei uns und anderswo maßgebend gewesen. Man könne die allgemeine Norm nicht mit Rücksicht auf vereinzelte frühreif entwickelte Personen bestimmen."

[144] Vgl. *G. Jellinek*, Allgemeine Staatslehre, S. 428 ff.

[145] Vgl. *Degenhart*, a. a. O., S. 2.

[146] So *Dietz*, Sonderabdruck, S. 4.

[147] S. *R. Zippelius*, a. a. O., S. 68 ff.

Volkssouveränität zurückgehen musste[148]. Hiermit war allerdings noch keine Entscheidung darüber getroffen, wem die Ausübung der Staatsgewalt zukommen sollte. Entweder der Träger übt die Staatsgewalt selbst aus oder er schafft sich besondere Organe und überträgt so die Ausübung der Staatsgewalt zumindest teilweise[149].

Gemäß § 1 S. 2 VED erfolgte die „Ausübung der Staatsgewalt" durch die „Gesamtheit der stimmberechtigten Bürger nach Maßgabe der Verfassung". Daraus lässt sich schließen, dass die Gesamtheit der Staatsangehörigen zwar Träger der Staatsgewalt war. Die Ausübung derselben sollte aber allein von der Aktivbürgerschaft vorgenommen werden. Staatsgewalt war zudem nicht etwa das Volk selbst. Die Staatsgewalt leitete sich dem demokratischen Legitimationsprinzip folgend vielmehr aus dem Volk ab. Es war jedoch eine Besonderheit des Vorentwurfs Dietz, dass die Staatsgewalt nicht nur vom Volke ausging und somit das Volk als Träger der Staatsgewalt erscheint. Nach § 1 VED übten die Aktivbürger die Staatsgewalt auch selbst aus. Dadurch wurde hervorgehoben, dass die oberste Legitimationsinstanz allen staatlichen Handelns stets das Volk sein sollte. Allerdings konnte die Ausübung der Staatsgewalt durch das Volk lediglich „nach Maßgabe dieser Verfassung" erfolgen, § 1 S. 2 VED. Damit wurde der Weg zur Errichtung besonderer Staatsorgane wie den Landtag oder das Staatsministerium eröffnet. § 1 VED ist demnach als Grundsatzregelung mit Mahn- und Warnfunktion für die staatlichen Organe zu verstehen. Das Handeln aller Staatsorgane musste sich an diesem Grundsatz orientieren. Das Volk war die oberste Legitimationsinstanz, alle staatliche Gewalt musste sich auf den Volkswillen zurückführen lassen.

Der gleiche Grundgedanke findet sich bei den Referenzvorschriften, die dem Vorentwurf Dietz zu Grunde lagen. Nach Art. 2 S. 1 VerfSolothurn, Art. 1 S. 1 VerfZürich und Art. 2 S. 1VerfBern „beruht" die Staatsgewalt auf der „Gesamtheit des Volkes", wird aber nach dem jeweiligen S. 2 einerseits „unmittelbar" durch die Staatsbürger und „mittelbar" durch die „Behörden und Beamten ausgeübt". Auch hiernach kommt es also zu einer teilweisen Übertragung der Staatsgewalt auf besondere Staatsorgane[150].

Die „Ausübung" der Staatsgewalt durch das Volk hatte Durchbrechungen des Grundsatzes der Gewaltenteilung zur Folge. Dieses Prinzip leitet sich aus der seit *Montesquieu* verwandten Einteilung in die voneinander zu unterscheidenden Funktionen des Staates der Legislative, Exekutive und Judikative her. Auch der Vorentwurf Dietz erkannte das Walten dieser drei Kräfte an und spaltete die Staatsfunktionen auf in die „Gesetzgebungsgewalt", § 5 VED, in die „Gerichtsgewalt", § 6 VED, und in die „Vollziehungsgewalt", § 7 VED.

Nach der Lehre *Montesquieus* sind die drei Gewalten jedoch zum einen einander gleichgestellt und dürfen zum anderen nicht in einer Hand gebündelt

---

[148] Sowohl die WRV als auch das GG verwenden die bedeutungsgleiche Formel, dass die Staatsgewalt vom Volke ausgeht, Art. 1 S. 2 WRV, Art 20 II 1 GG. S. *Anschütz*, Verfassung, S. 35 bzw. für das Grundgesetz *Dreier*, in: *ders.* (Hrsg.), a. a. O., S. 75 ff.

[149] Vgl. *Herzog*, a. a. O., S. 204.

[150] S. *Giacometti*, a. a. O., S. 43 ff, 183 ff.

sein, um ein Ungleichgewicht der Kräfte innerhalb des Staatswesens zu vermeiden und so die politische Freiheit der Bürger zu gewährleisten[151]. Die Legislative soll dem Volk, die Judikative den Gerichten und die Exekutive der Regierung überlassen sein[152]. Die drei Gewalten müssen also voneinander unabhängig und dem gegenseitigen Zugriff entzogen sein. Der Vorentwurf Dietz wich von diesem Grundsatz der strengen Gewaltenteilung bewusst ab. Dietz wandte sich in der Begründung seines Entwurfs gegen die durch das System der Gewaltenteilung entstehende Beschränkung der Rechte des obersten Trägers der Staatsgewalt, dem Volk. Die Lehre von der Gewaltenteilung entspreche den Bedürfnissen des wohlhabenden englischen und französischen Bürgertums. Indem das Volk auf die Mitwirkung an der Gesetzgebung beschränkt sei, sei der Entstehung einer jeglicher Einflussnahme durch die Volksvertretung entzogenen Regierungsbürokratie Tür und Tor geöffnet. Diese Regierungsbürokratie sei dadurch in der Lage gewesen, bei der Vollziehung der Gesetze eigene und Klasseninteressen in weitestem Maß zur Geltung zu bringen. Die Lehre von der Gewaltenteilung habe sich deshalb für ein wirklich demokratisches Staatswesen als unhaltbar erwiesen. Das Volk als alleiniger Träger der Staatsgewalt könne nicht auf die Mitwirkung bei der Gesetzgebung beschränkt und von jeder Mitwirkung bei der Rechtsprechung und vollends bei der Exekutive ausgeschlossen werden[153]. Diese Ausführungen lassen ein von Dietz tief gehegtes Misstrauen gegen und Angst vor einer zu starken Exekutive erkennen. Um jeden Preis sollte eine Aufweichung der gerade erlangten Volkssouveränität verhindert werden.

Was die Gesetzgebung betraf, so wurde diese nach §§ 5 I, II VED „teils durch das Volk unmittelbar im Wege des Vorschlagsrechtes (Volksinitiative) und der Volksabstimmung (Volksreferendum), teils durch die vom Volk gewählte Volksvertretung" ausgeübt. Das parlamentarische System erfuhr dadurch eine Ergänzung um direkt-demokratische Volksrechte. Die Einführung der „Volksgesetzgebung" stellte die teilweise Umsetzung des Erfurter Programms dar, welches die explizite Forderung nach „direkter Gesetzgebung durch das Volk vermittels Vorschlags- und Verwerfungsrecht" enthielt[154]. Auch entsprechende Vorschriften der Schweizer Kantone Solothurn, Zürich und Bern[155] hatten für § 5 VED eine Vorbildfunktion. § 5 VED konstituierte also zwei nebeneinander existierende Gesetzgebungsorgane, nämlich das Volk und den Landtag als Staatsorgan im engeren Sinne. Bedenkt man nun auch noch, dass das Staatsministerium, dem nach § 64 I VED die „Handhabung der Vollziehungsgewalt und Verwaltung (die ‚Regierung')" zukommen sollte, zumindest Notverordnungen erlassen konnte (§ 64 VI VED), so wird die Durch-

---

[151] *Montesquieu*, a. a. O., S. 214 ff. Zur Entwicklung der Lehre von der Gewaltenteilung vgl. *G. Jellinek*, Allgemeine Staatslehre, S. 497 ff, 595 ff; *Redslob*, a. a. O., S. 220 ff und in neuerer Zeit *R. Zippelius*, a. a. O., S. 319 ff, jeweils mit weiteren Nachweisen.

[152] S. hierzu *R. Zippelius*, a. a. O., S. 325 f.

[153] *Dietz*, Sonderabdruck, S. 6.

[154] EP II Nr. 2; s. *Miller*, a. a. O., S. 206 f., 312.

[155] Art. 17, 18 VerfSolothurn; Art. 29, 30 VerfZürich; Art. 18 VerfBern.

brechung des Gewaltenteilungsgrundsatzes auf dem Gebiet der Gesetzgebung greifbar.

Auf dem Gebiet der richterlichen Gewalt sah Dietz durch die reichsweite Einführung von Schöffen- und Schwurgerichten die notwendige Mitwirkung des Volkes gewährleistet[156]. § 6 VED sanktionierte folgerichtig die Ausübung der Gerichtsgewalt durch die nach den Reichs- und Landesgesetzen bestellten Gerichte innerhalb der Grenzen ihrer Zuständigkeit.

Im Rahmen der Exekutive wählte der Vorentwurf Dietz eine von der Gewaltenteilungslehre am deutlichsten abweichende Regelung. Nach § 7 I VED wurde die vollziehende Gewalt ausgeübt teils durch das Volk selbst im Wege von Wahlen und Abstimmungen und teils durch den Landtag, der seinerseits mit der Führung der laufenden Regierungsgeschäfte die Mitglieder des Staatsministeriums beauftragte und sie ebenso abberief[157]. Die überragende Stellung, die dem Organ „Volk" nach dem Vorentwurf Dietz zukam lässt sich schon aus der Reihenfolge der Nennung von „Volk" und „Landtag" ermessen: An erster Stelle stand das Volk, gefolgt vom Landtag. Die Staatsleitung, das Staatsministerium, stand allerdings in einem vollkommenen Abhängigkeitsverhältnis zur Volksvertretung und zum Volk, indem das Bestellungs- und Abberufungsrecht der Mitglieder des Staatsministeriums dem Landtag sowie nach Geltendmachung des Volksinitiativrechts auch dem Volk zustand (§ 7 II, III VED). Eine eigenständige, vom Parlament unabhängige Stellung des Staatsministeriums, welchem nach § 64 I VED grundsätzlich die „Handhabung der Vollziehungsgewalt und Verwaltung (die ‚Regierung') (...) in vollem Umfang" zukam, konnte daher von vornherein nicht entstehen. Die Aufgaben der Exekutive wurden anstatt von einem gleich von drei Staatsorganen wahrgenommen: Vom Volk, vom Landtag und vom Staatsministerium. Von einer bloßen „Gewaltenverschränkung", wie sie einem parlamentarisch-demokratischen

---

[156] *Dietz*, Sonderabdruck, S. 6.

[157] „Vollziehungsgewalt" meint sowohl in den Vorentwürfen als auch in der in der endgültigen Verfassung nicht nur die reine gesetzesvollziehende Tätigkeit, sondern umfasst neben Aufgaben der öffentlichen Verwaltung auch die Staatsleitung; vgl. *Zohnter*, Badische Verfassung, S. 69. Ebenso *Koellreutter*, in: JböR Bd. 9 (1920), S. 180, 189 und *ders.*, in: AöR Bd. 39 (1920), S. 437, 441 ff, der allerdings die sprachlichen Ungenauigkeiten, die aus der Verwendung der Termini „Vollziehung", „Verwaltung" und „Regierung" resultieren, bemängelt. Vgl. auch *Fleiner*, Institutionen des deutschen Verwaltungsrechts, 8. Aufl., Tübingen 1928 (Neudruck Aalen 1905), S. 4 f., der die gesetzesvollziehende bzw. verwaltende Tätigkeit und die Regierung unter den Begriff der „Verwaltung im engeren Sinn" zusammenfasst. S. § 64 I VED: „Dem Staatsministerium steht die Handhabung der Vollziehungsgewalt und Verwaltung (die ‚Regierung'), soweit nicht der Landtag und die Volksgesamtheit anderes bestimmen, in vollem Umfang zu (...)." Erste theoretisch fundierte Überlegungen zur Unterscheidung von „Regierung" und „vollziehender Gewalt" stellte *G. Jellinek*, Allgemeine Staatslehre, S. 610 im Rahmen seiner Ausführungen über die Staatsfunktionen an. Vgl. zum Ganzen *Frotscher*, Regierung als Rechtsbegriff – Verfassungsrechtliche und staatstheoretische Grundlagen unter Berücksichtigung der englischen und französischen Verfassungsentwicklung, Berlin 1975, S. 150 ff.

System zwangsläufig immanent ist[158], kann daher nicht mehr gesprochen werden. Vielmehr ist eine wirkliche Durchbrechung des Prinzips der Gewaltenteilung festzustellen.

Als Referenzvorschrift gab Dietz Art. 33 VerfBern an. Im Kanton Bern wurde die Staatsleitung von einem „Regierungsrat" ausgeübt, während die Gesetzgebung dem Parlament, dem „Großen Rat", oblag. Sowohl Großer Rat als auch Regierungsrat wurden vom Volk gewählt, Art. 19, 33 VerfBern. Durch die obligatorische Bestellung der Regierung durch das Volk ist eine noch größere Abhängigkeit derselben vom „Organ" Volk festzustellen, als sie der Entwurf Dietz letztlich für Baden wählte[159]. In dieser Frage wichen der Vorentwurf Dietz und der Vorentwurf Glockner-Zehnter-Weill deutlich voneinander ab. Glockners Entwurf plädierte entschieden für eine Verwirklichung des Prinzips der Gewaltenteilung. § 34 GZW bezeichnete als „oberste und leitende Behörde des Staates" das Staatsministerium und schloss das Volk und den Landtag von der Exekutive vollkommen aus.

Während der Regierungsentwurf die Trennung der Gewalten stärker als der Vorentwurf Dietz vornahm und sich quasi als Kompromiss zwischen Dietzschem und Glocknerschem Entwurf präsentierte, kam der endgültige Verfassungstext wieder auf die Überlegungen Dietz' zurück. Bezüglich der Judikative und Legislative ergaben sich keinerlei Abweichungen. Die Vollziehungsgewalt wurde nach § 8 RegEntw zwar auch vom Landtag ausgeübt, nicht jedoch vom Volk. Zudem „überträgt" der Landtag die Staatsleitung dem Staatsministerium, welches von der Volksvertretung bestellt und abberufen wurde. Nach Übertragung der Exekutivgewalt auf das Staatsministerium war der Landtag demnach von der Mitwirkung an der Vollziehung ausgeschlossen. Eine ähnliche Regelung traf später die neue württembergische Verfassung[160]. Dies hätte eine deutlich selbstbestimmtere und eigenständigere Staatsleitung durch das Staatsministerium ermöglicht, als es der Vorentwurf Dietz vorsah[161].

In der Verfassungskommission konnte sich der Regierungsentwurf nicht durchsetzen. Zwar bestand auch nach der endgültigen Fassung nicht die Möglichkeit der Bestellung bzw. Abberufung des Staatsministeriums durch Volksabstimmung. Allerdings wurde nach § 8 BV die „Vollziehung" durch das Volk, den Landtag und das Staatsministerium ausgeübt. Das Staatsministerium wurde vom Landtag „berufen". Eine Übertragung der staatsleitenden Aufga-

---

[158] Die Verschränkung der Gewalten entsteht u. a. durch gemeinsame Bezugspunkte von Regierung und Parlament bzw. Regierung und Parlamentsmehrheit, vgl. *Schneider*, Gewaltenverschränkung zwischen Parlament und Regierung, in: *Merten* (Hrsg.), Gewaltentrennung im Rechtsstaat – Zum 300. Geburtstag von Charles de Montesquieu, Berlin 1989, S. 77, 85.

[159] S. zum Kantonsverfassungsrecht *Giacometti*, a. a. O., S. 364 ff.

[160] S. *v. Blume*, Die württembergische Verfassungsgesetzgebung des Jahres 1919, in: JböR Bd. 9 (1920), S. 171, 175 f.; *Koellreutter*, in: AöR Bd. 39 (1920), S. 437, 442.

[161] Vgl. *Glockner*, Badisches Verfassungsrecht, 2. Aufl., Karlsruhe 1930, S. 55; *Böhringer*, a. a. O.; S. 57.

ben, wie sie der Regierungsentwurf vorsah, fand also nicht statt. Insofern fand § 7 I VED in seinem Kern Eingang in die endgültige Verfassung[162].

Der Verstoß gegen den Gewaltenteilungsgrundsatz war nach Inkrafttreten der neuen badischen Verfassung Gegenstand kontroverser Diskussionen in der zeitgenössischen Staatsrechtswissenschaft. Besonders *Stier-Somlo* kritisierte die überlegene Stellung des Landtags gegenüber dem Staatsministerium und die damit einhergehende Preisgabe des Prinzips der Gewaltenteilung[163]. *Stier-Somlo* erkannte als Folge davon eine unheilvolle und für das Deutsche Reich wie seine Länder unhaltbare verfassungsrechtliche und politische Lage. Auch *Koellreutter* sah in dem Übergewicht des Landtags gegenüber dem Staatsministerium eine Gefahr für die Balance der Gewalten[164].

Folgt man streng dogmatischen Gesichtspunkten, so ist dem insoweit beizupflichten, als durch die weitgehende Abhängigkeit des Staatsministeriums vom Legislativorgan eine auf den ersten Blick unerträglich erscheinende Schieflage zu Gunsten des Landtags eingetreten ist. Allerdings geschah dies nicht etwa zufällig, sondern aus reiflichen Überlegungen und einem Grundmisstrauen gegenüber einer zu starken Exekutive heraus. Die Motivation, eine stetiger Kontrolle unterliegende Staatsleitung zu schaffen, war schon konsequent im Vorentwurf Dietz manifestiert und wurde vom Regierungsentwurf aufrechterhalten. Es ist zudem festzustellen, dass sich in der badischen Verfassungswirklichkeit keine negativen Auswirkungen der getroffenen Regelungen feststellen ließen. Die weitgehenden Befugnisse, die die Verfassung dem Parlament überlässt, wurden von diesem nicht dazu benutzt, das Staatsministerium in seiner Tätigkeit der Staatsleitung zu gängeln oder die Regierungsarbeit zu blockieren bzw. zu boykottieren. Im Gegensatz zum Reich kam es im Baden der Weimarer Republik stets zu stabilen Regierungsverhältnissen[165]. Eine ähnliche Debatte wurde bezüglich der Schaffung des Amtes eines vom Landtag unabhängigen Staatspräsidenten geführt[166].

4. Exkurs: Identität und Kontinuität der demokratischen Republik mit dem Großherzogtum?

Fraglich erscheint, ob die demokratische Republik Baden ein Kontinuum zu dem vormaligen Großherzogtum darstellte oder die Verfassunggebung des

[162] S. *Glockner*, Badisches Verfassungsrecht, 2. Aufl., Karlsruhe 1930, S. 55.

[163] *Stier-Somlo*, Die Lehre von der Gewaltenteilung und die neuen deutschen Verfassungen, in: ZgStW 77. Jg. (1922/23), S. 1, 41: „Deutlicher als hier (in der badischen Verfassung – Anm. A. H.) ist die Überflutung der Exekutivgewalt durch die Gesetzgebung und die Verletzung der Gewaltenteilungslehre in keiner Verfassung zum Ausdruck gekommen."

[164] *Koellreutter*, in: AöR Bd. 39 (1920), S. 437, 453 ff. S. ausführlich zum Verhältnis von Landtag und Staatsministerium weiter unten.

[165] So auch *Glockner*, Badisches Verfassungsrecht, 2. Aufl., Karlsruhe 1930, S. 57 f.

[166] S. u.

Jahres 1919 vielmehr als vollkommene Staatsneugründung anzusehen ist. Über Identität bzw. Kontinuität von Kaiserreich und Weimarer Republik wurde in den Jahren nach Inkrafttreten der neuen Reichsverfassung ein heftiger Streit geführt, der sich zu einer der „meist umstrittenen Fragen der bisherigen staatsrechtlichen Literatur zur Weimarer Verfassung“ auswuchs[167]. Die dabei vorgebrachten Argumente lassen sich problemlos auf die badischen Verhältnisse übertragen.

Um ein umfassendes Bild von der Debatte zu erhalten und den theoretischen Unterbau zu erfassen, ist es erforderlich, die staatsrechtliche Bewertung vor den Revolutionsereignissen zu skizzieren. Die Staatsrechtswissenschaft des Kaiserreichs war beherrscht von der positivistischen Lehre, die vor allem durch *Georg Jellinek* Verbreitung fand. Dem Staat kommt demnach unbegrenzte souveräne Willensmacht zu, in dessen Konsequenz der Staat nicht nur im Wege des Rechts, sondern auch durch Gewalt „seine Verfassung nach Gutdünken ändern, aufheben, eine andere an deren Stelle setzen“ kann[168]. Dem Wesen einer gelungenen Staatsform ändernden Revolution jedoch stand der Positivismus unvorbereitet gegenüber. Eine Revolution kam einer „Naturgewalt“ gleich, welche sich einer staatsrechtlichen Bewertung entzog[169].

Die herrschende postrevolutionäre Ansicht sprach sich für die Staatsidentität der untergegangenen Monarchie und der Republik aus. Zu denjenigen, die sich um eine begründete Darstellung ihrer Auffassung bemühten, gehörten u. a. neben *Anschütz* auch *Hatschek* und *Preuß*. Entscheidend ist hiernach nicht der Wechsel des Souveräns, sondern die Beibehaltung des vom Herrscher unabhängigen Staatswesens. Es trat durch die Revolution somit lediglich ein Wechsel des Trägers der Staatsgewalt, nicht aber des Staates als solchem ein. Die Unterscheidung von Staatsform und Staatswesen erlaubt es, die Identität von Republik und Monarchie herzuleiten[170]. Unter Bezugnahme auf das positivistische Dogma von der „normativen Kraft des Faktischen“[171] ist es zudem von Bedeutung, dass der Umsturz ein gelungener war. Die Verquickung der Frage nach der Staatsidentität und der nach der Kontinuität der Rechtsordnung ist dabei unvermeidlich. So gelingt die Anerkennung der rechtlichen wie staatlichen Kontinuität und Identität durch die Übernahme der faktischen

[167] So *C. Schmitt*, a. a. O., S. 96. Eine umfassende Aufstellung der zeitgenössischen Literatur zu diesem Komplex bei *Anschütz*, Verfassung, S. 8 ff. Ausführlich zu den vertretenen Ansichten *Danz*, Rechtswissenschaft und Revolution: Kontinuität von Staat und Rechtsordnung als rechtswissenschaftliches Problem – dargestellt am Beispiel der Novemberrevolution von 1918 in Deutschland, Pößneck 2006, S. 36 ff.

[168] *G. Jellinek*, Verfassungsänderung und Verfassungswandlung – Eine staatsrechtlich-politische Abhandlung, Berlin 1906, S. 3.

[169] So *Danz*, a. a. O., S. 42.

[170] *Anschütz*, Verfassung, S. 1 ff, insbes. S. 8 ff.

[171] S. hierzu *G. Jellinek*, Allgemeine Staatslehre, S. 337 ff. Vgl. auch *Kersten*, Georg Jellinek und die klassische Staatslehre, Tübingen 2000, S. 367 ff.

Herrschaft durch das Volk ungeachtet der Rechtswidrigkeit der Revolutionsvorgänge: „Die Befugnis zur Ausübung der Staatsgewalt ist nicht durch den rechtmäßigen Erwerb, sondern nur durch den tatsächlichen Besitz derselben bedingt.“[172] Ein anderer Ansatz sieht die wesentlichen Bezugspunkte für die Frage der Fortexistenz des Staates in der Beständigkeit von Gebiet und Volk, der Wechsel der Staatsgewalt ist demnach vernachlässigbar[173]. Schließlich wurde auf die verbandsrechtliche Natur des Staates abgestellt und im Staatsvolk das entscheidende Kriterium gesehen, das den Staat ausmacht und vital hält. Mit der erfolgreichen Revolution habe sich das deutsche Volk lediglich eine Neuorganisation des ansonsten identischen Staates geschaffen[174].

Die staatliche Identität bestritten wurde dagegen u. a. von *Giese*, *Stier-Somlo* und *Wittmayer*. Nach *Giese* bedingt eine Revolution zwar grundsätzlich nicht die Schöpfung eines neuen Staates. Der Übergang der Staatsgewalt auf das Volk habe aber zwangsläufig bewirkt, dass das alte, monarchisch gesetzte Recht nicht mehr fortbestehe und von der Republik lediglich schlüssig rezipiert wurde. Ein neues Recht bedinge aber unweigerlich einen neuen Staat[175]. Nach *Stier-Somlo* ist auszugehen von der unbestrittenen Verfassungswidrigkeit der Revolutionsvorgänge. Die Machtergreifung durch die Räte sei auf Grund der mangelnden rechtlichen Nachvollziehbarkeit „der Fall der Reichsgründung“[176]. Die faktische Inthronisierung einer neuen Staatsgewalt bildet demnach den entscheidenden Bezugspunkt für eine fehlende Identität der beiden Staatsformen. Aus der fehlenden Identität ergibt sich schließlich die Diskontinuität der Rechtsordnung[177]. Für *Wittmayer* stellt ebenfalls der Verfassungsbruch das entscheidende Kriterium dar, um eine staatliche und rechtliche Identität bzw. Kontinuität abzulehnen. Das Verdienst *Wittmayers* besteht aber zweifellos darin, die Frage der Rechtskontinuität und der Rechtsnachfolge der Republik zu unterscheiden[178].

Zwar hat der Streit praktisch keinerlei Auswirkungen, da auch die Gegner der Identitätstheorie eine Rechtsnachfolge anerkennen[179]. Die Theorie der fehlenden Identität und Diskontinuität kann jedoch letztlich nicht überzeugen. Sie stellt die Rechtswissenschaft vor das Problem, die kurzzeitige Errichtung der Räterepublik -in Baden die Installierung der „vorläufigen Volksregierung“- quasi als Nullpunkt und Zusammenbruch des Reiches bzw. des badischen Staatswesens aufzufassen. Die Errichtung einer neuen Staatsform war nach

---

[172] *Meyer-Anschütz*, a. a. O., S. 26.

[173] *Hatschek*, Deutsches und Preußisches Staatsrecht – Bd. 1, 2. Aufl., Berlin 1930, S. 33 f.

[174] *Preuß*, Reich und Länder – Bruchstücke eines Kommentars zur Verfassung des Deutschen Reiches, Berlin 1928, S. 9, 11 f.

[175] *Giese*, Verfassung, S. 10.

[176] *Stier-Somlo*, Reichs- und Landesstaatsrecht I, Berlin und Leipzig 1924, S. 50.

[177] *Stier-Somlo*, Reichs- und Landesstaatsrecht, S. 52 f.

[178] *Wittmayer*, Die Weimarer Reichsverfassung, Tübingen 1922, S. 14 f.

[179] So auch *Anschütz*, Verfassung, S. 10 f.

dem Willen der revolutionären Bewegung jedoch nicht darauf gerichtet, bestehende Institutionen aufzulösen, sondern lediglich die Herrschaftsform auszutauschen. Eine Identifikation mit dem monarchischen Staatswesen als solchem war davon ungeachtet weiterhin vorhanden. Das Deutsche Reich brach im November 1918 nicht etwa zusammen, sondern erlebte einen Austausch seiner Staatsgewalt. Insofern trat zwar ein Wechsel bezüglich der Organe, nicht aber bezüglich des Subjektes ein[180]. Insofern ist es in Bezug auf Baden unerheblich, ob man bereits in der Machtübernahme durch die vorläufige Volksregierung am 10. November 1918, in dem vorläufigen Verzicht des Großherzogs auf die Ausübung der Regierungsgewalt am 11. November 1918 oder schließlich in der endgültigen Abdankung am 22. November 1918 den Wechsel der Staatsorgane durch Übernahme der Staatsgewalt erblickt. In jedem Fall blieb die Identität des Großherzogtums mit der Republik erhalten. Mit der staatlichen Identität einher geht zwangsläufig auch die rechtliche Kontinuität. Die vorrevolutionären Gesetze bedurften somit keiner –wenn auch nur schlüssigen- Rezeption, sondern waren ungeachtet der Revolutionsereignisse geltendes Recht.

5. Die Staatsorgane

Die neue badische Grundordnung verfügte wie die Vorentwürfe Dietz und Glockner, sowie der Regierungsentwurf über drei Staatsorgane mit jeweils ganz unterschiedlichen Funktionen: Volk, Landtag und Staatsministerium.

a. Das Volk und die direkt-demokratischen Elemente

Hauptbetätigungsfeld des Volkes als Staatsorgan waren die Wahlen repräsentativer Volksvertreter[181], durch welche es aber nur mittelbar Staatsgewalt ausübte. Daneben eröffneten die Vorentwürfe und darauf aufbauend der Regierungsentwurf und schließlich die neue Verfassung die Möglichkeit direktdemokratischen Handelns.

Der Verfassung des Großherzogtums aus dem Jahre 1818 waren sämtliche direkt-demokratischen Volksrechte gänzlich unbekannt. Die Einführung plebiszitärer Elemente[182] war nach dem Umsturz vor allem für die Sozialdemokratie

---

[180] *Anschütz*, Verfassung, S. 8.

[181] Vgl. hierzu Zweiter Teil III. 3. b. cc. und Zweiter Teil III. 5. b. bb. (1).

[182] S. zur terminologischen Vieldeutigkeit der Begriffe „plebiszitär" und „direkt-demokratisch" in der schweizerischen und deutschen Staatsrechtswissenschaft *Wiegand*, Direktdemokratische Elemente in der deutschen Verfassungsgeschichte, Berlin 2006, S. 24 ff; *Hernekamp*, Formen und Verfahren direkter Demokratie – Dargestellt an Hand ihrer Rechtsgrundlagen in der Schweiz und in Deutschland, Frankfurt a. M. 1979, S. 10 ff; *Gasser*, Die Volksrechte in der Zürcher Verfassung – Die Funktionen der direkt-demokratischer Institu-

ein äußerst wichtiges Anliegen. Bereits das Eisenacher Programm von 1869, das Gothaer Programm von 1875 und schließlich das Erfurter Programm von 1891 hatten die Forderung nach direkter Gesetzgebung durch das Volk zum Grundsatz erklärt[183]. Zwar hatte man sich dazu bekannt, dass „in einem modernen Großstaat der Schwerpunkt der politischen Tätigkeit naturnotwendig in seinem Parlament liegt"[184]. Die direkt-demokratischen Rechte des Volkes wurden aber als notwendiges Korrektiv gegen einen befürchteten Partei- und Parlamentsabsolutismus in der parlamentarischen Demokratie angesehen[185].

Auch für Dietz stellte die Ausgestaltung der Volksrechte ein entscheidendes Kriterium bei der Ausarbeitung seines Entwurfs dar. Die Volksrechte seien diejenigen „Mittel zur Durchführung und Aufrechterhaltung eines wahrhaft demokratischen und den Willen der Volksgesamtheit möglichst sorgfältig zum Ausdruck bringenden Verfassungslebens", auf welche keine Demokratie auf Dauer verzichten könne[186]. Insbesondere sah er die Gefahr eines vom Volkswillen entfremdeten sogenannten „Parlamentsabsolutismus". Ihm lag daher viel daran zu verhindern, „dass ein auf 2-3 Jahre gewähltes Parlament mit der von ihm abhängigen und in Übereinstimmung befindlichen Regierung sich die Machtvollkommenheit anmaßt, die Gesetzgebungsgewalt und Vollziehungsgewalt auch dann in dem ihnen gutdünkenden Sinne weiterzuführen, wenn infolge inzwischen eingetretener Ereignisse die Sach- und Rechtslage sich so verschoben hat, daß das Parlament und die Regierung in keiner Weise mehr die Mehrheit des Volkes hinter sich haben, aber sich nicht veranlasst sehen, abzudanken und das Ergebnis von Neuwahlen abzuwarten"[187].

Ihren Ursprung haben die direkt-demokratischen Volksrechte moderner Prägung in den Schweizer Kantonen bzw. der Eidgenossenschaft[188] und den

---

tionen im modernen kleinräumigen Verfassungsstaat, Zürich 1966, S. 136 f. An dieser Stelle werden beide Begriffe im gleichen Kontext verwendet.

183 Texte jeweils abgedruckt bei *Miller*, a. a. O., S. 306 f., 308 f. und 310 ff. Zur Entstehungsgeschichte der Forderungen s. *dies.*, a. a. O., S. 97 ff.

184 *Kautsky*, Parlamentarismus und Demokratie, 2. Aufl., Stuttgart 1911, S. 122.

185 Vgl. *Böhringer*, a. a. O., S. 70; *Kullmann*, Sinn und Gestaltung der Volksabstimmungen im Deutschen Landesstaatsrecht, Tauberbischofsheim 1920, S. 98. Bei *Kautsky*, a. a. O., S. 122 heißt es hierzu weiter: „Die direkte Gesetzgebung durch das Volk kann nur in jenem Sinne noch in Frage kommen, in dem sie in der Schweiz bereits besteht, in dem sie auch das Erfurter Programm der deutschen Sozialdemokratie fordert: nicht als Mittel, das Repräsentativsystem zu beseitigen, sondern nur als Mittel, es demokratischer zu gestalten, der Kontrolle der Bevölkerung mehr zu unterwerfen."

186 S. *Dietz*, Sonderabdruck, S. 13.

187 *Dietz*, Sonderabdruck, S. 13.

188 Zur geschichtlichen Entwicklung s. *Hilty*, Das Referendum im schweizerischen Staatsrecht – Teil 1, in: AöR Bd. 2 (1887), S. 167 ff; *Hernekamp*, a. a. O., S. 37 ff; *Dietschi*, Das Volksveto in der Schweiz – Ein Beitrag zur Geschichte der Volksgesetzgebung, Olten 1926, S. 27 ff; *Curti*, Die Schweizerischen Volksrechte – 1848 bis 1900, Bern 1900, S. 62 ff; *Zinsli*, Studien über das Schweizerische Referendum, speziell das Bundesgesetzes-Referendum, Chur 1908, S. 8 ff; *Stüßi*, Referendum und Initiative in den Schweizerkantonen – Entwicklung und gegenwärtiger Stand, 1893; S. 1 ff; *Inhoffen*, Die Volksinitiative in

nordamerikanischen Bundesstaaten[189]. Die dort entwickelte Regelungstechnik diente als Vorbild für nachfolgende Verfassungswerke, auch und vor allem für die neue badische Grundordnung.

Die von Rechtswissenschaft und Gesetzgebung verwendete Terminologie im Bereich der direkt-demokratischen Volksrechte war und ist als uneinheitlich und wenig übersichtlich zu bezeichnen[190]. Begriffe wie Volksabstimmung, Volksbegehren, Volksentscheid, Vorschlagsrecht bzw. Volksinitiative und Referendum sowie sonstige direkt-demokratische Volksrechte wie das Bestellungs- bzw. Einberufungsrecht und das Abberufungs- bzw. Auflösungsrecht werden nicht selten im gleichen Kontext verwendet und erfahren somit keine klare Abgrenzung voneinander. Es besteht die Gefahr, dass die einzelnen Ausdrücke, die jeweils einen bestimmten Fall plebiszitärer bzw. direkt-demokratischer Ausübung von Staatsgewalt umschreiben, durch eine sprachliche Vermengung konturenlos werden. Daher erscheint es geboten, die Termini dogmatisch zu ordnen, um eine strukturierte Darstellung der in den Verfassungsvorentwürfen und in der endgültigen Fassung enthaltenen Volksrechten zu erhalten.

Zunächst sollen an dieser Stelle alle oben genannten Volksrechte unter dem Oberbegriff der „Volksabstimmung" zusammengefasst werden[191]. Unter Volksabstimmung wird diejenige Tätigkeit verstanden, durch welche das Volk, die Aktivbürgerschaft, unmittelbar an bestimmten Staatsakten teilnimmt und so die Ausübung der Staatsgewalt unmittelbar vornimmt[192]. Die Volksabstimmung ist abzugrenzen von der Wahl. Während bei der Volksabstimmung ein bestimmter Gegenstand zur Entscheidung steht[193], ist die Wahl auf die Zusammensetzung der Volksvertretung oder der Gemeindeverwaltung gerichtet. Die Wahl entscheidet also grundsätzlich über Personal-, die Abstimmung hinge-

---

den modernen Staatsverfassungen, Mönchengladbach 1922, S. 20 ff; *A. Stern*, Volksreferendum und Volksinitiative in der neueren Geschichte, in: Deutsche Rundschau Jg. 56 Heft 2 (1930), S. 103 ff.

[189] *Curtius*, Über die Einführung von Volksinitiative und Volksreferendum in die neuen Verfassungen der deutschen Staaten – Untersuchungen auf Grund des Regierungsentwurfs zur badischen Verfassung, Heidelberg 1919, S. 30 ff; *A. Stern*, Deutsche Rundschau Jg. 56 Heft 2 (1930), S. 103, 108; *Loewenstein*, Volk und Parlament nach der Staatstheorie der französischen Nationalversammlung von 1789 – Studien zur Dogmengeschichte der unmittelbaren Volksgesetzgebung, München 1922, S. 39 ff; *Heußner*, Volksgesetzgebung in den USA und in Deutschland – Ein Vergleich der Normen, Funktionen, Probleme und Erfahrungen, Köln 1994.

[190] Vgl. *Schwieger*, Volksgesetzgebung in Deutschland – Der wissenschaftliche Umgang mit plebiszitärer Gesetzgebung auf Reichs- und Bundesebene in Weimarer Republik, Drittem Reich und Bundesrepublik Deutschland (1919 – 2002), Berlin 2005, S. 21 ff.

[191] Vgl. *Kullmann*, a. a. O., S. 1 f.; ebenso *Hernekamp*, a. a. O., S. 23, 36.

[192] S. *Kullmann*, a. a. O., S. 1 f. Vgl. *Venator*, Volksentscheid und Volksbegehren im Reich und den Ländern, in: AöR Bd. 4 NF (1922), S. 40, 45, der von „Mitwirkung des Volkes bei Erledigung bestimmter Staatsgeschäfte" spricht.

[193] S. *Venator*, in: AöR Bd. 4 NF (1922), S. 40, 43.

gen über Sachfragen[194]. Jedoch kann es von diesem Prinzip Ausnahmen geben und der Fall vorliegen, dass im Rahmen einer Abstimmung über Personalfragen entschieden wird[195], was noch zu zeigen sein wird. Grundsätzlich ist festzuhalten, dass eine Wahl nie über Sachfragen abgehalten werden kann, eine Abstimmung aber sowohl eine Sach- als auch eine Personalentscheidung treffen kann. Entscheidendes Kriterium für das Vorliegen von Volksabstimmungen ist weiterhin die Bestimmtheit des Gegenstandes. Auch ist der Unterschied der Volksabstimmung zur Petition[196] zu bemerken: Die Petition ist lediglich eine aus den Reihen des Volkes formulierte Bitte an die Volksvertretung, sich mit einem bestimmten Gegenstand zu befassen. Eine Nichtbeachtung von Seiten des Parlaments bleibt sanktionslos. Auch die Volksbefragung[197] ist nicht unter die Volksabstimmungen zu fassen, da sie eine bloße Entscheidungshilfe für die Volksvertretung darstellt, jedoch unter keinen Umständen bindende, sondern allenfalls informatorische Wirkung für die Parlamentarier entfaltet.

Die plebiszitären Volksrechte, wie sie der Vorentwurf Dietz und auch die endgültige Verfassung beinhalteten, lassen sich weiterhin in drei Gruppen gliedern: Die Volksinitiative, das Referendum und die sonstigen direktdemokratischen Volksrechte, die auf Einberufung und Bestellung bzw. Auflösung und Abberufung von staatlichen Organen bzw. einzelnen Amtsträgern gerichtet sind. Je nachdem, ob das Volk lediglich Beschlüsse seiner Vertreter bzw. der Staatsleitung genehmigt bzw. ablehnt oder selbst die Herbeiführung solcher Beschlüsse vorschlägt und sie mit oder ohne Einwirkung der Volksvertretung annimmt, unterscheidet man das Referendum und das Initiativrecht. Initiative und Referendum beziehen sich also auf konkrete Beschlüsse, die zwar nicht unbedingt Gesetzesqualität besitzen müssen, herkömmlich aber unter dem Begriff „Volksgesetzgebung“ zusammengefasst werden[198].

Als Referendum wird das Recht der Staatsbürgerschaft bezeichnet, die von den gesetzgebenden Körperschaften verabschiedeten Beschlüsse zu überprü-

---

[194] So einheitlich die heutige deutsche Staatsrechtswissenschaft. Vgl. *Maurer*, a. a. O., S. 180 f.

[195] So namentlich bei der vom Volk vorzunehmenden Bestellung bzw. Abberufung von Mitgliedern des Staatsministeriums, wie sie der Vorentwurf Dietz nach § 7 III vorsah. Deshalb geht *Kullmann*, a. a. O., S. 1 f. davon aus, dass Abstimmungen über einen Gegenstand besonderer und Wahlen über einen Gegenstand allgemeiner Art entscheiden. Ebenso *Venator*, in: AöR Bd. 4 NF (1922), S. 40, 42 f.

[196] S. hierzu *Sträuli*, Verfassung des eidgenössischen Standes Zürich vom 18. April 1869, Winterthur 1902, S. 133; *Hangartner/Kley*, Die demokratischen Rechte in Bund und Kantonen der Schweizer Eidgenossenschaft, Zürich 2000, S. 154. Ergänzend *Hansen*, Probleme der Volksgesetzgebung nach Reichsrecht (Art. 73 Abs. 3 RV), Stolp in Pommern 1930, S. 10 f.; *Inhoffen*, a. a. O., S. 8. S. zum Grundrecht des Art. 17 GG *Langenfeld*, Das Petitionsrecht, in: *Isensee/Kirchhof* (Hrsg.), HbStR III, 3. Aufl., Heidelberg 2005, S. 263, 268 ff.

[197] Vgl. *Krause*, Verfassungsrechtliche Möglichkeiten unmittelbarer Demokratie, in: *Isensee/Kirchhof* (Hrsg.), HbStR III, 3. Aufl., Heidelberg 2005, S. 55, 69.

[198] S. statt vieler nur *Schwieger*, a. a. O., S. 21 ff.

fen und über ihre Gültigkeit zu entscheiden[199]. Das Referendum ist also Korrektivrecht des Volkes und hat die Funktionen eines Vetos[200]. Das Referendum kann nur beseitigen, was die Volksvertretung bereits beschlossen hat und aber noch nicht in Kraft getreten ist. Das Referendum ist also an bestimmte Vorlagen der Repräsentativorgane gebunden und kann als Verwerfungsrecht charakterisiert werden[201]. Es kann sowohl obligatorischer als auch fakultativer Art sein. Obligatorisch ist es, wenn im Anschluss an den Beschluss der Volksvertretung zwingend eine Volksabstimmung vorzunehmen ist. Ist eine Volksabstimmung über den Gegenstand aber nur unter gewissen Umständen durchzuführen, so wird von einem fakultativen Referendum gesprochen[202]. Dem Gegenstand nach unterscheidet man die Hauptgruppen Verfassungs-, Gesetzes- und Verwaltungsreferendum[203]. Das Referendum wird des Öfteren mit dem Volksentscheid gleichgesetzt[204]. Die Begriffe sind jedoch nicht bedeutungsgleich[205]. Der Entwurf Dietz übernahm die Schweizer Terminologie und regelte in § 26 das „Volksreferendum". Zu Gunsten einer übersichtlichen Darstellung soll im Folgenden deshalb ebenfalls auf den engeren Terminus des „Referendums" zurückgegriffen werden.

Die Initiative hingegen ist unter Auswertung der betreffenden schweizerischen und deutschen Normen die von verfassungswegen verliehene Kompetenz eines einzelnen oder einer Mehrzahl von Aktivbürgern, den Erlass, die Aufhebung oder Abänderung von Rechtssätzen oder Verwaltungsbeschlüssen zu verlangen mit dem finalen Zweck, die Gesamtheit der Stimmberechtigten über dieses Begehren entscheiden zu lassen[206]. Die Staatsbürger können auf

---

199 S. über die etymologische Bedeutung *Hernekamp*, a. a. O. S. 24 ff. Vgl. zudem *Curtius*, a. a. O., S. 4 ff; *Venator*, in: AöR Bd. 4 NF (1922), S. 40, 42; *Hasbach*, Die moderne Demokratie – Eine politische Beschreibung, Jena 1912, S. 142; *v. Jan*, Wahlrecht und Volksabstimmungen, in: JböR Bd. 10 (1921), S. 177, 196; *Hilty*, Das Referendum im schweizerischen Staatsrecht – Teil 2, in: AöR Bd. 2 (1887), S. 367, 367; *Kullmann*, a. a. O., S. 2; *Giacometti*, a. a. O., S. 419; *Gasser*, a. a. O., S. 31 ff; *Zinsli*, a. a. O., S. 72 ff.; *Hangartner/Kley*, a. a. O., S. 146 ff.
Eine umfassende Übersicht über die zeitgenössische Literatur die Volksgesetzgebung betreffend liefert *Stier-Somlo*, Reichs- und Landesstaatsrecht, S. 527 f. Auch die Aufbereitung der zeitgenössischen wissenschaftlichen Diskussionen aus heutiger Sicht von *Schwieger*, a. a. O., S. 158 ff bietet wertvolle Hinweise.

200 Ist mit dem Schweizer "Volksveto" aber nicht gleichbedeutend, vgl. *Dietschi*, a. a. O., S. 152 ff.; *Hangartner/Kley*, a. a. O., S. 148.

201 Vgl. *Dietschi*, a. a.O., S. 152; *Hangartner/Kley*, a. a. O., S. 147.

202 S. *Kullmann*, a. a. O., S. 2 f.; *Hernekamp*, a. a. O., S. 26; *Zinsli*, a. a. O., S. 74.

203 S. *Hernekamp*, a. a. O., S. 26.

204 So auch die neue Reichsverfassung, Art. 18, 73-76 WRV. Vgl. zudem *Wiegand*, a. a. O., S. 29.

205 Der Volksentscheid ist von seinem Anwendungsbereich her weiter gefasst und umfasst sowohl das Referendum als auch andere Volksabstimmungen, vgl. *Kullmann*, a. a. O., S. 4.

206 So *Hernekamp*, a. a. O., S. 27. Vgl. außerdem S. *Kullmann*, a. a. O., S. 3; *v. Jan*, in: JböR Bd. 10 (1921), S. 177, 196; *Curtius*, a. a. O., S. 4 ff.; *Hilty*, in: AöR Bd. 2 (1887), S. 367,

diese Weise schöpferisch an der Rechtsetzung mitwirken[207]. Während das Referendum eine reine Verhinderungsfunktion, eine destruktive Richtung hat, besitzt die Initiative einen konstruktiven Impetus. Die Initiative kann auch als Vorschlagsrecht oder als Volksbegehren bezeichnet werden[208]. Die Initiative kann als direkte oder indirekte, sowie als Verfassungs-, Gesetzes- oder auch Verwaltungsinitiative in Erscheinung treten. Darüber hinaus ist sie in der Form des ausgearbeiteten Entwurfs oder der allgemeinen Anregung denkbar[209].

Neben diesen beiden Möglichkeiten der Mitwirkung des Volkes an der Ausübung der Staatsgewalt gibt es noch weitere direkt-demokratische Volksrechte, die sich jedoch nicht auf bestimmte Beschlüsse der Gesetzgebung beziehen, sondern vielmehr als Einberufungs- und Bestellungs-, sowie als Auflösungs- und Abberufungsrechte in Erscheinung treten. Diese werden zwar mitunter auch der Initiative bzw. dem Referendum zugeteilt. Da sich das Vorschlags- und Verwerfungsrecht in ihrer ursprünglichen Form im Schweizerischen Kantonalverfassungsrecht jedoch auf Rechtsetzungs- und Verwaltungsbeschlüsse bezieht, erscheint es sachdienlich, alle sonstigen direktdemokratischen Mitwirkungsrechte gesondert zu behandeln. Im Folgenden werden sie daher unter den „sonstigen direkt-demokratischen Volksrechten" zusammengefasst[210].

Der Vorentwurf Dietz wählte eine erstaunlich klare und übersichtliche Terminologie: Nach § 5 I VED wurde die gesetzgebende Gewalt neben dem Landtag „unmittelbar" durch das Volk im Wege des Vorschlagsrechtes (Volksinitiative) und der Volksabstimmung (Volksreferendum) ausgeübt (§§ 25-27 VED). Die Terminologie des Schweizer Kantonsverfassungsrechts wurde hiermit übernommen[211] und die umfassenderen Begriffe „Volksentscheid" und „Volksbegehren"[212] wurden bewusst vermieden[213]. Sowohl der Regierungsentwurf als

---

417; *Gassen*, a. a. O., S. 33 f; *Ruppert*, Die Unterscheidung von Verfassungsinitiative und Gesetzesinitiative in den schweizerischen Kantonen, St. Gallen 1933, S. 11 ff.

[207] S. *Giacometti*, a. a. O., S. 420.

[208] Wobei zu bedenken ist, dass dem Volksbegehren ein wesentlich weiterer Anwendungsbereich zukommt, vgl. *Kullmann*, a. a. O., S. 4; *Hernekamp*, a. a. O., S. 29 f.

[209] S. *Curtius*, a. a. O., S. 6; *Hangartner/Kley*, a. a. O., S. 155.

[210] In ähnlicher dogmatischer Weise geht *Hernekamp*, a. a. O., S. 24 ff vor, der als „Institutionen direkt-demokratischer Willensbildung" das Referendum, die Initiative und das Abberufungsrecht getrennt voneinander behandelt. Diese dem Schweizer Verfassungsrecht entnommene Unterteilung erscheint an dieser Stelle auch deshalb geboten, weil sich der Entwurf Dietz und das endgültige Verfassungswerk in weiten Teilen auf das kantonale Verfassungsrecht bezogen. S. auch den Hinweis bei *Merk*, Die Entwicklung des öffentlichen Rechts in Baden bis Ende 1922, in: JböR Bd. 12 (1923/24), S. 32, 33.

[211] Vgl. Art. 18 VerfSolothurn; Art. 29 VerfZürich; Art. 9 VerfBern. Wenn auch festgestellt werden muss, dass eine deutlichere Abgrenzung der Termini „Volksreferendum" und „Volksabstimmung" hätte erfolgen können. Zu einer Abstimmung kann es nämlich auch bei einer Volksinitiative kommen, s. unten. Insofern wäre es sachdienlicher gewesen, allein die Worte „Initiative" und „Referendum" zu wählen.

[212] S. *Kullmann*, a. a. O., S. 4.

auch die endgültige Verfassung ließen die Begrifflichkeiten des Vorentwurfs Dietz unverändert (§§ 6, 21-24 RegEntw; §§ 6, 21-24 BV).

Bemerkenswert ist zudem die systematische Stellung der Volksinitiative und des Volksreferendums direkt hinter den staatsorganisatorischen Prinzipien und noch vor den Grundfreiheiten und den besonderen Staatsorganen „Landtag" und „Staatsministerium" sowohl im Vorentwurf Dietz als auch in der endgültigen Verfassung vom 21. März 1919. Der Vorentwurf Glockner-Zehnter-Weill hatte die Volksgesetzgebung unter dem Abschnitt „Von der Gesetzgebung" (§§ 46-51 GZW) hinter den Abschnitten über den Landtag und das Staatsministerium zusammengefasst. Der vom Vorentwurf Dietz aufgestellte absolute Vorrang des Volkes als oberstes Organ des neuen Staates fand durch die endgültige Regelung Eingang in die neue Verfassung.

aa. Das Vorschlags- und das Initiativrecht

Zur Ausübung des Vorschlagsrechts war nach § 5 III VED diejenige Anzahl an Aktivbürgern berechtigt, die zumindest ein Fünfzehntel der bei der jeweils letzten Landtagswahl abgegebenen Stimmen ausmachten. Ausnahmsweise genügte auch ein geringerer Teil, jedoch nur, wenn ein Drittel des Landtags der Initiative zustimmte. Der Entwurf Dietz entschied sich also für ein relatives anstatt für ein absolutes Quorum zur Geltendmachung des Vorschlagsrechts. Auch der Vorentwurf Glockner-Zehnter-Weill sah eine relative Mindestzahl vor[214]. Die Zahl der erforderlichen Initianten wäre somit stets dynamisch und abhängig von dem Zuspruch, den die vorangegangene Landtagswahl hervorgerufen hätte, gewesen. Das relative Quorum war vor allem in den Verfassungen der nordamerikanischen Bundesstaaten zu finden[215], während im Schweizer Verfassungsrecht eine absolute Mindestzahl an Stimmberechtigten für die Geltendmachung des Initiativrechts gefordert wurde[216]. *Curtius*, dessen Ausführungen bezüglich Volksinitiative und Volksreferendum der Verfassungskommission vorlagen und die Beratungen nachhaltig beeinflussten[217], sprach

---

[213] Sowohl der Regierungsentwurf als auch der endgültige Verfassungstext übernahmen die von Dietz aufgestellte Terminologie, weshalb die Bemerkung *v. Jans*, in: JböR Bd. 10 (1921), S. 177, 196, die rechtstechnisch eindeutigen Begriffe „Initiative" und „Referendum" seien in den Verfassungen „überall" vermieden worden, unzutreffend ist.

[214] Allerdings sollte diese 10 % der bei der letzten Landtagswahl zur Wahl Berechtigten betragen (§ 47 II GZW).

[215] S. *Curtius*, a. a. O., S. 30 ff mit den genauen Mindestzahlen einzelner Bundesstaaten.

[216] In Solothurn waren 2 000, in Bern 12 000, in Zürich 5 000 stimmberechtigte Antragsteller erforderlich. Nach Art. 89 II der Schweizer Bundesverfassung waren 30 000 Aktivbürger initiativberechtigt, vgl. *Burckhardt*, Kommentar der schweizerischen Bundesverfassung vom 29. April 1874, 2. Aufl., Bern 1914. *Curtius*, a. a. O., S. 19 spricht deshalb auch von einem "amerikanischen" und einem "schweizerischen System".

[217] S. dazu ausführlich *Schiffers*, Elemente direkter Demokratie im Weimarer Regierungssystem, Düsseldorf 1971, S. 37 ff; *ders.*, Badische Einflüsse auf die Reichsverfassung von 1919, in: ZGO Bd. 120 (NF 81), S. 433 ff und *Glockner*, Badisches Verfassungsrecht, 2.

sich für die Einführung von absoluten Mindestzahlen aus[218]. Dies vereinfache die Durchführung einer Initiative bzw. eines Referendums für jedermann. Zudem sei es gerechtfertigt, die Ausübung der Volksrechte mit steigender Politisierung zu erleichtern. Auch in der Verfassungskommission kam es zu kontroversen Diskussionen über die Höhe der Mindestzahlen. Bereits der Regierungsentwurf entschied sich für die absolute Zahl von 50 000 Stimmberechtigten (§ 22 RegEntw). Im Folgenden wurde das Prinzip der absoluten Mindestzahl an Unterschriften Stimmberechtigter zu Grunde gelegt, allein die Höhe war umstritten. Ein Antrag forderte, die Mindestzahl von 100 000 Unterschriften festzulegen. Ein Missbrauch der direkt-demokratischen Rechte müsse auf jeden Fall vermieden werden, weshalb die Zahl nicht zu niedrig anzusetzen sei. Mit dem Hinweis, es müsse auch Minderheiten möglich sein, die betreffenden Anträge zu stellen, einigte man sich schließlich auf mindestens 80 000 Antragsteller, § 21 BV[219]. Sowohl bei der Wahl zur badischen Nationalversammlung am 5. Januar 1919 als auch bei der Wahl zur deutschen Nationalversammlung am 19. Januar 1919 betrug die Zahl der abgegebenen Wählerstimmen in Baden ca. 1 200 000. Damit entsprach die von der neuen badischen Verfassung geforderte Zahl von 80 000 einem Fünfzehntel dieser Wählerschaft[220]. Der Vorentwurf Dietz konnte sich somit zwar nicht mit dem Vorschlag, relative Mindestzahlen einzuführen, durchsetzen. Wohl aber zog man in der Verfassungskommission die effektiv 1919 hervorgetretene Wählerschaft und den von Dietz vorgeschlagenen Bruchteil als Orientierung für die endgültige Regelung heran.

Keine Unterstützung fand der Vorschlag Dietz', eine modifizierte Individualinitiative nach Vorbild der Schweizer Kantonsverfassungen zu ermöglichen[221]. Die Möglichkeit der Geltendmachung des Initiativrechts durch eine Anzahl Stimmberechtigter unter der geforderten Mindestzahl bei Zustimmung von einem Drittel des Landtags, § 5 III VED, wurde nicht weiter verfolgt und fand keinen Eingang in die Verfassung.

Aufl., Karlsruhe 1930, S. 142. Die Abhandlung *Curtius'*, a. a. O., war den Parlamentariern durch die Ausgabe eines Sonderabdrucks nähergebracht worden. Falsch ist allerdings die Behauptung *Merz'*, Bedeutende badische Politiker des 20. Jahrhunderts, in: *Weinacht* (Hrsg.), Baden – 200 Jahre Großherzogtum: Vom Fürstenstaat zur Demokratie, Freiburg 2008, S. 227, 236, dass „infolge einer Initiative von Curtius das Instrument der direkten Volksgesetzgebung Eingang in die badische Verfassung von 1919" gefunden habe. *Curtius'* Ausführungen lagen dem Verfassungsausschuss erst im Januar 1919 vor, das Institut der Volksgesetzgebung war jedoch bereits in den Vorentwürfen Dietz und Glockner verankert, die der Volksregierung bereits im Dezember vorlagen.

[218] *Curtius*, a. a. O., S. 23.

[219] Vgl. *Zehnter*, Komm.Ber., LT-DS Beil. Nr. 1a (Heft 524, 1919), S. 34; *Böhringer*, a. a. O., S. 72.

[220] Zahlen nach *Glockner*, Badisches Verfassungsrecht, 2. Aufl., Karlsruhe 1930, S. 139.

[221] S. zur Individualinitiative der Schweizer Kantonsverfassungen *Giacometti*, a. a. O., S. 421 f; *Sträuli*, a. a. O., S. 137.

(1). Gesetzes- und Verwaltungsinitiative

Gemäß § 25 I VED umfasste das Vorschlagsrecht das „Begehren nach Erlassung, Aufhebung oder Abänderung eines Gesetzes oder einer anderen, nach der Verfassung der Volksabstimmung unterliegenden Anordnung". An dieser Stelle war die Gesetzesinitiative ausdrücklich benannt. Dem Gesetzesbegriff unterfielen alle formellen und materiellen Gesetze[222]. Jede Gesetzesnorm, die der Regelungszuständigkeit des Landesgesetzgebers unterlag, konnte also Gegenstand einer Volksinitiative nach § 25 I VED sein[223].

Der Entwurf Dietz beschränkte sich jedoch nicht auf die reine Gesetzesinitiative, sondern erweiterte den Anwendungsbereich auf jede andere „Anordnung", die der Volksabstimmung unterlag. Hier ist § 26 VED in den Blick zu nehmen, der vorsah, dass eine Volksabstimmung über „alle Gegenstände der Beschlussfassung des Landtags und des Staatsministeriums" vorzunehmen war, wenn die in § 5 III VED genannte Zahl an Stimmberechtigten diesen Antrag stellte. Demnach sollte es dem Volk durch das Initiativrecht möglich sein, nicht nur Gesetzgebungsverfahren anzuregen, sondern jede andere Tätigkeit der Beschlussfassung von Landtag und des Staatsministeriums herbeizuführen. Zu denken sei hier beispielsweise an den Erlass der Geschäftsordnung oder Akte der Staatsverwaltung bzw. Staatsregierung wie der Erlass von Ausführungsverordnungen oder Verwaltungsvorschriften[224]. Diese Regelung ist innerhalb des Systems Dietz auch folgerichtig, legt § 7 I VED ja ausdrücklich fest, die vollziehende Gewalt werde „teils durch das Volk selbst –durch Volkswahlen und Referendum-" ausgeübt. Zur Begründung gab Dietz an, „daß Volksinitiative und Volksabstimmung für eine wirkliche Demokratisierung der Verfassung unter keinen Umständen auf die Gesetzgebung beschränkt sein dürfen, sondern daß gerade wichtige Akte der Vollziehungsgewalt in der Verfassung diesen Rechten zugänglich gemacht sind."[225] Welche „wichtigen Akte der Vollziehungsgewalt" er dabei im Blick hatte, bleibt jedoch unklar, weshalb diese sehr weitreichenden Befugnis des Volkes zur „Mitverwaltung" nicht ohne

---

[222] Unter den weiten Gesetzesbegriff fällt also jeder Rechtssatz. Zur Vielgestaltigkeit des Gesetzesbegriffs s. *Ehlers*, Verwaltung und Verwaltungsrecht im demokratischen und sozialen Rechtsstaat, in: *Erichsen/Ehlers* (Hrsg.), Allgemeines Verwaltungsrecht, 13. Aufl, Berlin 2006, S. 1, 67 f. Vgl. speziell zum Gesetzesverständnis der neuen badischen Verfassung *Koellreutter*, in: JböR Bd. 9 (1920), S. 180, 187 und *Glockner*, Badisches Verfassungsrecht, 2. Aufl., Karlsruhe 1930, S. 164 f. § 29 II BV wiederholte die „Freiheits- und Eigentumsformel" der alten Verfassung (§ 65 BVaF). Die unreflektierte Übernahme dieses engen Gesetzesverständnisses ungeachtet jeglicher Entwicklungen der zeitgenössischen Staatsrechts- und Verwaltungsrechtswissenschaft griff *Koellreutter*, in: AöR Bd. 39 (1920), S. 437, 448 f. scharf an. Vgl. zum Gesetzesbegriff Zweiter Teil III. 5. b. cc. (1).

[223] Nach § 64 II VED und § 29 III BV bedurften nunmehr auch Staatsverträge der Gesetzesform. Zur vormaligen Regelung s. *Glockner*, Badisches Verfassungsrecht, 2. Aufl., Karlsruhe 1930, S. 165 ff.

[224] S. *Curtius*, a. a. O., S. 15. Inwieweit dem Staatsministerium die Befugnis zum Erlass von Rechtsverordnungen zukam, wird weiter unten ausführlich behandelt.

[225] *Dietz*, Sonderabdruck, S. 15.

weiteres zu begrüßen ist. Der Entwurf Dietz ließ der Regierung und auch dem Landtag praktisch keinerlei eigenständige Verantwortungsbereiche, was der Gesetzes- und Regierungsarbeit nicht als dienlich bezeichnet werden kann. Der Regierungsentwurf dagegen sanktionierte in Übereinstimmung mit dem Vorentwurf Glockner-Zehnter-Weill (§ 47 II) in § 21 I RegEntw, dass nur Gesetze dem Vorschlagsrecht unterlagen und erteilte der Verwaltungsinitiative damit eine Absage. Aus dem Kontext ist zu folgern, dass hiermit nur Gesetze im formellen Sinn gemeint waren. Dies ging konform mit § 8 RegEntw, der das Volk von der Ausübung der Vollziehungsgewalt ausschloss. Die Verfassungskommission schloss sich dem an und ermöglichte die Volksinitiative nur bei Gesetzen, § 22 I BV. Allerdings erscheint es inkonsequent, dass man im endgültigen Text dann wieder auf § 7 I VED zurückkam und die neue Verfassung das Volk dennoch als an der Vollziehung beteiligt bezeichnete, § 8 BV.

Die Form der Volksinitiative ist entscheidend für den weiteren Gang des Verfahrens. Die Initiative kann in Form der einfachen Anregung, gewissermaßen als Anstoß zur Beschäftigung mit einem Sachverhalt durch das Parlament, vorgesehen sein. Es ist aber auch das Erfordernis eines konkreten Entwurfs oder Vorschlags denkbar. Gemäß § 25 I VED und § 21 I RegEntw war beides möglich. Vorbild war an dieser Stelle wiederum das schweizerische Kantonalverfassungsrecht[226]. Die in der Verfassungskommission hiergegen erhobenen Bedenken erachteten die Form der einfachen Anregung als unzweckmäßig. Es müsse ein Schutz vor nicht ausreichend durchdachten Vorschlägen geschaffen werden[227]. Die Grundsatzinitiative in Form der einfachen Anregung wurde deshalb nicht in die Verfassung aufgenommen, § 22 II 1 BV.

Die Gesetzesinitiative kann auf die Herbeiführung einer Volksabstimmung gerichtet sein, muss es aber nicht. Insofern unterscheidet man die direkte und die indirekte Volksinitiative. Direkt ist sie, wenn sie unmittelbar auf eine Abstimmung durch das Volk gerichtet ist, ohne vorher eine Entscheidung der besonderen Gesetzgebungsorgane, in aller Regel der Volksvertretung, abzuwarten. Eine indirekte Initiative liegt dann vor, wenn eine Volksabstimmung erst nach einer ablehnenden Entscheidung des Parlaments vorgesehen ist[228]. § 25 II VED schrieb die Abhaltung einer Volksabstimmung vor, wenn „dem Begehren weder von dem Staatsministerium noch von dem Landtag stattgegeben" werden sollte. Damit wurde sichergestellt, dass sich zunächst das zuständige Organ mit der Initiative zu befassen hatte. Nur bei einer negativen Entscheidung sollte es zur Volksabstimmung kommen. Kam das betreffende Organ aber dem Begehren nach, hatte sich die Initiative erledigt. Im Gegensatz zum Vorentwurf Glockner-Zehnter-Weill sah der Regierungsentwurf nur die indirekte Initiative vor (§ 21 II RegEntw). Der Vorentwurf Glockner kannte neben der

---

[226] S. allgemein zur kantonalen Rechtslage *Stüßi*, a. a. O., S. 124 f.; *Ruppert*, Die Unterscheidung von Verfassungsinitiative und Gesetzesinitiative in den schweizerischen Kantonen, St. Gallen 1933 S. 15 ff. Speziell für Zürich *Sträuli*, a. a. O., S. 139.

[227] *Zehnter*, Komm.Ber., LT-DS Beil. Nr. 1a (Heft 524, 1919), S. 34; *Böhringer*, a. a. O., S. 75.

[228] *Curtius*, a. a. O., S. 6, 23 f.

indirekten (§ 47 II GZW) auch die direkte Volksinitiative nach § 54 III GZW. Großen Einfluss auf die Verfassungsarbeiten in punkto Volksgesetzgebung hatte die Denkschrift des Heidelberger Stadtverordneten und späteren Reichswirtschafts- und Außenministers *Julius Curtius*[229]. Dessen Abhandlung lag dem Verfassungsausschuss vor. Darin gab er u. a. zu bedenken, dass das „parlamentsfeindliche" Überspringen des Stadiums der Beratung durch die Volksvertretung sich negativ auf die Gesetzgebungsarbeit im Ganzen auswirken könnte[230]. Dem schloss sich die Verfassungskommission an. § 22 III der neuen Verfassung sah somit lediglich die indirekte Gesetzesinitiative vor. Bis auf Württemberg entschloss sich im Übrigen kein anderer deutscher Teilstaat zur Zulassung der direkten Initiative[231]. Es erscheint auch sachgerecht, dem gesondert geschaffenen Gesetzgebungsorgan des Parlaments die Möglichkeit zu geben, zunächst zu dem Volksvorschlag Stellung zu beziehen und gegebenenfalls bei einem ablehnenden Beschluss gewichtige Bedenken zu formulieren. Dies kann der Entscheidungsfindung bei der anschließenden Volksabstimmung nur dienlich sein. Im umgekehrten Fall, wenn das Parlament also den Volksvorschlag annimmt, erübrigt sich eine Volksabstimmung. Auf diese Weise wird eine zu häufige Zahl an Abstimmungen zu vermieden und einer in der Demokratie gefürchteten Wahl- bzw. Abstimmungsmüdigkeit vorgebeugt. Zutreffend bemängelte später *Inhoffen* jedoch, dass es dem Landtag nicht gestattet war, neben dem Volksvorschlag einen eigenen Gegenvorschlag mit zur Abstimmung zu bringen[232]. Auf diese Weise wurde der Volksvertretung ein bedeutendes Mittel zur Einfluss- und Stellungnahme entzogen.

Eine weitere wichtige Frage warf der Vorentwurf Glockner-Zehnter-Weill auf: Sollte das Parlament aufgelöst werden, wenn ein vom Landtag abgelehnter Initiativvorschlag bei einer Volksabstimmung angenommen werden sollte? §§ 47, 54 GZW sah dies als zwingende Folge vor. Einerseits wurde in der Verfassungskommission vertreten, dass ein vom Landtagsbeschluss divergierendes Votum eine logische Konsequenz sein müsse, da sich das fehlende Vertrauen des Volkes gegenüber seinen Vertretern gezeigt habe. Dem wurde jedoch richtigerweise entgegengehalten, eine abweichende Abstimmung über einen konkreten Gegenstand von möglicherweise untergeordneter Bedeutung signalisiere nicht zwangsläufig ein fehlendes Vertrauen des Volkes zu seinen Vertretern insgesamt. Die automatische Auflösung des Landtags bei nicht deckungsgleichen Beschlüssen von Landtag und Volk wurde daher verworfen[233].

---

[229] S. *Raberg*, in: BB NF Bd. 5, S. 45 ff.

[230] *Curtius*, a. a. O., S. 23 f. Ebenso *Inhoffen*, a. a. O., S. 57 f.

[231] Württemberg wählte außerdem die Form der einfachen Gesetzesinitiative. Das Staatsministerium war nach ordnungsgemäßer Stellung des Begehrens dazu verpflichtet, einen der Initiative entsprechenden Gesetzesentwurf zu formulieren und diesen anschließend dem Landtag vorzulegen, welcher dem Volk die Annahme oder Ablehnung lediglich empfehlen konnte, § 44 WürttV; vgl. *Koellreutter*, in: AöR Bd. 39 (1920), S. 437, 447 f.

[232] *Inhoffen*, a. a. O., S. 58.

[233] S. zur Diskussion *Zehnter*, Komm.Ber., LT-DS Beil. Nr. 1a (1919), S. 34 f.

(2). *Verfassungsinitiative*

Neben der Gesetzes- kannte der Vorentwurf Dietz auch die Verfassungsinitiative. Nach § 73 VED konnte die „Revision der Verfassung in ihrer Gesamtheit oder in einzelnen Teilen (...) auf dem Wege der Gesetzgebung unter Berücksichtigung des Volksvorschlagsrechts und der Volksabstimmung stattfinden". Fraglich erscheint lediglich, ob hiermit nicht nur die Partial- sondern auch die Totalrevision der Verfassung[234] vorgesehen sein sollte. Zum einen ist für die Beantwortung dieser Frage der Verweis auf das Volksvorschlagsrecht maßgebend: Wendet man § 25 I VED auf § 73 VED an, so gelangt man zu dem Schluss, dass sich das Begehren des Volkes auf die Änderung, Aufhebung bzw. deren Ablösung durch den Erlass einer aus den Reihen des Volkes vorgeschlagenen Verfassung richten konnte. Es sollte nicht nur eine teilweise Verfassungsänderung, sondern auch eine Aufhebung der gesamten Grundordnung begehrt werden können. Zum anderen sind hier die Referenznormen aus dem Kantonalverfassungsrecht heranzuziehen, auf die sich das für das Staatsministerium der vorläufigen Volksregierung vorgesehene Originalexemplar des Vorentwurfs Dietz stützte: Sowohl nach Art. 76 VerfSolothurn, Art. 65 VerfZürich als auch nach Art. 93 VerfBern war die Totalrevision der Verfassung sanktioniert. Der Entwurf Dietz sah demnach neben der Partial- auch die Totalrevision vor. Die erforderliche Initiantenzahl für eine Verfassungsinitiative richtete sich mangels besonderer Regelungen nach § 5 III VED, insofern gilt das hierzu bereits Bemerkte entsprechend. Im Gegensatz dazu stand der Regierungsentwurf der Totalrevision ablehnend gegenüber[235]. Dem Einwand *Curtius'*, es solle auf Grund der Kurzlebigkeit von Verfassungen als „Sicherheitsventil" gegen Volksaufstände die Verfassungsinitiative nach Schweizer Vorbild eingerichtet werden[236], wurde von der Verfassungskommission gefolgt, sodass § 22 I der endgültigen Verfassung nun vorsah: „Das Volksvorschlagsrecht umfasst das Begehren nach Erlassung, Abänderung oder Aufhebung eines Gesetzes, einschließlich der Verfassungsgesetze." Auch insofern konnte sich der Entwurf Dietz also letztendlich durchsetzen. Eine Besonderheit stellte allerdings der in der Kommission vorgeschlagene § 22 dar, der bei verfassungsändernden Gesetzen notwendig eine Volksabstimmung vorschrieb. Dies bedeutete für das weitere Verfahren, dass bei Verfassungsänderungsvorschlägen unabhängig vom Beschluss der Volksvertretung eine Volksabstimmung zu erfolgen hatte. Somit fand die direkte, unmittelbar an das Volk gerichtete Verfassungsinitiative Eingang in die endgültige Verfassung nach § 23 I BV.

---

234 S. hierzu mit Beispielen aus dem Schweizer Kantonsverfassungsrecht *Ruppert*, a. a. O., S. 30 ff.

235 *Curtius*, a. a. O., S. 21.

236 S. *Curtius*, a. a. O., S. 21.

bb. Die Volksabstimmung und das Referendum

(1). Gesetzes- und Verwaltungsreferendum

Anders als beim Initiativrecht wich der Regierungsentwurf bezüglich des Referendums von dem Vorschlag Dietz', neben Gesetzen „jede Beschlussfassung des Landtags und des Staatsministeriums" (§ 26 VED) einer Volksabstimmung zu unterziehen, nicht wesentlich ab. Nach § 22 RegEntw unterlagen dem Referendum „alle Gegenstände der Beschlussfassung des Landtags". Sowohl der Vorentwurf Dietz als auch der Regierungsentwurf sprachen sich also neben dem Gesetzes- für die Zulässigkeit des Verwaltungsreferendums aus. In der Verfassungskommission war man bemüht, diese weite Fassung einzuschränken, konnte sich aber nicht auf einzelne, dem Referendum ausnahmsweise zu unterwerfende Verwaltungsbeschlüsse einigen, sodass man sich schließlich doch dazu entschied, lediglich Gesetze dem Referendum zu unterstellen (§ 23 II BV)[237].

In einem wichtigen Punkt folgte der Vorentwurf Dietz den Schweizer Kantonsverfassungen nicht: Während die Verfassungen der Kantone Bern, Solothurn und Zürich ausnahmslos das obligatorische Gesetzesreferendum kannten[238], war dessen Ausgestaltung bei Dietz lediglich fakultativer Art. Für ein derart großes Gemeinwesen wie Baden wäre es auch unzweckmäßig und für die Gesetzgebungsarbeit äußerst hinderlich gewesen, hätte man jedes vom Landtag beschlossene Gesetz einer anschließenden Volksabstimmung unterstellt. Die Volksabstimmung war nach dem Entwurf Dietz deshalb nur in bestimmten Fällen vorgesehen: Entweder auf Betreiben des Landtags, des Staatsministeriums oder der nach § 5 III VED festgelegten Zahl der zur Volksinitiative Berechtigten hin, § 26 VED. Geht das Referendum auf ein Begehren aus den Reihen des Volkes zurück, spricht man auch von der Referendumsinitiative[239]. Das Referendum nach § 26 VED sollte also die Schlichtung einer Meinungsverschiedenheit zweier Staatsorgane darstellen, wobei das Organ „Volk" letztlich die Entscheidungsbefugnis zukommen sollte. Bemerkenswert erscheint hierbei, dass sowohl dem Landtag als auch dem Staatsministerium die Möglichkeit eröffnet werden sollte, von ihm selbst erlassene Beschlüsse anschließend zur Volksabstimmung zu bringen. Der Regierungsentwurf übernahm das Recht des Landtags, eigene Beschlüsse dem Referendum zu unterstellen (§ 22 RegEntw). Mit Recht wurden in der Verfassungskommission hiergegen Bedenken geäußert[240]. Die Verantwortung für den Beschluss eines Gesetzes oder auch die Ablehnung desselben hat die Volksvertretung zu tragen. Das Recht des Landtags, ein Referendum über eigene Beschlüsse her-

---

[237] S. *Zehnter*, Komm.Ber., LT-DS Nr. 1a (Heft 524, 1919), S. 35.
[238] Vgl. *Stüßi*, a. a. O., S. 100 ff.
[239] S. *Inhoffen*, a. a. O., S. 31 ff.
[240] S. *Zehnter*, Komm.Ber., LT-DS Nr. 1a (Heft 524, 1919), S. 35.

beizuführen wäre aber allenfalls geeignet gewesen, um die Verantwortung für eine gesetzgeberische Entscheidung auf das Volk abzuwälzen[241]. § 23 II BV sah in seiner endgültigen Fassung demnach lediglich das durch Volk bzw. Staatsministerium herbeigeführte Referendum vor.

§ 26 VED koppelte das Referendum über „alle Gegenstände der Beschlussfassung des Landtags oder des Staatsministeriums" durch Betreiben des Volkes an die nach 5 III VED für die Volksinitiative erforderliche Initiantenzahl. § 54 V VED regelte das gleiche für die spezielle Beschlussform des Gesetzes durch den Landtag. Insofern ist § 54 V VED als überflüssig zu bezeichnen, da das Gesetz lediglich eine Spezialform des allgemeinen Parlamentsbeschlusses darstellt. § 23 II BV folgte diesem Prinzip, weshalb nach § 21 BV die absolute Zahl von 80 000 Stimmberechtigten erforderlich war, s. o.

Eine Abweichung ergibt sich allerdings bei der Frage, ob bestimmte Gesetze vom Referendum ausgeschlossen sein sollten. Der Vorentwurf Dietz sah keinerlei Einschränkung bezüglich des Regelungsgegenstandes vor[242]. Dies stieß in der Kommission auf tiefgreifende Bedenken. Demnach eigneten sich bestimmte Gesetzgebungsmaterien nicht für die Abhaltung einer Volksabstimmung. Angeführt wurden, gestützt auf die Ausführungen *Curtius'*, in diesem Zusammenhang das Haushaltsgesetz, sowie Gesetze über Steuern und Abgaben[243]. Zwar war im Schweizer Kantonsverfassungsrecht die Einrichtung des Finanzreferendums etabliert[244]. Das Finanzgesetz als Ganzes, also das Budgetgesetz, wurde jedoch nicht einmal in diesen im Gegensatz zu Baden wesentlich kleineren Gemeinwesen zur Volksabstimmung gebracht. Die Probleme, die eine Ausdehnung des Referendums auf das Haushaltsgesetz verursachen könnte[245], sah auch die Verfassungskommission. Ebenfalls Anklang fand der Vorschlag des Entwurfs Glockner, dringlichen Gesetzen die Referendumsfähigkeit abzuerkennen (§§ 51, 58 GZW). Die endgültige Fassung des § 23 III BV schloss daher vom Landtag für dringlich erklärte Gesetze zur Erhaltung des öffentlichen Friedens, der öffentlichen Gesundheit, Sicherheit und Ordnung, sowie das Finanzgesetz und Gesetze über Steuern und Abgaben von der Volksabstimmung aus. Einer allzu leichtfertigen Dringlichkeitserklärung von Gesetzen versuchte man Herr zu werden, indem der Beschluss mit einer Zweidrittelmehrheit vom Landtag gefasst werden musste.

---

[241] Vgl. *Curtius*, a. a. O., S. 18.

[242] Nach Dietz erscheint dies nur konsequent, da dessen Vorentwurf eine größtmögliche Beteiligung des Volkes an der Ausübung der Staatsgewalt anstrebte. Eine bestimmte Regelungsmaterie aus dem Anwendungsbereich des Referendums herauszunehmen, müsste insofern systemwidrig erscheinen.

[243] *Zehnter*, Komm.Ber., LT-DS Beil. Nr. 1a (Heft 524, 1919), S. 35.

[244] S. beispielsweise zum Züricher Verfassungsrecht *Gasser*, a. a. O., S. 32 f. Das Finanzreferendum bezieht sich auf zu tätigende Ausgaben, die einen bestimmten Betrag übersteigen, jedoch nicht auf das Haushaltsgesetz, s. *Hilty*, in: AöR Bd. 2 (1887), S. 367, 417 f. Vgl. zur Rechtslage in den einzelnen Kantonen *Stüßi*, a. a. O., S. 111 ff.

[245] *Curtius*, a. a .O., S. 16 f. nennt als negative Folge „Knauserigkeit und Knickerigkeit bei Volksabstimmungen über Staatsausgaben".

(2). Verfassungsreferendum

Das Verfassungsreferendum ergab sich aus §§ 73, 54 V, 26 VED. Eine „Verfassungsrevision" (§ 73 VED) konnte demnach auf dem Weg der Gesetzgebung unter Berücksichtigung des Vorschlagsrechts und des Volksreferendums erfolgen. Zunächst ist hierdurch wieder ein Verweis auf § 26 VED festzustellen. Insofern ist keine Abweichung zu dem bereits zum Gesetzesreferendum Bemerkten zu verzeichnen. Das Verfassungsreferendum sollte lediglich fakultativer Natur sein. Im Gegensatz dazu wurde in der Verfassungskommission vorgetragen, es handle sich bei Verfassungsgesetzen stets um Gesetze von solcher Wichtigkeit, die man notwendigerweise einer Volksabstimmung und somit der Billigung durch das Volk unterziehen müsse[246]. Diesen Bedenken wurde entsprochen, weshalb sich § 23 I BV nun für die Einführung des obligatorischen Verfassungsreferendums entschied, sodass „alle Gesetze, durch welche diese Verfassung abgeändert wird" der Volksabstimmung unterlagen[247].

cc. Sonstige direkt-demokratische Volksrechte

Zu den sonstigen direkt-demokratischen Volksrechten, die der Vorentwurf Dietz kannte, gehörten die Einberufung und Auflösung des Landtags (§ 52 III VED) sowie die Bestellung und Abberufung von Mitgliedern des Staatsministeriums (7 III VED).

(1). Einberufung und Auflösung des Landtags

Nach § 52 II VED konnte die nach § 5 III VED für eine Volksinitiative erforderliche Anzahl an Stimmberechtigten vom Staatsministerium die Einberufung des Landtags innerhalb von vier Wochen nach Stellung des Begehrens verlangen. Sowohl der Regierungsentwurf (§ 45 II RegEntw) als auch die endgültige Verfassungsurkunde (§ 45 IV BV) nahmen diesen Vorschlag auf[248]. Dieses direkt-demokratische Volksrecht war als einziges nicht auf die Herbeiführung einer Volksabstimmung gerichtet. Allein die Ausübung der Initiative genügte, um das Staatsministerium zur Einberufung zu verpflichten. In praktischer Hinsicht blieb das Einberufungsrecht des Volkes jedoch ohne Bedeutung[249].

Von außerordentlicher Wichtigkeit war hingegen das Verlangen nach Auflösung des Landtags, das § 53 III VED vorsah. Demzufolge konnte die Auflö-

---

[246] *Zehnter*, Komm.Ber., Beil. LT-DS Nr. 1a (Heft 524, 1919), S. 35.

[247] Baden war damit der einzige Teilstaat des Deutschen Reichs, der das obligatorische Verfassungsreferendum kannte, vgl. *Kullmann*, a. a. O., S. 64.

[248] Mit der Korrektur, dass wiederum 80 000 Stimmberechtigte gefordert waren und die Einberufung durch das Staatsministerium innerhalb eines Monats zu erfolgen hatte.

[249] Vgl. *Kullmann*, a. a. O., S. 54.

sung nicht nur vom Landtag selbst durchgeführt werden (53 II VED), sondern auch von der nach § 5 III VED zur Volksinitiative berechtigten Anzahl von Stimmberechtigten die Abhaltung einer Volksabstimmung über die Auflösung der Volksvertretung begehrt werden. Sollte sich bei der Volksabstimmung die Mehrheit der stimmberechtigten Staatsangehörigen für die Auflösung entscheiden, hätte das Staatsministerium dem Volkswillen entsprechen und den Landtag auflösen müssen. Das Volksrecht zur Abstimmung über die Auflösung des Volksvertretungsorgans ist gewissermaßen als actus contrarius zur Bestellung derselben durch Wahl zu charakterisieren[250]. Der Regierungsentwurf trat diesem Vorschlag Dietz' bei (§ 46 II RegEntw). Auch die endgültige Fassung nahm das Begehren nach Auflösung des Landtags in den Verfassungstext auf, § 46 I BV, während ein Selbstauflösungsrecht nicht vorgesehen war[251].

(2). *Bestellung und Abberufung von Mitgliedern des Staatsministeriums*

Eine aus dem Schweizer Kantonsverfassungsrecht übernommene Besonderheit des Vorentwurfs Dietz stellte außerdem das Bestellungs- und Abberufungsrecht von Mitgliedern des Staatsministeriums durch Volksabstimmung dar, § 7 III VED. Grundsätzlich sollten die Mitglieder des Staatsministeriums durch den Landtag bestellt bzw. abberufen werden, § 60 II VED. Nach § 7 III VED war jedoch die „Entscheidung über die Bestellung und Abberufung der Mitglieder des Staatsministeriums dem Volk zu überlassen, wenn Staatsangehörige, die nach § 5 III zur Volksinitiative berechtigt sind, dieses Verlangen stellen und dasselbe bei der Volksabstimmung die Mehrheit findet." Richtungweisend waren an dieser Steller wiederum die Verfassungen der Kantone Solothurn (Art. 20, 36 VerfSolothurn), Zürich (Art. 37 VerfZürich) und Bern (Art. 33 VerfBern). Der dort als „Volkswahl" bezeichnete Vorgang regelt die Bestellung und Abberufung des staatsleitenden „Regierungsrates"[252]. Die Abberufung ist auch hier als actus contrarius zur Bestellung desselben durch Volksabstimmung anzusehen[253]. Innerhalb des Systems Dietz erscheint die Einrichtung eines solchen Volksrechts als logische Konsequenz der Forderung nach größtmöglicher Kontrollmöglichkeiten der besonderen Staatsorgane durch das Volk. Das Volk sollte die Zügel jederzeit in der Hand behalten und wichtige

[250] S. *Giacometti*, a. a. O., S. 295 f.
[251] Zur Frage des Selbstauflösungsrecht des Landtags s. unten.
[252] Dem „Regierungsrat" obliegt die Staatsleitung, während der „Große Rat" neben dem Volk als hauptsächliches Legislativorgan fungiert, vgl. zur kantonalen Staatsorganisation *Giacometti*, a. a. O., S. 181 ff, 290 ff, 364 ff.
[253] S. ausführlich hierzu *Giacometti*, a. a. O., S. 365 ff.

Entscheidungen wie die Besetzung des Staatsministeriums selbst herbeiführen können[254].

Der Regierungsentwurf schloss sich diesem Vorschlag nicht an. Die Bestellung und Abberufung von Mitgliedern des Staatsministeriums sollte ausschließlich durch den Landtag erfolgen. Personalentscheidungen hinsichtlich des Staatsministeriums konnte das Volk demnach nur über die Wahlen, also lediglich mittelbar über den Landtag treffen, §§ 3, 24, 53 RegEntw. Zu groß waren die Bedenken gegenüber dem Volk als kompetentem Entscheidungsträger in solch wichtigen Fragen wie der Besetzung des Staatsministeriums. Die endgültige Fassung des Verfassungswerks nahm die Idee der Bestellung und Abberufung von Mitgliedern des Staatsministeriums ebenfalls nicht auf.

dd. Allgemeine Bestimmungen

Für jedes Begehren war die Antragstellung der nach § 5 III VED zur Volksinitiative Stimmberechtigten maßgebend. Auch die endgültige Verfassung unterschied nicht zwischen dem Gegenstand des direkt-demokratischen Volksrechts, sondern sah in jedem Fall die absolute Mindestzahl von 80 000 Initianten vor. Insofern kann auf die Ausführungen bezüglich der Volksinitiative verwiesen werden.

Für die Einzelheiten der Durchführung, insbesondere das System der Feststellung der erforderlichen Zahl von Antragstellern, verwies der Vorentwurf Dietz auf ein besonders zu erlassendes Gesetz (§ 27 V VED), ebenso ging die neue Verfassung vor, § 24 III BV[255].

Ein weiterer Punkt, auf den es einzugehen gilt, ist die Frage nach den erforderlichen Mehrheitsverhältnissen für eine Volksabstimmung. Die Abstimmung konnte jeweils nur bejahend oder verneinend sein (§ 27 II VED; § 24 I BV). Grundsätzlich sollte nach Dietz die absolute Mehrheit der abgegebenen Stimmen über den Ausgang der Volksabstimmung entscheiden. Eine Ausnahme gab es nur in zwei Fällen: Zum einen sollte ein Verfassungsgesetz, welches zur Volksabstimmung gebracht wird, nur dann als vom Volk angenommen gelten, wenn die qualifizierte Mehrheit von zwei Dritteln der Abstimmenden sich für die Sanktionierung entscheiden sollte, § 55 V VED. Zum anderen kam es nach § 53 III VED für die Landtagsauflösung auf die absolute Mehrheit aller stimmberechtigten Staatsangehörigen an. Mit diesen sinnvollen Modifizierungen sollte die Möglichkeit einer übereilten Landtagsauflösung bzw. Verfassungsänderung ausgeschlossen werden. Den Erwägungen schloss sich die

---

[254] Dietz hielt die Möglichkeit der Bestellung des Staatsministeriums durch Volksabstimmung für „selbstverständlich", *Dietz*, Sonderabdruck, S. 21, da damit die Forderung des Erfurter Programms nach „Wahl der Behörden durch das Volk" (EP II Nr. 2) verwirklicht werde.

[255] Landtagswahlgesetz vom 29. Juli 1920 (GVBl. 1920, S. 443 ff). Bemerkenswert erscheint an dieser Stelle, dass Baden nach Vorbild der Schweiz keinen formellen Zulassungsantrag kannte und das System der Unterschriftslisten einführte. Näheres hierzu bei *Kullmann*, a. a. O., S. 74 f., sowie bei *Merk*, in: JböR Bd. 12 (1923/24), S. 32, 33 f.

Verfassungskommission an und legte die gleichen Anforderungen fest, § 24 II BV. Bei allen anderen Abstimmungen jedoch ließ die Verfassung im Gegensatz zum Entwurf Dietz, der die absolute Mehrheit forderte, die einfache Stimmenmehrheit genügen, § 24 II BV.

Ein Beteiligungsminimum nahmen weder die Vorentwürfe noch die endgültige Verfassung in ihr Regelungswerk auf. Rein rechnerisch wäre also eine gültige Volksabstimmung mit einer Wahlbeteiligung von nur einer Person möglich gewesen. An dieser Stelle wäre eine nicht zu unterschreitende Beteiligungszahl sinnvoll gewesen[256]. Bei Verfassungsgesetzen erübrigte sich eine solche ohnehin, da hier eine Zweidrittelmehrheit von allen Stimmberechtigten gefordert war, s. o.

Der Vorschlag Dietz', nach dem Vorbild des Schweizer kantonalen Verfassungsrechts[257] die Volksabstimmungen zweimal jährlich stattfinden zu lassen (§ 27 IV VED), fand im Verfassungsausschuss keine Zustimmung. Zu Recht verzichtete bereits der Regierungsentwurf auf eine entsprechende Regelung. Stattdessen entschied man sich seitens der Verfassungskommission für die Festsetzung einer Frist von drei Monaten nach Beschluss des Landtags, innerhalb derer das Referendum möglich war, § 23 II BV. Nach dieser Frist trat das betreffende Gesetz in Kraft und konnte nur im Wege der Volksinitiative beseitigt werden.

Eine mit Geldbuße bewehrte Pflicht zur Beteiligung an Volksabstimmungen, wie sie in der Schweiz bekannt war[258], lehnte der Vorentwurf Dietz ab. Stattdessen sah § 27 I 2 VED es als allgemeine Bürgerpflicht an, an Volksabstimmungen teilzunehmen. Die Hervorhebung, dass dem Staatsbürger durch das Stimmrecht ein hohes Maß an Verantwortung übertragen wird, rechtfertigt es, durch die Sanktionierung einer „allgemeinen Bürgerpflicht" die Wichtigkeit der Ausübung desselben zu verdeutlichen und in der Verfassung festzuhalten[259]. Systematisch sinnvoller erscheint es jedoch, sowohl die Ausübung des Wahl- als auch des Stimmrechts als allgemeine Bürgerpflicht anzusehen, wie es § 3 II S. 2 BV dann schließlich auch tat.

Schließlich kam in der Verfassungskommission die Frage auf, ob die künftige Verfassung selbst der Volksabstimmung unterstellt werden sollte. Um die Republik Baden von Anfang an auf einem demokratischen Fundament zu errichten und die überragende Stellung des Volkes im neuen Verfassungsgefüge zu verdeutlichen, entschied man sich für die Legitimierung durch Volksab-

---

256 Ähnlich *Glockner*, Badisches Verfassungsrecht, 2. Aufl., Karlsruhe 1930, S. 146; *Böhringer*, a. a. O., S. 87 f.

257 Art. 7 VerfBern; Art. 30 VerfZürich; vgl. *Stüßi*, a. a. O., S. 148 f.

258 *Stüßi*, a. a. O., S. 147 f.

259 So auch *Curtius*, a. a. O., S. 20, der eine dergestaltige Hervorhebung für einen moralischen Faktor „von nicht zu unterschätzender Bedeutung bei der staatsbürgerlichen Erziehung" hält.

stimmung, ließ jedoch die einfache Stimmenmehrheit genügen[260]. Im Übrigen kamen die allgemeinen Grundsätze über Wahlen und Abstimmungen zur Anwendung (§ 2 VED; § 3 BV). Als erste Verfassung auf deutschem Boden wurde damit die neue badische Grundordnung einer Volksabstimmung unterzogen und am 13. April 1919 direkt-demokratisch legitimiert.

ee. Einfluss auf das Reichsverfassungsrecht

Auch auf Reichsebene bedeutete die Einführung direkt-demokratischer Volksrechte in Baden eine absolute Neuerung. *Schiffers* zu Folge hatten die badischen Entwicklungen sogar entscheidenden Anteil an der Entstehung der Art. 73-76 WRV[261]. Das Verdienst der neuen badischen Verfassung bestehe demnach darin, die schweizerische Volksgesetzgebung nach Weimar vermittelt zu haben. Auf Grund der eher beiläufigen Beschäftigung der deutschen Nationalversammlung mit den in Baden sich ergebenden Verhältnissen erscheint es jedoch angebrachter, nicht in erster Linie der neuen badischen Verfassung, sondern der Denkschrift *Curtius'* einen gesteigerten Einfluss auf die Verfassungsberatungen im Reich zuzuschreiben[262]. *Curtius'* Vorschläge waren in vielen Punkten in der badischen Verfassungskommission mehrheitsfähig. Vor allem im Hinblick auf die Einführung des obligatorischen Verfassungsreferendums und den Ausnahmetatbestände der Gesetzesinitiative und des Gesetzesreferendums konnten sich seine Positionen durchsetzen. Die Forderungen *Curtius'* finden sich zum Teil wörtlich im Antrag des württembergischen SPD-Abgeordneten und Mitglied im Reichsverfassungsausschuss Wilhelm Keil wieder[263]. Keil berief sich in seinem Petitum vom 9. April 1919 u. a. auf die soeben ausgearbeitete neue badische Verfassung, nahm aber der Denkschrift *Curtius'* folgend vor allem Bezug auf die Volksgesetzgebung in den Vereinigten Staaten von Amerika und der Schweiz[264]. Die neue badische Verfassung zog Keil also lediglich als Bestätigung seiner Positionen hinzu. Insofern kann ihr jedoch zumindest mittelbar eine Einwirkung auf die Volksgesetzgebung des Reichsverfassungsrechts zugebilligt werden. Zudem vernachlässigt *Schiffers* vollkommen den Umstand, dass nicht nur *Curtius'* Ideen für die Ausgestaltung der Volksrechte in der neuen badischen Verfassung maßgeblich waren, sondern, dass sowohl der Regierungsentwurf als auch der endgültige Verfassungstext sich im Wesentlichen auf den Vorentwurf Dietz stützten.

---

[260] Gesetz über die Volksabstimmung vom 13. April 1919 über die Verfassung und über die Fortdauer der Nationalversammlung vom 28. März 1919 (GVBl. 1919, S. 186). S. auch *Curtius*, a. a. O., S. 11 f.

[261] *Schiffers*, a. a. O., S. 51 f.; *ders.*, in: ZGO 120 (NF 81), S. 433 ff.

[262] Ähnlich *Stehling*, a. a O., S. 102 f.

[263] Vgl. *Stehling*, a. a. O., S. 102, die sich auf eine Auswertung der Verhandlungen der verfassunggebenden deutschen Nationalversammlung von 1919 stützt.

[264] Vgl. *Wiegand*, a. a. O., S. 53 f.

b. Das Einkammersystem - Der Landtag als zentrales besonderes Organ

Das zentrale besondere Organ der Gesetzgebung und Vollziehung im System der Vorentwürfe Dietz und Glockner, des Regierungsentwurfs und schließlich der endgültigen Verfassung vom 21. März 1919 war der Landtag. Der Vorentwurf Dietz führte dabei einerseits so manches fundamental Neues in das badische Verfassungsrecht ein, wie beispielsweise das Einkammersystem und die automatische Verhältniswahl. Auf der anderen Seite wurden viele Bestimmungen über die Volksvertretung -teilweise sogar wörtlich- aus der großherzoglichen Grundordnung übernommen und gingen letztlich über den Regierungsentwurf in die neue Verfassung ein. Das sich daraus ergebende Spannungsfeld und die vorgebrachten Lösungen werden im Folgenden näher beleuchtet.

aa. Die Ablehnung des Zweikammersystems

Die am Heftigsten umstrittene Frage bei den Beratungen der Vierer-Verfassungskommission Ende 1918 war, ob das neue Parlament auch weiterhin zwei Kammern aufweisen sollte[265]. Für die Sozialdemokratie war es eine Selbstverständlichkeit, dass die Gesetzgebungsgewalt künftig allein von durch Wahlen bestimmten Volksvertretern und nicht noch zusätzlich durch Standesvertreter ausgeübt werden sollte. Die „Erste Kammer" der großherzoglichen Staatsordnung sollte demnach in der neuen Verfassung keine Berücksichtigung mehr finden. Eine die vielfältigen Standesinteressen widerspiegelnde Politik hielt Dietz durch die Einführung des Verhältniswahlrechts für gesichert[266]. Die Abgeordneten sollten dann keine Standesvertreter, sondern Vertreter des ganzen Volkes sein[267]. Die „in Betracht kommenden Interessenten" würden dadurch dazu angehalten, „sich in viel weiterem Maße mit den Anschauungen und Interessen der Volksgesamtheit vertraut zu machen, als wenn sie hoffen dürfen, in einer sogen. ‚Ersten Kammer', getrennt von der eigentlichen Volksvertretung ihre Stimmen in die Waagschale werfen zu können und dadurch die Beschlüsse der Volkskammer ganz oder wenigstens zeitweilig ihrer Wirksamkeit zu berauben."[268] Der Vorentwurf Dietz stellte denn auch in § 28 I VED klar: „Die zur Mitwirkung bei der Ausübung der Gesetzgebungs- und Vollziehungsgewalt bestimmte Volksvertretung (‚Badischer Landtag') wird nach dem Einkammersystem gewählt."

---

265 Vgl. Erster Teil E. III. Nach *Dietz*, Sonderabdruck, S. 84 lag hierin „eine der wichtigsten Unterscheidungen zwischen einer wirklich demokratischen Verfassung und einer rückständigen Verfassung".

266 Auch hier stützte sich Dietz auf das Erfurter Programm, das bzgl. des Zweikammersystems zwar nicht eindeutig Stellung bezog, jedoch die Einführung des Verhältniswahlrechts forderte (EP II Nr. 1).

267 Mit dieser Auffassung korrespondierte auch § 48 I 2 VED, wonach die Abgeordneten „Vertreter des gesamten Volkes" waren.

208 *Dietz*, Sonderabdruck, S. 7.

Während von bürgerlicher Seite in der Vierer-Vorkommission anfänglich das bewährte Zweikammersystem bevorzugt worden war, sah der Verfassungsausschuss der Nationalversammlung keine Veranlassung mehr, das in den Regierungsentwurf aufgenommene Einkammersystem (§§ 24 ff RegEntw) in Frage zu stellen. Der ursprünglich auf dem Prinzip der zwei Kammern aufbauende Vorentwurf Glockner-Zehnter-Weill hatte im Vorfeld eine entscheidende Schwächung erfahren, indem die Ende Dezember 1918 bei der vorläufigen Volksregierung eingereichte Fassung sowohl einen Einkammer- als auch – quasi als Reservoir- einen Zweikammervorschlag enthielt[269]. Alle großen Parteien hatten sich jedoch vor der Wahl zur Nationalversammlung am 5. Januar 1919 gegen die Einrichtung einer zweiten Kammer ausgesprochen, weshalb die den Einzelberatungen vorgeschaltete Generaldebatte des Verfassungsausschusses hierüber sehr rasch beendet war[270].

Bemerkenswert ist auch hier die im Wortlaut des Vorentwurfs Dietz zu Tage tretende Rangfolge der Staatsorgane: Der Landtag sollte lediglich „zur Mitwirkung" bei der Ausübung von gesetzgebender und vollziehender Gewalt berufen sein (§ 28 I VED). Der Vorrang des Staatsorgans „Volk" vor der Volksvertretung war hierdurch garantiert. Bereits der Regierungsentwurf strich diese Bestimmung jedoch und auch die endgültige Verfassung wies eine solche Regelung nicht auf.

bb. Die Zusammensetzung, Auflösung sowie organische und zeitliche Gliederung des Landtags

(1). Wahlrechtsgrundsätze und Wahlsystem

Von fundamentaler Bedeutung für ein demokratisches Staatswesen ist die Ausgestaltung der Wahl der Volksvertreter. Die Einrichtung der demokratischen Wahlrechtsgrundsätze war sowohl für die Vorentwürfe als auch für den Regierungsentwurf und den endgültigen Verfassungstext eine Selbstverständlichkeit. Sie alle schrieben das allgemeine, gleiche, unmittelbare und geheime Wahlrecht vor. Die Allgemeinheit der Wahl verlangt, dass alle Bürger an der Wahl teilnehmen können[271]. Ein Ausschluss bestimmter Bevölkerungsgruppen aus politischen, wirtschaftlichen oder sozialen Gründen ist demnach unzulässig. Die Gleichheit der Wahl gebietet die gleiche Gewichtung jeder Stimme[272]. Der Grundsatz der Unmittelbarkeit verbietet es, dass der Wähler nicht direkt den Kandidaten bestimmt, sondern dass hierfür ein eigenständiger Wahlvorgang mit Hilfe von Wahlmännern erforderlich ist[273]. Der Grundsatz der gehei-

---

[269] Anl. 2 zur LT-DS Beil. Nr. 1 (Heft 524, 1919); GLA 233/28134..
[270] S. *Zehnter*, Komm.Ber., LT-DS Beil. Nr. 1a (1919), S. 13.
[271] *Maurer*, a. a. O., S. 373 f.
[272] *Maurer*, a. a. O., S. 374 f.
[273] *Maurer*, a. a. O., S. 375 f.

men Wahl enthält die Forderung, dass Dritte keinen Einblick in den konkreten Wahlvorgang haben dürfen[274].

Nach *Böhringer* trat durch § 3 I BV für Baden keine Neuerung ein, da bereits durch die Verfassungsänderung des Jahres 1904[275] eine im 19. Jahrhundert beginnende Entwicklung ihren Abschluss gefunden habe, durch welche Baden „das freieste Wahlrecht im Reich" erhalten habe[276]. Dem kann indes nicht ohne Einschränkung zugestimmt werden. Die Verfassungsrevision des Jahres 1904 brachte zwar die Unmittelbarkeit der Wahl zur Zweiten Kammer, während die geheime Wahl schon seit 1870[277] gesetzlich verankert war (Art. 33 BVaF). Auch die Gleichheit der Wahl war garantiert. Die Allgemeinheit der Wahl zur Zweiten Kammer der Ständeversammlung ist dagegen nicht ohne Anmerkungen zu bejahen. Zwar war in § 33 BVaF auch dieser Grundsatz sanktioniert. Der generelle Ausschluss von Frauen sowie die Beschränkung der Wahlberechtigung für wirtschaftlich Schwache lässt an der Verwirklichung aber erhebliche Zweifel aufkommen. Zunächst ist festzustellen, dass sich die Allgemeinheit der Wahl nicht nach gleich bleibenden Kriterien beurteilen lässt, sondern einem steten Wandel unterworfen und abhängig von den politischen und gesellschaftlichen Anschauungen der Zeit ist[278]. Lediglich durch den Verweis auf gewandelte gesellschaftliche Vorstellungen von der politischen Rolle der Frau erscheint es gerechtfertigt, den Ausschluss von Frauen vom Wahlrecht nicht als Verstoß gegen den Allgemeinheitsgrundsatz zu werten. Nur so kann der Grundsatz der Allgemeinheit der Wahl als gewahrt angesehen werden, da § 34 BVaF für die Wahlberechtigung zur Zweiten Kammer zumindest keine Standesunterschiede kannte und die Männer rechtlich gleichstellte. Allerdings erscheint es bedenklich, den Ausschluss von Frauen gänzlich unberücksichtigt und unerwähnt zu lassen[279], da dies aus heutiger, grundgesetzlicher Sicht dem allgemeinen Gleichheitsgrundsatz nach Art. 3 I GG und damit dem Prinzip der allgemeinen Wahl zuwiderliefe[280].

Zudem ist an dieser Stelle § 35 BVaF in den Blick zu nehmen, der einen Katalog an Gründen enthielt, die die Ausübung der Wahlberechtigung zumindest zeitweise untersagten. Nicht nur der Fall der Vormundschaft oder Pflegschaft, also ein Zustand, der eine Beeinträchtigung der freien Willensbetätigung ausschloss, führte hiernach zum „Ruhen" der Wahlberechtigung (§ 35 Nr. 1 BVaF). Auch die finanzielle und damit steuerliche Leistungsfähigkeit der Walberechtigten spielten hierfür eine Rolle. So ruhte die Befugnis zur Ausübung

---

[274] *Maurer*, a. a. O., S. 376 f.

[275] „Gesetz, die Abänderung der Verfassung betreffend" vom 24. August 1904 (GVBl. 1904, S. 339 ff). S. hierzu *Eichhorn*, a. a. O., S. 9 ff.

[276] *Böhringer*, a. a. O., S. 131.

[277] GVBl. 1870, S. 300 ff.

[278] *W. Jellinek*, Verfassung und Verwaltung des Reichs und der Länder, Leipzig/Berlin 1925, S. 49

[279] So aber *Böhringer*, a. a. O., S. 131 ff.

[280] Vgl. *Meyer*, Wahlgrundsätze, Wahlverfahren, Wahlprüfung, in: *Isensee/Kirchhof* (Hrsg.), HbStR III 3. Aufl., Heidelberg 2005, S. 543, 544.

des Wahlrechts, wenn über das Vermögen des Wahlberechtigten der Konkurs eröffnet war und das Konkursverfahren noch andauerte (§ 35 Nr. 2 BVaF), sowie wenn der Wahlberechtigte „eine Armenunterstützung aus öffentlichen Mitteln bezieht“ (§ 35 Nr. 3 BVaF) und schließlich, wenn der Wahlberechtigte mit der „gegenüber dem Staat oder der Gemeinde obliegenden direkten Steuer im Rückstand“ war (§ 35 Nr. 4 BVaF). Zwar kannte die Verfassung kein Klassenwahlrecht[281], dennoch führten die genannten Ausschlussgründe von der Wahl auf Grund der finanziellen Situation des Wahlberechtigten zu einem Ausschluss sozial und wirtschaftlich Schwacher, der an der Verwirklichung der Allgemeinheit der Wahl im vorrevolutionären Baden zweifeln lässt[282]. Erst der Vorentwurf Dietz entfernte jegliche Benachteiligung bei der Ausübung des Wahlrechts auf Grund wirtschaftlicher oder sozialer Aspekte auf Verfassungsebene[283] und orientierte sich dabei abermals an der entsprechenden Forderung des Erfurter Programms[284]. Nur so ist die Einflechtung des Wortes „lediglich“ in § 2 III VED (§ 3 III BV) zu verstehen, wodurch hervorgehoben werden sollte, dass eine Ungleichbehandlung im Wahlrecht wegen mangelnder finanzieller Leistungsfähigkeit nicht mehr stattfand.

Als ein absolutes Novum im deutschen Verfassungsrecht ist die Einführung des auf den Vorentwurf Dietz zurückgehenden „automatischen Verhältniswahlrechts“ anzusehen[285]. Die Verfassungsreform von 1904 und die Reform des Wahlgesetzes führten zu einer Einteilung in Wahlkreise, innerhalb derer die Abgeordneten der Zweiten Kammer nach dem Mehrheitsprinzip zu wählen waren. Zudem war die Zahl der Volksvertreter nach Art. 33 I BVaF auf 73 begrenzt. Von der badischen Sozialdemokratie wurden bis zum Ausbruch des Ersten Weltkriegs immer wieder Vorstöße unternommen, die auf die Einführung des Verhältniswahlrechts auf Landesebene gerichtet waren. Alle Versuche, die proportionale Stimmverteilung neben der kommunalen Ebene auch bezüglich der Landtagswahlen durchzusetzen, scheiterten jedoch[286]. Erst die Wahl zur Badischen Nationalversammlung brachte die Abkehr vom Majoritätsprinzip und wurde nach den Regeln der Verhältniswahl abgehalten[287].

---

[281] Anders als das Kommunalwahlrecht, vgl. Erster Teil E. II.

[282] So auch *Eichhorn*, a. a. O., S. 8.

[283] Sieht man von der „Verordnung, die Wahl zur badischen Nationalversammlung betreffend“ (GVBl. 1918, S. 401 ff.), einmal ab.

[284] EP II Nr. 1.

[285] Vgl. *W. Jellinek*, Verfassung und Verwaltung, S. 54. Das „automatische Verfahren“ ist auch als „System Bürkli“ oder bezeichnenderweise als „Badisches Verfahren“ bekannt; vgl. *Schanbacher*, Parlamentarische Wahlen und Wahlsystem in der Weimarer Koalition – Wahlgesetzgebung und Wahlreform im Reich und in den Ländern, Düsseldorf 1982, S. 106.

[286] S. *Eichhorn*, a. .a. O., S. 9 ff; *Glockner*, Badisches Verfassungsrecht, 2. Aufl., Karlsruhe 1930, S. 153 f.

[287] Vgl. *Nawiasky*, Reform des deutschen Reichstagswahlrechts, in: ZfP Bd. 16 (1927), S. 544, 551, wonach die Einführung der Verhältniswahl „nach dem Umsturz als geradezu selbstverständlich aufgefaßt“ wurde. Bereits am 12. November 1918 hatte der „Rat der

Fraglich war nur, welchem Sitzverteilungsprinzip konkret der Vorzug zu geben war. Im Laufe des 19. und Anfang des 20. Jahrhunderts wurden hierzu verschiedenste Ansätze vertreten. Gängig waren diejenigen Verfahren, die einen festen Wahlquotienten ermitteln und auf die abgegebenen Stimmen anwenden. Hierzu zu zählen sind die Systeme nach Hare, d'Hondt und Hagenbach-Bischoff. Während das d'Hondtsche Prinzip bei den Wahlen zur verfassunggebenden deutschen Nationalversammlung Verwendung fand[288], konnte sich das System nach Hagenbach-Bischoff vor allem in der Schweiz durchsetzen[289]. Diese Verfahren gehen allesamt von einer festen Mandatszahl aus. Nach Hare ist der Verteilungsquotient auf die verschiedenen Listen aus dem Verhältnis zwischen abgegebenen Stimmen und zu verteilenden Mandaten herzuleiten. D'Hondt erstellt den Schlüssel ausschließlich aus dem Verhältnis der Parteien untereinander. Hagenbach-Bischoff ähnelt im Verfahren dem Hareschen und im Ergebnis dem d'Hondtschen System. Die mathematische und juristische „Verteilungsgerechtigkeit" der Stimmen war und ist Gegenstand einer heftigen Debatte, da je nach Festlegung des Schlüssels entweder die großen oder kleinere Parteien bzw. entweder diejenigen mit einer hohen oder diejenigen mit einer relativ gesehen niedrigen Stimmenzahl als benachteiligt gelten können[290].

Einen gänzlich anderen Weg ging deshalb der Vorentwurf Dietz. § 28 II VED legte der Parlamentswahl ein sogenanntes „automatisiertes Verhältniswahlrecht" zu Grunde. Die automatische Verhältniswahl geht in ihren Grundzügen auf den Schweizer Sozialdemokraten *Karl Bürkli* zurück[291]. Die Zahl der Abgeordneten stand dabei nicht von vornherein fest, sondern war abhängig von der jeweiligen Wahlbeteiligung. Diese Variabilität kam dadurch zustande, dass jede Partei oder Wählergruppe nach dem Vorentwurf Dietz für jeweils 6 000 Stimmen einen Abgeordneten in den Landtag entsandte. Für jede über-

Volksbeauftragten" in einem „Aufruf" für alle Wahlen zu öffentlichen Körperschaften das Verhältniswahlverfahren vorgegeben; RGBl. Teil II 1918, S. 1303.

288 „VO über die Wahlen zur verfassunggebenden deutschen Nationalversammlung" (Reichswahlgesetz); RGBl. Teil II 1918, S. 1345 ff.

289 Vgl. *Giacometti*, a. a. O., S. 309 ff. S. zu den verschiedenen Systemen mit anschaulichen Rechenbeispielen *W. Jellinek*, Verfassung und Verwaltung, S. 51 ff. Ausführlicher *Genssler*, das d'Hondtsche und andere Sitzverteilungsverfahren aus mathematischer und verfassungsrechtlicher Sicht, Nürnberg 1984.

290 S. *Genssler*, a. a. O., S. 41 ff.

291 *Bürkli*, Meine Proporzperle vor dem Zürcher Kantonsrath: (15. September 1891) - Eine Rede über die Proportional-Vertretung, wie die Sozialdemokraten sie wollen, Zürich 1891, S. 12, 49 f, 53 ff. *Genssler*, a. a. O., S. 195, gelingt allerdings der Nachweis, dass das automatische Verfahren nach Dietz mit dem Verteilungssystem Sainte-Lague identisch ist. Es erscheint jedoch um einiges wahrscheinlicher, dass Dietz mit den Schriften des Sozialdemokraten *Bürkli* vertraut war, als mit den mathematischen Abhandlungen Sainte-Lagues. Näheres zum Verfahren nach Sainte-Lague s. *Genssler*, a. a. O., S. 57 ff und S. 207 ff. Dass die Idee einer automatischen Sitzverteilung in der sozialdemokratischen Literatur Ende des 19. Jahrhunderts verbreitet war, zeigt *Misch*, Das Wahlsystem zwischen Theorie und Taktik – Zur Frage von Mehrheitswahl und Verhältniswahl in der Programmatik der Sozialdemokratie bis 1933, Berlin 1974, S. 98 ff.

schießende Stimmenanzahl von mindestens 3 000 erhielt die Partei außerdem einen weiteren Abgeordneten. Zudem wurde nach streng gebunden Listen verfahren, das heißt, die selbständige Änderung der Wahllisten durch den Wähler war nicht vorgesehen (§ 28 III VED) und die Sitzverteilung wurde nach der von der jeweiligen Partei eingereichten Liste der Reihe nach vorgenommen. Legt man die Wahlbeteiligung zur Badischen Nationalversammlung vom 5. Januar 1919 zu Grunde, so wäre nach dem Vorentwurf Dietz eine Abgeordnetenzahl von 200 denkbar gewesen. Die vom Wahlgesetz die badische Nationalversammlung betreffend limitierte Anzahl von 107 Abgeordneten erschien Dietz offensichtlich als ausreichend und geeigneter angesichts der Größe Badens, sodass er nach der Wahl in einem Aufsatz seinem automatisierten Verfahren diese Mandatszahl zu Grunde legte und vorschlug, je 9 000 Stimmen bzw. je weitere 4 500 überschießende Stimmen einen Abgeordnetensitz zu vergeben[292].

Offen war nach dem Vorentwurf Dietz die Frage der Einrichtung von Wahlkreisen. Eine ausdrückliche Regelung fehlte, jedoch kann aus § 34 VED, der die Regelung über die Wahlkreise einem gesonderten Gesetz überlässt, gefolgert werden, dass Dietz von der Einrichtung von Wahlkreisen ausging. Zwingend ist dieser Schluss jedoch nicht, da Dietz selbst im Januar 1919 auf die Möglichkeit der kreislosen Wahl hinwies[293]. Besondere Beachtung verdient in diesem Zusammenhang überdies der Vorschlag Dietz', die überschießenden Stimmen nicht in dem jeweiligen Wahlkreis, sondern im gesamten Land zu addieren. Auf diese Weise wollte er die „Ungerechtigkeit" vermeiden, dass „in dem einen Wahlkreis schon 5 000 Wählerstimmen, in dem andern aber vielleicht erst 9 000 Wählerstimmen einen Abgeordneten erhalten"[294].

Das automatische Verhältniswahlsystem nach Version des Vorentwurfs Dietz besticht auch aus heutiger Sicht sowohl durch seine Einfachheit in der Organisation und Durchführung der Wahl als auch durch die größtmögliche Transparenz und Nachvollziehbarkeit für das Wahlvolk[295]. Es ist für jeden Wähler klar ersichtlich, wie sich der Landtag zusammensetzt. Zudem muss kein Wähler einer kleineren Partei befürchten, dass seine Stimme „verloren" ist. Denn dadurch, dass eine Addition der Reststimmen im gesamten Land und nicht innerhalb nur eines Wahlkreises erfolgt, ist eine maximale Chancengleichheit für kleinere Parteien im Verhältnis zu den Volksparteien gegeben. Außerdem erlaubt der Zusammenschluss zu einem einzigen Wahlkörper eine tatsächliche

---

[292] *Dietz*, Das vereinfachte automatische Wahlsystem beim Proporz, in: *ders.*, Sonderabdruck, S. 86 ff.

[293] *Dietz*, Das vereinfachte automatische Wahlsystem beim Proporz, in: *ders.*, Sonderabdruck, S. 86, 87.

[294] *Dietz*, Sonderabdruck, S. 10.

[295] So auch *Nawiasky*, in: ZfP 16 (1927), S. 544 553. *Erdmannsdörfer*, Das automatische System – Betrachtungen zum Reichswahlrecht, in: ZfP Bd. 20 (1931), S. 170, 171, spricht von einer „höchst einfachen Methode", die dem „Ideal der wirklichen ‚Verhältnis'-Wahl bis zur äußersten Möglichkeit nahekommt".

verhältnismäßige Abbildung des Wählerwillens im Parlament. Man kann die Verhältniswahl ohne Wahlkreiseinteilung deshalb als das „neutrale Wahlverfahren schlechthin"[296] bezeichnen, da die Zusammensetzung der Volksvertretung weder von der Wahltechnik noch vom Wahlverfahren abhängig ist. Vielfältige Probleme der „Wahlkreisgeometrie" werden somit erst gar nicht virulent. So kann der Zuschnitt des Wahlkreises durchaus politisch motiviert sein und somit bestimmte Parteien von vornherein benachteiligen[297]. Gleiches gilt für die Festlegung der Zahl der in einem Wahlkreis zu wählenden Abgeordneten. In einem relativ kleinen Gemeinwesen wie Baden hätte die wahlkreislose Verhältniswahl auch keineswegs ein „Ideal"[298] dargestellt, sondern wäre tatsächlich durchführbar gewesen.

Der Umstand, dass die Zahl der Abgeordneten nicht feststeht, kann ebenfalls nicht als Nachteil aufgefasst werden. Es erscheint gerechtfertigt, einer anwachsenden Politisierung des Wahlvolkes, welche sich in der steigenden Wahlbeteiligung niederschlägt, dadurch Ausdruck zu verleihen, dass auch mehr Volksvertreter in den Landtag berufen werden[299]. Die automatische Sitzverteilung an Hand der abgegebenen Stimmen ist damit in der Literatur zu Recht als die „mathematisch absolut gerechteste" Lösung des schwierigen Verteilungsproblems bezeichnet worden[300], weshalb eine flexible Parlamentsgröße in Kauf genommen werden kann.

Bedenken begegnet lediglich die Einführung der streng gebundenen Wahllisten, wodurch der Gefahr der Entpersonalisierung der Wahl Vorschub geleistet wird. Denn dadurch, dass die Parteien selbständig die Kandidaten und die Reihenfolge festlegen und dem Wähler keinerlei Möglichkeit der Selektion zwischen den Wahlvorschlägen –wie etwa das Kumulieren bzw. Panaschieren- verbleibt, entscheidet er sich zwangsläufig nicht mehr zwischen bestimmten Personen wie bei der vorher geltenden personalisierten Mehrheitswahl, sondern stimmt letztlich lediglich für eine Partei und deren politisches Programm[301]. Dieser Umstand wurde offenbar weder von Dietz selbst[302], noch im Verfassungsausschuss als Defizit angesehen.

[296] So *Meyer*, Demokratische Wahl und Wahlsystem, in: *Isensee/Kirchhof* (Hrsg.), HbStR III, 3. Aufl., Heidelberg 2004, S. 521, 533.

[297] Vgl. *Wittmayer*, a. a. O., S. 63, wonach „strenge genommen jede Wahlkreisbildung willkürlich und zweckwidrig" ist. S. auch *Kelsen*, Die Verfassungsgesetze der Republik Deutschösterreich – Zweiter Teil: Wahlordnung/Verfassungsnovelle, Wien/Leipzig 1919, S. 48 ff; Zu den in der Literatur mannigfaltig vorgebrachten Argumenten gegen eine Wahlkreiseinteilung s. ausführlich *Genssler*, a. a. O., S. 265 ff.

[298] So *Genssler*, a. a. O., S. 265.

[299] Ebenso *Böhringer*, a. a. O., S. 137.

[300] So *Nawiasky*, in: ZfP Bd. 16 (1927), S. 544, 553; *Erdmannsdörfer*, in: ZfP Bd. 20 (1931); S. 170, 172. Kritisch: *Kaisenberg*, Wahlreform, in: ZgStW Bd. 90 (Tübingen 1931), S. 449, 457 sowie *Genssler*, a. a. O., S. 192 ff mit weiteren Nachweisen.

[301] Vgl. *Kaisenberg*, in: ZgStW Bd. 90 (1931), S. 449, 457: „Die Fühlung zwischen Wähler und Abgeordneten geht verloren." Als weiteren Nachteil sieht *Bornemann*, Einzelwahlkreis und Proporz – Ein Vorschlag zur Reichswahlreform, in: ZfP Bd. 20 (1931), S. 43, 43 f. den

Im Verfassungsausschuss sprach man sich zwar grundsätzlich für das System der automatisierten Verhältniswahl aus, entschloss sich aber dazu, eine Wahlkreiseinteilung vorzunehmen[303]. Nach § 25 S. 1 BV waren deshalb „mindestens" vier Wahlkreise vorgesehen. Die Zahl der zu erreichenden Stimmen je Mandat wurde entsprechend § 24 I RegEntw auf 10 000 festgelegt und lag somit nur geringfügig über dem Wert von 9 000, den Dietz letztlich gefordert hatte. Nach § 25 S. 3 BV waren alle Reststimmen nicht etwa nur innerhalb des Wahlkreises, sondern im gesamten Land zusammenzuzählen und nach dem vorgegebenen Schlüssel zu verteilen. Jeder verbleibende Stimmenteil von 7 500 hatte die Zuteilung eines weiteren Abgeordneten zur Folge, § 25 S. 4 BV. Erhielt eine Partei also im ganzen Land nicht wenigstens 10 000 Stimmen, wurde ihr kein Abgeordnetenmandat zugewiesen. Durch die Addition der Reststimmen im ganzen Land führte das in der neuen badischen Verfassung verankerte automatische Verhältniswahlrecht de facto zu einer „wahlkreislosen" Wahl, da die in einem Wahlkreis abgegebenen Stimmen nicht in diesem verblieben, sondern im gesamten Land Wirkung entfalteten. Die Wahlkreise erfüllten damit lediglich die Funktion, die Wahlen zu organisieren und einen geregelten Ablauf sicherzustellen. Auch in diesem Punkt ist das Leitbild des Vorentwurfs Dietz nicht zu übersehen. Das Nähere wurde einem gesonderten Gesetz überlassen, welches 1920 auch in Kraft trat[304].

Die Einführung des Verhältniswahlrechts mit automatischer Sitzverteilung hatte weitreichende Folgen für die Entwicklung im Reich. Die Einfachheit des Systems und dessen simple Durchführung führten zu einer positiven Resonanz in der gesamten Weimarer Republik. Während die Wahlen zur deutschen Nationalversammlung noch nach dem d'Hondtschen Verteilungsverfahren, also mit fester Mandatszahl, durchgeführt wurden, entschloss man sich 1920 zur Einführung des automatischen Systems bezüglich der Reichstagswahlen durch das Reichswahlgesetz (RWG)[305]. Auf je 60 000 Stimmen entfiel demnach ein Abgeordnetensitz, § 30 RWG. Innerhalb von Wahlkreisverbänden wurden die Reststimmen zusammengefasst, § 31 RWG. Nach § 32 RWG führte jeder weitere Stimmenteil von 30 000 zu einer Zuteilung eines weiteren Sitzes. Die Erfahrungen mit dem neu entworfenen badischen Wahlrecht und des

---

Einzug von Splitterparteien in das Parlament, der sich als das Hauptübel der Parlamentsarbeit in der Weimarer Republik herausgestellt hatte.

[302] Dietz hielt der Personalisierung der Wahl damit für Genüge getan, indem die Parteien automatisch eine „bekannte führende Persönlichkeit" an die Spitze der Liste stellten, s. *Dietz*, Sonderabdruck S. 8 f.

[303] *Zehnter*, Komm.Ber., LT-DS Beil. Nr. 1a (Heft 524, 1919), S. 36.

[304] So auch die Frage, ob streng gebundene Listen eingeführt werden sollten; Landtagswahlgesetz (GVBl. 1920, S. 443 ff).

[305] Reichswahlgesetz vom 27. April 1920 (RGBl. 1920, S. 627 ff). Vgl. zum Reichswahlrecht *Huber*, Deutsche Verfassungsgeschichte seit 1789 – Bd. 6: Die Weimarer Reichsverfassung, Revidierter Nachdruck der 1. Aufl. (Stuttgart 1981), Stuttgart 1993, S. 350 ff. S. zur Entwicklung im Reich auch *Dietz* selbst: *ders.*, Das neue Reichtagswahlrecht mit dem automatischen Proporz, in: Volksfreund, 29. Januar 1919

bereits im Sommer 1919 ausgearbeiteten Entwurfs für ein Landtagswahlgesetz[306] mögen bei der Ausarbeitung des neuen Reichswahlgesetzes durchaus eine Rolle gespielt haben. Wenn auch kein unmittelbarer Beleg für die Vorbildfunktion der badischen Verhältnisse erbracht werden kann[307], so sind die Parallelen zum Reichswahlrecht offensichtlich. Das automatische Verfahren wurde zudem auch in Preußen, Thüringen, Mecklenburg-Schwerin und Oldenburg für die jeweiligen Parlamentswahlen eingeführt[308]. Der Vorentwurf Dietz entfaltete damit eine ungeahnte Ausstrahlungswirkung im gesamten Deutschen Reich und es erscheint deshalb gerechtfertigt, Eduard Dietz zwar nicht als den Schöpfer, jedoch als den Wegbereiter des automatisierten Verhältniswahlrechts auf dem Gebiet des deutschen Verfassungsrechts zu bezeichnen[309].

(2). Die Auflösung des Landtags

Die Auflösung des Landtags war nach § 53 II VED entweder durch Beschluss der Volksvertretung selbst oder gemäß § 53 III VED durch das Staatsministerium nach erfolgter entsprechender Volksabstimmung möglich[310]. Die Frage der Auflösung der Volksvertretung gehörte nach Dietz in einem „rein demokratischen Staatswesen" zu den „schwierigsten Problemen des Verfassungsrechts überhaupt"[311]. Im Gegensatz zu der durch Volksabstimmung herbeigeführten Landtagsauflösung war deshalb das Selbstauflösungsrecht des Parlaments Gegenstand kontroverser Debatten im Verfassungsausschuss. Der Regierungsentwurf sah wie die Vorentwürfe Dietz und Glockner (§ 22 GZW) nach § 46 II RegEntw die Auflösung auf Grund eines mit der für Verfassungsänderungen erforderlichen Mehrheit gefassten Landtagsbeschlusses vor. Schon in der Generaldebatte, die der Einzelberatung vorangestellt war, äußerte man Bedenken gegen die Einführung eines Selbstauflösungsrechts, da man es für „sonderbar" hielt, wenn der Landtag beim Staatsministerium um seine eigene Auflösung ersuche[312]. In der Einzelberatung entschloss sich die Verfassungskommission schließlich zur Streichung des Selbstauflösungsrechts, § 46 I BV. Die knappe und wenig aufschlussreiche Begründung lautete, dass man es

---

306 S. LT-DS Beil. Nr. 116a (Heft 529, 1919/1920), S. 1 ff.

307 Vgl. zur Entstehung des RWG *Schanbacher*, a. a. O., S. 83 ff.

308 Zur Vorbildfunktion der badischen Regelung s. die Hinweise von *Erdmannsdörfer*, in: ZfP Bd. 20 (1931), S. 170, 171 und *W. Jellinek*, Verfassung und Verwaltung, S. 54. *Schanbacher.*, a. a. O., S. 106 bemerkt zwar, dass die automatische Verhältniswahl auch als „Badisches Verfahren" bezeichnet wird, verkennt aber die Bedeutung der Einführung desselben in Baden für die zeitlich nachfolgende Entwicklung des Reichswahlrechts.

309 *Giese*, Allgemeines Staatsrecht, Tübingen 1948, S. 71 geht sogar soweit, die automatische Verhältniswahl als „in Deutschland ersonnen" zu bezeichnen, jedoch ohne einen möglichen Einfluss der badischen Verhältnisse auf die spätere reichsrechtliche Regelung zu berücksichtigen.

310 Vgl. Zweiter Teil A. III. 5. a. cc. (1).

311 *Dietz*, Sonderabdruck, S. 13.

312 *Zehnter*, Komm.Ber., LT-DS Nr. 1a (Heft 524, 1919), S. 12.

schlicht für „nicht angemessen“ erachte, dass der Landtag selbst berechtigt sein sollte, seine Auflösung zu verlangen[313]. Mit ungewöhnlichem Nachdruck wurde in der Folgezeit versucht, entweder –wenig überzeugend- ein Selbstauflösungsrecht dennoch aus dem neuen Verfassungswerk zu entwickeln[314] oder –allerdings vergeblich- eine entsprechende Verfassungsänderung herbeizuführen[315].

Bemerkenswert ist zudem, dass eine eigene Befugnis des Staatsministeriums zur Einleitung des Auflösungsverfahrens weder im Vorentwurf Dietz noch im Regierungsentwurf bzw. in der endgültigen Verfassung zu finden ist. Nach § 42 BVaF gebührte dagegen allein dem Großherzog das Recht, die „Stände“ ohne Angabe von Gründen aufzulösen[316]. Auch hieran lässt sich erkennen, dass nach der Vorstellung der badischen Verfassungspolitiker nicht etwa die Staatsregierung in die Position des monarchischen Regenten rückte, sondern dass dem demokratischen Prinzip strikt folgend die Berechtigung zur Abberufung der parlamentarischen Volksvertreter originär nur dem Volk als neuem Souverän zustand. Demnach erschien es gerade noch gerechtfertigt, dem Parlament selbst die Entscheidung über seine Auflösung anheim zu stellen. Die Möglichkeit der Bestellung und Abberufung des Staatsministeriums durch die Volksvertretung (§§ 7, 60 VED; § 52 BV)[317] lässt ein Recht der Regierung zur Auflösung des Parlaments dagegen auf den ersten Blick als wenig sinnvoll erscheinen. Denn während das Staatsministerium sich um eine Auflösung bemüht, kann der Landtag die Abberufung der Minister betreiben[318]. Der von Dietz dabei unterstellte Automatismus der Ministerabberufung bei dem Versuch der Landtagsauflösung durch das Staatsministerium[319] ist indes nicht zwingend. Denn zum einen sind die Minister in aller Regel selbst Mitglieder der im Parlament vertretenen Koalitionsparteien, sodass ein weitgehender Konsens- und Kompromisswille vermutet werden kann. Zum andern ließ Dietz außer Betracht, dass zumindest ein eigenständiges Initiativrecht der Regierung zur Abhaltung einer Volksabstimmung in dieser Frage gerechtfertigt erscheint, wie es § 16 II WürttV vorsah. So hätte die Regierung immerhin den Anstoß zur Einleitung eines Auflösungsverfahrens geben können, die endgültige Entscheidung hätte aber dem Volk zugestanden[320].

---

[313] *Zehnter*, Komm.Ber., LT-DS Nr. 1a (Heft 524, 1919), S. 12.

[314] Vgl. *Merk*, Die Landtagsauflösung nach badischem Staatsrecht, in: ZfbadVerw 1924, S. 138, 140 ff, der selbst diese Möglichkeit zwar ablehnt, in Anlehnung an andere Länder und das Reich die Einführung des Selbstauflösungsrechts aber für wünschenswert hält.

[315] S. die Schilderungen bei *Glockner*, Badisches Verfassungsrecht, 2. Aufl., Karlsruhe 1930, S. 244 ff.

[316] S. *Glockner*, Badisches Verfassungsrecht, 1. Aufl., Karlsruhe 1905, S. 114; *Wielandt*, a. a. O., S. 58.

[317] Zum Verhältnis des Staatsministeriums zum Landtag s. u.

[318] So auch die Begründung von *Dietz*, Sonderabdruck, S. 14.

[319] *Dietz*, Sonderabdruck, S. 14.

[320] Vgl. *Koellreutter*, AöR Bd. 39 (1920), S. 437, 446.

(3). Die organische und zeitliche Gliederung des Landtags

Nicht unerheblich war die zeitliche Gliederung des Landtags[321]. Gemäß §§ 29, 30 I 1 VED sollte eine Wahlperiode sich über einen Zeitraum von zwei Jahren erstrecken. Diese sehr kurze Dauer ergab sich aus dem Erfurter Programm, das „zweijährige Gesetzesperioden" forderte[322]. Die entsprechende Regelung war laut Dietz gerechtfertigt, da sich gezeigt habe, dass zwei Jahre schon eine reichlich lange Frist für das Abgeordnetenmandat seien und es sich nicht empfehle, diese Frist zu überschreiten[323]. Schon der Regierungsentwurf erachtete eine Dauer von lediglich zwei Jahren aber als zu kurz, um eine geregelte Parlaments- und Regierungsarbeit zu betreiben und forderte in Anlehnung an den Vorentwurf Glockner-Zehnter-Weill (§ 14 II GZW) nach § 25 RegEntw die dreijährige Wahlperiode. Im Verfassungsausschuss kam man schließlich darin überein, sich an § 37 I der alten Verfassung zu orientieren und die Landtagsperiode auf vier Jahre festzulegen (§ 26 S. 1 BV)[324]. Der Partialerneuerung, welche bereits bei der Verfassungsrevision von 1904 als überholt abgeschafft wurde, erteilten der Vorentwurf Dietz und die endgültige Verfassung erneut eine Absage, indem sie regelten, dass jede Landtagsperiode „sämtliche Abgeordneten" neu zu wählen waren, § 29 I, II VED (§ 26 S. 1 BV). Die Wahlperiode zerfiel nach dem Vorentwurf Dietz und der endgültigen Verfassung in jeweils einjährige Sitzungsperioden, § 30 I VED (§ 26 S. 2 BV). Während jeder Sitzungsperiode trat der Landtag zu Tagungen zusammen, die vom Vorentwurf Dietz und der neuen Verfassung als „alljährliche Versammlung" bezeichnet wurden, § 31 VED (§ 26 III BV)[325]. Der Landtag vertagte sich nach eigenem Beschluss und bestimmte auf die gleiche Weise die Zeit seines Wiederzusammentritts, § 52 I VED (§ 45 S. 1 BV).

Der Vorentwurf Dietz übernahm in § 54 VED ebenso wie der Vorentwurf Glockner (§ 33 GZW) fast wörtlich § 51 der alten Verfassung. Demnach wählte die Volksvertretung vor jedem Schluss des Landtags und auch bei jeder Vertagung desselben einen sogenannten „Ständischen Ausschuss". Dieser hatte nach der großherzoglichen Verfassung zur Aufgabe, die Kompetenzen des Landtags in der Zeit zu wahren, in der selbiger nicht versammelt war. Die Zuständigkeit des „Ständischen Ausschusses" war auf wenige, in der Verfassung genau bezeichnete Gegenstände beschränkt[326]. Nach dem Textvorschlag Dietz' sollte der Ausschuss in personeller Hinsicht aus dem Landtagspräsidenten der letzten Sitzung und sechs weiteren Abgeordneten bestehen, welche nach relativer Stimmenmehrheit zu wählen gewesen wären.

---

[321] Vgl. *Böhringer*, a. a. O., S. 118 ff.

[322] EP II Nr. 1.

[323] *Dietz*, Sonderabdruck, S. 11.

[324] *Zehnter*, Komm.Ber., LT-DS Beil. Nr. 1a (Heft, 524, 1919), S. 36.

[325] Nach § 46 der alten Verfassung war eine Ständeversammlung nur alle zwei Jahre abzuhalten.

[326] S. *Walz*, Staatsrecht, S. 91 f.; *Wielandt*, a. a. O., S. 75 f.

Der Verfassungsausschuss begrüßte die in den Regierungsentwurf übernommene (§ 47 RegEntw) Einrichtung des „Ständischen Ausschusses" grundsätzlich und nahm lediglich geringfügige Änderungen vor, § 47 BV. So zog man auf Grund des Wegfalls der Zweiten Kammer die vom Vorentwurf Glockner (§ 33 GZW) verwendete Bezeichnung „Landständischer Ausschuss" vor[327]. Die Wahl des Ausschusses sollte außerdem nach dem Verhältniswahlrecht vorgenommen werden, da man eine Abbildung der im Landtag herrschenden Kräfteverhältnisse anstrebte. Die Zahl der Abgeordneten wurde auf acht erhöht. Zudem sollten nicht nur die Verfassung, sondern auch einfache Gesetze eine Zuständigkeit des Ausschusses begründen können. Schließlich entschloss man sich dagegen, den „Landständischen Ausschuss" vor jedem Schluss des Landtags und jeder Vertagung zu wählen und verständigte sich darauf, den Ausschuss lediglich vor jedem Schluss einer Tagung zu berufen, da man es für zweckdienlich hielt, den Ausschuss erst am Ende eines jeden Tagungsabschnitts und nicht etwa vor einer bloßen Sitzungspause zu konstituieren[328].

Der beschränkte Zuständigkeitsbereich des „Landständischen Ausschusses" erklärt sich aus der Besorgnis, er könne sich „ähnlich wie der ‚Hauptausschuß' des Reichstags während des Krieges zu einem dauernden Ersatz der Volksvertretung" auswachsen[329]. So blieb dem Gremium verfassungsmäßig nur die Genehmigung zur Aufnahme von Geldern in bestimmter Höhe im Falle eines außerordentlichen, unvorhergesehenen Staatsbedürfnisses nach § 41 II VED (§ 34 II BV) und in zwei anderen Fällen auf einfachgesetzlicher Basis[330].

In der Literatur erfuhr die Beibehaltung des „Ständischen Ausschusses" durch *Koellreutter* heftige Ablehnung[331]. *Koellreutter* verwies dabei auf die der badischen zeitlich nachfolgende württembergische Regelung des § 53 WürttV, die ein besonderes Gremium in diesen Angelegenheiten nicht kannte und lediglich allgemein bestimmte, dass bei Überschreitungen des Voranschlags die nachträgliche Genehmigung des Landtags einzuholen war. Die Einrichtung eines landständischen Ausschusses hielt *Koellreutter* denn auch für „unnötig" und lobte die Stärkung der Exekutive durch die württembergische Vorschrift[332].

Die Kritik *Koellreutters* erscheint nicht unbegründet und es ist ihm zuzugeben, dass die Entscheidungsfreiheit der Regierung unter der Bindung an

---

[327] Sinnvoller wäre es nach dem Umsturz stattdessen gewesen, den Verweis auf die „Stände" ganz aus der Verfassung zu streichen und einen „Ständigen Ausschuss" einzurichten, wie es ein Antrag im Verfassungsausschuss erfolglos versuchte; *Zehnter*, Komm.Ber., LT-DS Beil. Nr. 1a (Heft 524, 1919), S. 43.

[328] Beispielsweise vor den Sommer- oder Weihnachtsferien; vgl. *Zehnter*, Komm.Ber., LT-DS Beil. Nr. 1a (Heft 524, 1919), S. 42 f.; *Glockner*, Badisches Verfassungsrecht, 2. Aufl., Karlsruhe 1930, S. 252 f.; *Böhringer*, a. a. O., S. 123 ff.

[329] So *Dietz*, Sonderabdruck, S. 57.

[330] Es sind dies das Amortisationskassengesetz und das Eisenbahnschuldentilgungsgesetz; vgl. *Glockner*, Badisches Verfassungsrecht, 2. Aufl., Karlsruhe 1930, S. 253 f.

[331] *Koellreutter*, in: AöR Bd. 39 (1920), S. 437, 445 f.

[332] *Koellreutter*, in: AöR Bd. 39 (1920), S. 437, 446.

den „Landständischen Ausschuss“ nach §§ 47, 34 II BV eine Beeinträchtigung erfuhr. Allerdings entschieden sich sowohl die Vorentwürfe Dietz und Glockner als auch der Regierungsentwurf und die endgültige Verfassung bewusst für die Beibehaltung einer Kontrollmöglichkeit des Landtags gegenüber der Regierung, was die nicht im Haushalt ausgewiesenen Staatsausgaben anging, wenn der Landtag nicht versammelt war. Da die Feststellung der Staatsausgaben ohnehin der Zustimmung des Landtags in Gesetzesform bedurfte[333], kann es keineswegs als „unnötig“ bezeichnet werden, einen besonderen Ausschuss hierfür einzurichten. Denn eine Regelung wie die württembergische weicht die Kontrollmöglichkeit des Parlaments bezüglich der Staatsausgaben auf: Ist die Ausgabe erst einmal getätigt, bleibt dem Landtag wohl oder übel nichts anderes übrig als die Genehmigung zu erteilen. Die Folgen jedenfalls ließen sich durch eine Verweigerung nicht mehr beseitigen. Der „Landständische Ausschuss“ mutet deshalb vielleicht als anachronistisches, aber als allemal wirksameres Mittel zur Überwachung der Regierungsarbeit.

Die Klärung weiterer Fragen der organischen Gliederung des Landtags wie die Zusammensetzung des Vorstandes, der Vertrauensmänner, der Fraktionen, der Ausschüsse, sowie anderer organisatorischer Sachverhalte überließen sowohl der Vorentwurf Dietz als auch der Regierungsentwurf und die endgültige Verfassung einer gesondert zu beschließenden Geschäftsordnung, welche im Wesentlichen auf der bisher geltenden beruhte und am 19. November 1919 vom Landtag angenommen wurde[334].

cc. Die Zuständigkeiten des Landtags – Weg der Gesetzgebung und Kontrolle der Regierung

Die Zuständigkeiten des Landtags waren sowohl nach dem Vorentwurf Dietz als auch nach der endgültigen Verfassung vielfältiger Natur, die in dem Abschnitt „Zuständigkeit der Volksvertretung“ (§§ 35-46 VED; §§ 29-38 BV) keine abschließende Regelung fanden. Den Ausgangspunkt für die Analyse der Kompetenzen des Landtags bilden die Vorschriften §§ 5 II, 7 II VED, wonach sowohl die gesetzgebende als auch die vollziehende Gewalt „teils“ durch das Volk selbst, und teils durch die gewählte Volksvertretung ausgeübt wurden. Eine sich hiervon nur im Wortlaut unterscheidende Regelung traf die endgültige Verfassung in §§ 6, 8 BV.

§ 50 BVaF hatte vorgesehen, dass sich die Stände „nur mit den nach gegenwärtigem Grundgesetz zu ihrer Beratung geeigneten oder vom Großher-

333 S. hierzu unten.

334 Text abgedruckt bei *Glockner*, Badisches Verfassungsrecht, 2. Aufl., Karlsruhe 1930, S. 370 ff. Als Grundlage wurde die alte Geschäftsordnung herangezogen, s. Sten.Ber. (19.November 1919), Sp. 61 ff. Nach § 47 I VED; § 40 II RegEntw und § 39 II BV regelte der Landtag seinen Geschäftsgang und seine Disziplin durch eine Geschäftsordnung, nach der sich auch die Wahl des Präsidenten, des Vizepräsidenten und des Schriftführers richtete; vgl. *Böhringer*, a. a. O., S. 127 ff.

zog besonders an sie gebrachten Gegenständen beschäftigen" konnten. Demgegenüber wies der Vorentwurf Dietz dem Landtag eine sachliche „Kompetenz-Kompetenz"[335] zu, indem sich die Volksvertretung nunmehr „mit allen, von ihm selber zu seiner Beratung und Beschlussfassung für geeignet erachteten Gegenständen" beschäftigen können sollte. Allerdings war die Zuständigkeit des Landtags keineswegs unbeschränkt. Nach § 35 VED (§ 29 I BV) übte der Landtag die Gesetzgebung und Vollziehung lediglich „nach Maßgabe dieser Verfassung" aus[336]. § 35 VED fand als § 29 I BV ohne Änderungen Eingang in den endgültigen Verfassungstext.

(1). Die legislativen Aufgaben: Die Gesetzgebung

Der ureigene Aufgabenbereich der Volksvertretung besteht in der Ausübung der Legislative. Zunächst erscheint es angebracht, den Begriff des „Gesetzes" näher zu beleuchten, um eine Abgrenzung zum reinen Parlamentsbeschluss zu bewerkstelligen. Der Vorentwurf Dietz und auch dessen Begründung im „Volksfreund" enthielten sich jeglicher Erklärungsversuche diesbezüglich und überließen die Ausfüllung des Gesetzesbegriffs somit der Wissenschaft. Bereits der Regierungsentwurf jedoch griff auf das Gesetzesverständnis der großherzoglichen Verfassung (§ 65 BVaF) zurück, indem er in § 29 S. 3 RegEntw die „Freiheits- und Eigentumsformel" einfügte: „Der gesetzlichen Regelung bedürfen allgemeine Anordnungen, die die Freiheit der Personen oder das Eigentum betreffen, oder durch welche bestehende Gesetze geändert, ausgelegt oder aufgehoben werden." Diese Legaldefinition des Gesetzesbegriffs ging auf den Vorentwurf Glockner-Zehnter-Weill (§ 46 GZW) zurück und findet sich auch sprachlich leicht abgewandelt in der endgültigen Verfassung wieder (§ 29 II BV). Nach der vorherrschenden zeitgenössischen Ansicht war die Formel von „Freiheit und Eigentum" weit aufzufassen, da es „das Wesen *jedes* Gesetzes im mat. S., *jeder* Rechtsvorschrift" sei, dass sie „der persönlichen Freiheit im Allgemeinen und dem Privateigentum insbesondere Mass und Schranken setzt"[337]. Kurzum: Jede Rechtsvorschrift betreffe also die Freiheit der Person oder das Eigentum[338]. Der Gesetzesbegriff des § 29 II BV (§

[335] S. hierzu *Dietz*, Sonderabdruck, S. 51. S. außerdem S. 54, wo es heißt, alle Versuche, das Gesetzgebungsrecht des Landtags zu beschränken, seien „in einem wirklich demokratischen Staatswesen zwecklos und überflüssig".

[336] Der Regierungsentwurf hatte dagegen vorgesehen, dass der Landtag die Vollziehungsgewalt auf die Regierung überträgt, was das Parlament von der Ausübung exekutivischer Maßnahmen entbunden hätte (§ 8 RegEntw). § 29 S. 2 RegEntw verdeutlichte das, indem bzgl. des Landtags bestimmt war: „Er übt die Gesetzgebungsgewalt aus"; vgl. Zweiter Teil A. III. 3. c.

[337] *Anschütz*, Die gegenwärtigen Theorieen über den Begriff der gesetzgebenden Gewalt und den Umfang des königlichen Verordnungsrechts nach preussischem Staatsrecht, 2. Aufl., Tübingen 1901 (Neudruck Aalen 1971)., S. 169; *Meyer-Anschütz*, a. a. O., S. 657.

[338] *V. Seydel*, Bayerisches Staatsrecht Bd. 3, München 1887, S. 572 f.; a. A. *G. Jellinek*, Gesetz und Verordnung - Staatsrechtliche Untersuchungen auf rechtsgeschichtlicher und

65 BVaF) umfasste also schlichtweg jedes materielle Gesetz und daher jeden Rechtssatz, jede Rechtsnorm[339]. Jedoch musste keinesfalls jede Regelung in Form eines formellen Gesetzes gefasst werden, vielmehr genügte die Delegation detaillierter Bestimmungen an die Verwaltung durch die gesetzliche Ermächtigung zum Erlass von Rechtsverordnungen[340]. Somit bedurften gemäß der im Großherzogtum herrschenden Ansicht alle allgemeinen, die Untertanen verpflichtenden Rechtsvorschriften einer formell gesetzlichen Grundlage[341].

Die Übernahme der „Freiheits- und Eigentumsformel" aus der alten Verfassung stieß in der Literatur auf harsche Kritik. Der unreflektierte Transfer der als überholt angesehenen Formel lasse die modernen Entwicklungen in der Staatsrechts- und Verwaltungsrechtswissenschaft gänzlich außer Acht und sei daher in höchstem Maße anachronistisch[342]. *Koellreutter* verweist dabei auf die entsprechende württembergische Regelung § 41 WürttV, welche den Begriff des Gesetzes als „Anordnungen der Staatsgewalt, die für das Volk verbindlich sind" legal definierte. Auch hiernach wurde also „Gesetz" als Rechtssatz, als materielles Gesetz verstanden[343]. Die neue württembergische und die neue badische Verfassung unterschieden sich also lediglich in der Wortwahl voneinander. Nach *Koellreutter* sei aber die württembergische Regelung auf Grund einer „klaren Formulierung" vorzugwürdig[344]. Die Kritik kann nicht überzeugen, da die beiden Verfassungen –wie *Koellreutter* selbst einräumt- sich zwar in der Formulierung, nicht aber inhaltlich unterschieden, beide gingen von dem materiellen Gesetzesbegriff aus. Da es in der zeitgenössischen Rechtswissenschaft als geklärt angesehen werden kann, dass die „Freiheits- und Eigentumsformel" in diesem weiten Sinne zu verstehen war, erscheint die Vorzugswürdigkeit der württembergischen Bestimmung nicht als offenkundig[345].

---

rechtsvergleichender Grundlage, Freiburg 1887 (Neudruck Aalen 1964), S. 110, der in der Formel eine Unterteilung in ein dem Landesherrn originär und selbständig zustehendes und ein durch Zustimmung der Stände eingeschränktes Gesetzgebungsrecht sah. Das Kriterium der „Wichtigkeit" der betroffenen Regelung war bereits Ende des 19. Jahrhunderts endgültig überwunden, s. *Rosin*, Gesetz und Verordnung nach badischem Recht – Zugleich ein Beitrag zur Geschichte der Freiheits- und Eigentumsformel, Karlsruhe 1911, S. 14, 90 ff und *Klein*, Die Lückentheorie im Großherzogtum Baden, in: *Grupp/Hufeld* (Hrsg.), FS Mußgnug, Heidelberg 2005, S. 673, 689 f.

339 Vgl. *Koellreutter*, In: AöR Bd. 39 (1920), S. 437, 448; *Walz*, Staatsrecht, S. 208 ff. (mit weiteren Nachweisen); *Wielandt*, a. a. O., S. 163 f. S. zu den verschiedenen Deutungsansätzen der „Freiheits- und Eigentumsformel" und speziell deren Umsetzung in der badischen großherzoglichen Verfassung *Rosin*, a. a. O., S. 4 ff und besonders S. 62 ff.

340 Zum Verordnungsrecht s. unten.

341 *Koellreutter*, in: JböR Bd. 9 (1920), S. 180, 187.

342 *Koellreutter*, In: AöR Bd. 39 (1920), S. 437, 448 f.

343 S. *v. Blume*, in: JböR Bd. 9 (1920), S. 171, 178.

344 *Koellreutter*, in: AöR Bd. 39 (1920), S. 437, 449.

345 Ähnlich *Glockner*, Badisches Verfassungsrecht, 2. Aufl., Karlsruhe 1930, S. 164 f.

Zudem bedurften nach § 29 III BV alle Staatsverträge eines formellen Gesetzes, was aus § 64 II VED übernommen wurde.

Nach §§ 30 BV konnten Steuern, Gebühren und sonstige Abgaben nur auf Grund eines formellen Gesetzes erhoben werden. Diese Vorschrift ist § 36 des Vorentwurfs Dietz übernommen, der wiederum § 53 der alten Verfassung wiederholte, jedoch noch das veraltete Wort „Auflagen" verwendete.

Weder der Entwurf Dietz, noch der Regierungsentwurf, noch der endgültige Verfassungstext sahen ausdrücklich ein eigenes Initiativrecht der Regierung vor. Das Gesetzesinitiativrecht sollte neben dem Volk im Wege des Volksvorschlags nach § 44 VED (§ 37 RegEntw) lediglich dem Landtag zustehen. Dieser konnte zudem das Staatsministerium mit der Erarbeitung eines Gesetzesentwurfs beauftragen. In der Verfassungskommission strich man selbst diese knappe Bestimmung mit dem Hinweis, die betreffenden Grundsätze seien „für eine demokratische Verfassung selbstverständlich und entbehrlich"[346].

Koellreutter schließt aus dem Fehlen eines ausdrücklichen Initiativrechts der Regierung, dass nach der neuen Verfassung neben dem Volk lediglich dem Landtag das Recht zur Gesetzesinitiative zustehe[347]. Dem tritt *Glockner* entschieden entgegen und führt in seinem Kommentar zur neuen Verfassung aus, es gebe eine „verfassungsmäßig nicht festgelegte, in der Praxis aber nie bezweifelte und ständig geübte Gesetzesinitiative des StaatsMin"[348]. Die Position *Glockners* erscheint verständlich vor dem Hintergrund, dass sein Verfassungsentwurf ein Gesetzesinitiativrecht des Staatsministeriums enthielt (§ 47 GZW). Es kann dennoch keine Rede davon sein, dass der Regierung im parlamentarischen System ohnehin automatisch ein Initiativrecht zukommt. Dies wurde im Übrigen von der württembergischen Verfassungskommission erkannt. Zur Klarstellung sanktionierte § 30 WürttV daher das eigenständige Recht des württembergischen Staatsministeriums, Gesetzesvorschläge beim Landtag einzubringen[349]. Die badische Verfassungskommission hingegen ging in diesem Punkt geradezu fahrlässig vor. Auch der Hinweis *Heylands*, § 49 BV, welcher sich mit der Ablehnung einer „Regierungsvorlage" durch den Landtag beschäftigte, setze ein eigenständiges Initiativrecht voraus[350], vermag bestehende Zweifel nicht vollständig auszuräumen. Denn die auf § 56 VED (§ 49 RegEntw) basierende Bestimmung ist nicht eindeutig: „Regierungsvorlage" kann sich ebenso gut auf § 44 VED beziehen, der lediglich die Regierungsvorlage auf Geheiß des Landtags hin zum Gegenstand hatte von § 37 RegEntw übernommen wurde, s. o. Der Verweis *Glockners* auf die ständig geübte

[346] S. *Glockner*, Badisches Verfassungsrecht, 2. Aufl., Karlsruhe 1930, S. 164; *Zehnter*, Komm.Ber., LT-DS Beil. Nr. 1a (Heft 524, 1919), S. 39.

[347] S. *Koellreutter*, in: AöR Bd. 39 (1920), S. 437, 444 f. Ebenso *Giese*, Deutsches Staatsrecht, Berlin 1930, S. 208.

[348] *Glockner*, Badisches Verfassungsrecht, 2. Aufl., Karlsruhe 1930, S. 164.

[349] S. den Hinweis bei *Koellreutter*, in: AöR (1920), S. 437, 444.

[350] *Heyland*, Das Landesgesetz, in: *Anschütz/Thoma* (Hrsg.), HbDStR II, Tübingen 1932, S. 189, 194.

Staatspraxis ist ebenfalls nicht geeignet, die erheblichen verfassungsrechtlichen Bedenken zu beseitigen: Sollte dem Staatsministerium tatsächlich ein eigenständiges Gesetzesinitiativrecht zustehen, hätte eine verfassungsmäßige Verankerung vorgenommen werden müssen. Die Argumentation *Koellreutters* leidet jedoch an einem anderen erheblichen Mangel: Anders als in § 44 VED (§ 37 RegEntw) enthielt die endgültige Verfassung nicht einmal ausdrücklich ein Gesetzesinitiativrecht des Landtags. Ein solches wird niemand aber, wenn es sich um eine parlamentarische Demokratie handelt, bestreiten können. Deshalb erscheint es nicht gerechtfertigt, gerade aus dem Fehlen einer Regelung bzgl. eines Vorschlagsrechts der Regierung den Schluss zu ziehen, es gäbe ein solches nicht. Gleiches müsste für das Initiativrecht des Landtags gelten. Zudem ist zu bedenken, dass in der modernen Demokratie die Regierung zwangsläufig in den Gesetzesbildungsprozess gestalterisch eingebunden sein muss. Eine Klarstellung durch die Verfassungskommission wäre dennoch ratsam gewesen, denn sie hätte die Streitfrage klar entschieden bzw. gar nicht erst aufkommen lassen.

(2). Die Aufgaben auf vollziehender Ebene: Berufung und Abberufung des Staatsministeriums sowie Überwachung der Regierung bzgl. der Staatsausgaben und im allgemeinen

Der Landtag übte sowohl nach dem Vorentwurf Dietz und dem Regierungsentwurf als auch nach der endgültigen Verfassung nicht nur die gesetzgebende sondern auch die vollziehende Gewalt aus (§ 35 VED; § 29 RegEntw; § 29 I BV). Gemäß § 7 III VED „beauftragte" der Landtag mit der „Führung der laufenden Regierungsgeschäfte" das Staatsministerium. In gleicher Weise ging die neue Verfassung vor, § 8 BV, während der Regierungsentwurf dem Staatsministerium eine deutlich eigenständigere Position gegenüber dem Landtag zugewiesen hatte, § 8 RegEntw. Ausgenommen den Vorentwurf Glockner konnte nach allen Ansätzen aber die Kompetenz zur Ausübung der Vollziehungsgewalt durch das Staatsministerium letztendlich auf den Landtag zurückgeführt werden. Dennoch verblieb bei dem Vorentwurf Dietz, dem Regierungsentwurf und schließlich bei der neuen Verfassung eine erhebliche Vollziehungskompetenz bei der Volksvertretung, die sich unter dem Stichwort „parlamentarische Verantwortlichkeit der Regierung" zusammenfassen lässt. Davon erfasst war die Berufung und Abberufung der Mitglieder des Staatsministeriums, die Errichtung von Untersuchungsausschüssen, die Überwachung der Staatsausgaben, die Ministerverantwortlichkeit und die Kontrolle der Regierung im allgemeinen.

Das stärkste Instrument zur Ausübung der vollziehenden Gewalt durch den Landtag stellte ohne Frage die Zusammenstellung der Regierung dar. In scharfem Gegensatz zu der großherzoglichen Verfassung des Jahres 1818, die dem Monarchen die Bestimmung des Regierungspersonals zugewiesen hatte, wurde das gesamte Kollegium des Staatsministeriums nun durch Wahl des Landtags bestellt, welchem auch das Abberufungsrecht zukam (§§ 60 II, V VED; §§ 52, 53 BV)[351]. Der Vorschlag Dietz', daneben eine Bestellung und Abberufung durch Volkabstimmung zu ermöglichen (§§ 7 IV, 60 VIII VED), fand bereits im Regierungsentwurf keine Berücksichtigung und wurde im Anschluss nicht wieder aufgegriffen.

Zudem unterlag die Regierungsarbeit einer umfassenden parlamentarischen Kontrolle. Zuvörderst ist hier die Überwachung in finanzieller Hinsicht zu nennen. Sowohl der Vorentwurf Dietz als auch die neue Verfassung sahen umfangreiche Kontrollmaßnahmen der Volksvertretung gegenüber der Ausgabenpolitik des Staatsministeriums vor. Diese sind in direkter Anlehnung an das Bewilligungsrecht der großherzoglichen Ständeversammlung zu sehen, deren Hauptaufgabe in der Überwachung der Staatsausgaben durch Zustimmung gelegen hatte[352]. Nach §§ 37, 38 VED waren alle Einnahmen und Ausgaben des Landes für jedes Jahr im Voraus in einem „Staatsvoranschlag (Staatsbudget)" zusammenzustellen. Die Einnahmen und Ausgaben wurden des Weiteren für ein Jahr, in einzelnen Ausnahmefällen auch länger, durch ein „Finanzgesetz" vom Landtag bewilligt. Der Vorgängerregelung des § 54 BVaF, welche die zweijährige Budgetperiode vorgesehen hatte, erteilte Dietz somit eine Absage. Hintergrund der Verkürzung des Bewilligungszeitraums war schlichtweg eine bessere Kontrolle der Staatsausgaben. Damit fand die Forderung des Erfurter Programms nach jährlicher Budgetbewilligung (EP Ziff. 2) direkten Eingang in den Vorentwurf Dietz. Die Vorschläge Dietz' erfuhren durch den Regierungsentwurf keinerlei Änderungen. In der Verfassungskommission dagegen wurden gegen die einjährige Budgetperiode Bedenken laut, da die Aufstellung des Voranschlags die Regierung zu sehr in Anspruch nehme[353]. Schließlich entschied man sich, § 31 RegEntw (§ 37 VED) den Satz anzuhängen: „Es ist zulässig, ein Finanzgesetz für zwei Sitzungsperioden zu erlassen." (§ 31 BV). Die zweijährige Bewilligung wurde anschließend zur ständig geübten Praxis[354].

§ 41 VED gab § 57 der alten Verfassung wieder und bestimmte den Zustimmungsvorbehalt des Parlaments bzgl. Anleihen. Während der Regierungsentwurf die Bestimmung als § 34 RegEntw unverändert übernahm, wurden von der Verfassungskommission geringfügige Änderungen vorgenommen. Letztlich basierte der neue § 41 des endgültigen Verfassungstextes aber im Wesentlichen auf seiner Vorgängernorm.

Zu den Kontrollmöglichkeiten des Landtags gehörte weiterhin das vom Vorentwurf Dietz vorgesehene Recht eines jeden Landtagsmitglieds „zur freien Einsicht in den gesamten Staatshaushalt" (§ 46 VED), welches der Regierungsentwurf wörtlich übernahm (§ 39 RegEntw). Das Leitbild für den Vorent-

---

351 Näheres dazu s. u.

352 Vgl. §§ 53 ff BVaF. Vgl. zur Entwicklung des Budgetrechts in Baden *van Calker*, das Badische Budgetrecht in seinen Grundzügen – I. Theil: Geschichtliche Entwicklungen, Tübingen/Leipzig 1901.

353 *Zehnter*, Komm.Ber., LT-DS Beil. Nr. 1a (Heft 524, 1919), S. 38.

354 S. *Glockner*, Badisches Verfassungsrecht, 2. Aufl., Karlsruhe 1930, S. 169.

wurf Dietz findet sich im schweizerischen Kantonsverfassungsrecht, und zwar in Art. 32 VerfSolothurn, der besagt: „Jedem Mitgliede des Kantonsrates ist die freie Einsicht in den gesamten Staatshaushalt zugesichert." Der Verfassungskommission war dies jedoch zu weitgehend und man verständigte sich schließlich auf den Zusatz, dass die Einsichtnahme nur „nach Maßgabe der Geschäftsordnung" erfolgen konnte, § 39 BV[355].

Die herausragende Neuerung der Einrichtung von Untersuchungsausschüssen wie sie vom Verfassungsausschuss eingefügt wurden und welche die neue Verfassung nach § 38 BV vorsah[356], war weder im Vorentwurf Dietz, noch im Regierungsentwurf enthalten. Ein der großherzoglichen Verfassung (§§ 67 a BVaF ff) entnommenes Mittel zur Überwachung der Regierungsarbeit stellte die Ministeranklage dar (§§ 68-72 VED; §§ 61-66 RegEntw; §§ 60-64 BV).

(3). Kollegiale und Schutzrechte des Landtags

Die sogenannten „kollegialen und Schutzrechte des Landtags" waren laut der Begründung des Entwurfs Dietz dazu gedacht, der „Volksvertretung den ungehinderten Zusammentritt und die ungehinderte Fortsetzung ihrer Arbeit zu sichern"[357]. Mit dem Prinzip der Volkssouveränität einher ging der nach der Wahl erfolgende Zusammentritt des Landtags kraft eigenen Rechts (§ 47 VED; § 40 I RegEntw; § 39 I BV) anstatt wie bisher per Einberufung durch den Großherzog (§ 42 BVaF). Demzufolge lag auch der Beschluss betreffend die Vertagung allein beim Landtag (§ 52 VED; § 45 I RegEntw; § 45 S. 1 BV). Auch die Legitimationsprüfung der Mitglieder fiel in den Zuständigkeitsbereich des Landtags (§ 47 I VED; § 40 II RegEntw; § 39 II BV)

Die Rechtsstellung der Landtagsmitglieder unterlag gegenüber der neuen Verfassung keiner grundsätzlichen Neuregelung[358]. Bzgl. der Unabhängigkeit des einzelnen Abgeordneten wiederholte § 48 VED teilweise §§ 47, 48 der alten Verfassung in angepasster Form und lieferte insofern keine Neuerungen im Hinblick auf die Grundsätze des freien Mandats. Der Vorschlag, die Konkretisierung dieses Prinzips aufzunehmen, wonach die Abgeordneten nur „nach eigener Überzeugung" abstimmen (§ 48 I 1 VED), wurde schon nicht in den Regierungsentwurf übernommen und fand deshalb keinen Eingang in die neue Verfassung. Dies ist zu bedauern, da eine entsprechende Klarstellung das freie Mandat nicht lediglich in einen Gegensatz zum imperativen Mandat gestellt, sondern positiv ausgefüllt hätte, wie es später die Reichsverfassung in Art. 21 WRV tat.

---

[355] S. *Zehnter*, Komm.Ber., LT-DS Nr. 1a (Heft 524, 1919), S. 40; *Böhringer*, a. a. O., S. 107 f.

[356] S. *Böhringer*, a. a. O., S. 106 ff.

[357] *Dietz*, Sonderabdruck, S. 55.

[358] Vgl. *Koellreutter*, in: JböR Bd. 9 (1920), S. 180, 184 f.

Bemerkenswert erscheint zudem die Hervorhebung nach § 48 I 2 VED, dass die Abgeordneten „Vertreter des gesamten Volkes“ und eben nicht mehr Vertreter von Standesinteressen waren, wie es bisher bei den Mitgliedern der Ersten Kammer der Fall gewesen war. Die Formulierung des § 48 I 2 VED setzte sich durch und § 40 BV manifestierte damit die bisher schon auf Reichsebene geltende Grundsätze des § 29 RV in Baden[359].

Die Gründe, die zum Erlöschen der Eigenschaft als Abgeordneter führten, waren in § 27 der neuen Verfassung festgelegt, wonach lediglich der Ablauf der Landtagsperiode, der Verzicht und er Wegfall des passiven Wahlrechts eine solche Wirkung entfalten konnten. Der Vorentwurf Dietz hatte gemäß § 49 S. 2 VED noch eine klare Absage an die Regelung des § 40 a der alten Verfassung enthalten, demgemäß ein Abgeordneter, sofern er ein besoldetes Staatsamt annahm, das mit einem höheren Rang bzw. höherem Gehalt verbunden war, den Sitz verlor. Der Regierungsentwurf strich dies zwar und auch in der endgültigen Verfassung fehlt der entsprechende Hinweis. Allerdings war der Verfassungskommission an der Hervorhebung gelegen, dass insbesondere § 40 a BVaF nicht mehr gelte[360].

Schließlich sei noch der Grundsatz der Immunität der Abgeordneten hervorgehoben, welcher schon in der alten Verfassung sehr ausgeprägt gewesen war (§§ 48a, 49 BVaF) und durch die Beratungen der Kommission eine zusätzliche Erweiterung erhielt. Der Verfassungsausschuss erachtete es für angebracht, den Parlamentariern ein umfassendes Zeugnisverweigerungsrecht zuzugestehen, § 44 BV[361].

(4). Formelle Anforderungen an die Beratungen und Beschlussfassungen

Grundsätzlich beschloss der Landtag nach dem Vorentwurf Dietz durch absolute Stimmenmehrheit bei Anwesenheit von mindestens der Hälfte der Mitglieder des Landtags. Verfassungsgesetze hingegen bedurften einer qualifizierten Mehrheit von zwei Dritteln bei Anwesenheit von drei Vierteln der Abgeordneten. § 55 VED übernahm also die schon bisher geltenden Grundsätze der §§ 64, 65 BVaF. § 48 BV nahm lediglich dahingehend eine Korrektur vor, dass statt der absoluten die einfache Abstimmungsmehrheit erforderlich war. Die Enthaltungen flossen also nicht in die Wertung mit ein, sondern es zählten nur die gültigen Ja- oder Nein-Stimmen[362].

Verfassungsändernde Gesetze waren mit einer qualifizierten Zweidrittel-Mehrheit bei Anwesenheit von drei Vierteln der Abgeordneten zu beschließen (§ 55 III VED). Der Regierungsentwurf kam auf die Regelung des § 64 der alten Verfassung zurück und vereinfachte die Anforderungen an die Beschluss-

---

[359] Vgl. *Böhringer*, a. a. O., S. 139 ff.; *Glockner*, Badisches Verfassungsrecht, 2. Aufl., Karlsruhe 1930, S. 233.
[360] S. *Zehnter*, Komm.Ber., LT-DS Beil. Nr. 1a (Heft 524, 1919), S. 37.
[361] S. *Böhringer*, a. a. O., S. 147 f.
[362] *Glockner*, Badisches Verfassungsrecht, 2. Aufl., Karlsruhe 1930, S. 256 f.

fassung über Verfassungsgesetze dahingehend, dass eine Zweidrittel-Mehrheit der anwesenden Abgeordneten verlangt wurde (§ 48 III RegEntw). Die Verfassungskommission verwarf jedoch den Vorschlag der Regierung und erachtete es als angemessen, die Voraussetzungen für ein Verfassungsgesetz nicht zu niedrig anzusetzen, weshalb man die Regelung des Vorentwurfs Dietz wieder aufgriff und eine Zweidrittel-Mehrheit bei Anwesenheit von drei Vierteln der Mitglieder des Landtags verlangte (§ 48 III BV)[363].

Aus der großherzoglichen Verfassung übernommen wurde der Stichentscheid des Landtagspräsidenten bei Stimmengleichheit (§ 53 IV VED; § 48 IV RegEntw; § 48 I 2 BV), eine „badisch-rechtliche Besonderheit"[364].

Die Verhandlungen des Landtags waren grundsätzlich öffentlich (§ 59 S. 1 VED; § 52 S. 1 RegEntw; § 51 S.1 BV), was die Begründung des Vorentwurfs Dietz im Übrigen als „selbstverständlich" bezeichnete[365].

c. Die kollegiale Spitze: Stellung und Funktion der Regierung

Die eigentliche staatsleitende Tätigkeit lag in der Hand des Staatsministeriums, welches damit die Aufgaben des Großherzogs der alten Verfassung wahrnam. Das Staatsministerium war als Kollegialorgan organisiert und setzte sich aus den vom Landtag gewählten Staatsministern zusammen. Die Führung oblag dem Vorsitzenden des Staatsministeriums. Die ressortlosen Staatsräte waren weder in den Vorentwürfen, noch im Regierungsentwurf vorgesehen.

aa. Die Zuständigkeiten des Staatsministeriums

Nach § 64 I VED stand dem Staatsministerium neben der Vertretung des Staates die „Handhabung der Vollziehungsgewalt und Verwaltung (die ‚Regierung'), soweit nicht der Landtag oder die Volksgesamtheit etwas anderes bestimmen, in vollem Umfang" zu. Während der Regierungsentwurf diese Regelung als § 57 I RegEntw ohne Beanstandung übernahm, entschloss sich die Verfassungskommission zu Änderungen, denen jedoch lediglich „redaktionelle Bedeutung" zukommen sollte[366]. Nach § 56 I BV war das Staatsministerium demnach zuständig für die „Vollziehung und Verwaltung (die Regierung)".

In der Folgezeit erfuhr die aus der Verwendung der Begriffe „Vollziehung", „Verwaltung" und „Regierung" angeblich resultierende terminologische Ungenauigkeit deutliche Kritik durch *Koellreutter*. Es sei nicht zu erkennen, ob „Regierung" den Oberbegriff gegenüber „Verwaltung" und „Vollziehung" darstelle

---

[363] S. *Zehnter*, Komm.Ber., LT-DS Beil. Nr. 1a (Heft 524, 1919), S. 43.
[364] *Böhringer*, a. a. O., S. S. 114.
[365] *Dietz*, Sonderabdruck, S. 58.
[366] *Zehnter*, Komm.Ber., LT-DS Beil. Nr. 1a (Heft 524, 1919), S. 46.

oder ob „Regierung" als Leitung des Staatswesens im Gegensatz zur eigentlichen Verwaltung gestellt werden solle[367]. *Glockner* hingegen bezog sich auf den Wortlaut, der klar und unmissverständlich sei: Durch die Klammerstellung hinter „Vollziehung" und „Verwaltung" sei die „Regierung" in diesem Zusammenhang als Oberbegriff aufzufassen und nicht etwa im Gegensatz zur „eigentlichen Verwaltung" zu sehen sei[368].

Ganz so einfach ist die Sache indes nicht. Die ambivalente Benutzung der Worte „Vollziehung" bzw. „Vollziehungsgewalt", „Verwaltung" und „Regierung" in den Entwürfen und schließlich der neuen Verfassung lässt an einer klaren begrifflichen Vorstellung der Redaktoren in der Tat zweifeln. So war nach dem Vorentwurf Dietz die Ausübung der „Vollziehungsgewalt Sache des Volkes und des Landtags, welcher wiederum das Staatsministerium mit der Führung der „laufenden Regierungsgeschäfte" beauftragte (§ 7 VED). In ähnlicher Weise gingen § 8 RegEntw und im Anschluss daran § 8 BV vor, wobei jedoch der Verweis auf die „laufenden Regierungsgeschäfte" gestrichen wurde. Dies ist bedauerlich, da dadurch eine deutlichere Abgrenzung des Regierungsbegriffs von demjenigen der Vollziehung bzw. Verwaltung erreicht worden wäre. Nach § 7 VED (§ 8 BV) ist mit „Vollziehung" also die reine gesetzesvollziehende Tätigkeit gemeint, nach § 64 VED (§ 57 I RegEntw; § 56 I BV) wird „Vollziehung" hingegen als Teil der Regierung verstanden.

In der Tat mutet es befremdlich an, die „Regierung" als Oberbegriff für Verwaltung und Vollziehung anzusehen. Diese Vorstellung von den Staatsfunktionen ist einer zur Zeit der Entstehung der neuen Verfassung bereits als überholt zu bezeichnenden Richtung der Staatsrechtlehre verhaftet, nach welcher sich die Staatsgewalten in Gesetzgebung, Justiz und Regierungsgewalt unterteilen ließen. Nach dieser preußisch-monarchistischen Auffassung unterfiel dem Bereich der Regierung die gesamte Bandbreite der exekutiven bzw. vollziehenden Gewalt[369]. Eine umfassende, noch heute zeitgemäße Neuausrichtung der Begrifflichkeiten lässt sich dagegen auf *Georg Jellineks* Überlegungen zu den unterschiedlichen Staatsfunktionen zurückführen[370]: Innerhalb der Verwaltung gibt es demnach freie und gebundene Tätigkeiten, wobei als freie Tätigkeit die „Regierung im materiellen Sinn" in Erscheinung tritt. Diese Regierungsarbeit ist „Rechtsregeln notwendig entrückt"[371]. Die Ausführung des von der Gesetzgebung oder Regierung Angeordneten aber ist lediglich eine ge-

---

[367] *Koellreutter*, in: JböR Bd. 9 (1920), S. 180, 189.

[368] *Glockner*, Badisches Verfassungsrecht, 2. Aufl., Karlsruhe 1930, S. 291. Die Auffassung wurde von *Böhringer*, a. a. O., S. 153 nahezu wortgleich übernommen, ohne allerdings eine entsprechende Kennzeichnung vorzunehmen.

[369] *Bornhak*, Preußisches Staatsrecht Bd. 1, 2. Aufl., Breslau 1911, S. 461 ff; *Mejer*, Einleitung in das Deutsche Staatsrecht, 2. Aufl., Freiburg 1884, S. 6. Speziell für die badische Verfassung von 1818 ebenfalls *Bornhak*, Staats- und Verwaltungsrecht des Großherzogtums Baden, Hannover 1908, S. 57.

[370] S. *G. Jellinek*, Allgemeine Staatslehre, S. 610 ff. Einen umfassenden Überblick über die vielgestaltigen Überlegungen zum Regierungsbegriff liefert *Frotscher*, a. a. O., S. 83 ff.

[371] *G. Jellinek*, Allgemeine Staatslehre, S. 617. Vgl. *Fleiner*, a. a. O., S. 4.

bundene Tätigkeit und stellt sich als „Vollziehung" dar. Unter diesen Gesichtspunkten wäre es sinnvoller gewesen, in der neuen Verfassung durchgängig als Oberbegriff für die Exekutive die „Verwaltung" zu wählen, welche sich wiederum in „Vollziehung" und „Regierung" spaltet. Das durch § 64 VED (§ 57 I RegEntw) entstandene sprachliche und terminologische Manko der neuen Verfassung ist quasi ein „Erbe" des Vorentwurfs Dietz. Gerade diese Gleichgültigkeit der neuen Verfassung gegenüber den Entwicklungen in der Wissenschaft griff *Koellreutter* zu Recht an und wies auf die terminologisch exaktere Formulierung der neuen württembergischen Verfassung hin. Nach § 26 S. 1 WürttV übertrug der Landtag dem Staatsministerium die „Staatsleitung", was im Sinne von „Staatsregierung" zu verstehen ist. Laut *Koellreutter* bedeutet das die Oberleitung des Ganzen, das einheitliche Richtunggeben für die politischen Geschicke des Staates und die Kulturentwicklung im Innern. Dass „Regierung" jedoch in der neuen badischen Verfassung nichts anderes heißen konnte, erkennt auch *Koellreutter*, merkt aber zutreffend an, die badische Verfassung habe sich die „wissenschaftliche Begriffsbildung nicht zunutze gemacht"[372].

Nach der großherzoglichen Verfassung kam dem Monarchen ein umfassendes Recht zum Verordnungserlass zu. Gemäß § 65 BVaF war ein formelles Gesetz nur in den von der Verfassung bezeichneten Fällen erforderlich. Nach § 66 S. 1 BVaF konnte der Großherzog zudem die zu „Vollzug und Handhabung" eines formellen Gesetzes erforderlichen „und alle für die Sicherheit des Staats nötigen Verfügungen, Reglements und allgemeinen Verordnungen". Demnach besaß das Staatsoberhaupt nicht nur die Befugnis zum Erlass von Verwaltungsordnungen und Verwaltungsvorschriften, sondern auch die aus der Verfassung direkt fließende Befugnis zum Erlass von Vollzugs- und Ausführungsverordnungen, sowie das Recht zum Erlass von allgemeinen Anordnungen, von Rechtsverordnungen. Rechtsverordnungen konnten entweder selbständiger oder unselbständiger Natur sein. Als unselbständig bezeichnete man die Verordnung, wenn sich das Recht zum Erlass aus einem Gesetz, also durch Spezialdelegation ergab. Selbständige Rechtsverordnungen dagegen entsprangen einem dem Monarchen originär zustehenden Recht zum Erlass. Diese bedurften keiner formell-gesetzlichen Grundlage[373]. Zudem ergab sich aus § 66 S. 1 BVaF die Befugnis zum Erlass von Notverordnungen. Dies waren Rechtsverordnungen, die auf dem Bereich der formellen Gesetzgebungsmaterie ergingen und somit eigentlich der Zustimmung des Parlaments bedurft hätten. Die Zustimmung konnte aber umgangen werden, indem das monarchi-

---

[372] *Koellreutter*, in: AöR Bd. 39 (1920), S. 437, 443.

[373] Vgl. *Glockner*, Badisches Verfassungsrecht, 1. Aufl., Karlsruhe 1905, S. 149 ff.; *Wielandt*, a. a. O., S. 166 f.; *Walz*, a. a. O., S. 213 ff, *Rosin*, a. a. O., S. 73 ff. Grundlegend zum Verordnungsbegriff *G. Jellinek*, Gesetz und Verordnung, S. 366 ff. S. außerdem *Schoen*, Das Verordnungsrecht und die neuen Verfassungen, in: AöR Bd. 6 NF (1924), S. 133, 136 ff.

sche Staatsoberhaupt die Regelung für dringlich erklärte. Deshalb wurden diese Notverordnungen auch als „provisorisches Gesetze" bezeichnet[374].

Weit weniger eindeutig stellte sich die Rechtslage nach den Verfassungsentwürfen und im Anschluss daran nach der neuen Verfassung dar. Die Befugnis zum Erlass von Ausführungs- und Vollzugsverordnungen, sowie von Verwaltungsvorschriften lässt sich ohne Bedenken aus der staatsleitenden Tätigkeit der Regierung nach § 56 I BV (§ 64 VED; § 57 I RegEntw) herleiten, die ohne diese Verordnungsbefugnis nicht auszukommen vermag[375]. Weder im Vorentwurf Dietz noch im Regierungsentwurf war aber die Feststellung eines eigenen Rechts des Staatsministeriums zum Erlass von selbständigen Rechtsverordnungen vorgesehen und auch in der endgültigen neuen Verfassung fehlte ein entsprechender Hinweis. Lediglich das Notverordnungsrecht war in § 56 II BV (§ 64 IV VED; § 57 IV RegEntw) geregelt. Auch das originäre Recht zum Verordnungserlass könnte man aus der regierenden Tätigkeit des Staatsministeriums ableiten und so eine Parallele zur großherzoglichen Verfassungslage ziehen. Dafür spräche die Formulierung des § 56 II BV betreffend das Notverordnungsrecht: Demnach stand dem Staatsministerium *auch* die Befugnis zum Erlass von Notverordnungen zu. Das Wort „auch" wäre aber sinnwidrig, wenn es nicht gleichzeitig eine allgemeine Befugnis zum Erlass von Rechtsverordnungen gäbe. In der alten Verfassung entsprang dieses Verordnungsrecht des Großherzogs schon aus seiner Stellung als alleiniger Träger der Staatsgewalt (§ 5 BVaF). Das Staatsministerium nach der neuen Verfassung war jedoch von Stellung und Funktion her in keinster Weise mit dem monarchischen Staatsoberhaupt vergleichbar. Die Staatsform der Demokratie verlangt die demokratische Legitimation des Zustandekommens eines Rechtssatzes. Ein außerhalb der Verfassung liegendes Verordnungsrecht kann es daher in einer demokratischen Republik nicht geben[376]. Ein solches konnte daher nur durch Delegation per Gesetz entstehen. Ein selbständiges Verordnungsrecht des Staatsministeriums ist daher als systemwidrig abzulehnen[377]. Die Formulierung des § 56 II BV ist der schematischen Übernahme des § 66 BVaF geschuldet.

Nach *Glockner* änderte sich durch die Neuregelung jedoch an der Zuständigkeitslage der großherzoglichen Zeit nichts, denn „zur Vollziehung und Verwaltung, welche beiden Begriffe die V offenbar in dem Wort ‚(die Regierung)' zusammenfasst, gehört nicht nur die Erlassung von Ausführungsverordnungen, sondern auch die Erlassung von Rechtsverordnungen"[378]. Die Begründung des Vorentwurfs Dietz scheint diese These zu stützen. Demnach kam der Regierung unter anderem die Befugnis zur „Überwachung der Ausführung

[374] So *Wielandt*, a. a. O., S. 166.

[375] *Koellreutter*, in: JböR Bd. 9 (1920), S. 180, 187.

[376] S. *Schoen*, in: AöR Bd. 6 NF (1924), S. 133, 141 f.

[377] Ebenso *Koellreutter*, in: AöR Bd. 39 (1920), S. 437, 451 und *Schoen*, in: AöR Bd. 6 NF (1924), S. 133, 141 f.

[378] *Glockner*, Badisches Verfassungsrecht, 2. Aufl., Karlsruhe 1930, S. 291. Vgl. auch *Böhringer*, a. a. O., S. 153 ff.

der Gesetze und die Erlassung der hierzu und zum Funktionieren des ganzen Verwaltungsapparates erforderlichen Verordnungen“ zu[379]. Dass zu den „hierzu erforderlichen“ Verordnungen auch selbständige Rechtsverordnungen gezählt wurden, ist allerdings nicht eindeutig. Im Zusammenspiel mit § 45 I VED lässt sich jedoch erkennen, dass der Vorentwurf Dietz und im Anschluss daran § 38 I RegEntw ein eigenständiges Verordnungsrecht des Staatsministeriums voraussetzten: Demzufolge sollten „Verordnungen, worinnen Bestimmungen eingeflossen sind, wodurch er sein Zustimmungsrecht für gekränkt erachtet“ auf eine Beschwerde des Landtags hin sofort außer Kraft gesetzt werden. Die Bestimmung wäre aber sinnlos, weil überflüssig, wenn es ein eigenständiges Recht der Regierung zum Erlass von selbständigen Rechtsverordnungen gar nicht gäbe. In der Verfassungskommission hielt man die Regelung bedauerlicherweise für „selbstverständlich“ und strich sie aus dem Regierungsentwurf[380].

Die Ausführungen *Glockners* können dennoch ebenso wenig überzeugen wie der an gleicher Stelle erfolgende Hinweis auf die seiner Auffassung entsprechende ständig geübte Staatspraxis[381].Entscheidend für die Gesetzesauslegung und -anwendung ist letztlich nicht allein die Entstehungsgeschichte und der Wille des Gesetzgebers, sondern Wortlaut, Sinn und Zweck, sowie Systematik des Gesetzes selbst. Wenn die Verfassungskommission dem Staatsministerium tatsächlich die Befugnis zum Erlass selbständiger Rechtsverordnungen erteilen wollte, hätte es sich angeboten, zumindest die Formulierung des § 57 I RegEntw, der wiederum auf § 64 I VED basierte, zu übernehmen. Demnach hätte dem Staatsministerium die Regierung „in vollem Umfang“ zugestanden. Dadurch wäre wenigstens ein –wenn auch recht schwacher- Anknüpfungspunkt an das umfassende großherzogliche Verordnungsrecht vorhanden gewesen[382]. Die Auffassung *Glockners*, der von „Missverständnissen“ auf Grund der kurzen Fassung des § 56 I BV spricht[383], wirkt daher reichlich bemüht.

Ein ausdrückliches eigenständiges Gesetzesinitiativrecht der Regierung bestand weder nach den Verfassungsentwürfen, noch nach der endgültigen neuen Verfassung[384].

Zum Zuständigkeitsbereich des Staatsministeriums gehörten außerdem die Ausfertigung und Verkündung von Gesetzen (§§ 64, 65 VED; §§ 57, 58 RegEntw; §§ 56 I, 57 II 1 BV), die Anstellung von Beamten (§ 66 VED; § 59 RegEntw; § 58 BV), das Begnadigungsrecht (§ 16 IV VED; § 16 IV RegEntw; § 16 III 1 BV), sowie die Berufung und Abberufung des Landtags nach vorange-

[379] *Dietz*, Sonderabdruck, S. 16.
[380] *Zehnter*, Komm.Ber., LT-DS Beil. Nr. 1a (Heft 524, 1919), S. 39.
[381] *Glockner*, Badisches Verfassungsrecht, 2. Aufl., Karlsruhe 1930, S. 291.
[382] Ähnlich *Böhringer*, a. a. O., S. 154.
[383] *Glockner*, Badisches Verfassungsrecht, 2. Aufl., Karlsruhe 1930, S. 290.
[384] Zur staatsrechtlichen Bewertung und der dennoch geübten Praxis s. o.

gangener Volksinitiative bzw. Volksabstimmung (§§ 52, 53 VED; §§ 45, 46 RegEntw; §§ 45, 46 BV)[385].

bb. Die Zusammensetzung des Staatsministeriums

(1). Die Minister

Die einzelnen Ministerien waren in der landständischen Verfassung von 1818 nicht festgelegt. Zuletzt verfügte der großherzogliche Staat über fünf Ministerien: Das mit dem Ministerium des großherzoglichen Hauses verbundene Justizministerium, das Ministerium des Innern, das Ministerium des Äußern, das Ministerium für Kultus und Unterricht und das Ministerium für Finanzen. Die Revolution des Jahres 1918 brachte eine Neuordnung und Aufstockung des Kabinetts um weitere sechs Minister mit sich[386].

Während der Vorentwurf Glockner-Zehnter-Weill die Zahl der Ministerien offen ließ (§ 34 GZW), entschieden sich der Vorentwurf Dietz und im Anschluss daran der Regierungsentwurf „nach dem bleibenden praktischen Bedürfnis und unter Berücksichtigung der besonderen badischen Verhältnisse"[387] für die feste Zahl von sieben Ressorts und Ministern. Nach § 61 VED gliederte sich das Staatsministerium in das Ministerium des Äußern, das Ministerium der Finanzen, das Ministerium des Innern, das Ministerium des Kultus und Unterrichts, das Ministerium der öffentlichen Arbeiten und des Verkehrswesens und das Ministerium der Sozialen Fürsorge. Bei diesen Fachressorts sollten außerdem besondere Abteilungen für Arbeiterangelegenheiten, Ernährungswesen, Forstwirtschaft, Gesundheitswesen und soziale Hygiene, Gewerbe und Handel, Landwirtschaft, Militärwesen, Überleitungswirtschaft und Wohnungswesen eingerichtet werden. Dem Vorschlag bzgl. der besonderen Abteilungen wollte der Regierungsentwurf zwar nicht folgen, die einzurichtenden Ministerien entnahm § 54 RegEntw jedoch wörtlich dem Vorentwurf Dietz.

In der Verfassungskommission war man hingegen der Ansicht, dass eine Zahl von sieben Ministerien für Baden nicht angemessen sei und verwies auf die Lage vor der Revolution. Schließlich kam man überein, in der Verfassung die Zahl von sechs Ministerien festzulegen, die genaue Ressortverteilung aber einem gesonderten Gesetz zu überlassen[388]. In zweiter Lesung im Plenum wurde § 52 BV beschlossen, nach welchem sowohl die Anzahl der Minister als auch die einzelnen Fachressorts durch ein gesondertes Gesetz zu bestimmen

---

[385] Ausführlich zu den weiteren Zuständigkeiten vgl. *Böhringer*, a. a. O., S. 156 ff.
[386] Vgl. Erster Teil E. III.
[387] *Dietz*, Sonderabdruck, S. 18.
[388] *Zehnter*, Komm.Ber., LT-DS Nr. 1a (Heft 524, 1919), S. 45.

waren[389]. Dem lagen durchaus praktische Erwägungen zu Grunde: Wäre die auf dem Vorentwurf Dietz beruhende Regelung bestehen geblieben, hätte eine Neuordnung der Aufgaben des Kabinetts nur über den Umweg der Verfassungsänderung mit obligatorische Volksabstimmung erreicht werden können.

(2). Die Staatsräte

Eine Besonderheit des badischen Staatsministeriums wurde erst durch die Verfassungskommission eingeführt: Die ressortlosen Staatsräte waren weder in den Vorentwürfen Dietz und Glockner noch im Regierungsentwurf vorgesehen. Entscheidendes Kriterium für die Einführung von Ministern ohne eigenen Geschäftskreis war, dass diese durch besondere fachliche Kenntnisse und Fähigkeiten wichtige Berater des Staatsministeriums sein könnten[390]. Die Staatsräte waren nach § 52 II BV vollberechtigte Mitglieder des Staatsministeriums, ihre Zahl durfte aber die der Minister nicht übersteigen. Ihnen stand anders als den Ministern kein festes Gehalt, sondern lediglich das Tagegeld eines Abgeordneten zu, § 54 II BV.

(3). Berufung und Abberufung des Staatsministeriums

Die Berufung und Abberufung der Mitglieder des Staatsministeriums erfolgte durch den Landtag (§ 60 VED; § 53 RegEntw; § 52 BV). Die Möglichkeit der Bestellung durch das Volk, wie es der Vorentwurf Dietz nach dem Vorbild des schweizerischen Kantonalverfassungsrechts[391] vorgesehen hatte, wurde bereits vom Regierungsentwurf nicht übernommen. Eine weitere Idee des Vorentwurfs Dietz fand ebenfalls durch den Regierungsentwurf keinen Zuspruch: § 60 II VED sah vor, dass jede Partei oder Gruppe, die ein Siebtel der Landtagssitze aufwies, einen Minister benennen konnte. In einem zweiten Schritt verteilte der Landtag unter den Kandidaten dann mit absoluter Stimmenmehrheit die Ressorts, § 60 III VED. Die proportionale Berücksichtigung der Stärke der Parteien im Landtag sei vorzugswürdig, weil dies die Minister der Mehrheitsparteien zu einer ständigen Berücksichtigung der Minderheitsinteressen zwinge. Durch die spiegelbildliche Wiedergabe der Verhältnisse im Landtag sei eine auf Konsens beruhende Regierungspolitik gewährleistet[392]. Der Vor-

[389] *Glockner*, Badisches Verfassungsrecht, 2. Aufl., Karlsruhe 1930, S. 270 f. Sten.Ber. der 14. Sitzung vom 1. April 1919, Sp. 552 ff. Das Gesetz erging am 2. April 1919 (GVBl. 1919, S. 200).

[390] *Zehnter*, Komm.Ber., LT-DS Beil. Nr. 1a (Heft 524, 1919), S. 45 f.

[391] Vgl. *Giacometti*, a. a. O., S. 365 f.

[392] *Dietz*, Sonderabdruck, S, 19 f. Interessant ist an dieser Stelle die Sichtweise *Max Webers*, Politik als Beruf, Leipzig 1919 (in: Max Weber Gesamtausgabe Bd. 17, hrsg. von *Mommsen/Schluchter/Morgenbrod*, Tübingen 1992), S. 174 f., der dem Vorentwurf Dietz vorwarf,

entwurf Glockner-Zehnter-Weill sah ebenfalls eine proportionale Verteilung der Ministerposten, gemessen an der Sitzverteilung im Landtag, vor (§ 35 GZW).

Der Entwurf der vorläufigen Volksregierung schlug stattdessen die Wahl der Mitglieder des Staatsministeriums durch Mehrheitsbeschluss des Landtags vor (§ 53 RegEntw). Dem lag die begründete Sorge um eine nicht voll handlungsfähige Regierung zu Grunde. Eine alle Parteien des Parlaments proportional aufweisende Staatsleitung hat notwendigerweise den Charakter einer im schlimmsten Fall schwerfälligen und reformscheuen Kompromissregierung. Es droht gewissermaßen eine „Politik des kleinsten gemeinsamen Nenners". In der Verfassungskommission befürchtete man zu Recht, einer proportionalen Koalitionsregierung werde „leicht die nötige Schwungkraft und das nötige feste Ziel fehlen"[393]. Die Verfassungskommission entschied sich deshalb für das vom Regierungsentwurf vorgeschlagene Modell, § 52 BV.

(4). Der Staatspräsident

Dem Leiter des Staatsministeriums -der Vorentwurf Dietz nannte ihn lediglich den „Vorsitzenden", der Vorentwurf Glockner den „Präsident"- kam weder nach den Vorentwürfen oder dem Regierungsentwurf, noch nach der endgültigen Verfassung eine herausragende Stellung zu. Das Kabinett beschloss in kollegialer Form, dem Vorsitzenden oblag lediglich die Leitung der Verhandlungen und die Vertretung des Kollegiums nach Außen (§ 63 VED; § 56 RegEntw; § 55 BV). Die Verfassungskommission entschied sich für die Bezeichnung „Staatspräsident", ohne damit aber eine Kompetenzänderung vorzunehmen[394]. Eine Richtlinienkompetenz kam ihm nicht zu, er hatte nicht einmal Einfluss auf die Zusammensetzung des Kabinetts. Da er selbst Fachminister war und ihm ansonsten keine gesteigerte Machtstellung zukam, war er lediglich „primus inter pares"[395] und seiner Funktion nach dem Präsidenten des „Regierungsrats" im Schweizer Kantonsverfassungsrecht nachempfunden[396], was auf den Vorentwurf Dietz zurückging[397]. Nach dem Vorbild des Schweizer Bundespräsidenten (Art. 98 Bundesverfassung der Schweiz) kam die Verfassungskommission außerdem darin überein, den Staatspräsidenten und dessen Stellvertreter alljährlich vom Parlament bestätigen zu lassen, § 52 I BV.

---

er behandele durch das System der proportionalen Ressortverteilung „den Staat und seine Ämter als reine Pfründeversorgungsanstalt".

[393] *Glockner*, Badisches Verfassungsrecht, 2. Auf., Karlsruhe 1930, S. 270.

[394] *Zehnter*, Komm.Ber., LT-DS Beil. Nr. 1a (Heft 524, 1919), S. 44.

[395] *Strupp*, Zum neuen Landesverfassungsrecht, in: JW 1920, S. 731, 732; Glockner, Badisches Verfassungsrecht, 2. Auf., Karlsruhe 1930, S. 270; *Böhringer*, a. a. O., S. 198.

[396] Vgl. zu Stellung und Aufgabe des Präsidenten als Leiter des „Regierungsrats" im schweizerischen Kantonalverfassungsrecht *Giacometti*, a. a. O., S. 398 ff.

[397] S. der Hinweis bei § 60 VED auf die Referenznormen Art. 33 VerfBern, Art. 33 VerfSolothurn, Art. 37 VerfZürich im Originalmanuskript des Vorentwurfs, GLA 233 /28134.

cc. Das Verhältnis des Landtags zum Staatsministerium – Das parlamentarische System im Ungleichgewicht

Die extrem schwache Stellung sowohl des Staatspräsidenten als auch des gesamten Staatsministeriums gegenüber seinem Kreationsorgan, dem Landtag, bietet allerdings Anlass zu einer näheren Beschäftigung mit der Frage, ob dem Staatsministerium innerhalb des neuen badischen Verfassungsgefüges überhaupt eine eigenständige Funktion zukommen konnte oder ob nicht vielmehr die konsequente Umsetzung des parlamentarische Systems hier von einer bloßen Überwachung zu einer Lähmung der Exekutive führte.

Es ist unbestritten, dass die Vormachtstellung im neuen badischen Staate nicht dem Staatsministerium, sondern dem Landtag zustand. Dieses Prinzip lag sowohl den Vorentwürfen und der endgültigen Verfassung, in abgeschwächter Form auch dem Regierungsentwurf, zu Grunde. Dem Landtag kam die Ausübung der Vollziehungs- und Gesetzgebungsgewalt zu. Der Landtag bestellte die Regierung. Der Landtag zog die Mitglieder des Staatsministeriums im Wege der Ministerverantwortlichkeit und Ministeranklage, sowie durch die Einsetzung von Untersuchungsausschüssen zur Rechenschaft. Das Staatsministerium dagegen erfüllte die Aufgaben der Vollziehung nur im Auftrag des Landtags[398]. Es konnte jederzeit vom Landtag abberufen werden. Der Staatspräsident hatte nicht einmal Einfluss auf die Regierungsbildung. Das Staatsministerium hatte kein Recht zur Gesetzesinitiative und auch keine selbständige Befugnis zum Erlass von Rechtsverordnungen. Es stand seinem Kreationsorgan ohne Mittel der Selbstbehauptung gegenüber. *Koellreutter* sieht das entscheidende Kriterium für die unterlegene Stellung des Staatsministeriums in dem fehlenden Recht, die Auflösung des Landtags einzuleiten.[399] Dadurch werde die Auflösung so gut wie unmöglich gemacht und die Exekutive regelrecht „lahmgelegt". *Koellreutter* selbst muss allerdings einräumen, dass ein solches Recht der Regierung praktisch wenig nutzen wird, da, sobald das Auflösungsverfahren eingeleitet ist, die Abberufung des Staatsministeriums durch den Landtag droht.

Die Überlegungen *Koellreutters* treffen dennoch einen wunden Punkt der neuen badischen Verfassung: Wie war ein zwischen Parlament und Regierung bestehender Konflikt zu lösen, wer sollte die Oberhand behalten? Eine Lösung des von *Koellreutter* aufgeworfenen Problems wäre ein vom Landtag unabhängiger Staatspräsident gewesen. Nach dem zeitgenössischen Staats- und Völkerrechtler *Robert Redslob* besteht als einzig mögliche Regierungsform die des Gleichgewichts von Parlament und Regierung. Diese verlange nach einem vom Parlament unabhängigen Staatsoberhaupt, das ähnlich dem Monarchen, einen Ausgleich zwischen Exekutive und Legislative zu schaffen im Stande

[398] Anders nach dem Regierungsentwurf, vgl. § 8 RegEntw.
[399] *Koellreutter*, in: AöR Bd. 39 (1920), S. 437, 554.

ist[400]. Eine solche Balance sah er insbesondere in England verwirklicht. In Frankreich dagegen, wo der Präsident nicht außerhalb der Legislative stehe, entdeckte *Redslob* ein Negativbeispiel für ein Ungleichgewicht der Kräfte[401]. Im neuen badischen Verfassungsgefüge hätte sich für einen Ausgleich der Kräfte zwischen Staatsministerium und Landtag die Einführung eines präsidentiell-demokratischen Systems angeboten.

Die Frage des Staatspräsidenten war bereits in der Generaldebatte zu Beginn der Arbeit der Verfassungskommission eingehend erörtert worden. Ein vom Parlament gewählter und zumindest für eine gewisse Zeit von einem Misstrauensvotum unabhängiger Staatspräsident hätte wiederum das Staatsministerium berufen und abberufen können und auch die Befugnis besessen, den Landtag aufzulösen. Der Präsident hätte einem Antrag nach auch gleichzeitig das Amt des Staatsoberhaupts wahrgenommen und wäre vergleichbar gewesen mit dem Amt des Reichspräsidenten, wie es später die neue Reichsverfassung vorsah. Die erheblichen Machtbefugnisse hätten ihn zu einem ernstzunehmenden Gegengewicht zur Volksvertretung werden lassen. Für eine solche hervorgehobene Stellung des Staatspräsidenten wurde vor allem ins Feld geführt, er könne als Mittler zwischen Parlament und Staatsministerium fungieren und so möglicherweise einer Auflösung des Parlaments bzw. einer Abberufung des Staatsministeriums entgegenwirken. Zudem sei das Amt bestens geeignet, die Repräsentation des Staates zu übernehmen[402].

Das Verlangen nach einem die Exekutive stärkenden Staatspräsidenten spiegelt anschaulich die noch stark monarchisch geprägte Auffassung von der Organisation des Staates wider. Für eine nicht mindere Zahl von Abgeordneten der Badischen Nationalversammlung war es offenbar nicht vorstellbar, die Führung des Staates einem Kollegialorgan zu überlassen. Auffällig ist zudem der Hinweis, ein vom Parlament unabhängigen Staatspräsidenten werde die „gesellschaftliche Repräsentation" besser meistern als ein schlichtes Mitglied eines Kollegialorgans wie es der Regierungsentwurf basierend auf dem Vorentwurf Dietz vorsah[403].

Dementsprechend fiel auch die Kritik an dem Vorhaben im Verfassungsausschuss aus. Es sei keine Notwendigkeit für einen mit umfangreichen Befugnissen ausgestatteten Staatspräsidenten vorhanden. Das Staatsministerium sei sehr wohl in der Lage, alle dem Staatspräsidenten zugedachten Regierungsfunktionen zu übernehmen. Insbesondere wurde darauf hingewiesen, dass es dem Präsidenten an einer echten Aufgabe mangele, wenn man ihm nicht einen Geschäftskreis des Ministeriums zuweise[404]. Dann müsse der Präsident aber wiederum gegenüber dem Landtag für die Führung des Ressorts

---

[400] *Redslob*, Die parlamentarische Regierung in ihrer wahren und in ihrer unechten Form – Eine vergleichende Studie über die Verfassungen von England, Belgien, Ungarn, Schweden und Frankreich, Tübingen 1918, S. 1 ff.
[401] *Redslob*, a. a. O., S. 120 ff.
[402] *Zehnter*, Komm.Ber., LT-DS Beil. Nr. 1a (Heft 524, 1919), S. 12.
[403] *Zehnter*, Komm.Ber., LT-DS Beil. Nr. 1a (Heft 524, 1919), S. 12.
[404] So auch *Dietz*, Sonderabdruck, S. 84 f.

verantwortlich sein, was eine „unangenehme Zwitterstellung" des Staatspräsidenten zur Folge habe[405]. Schließlich wurde richtigerweise vorgebracht, dem Staatspräsident käme eine dem vormaligen Landesherrn vergleichbare Stellung zu. Das aber trübe das „Selbstbestimmungsrecht und die Selbstregierung des Volkes", was man vor der Revolution nicht verantworten könne[406].

Die schließlich durch § 52 BV manifestierte Absage an die präsidentielle Demokratie und die damit einhergehende konsequente Durchführung des parlamentarischen Systems war daher eine logische Folge und kann als eine der zentralen Richtungsentscheidungen der neuen Verfassung bezeichnet werden. Seinen Ursprung hatte dieses Prinzip im Vorentwurf Dietz. In der Begründung seines Entwurfs schloss Dietz die Schaffung eines plebiszitär gewählten Staatspräsidenten nach Art des amerikanischen Präsidenten nicht nur für Baden, sondern auch für das Deutsche Reich kategorisch aus. Erstaunlich weitsichtig erkannte er die „Gefahr eines Gegensatzes zwischen Präsident und Volksvertretung, die beide das Vertrauen des Volkes für sich zu haben behaupten". Damit werde der „Boden für bonapartistische und zäsaristische Staatsstreiche des Präsidenten gegenüber der Volksvertretung vorbereitet"[407].

Dennoch wäre ein Gleichgewicht der beiden Organe des Staatsministeriums und des Landtags auf andere Weise möglich gewesen. Bewusst verzichteten die Vorentwürfe, der Regierungsentwurf und schließlich die neue Verfassung auf eine dem Landtag gegenüber emanzipierte Stellung des Staatsministeriums. So hätte es sich durchaus angeboten, dem in die Regierung als Fachminister eingebundenen Staatspräsidenten im Sinne eines Ministerpräsidenten die Berufung und Abberufung der Minister und Staatsräte zu überlassen. Auch hätte eine Richtlinienkompetenz des Staatspräsidenten dessen Position erheblich gestärkt. Hätten sich der Vorentwurf Dietz bzw. der Vorentwurf Glockner-Zehnter-Weill mit ihrem Vorschlag, die proportionale Verteilung der Ministerposten einzuführen, durchgesetzt, wäre die Regierung sogar vollends von Reformstau und Handlungsunfähigkeit bedroht gewesen, da das Kollegialprinzip stets zur Mehrheitsfindung gezwungen hätte. Dennoch wurde das Staatsministerium auch nach der neuen Verfassung zu einem „Exekutivausschuss"[408] des Landtags herabgestuft. Ein Bereich exekutivischer Eigenverantwortung konnte durch die umfangreichen Kontrollmöglichkeiten des Landtags nicht entstehen.

So hatte sich durch die gezielt herbeigeführte schwache Stellung der Regierung dann doch der von Dietz so verabscheute „Parlamentsabsolutismus" verwirklicht, und zwar „in Reinkultur"[409]. Freilich anders als Dietz es ursprüng-

[405] *Zehnter*, Komm.Ber., LT-DS Beil. Nr. 1a (Heft 524, 1919), S. 12.
[406] *Zehnter*, Komm.Ber., LT-DS Beil. Nr. 1a (Heft 524, 1919), S. 13.
[407] *Dietz*, Sonderabdruck, S. 85.
[408] *Koellreutter*, in: AöR Bd. 39 (1920), S. 437, 454.
[409] *Koellreutter*, Das parlamentarische System in den deutschen Landesverfassungen, Tübingen 1921, S. 8. Nach *Thoma*, Besprechung von Hasbach, Die parlamentarische Kabinettsregierung – Eine politische Beschreibung, Stuttgart 1919, in: AöR Bd. 40 (1921), S.

lich befürchtet hatte. Musste nach seiner Vorstellung das Volk vor übergroßen Machtbefugnissen des Parlaments geschützt werden, so war es nach seinem Vorentwurf und darauf aufbauend nach der neuen Verfassung vielmehr die Regierung, die vor dem Landtag Schutz suchen musste.

dd. Ministerverantwortlichkeit und Ministeranklage

Die Ministerverantwortlichkeit ergab sich aus § 59 BV: Demnach waren die Mitglieder des Staatsministeriums, sowie sämtliche Beamte für die „genaue Befolgung der Verfassung" verantwortlich und haftbar. Diese Regelung sahen bereits der Vorentwurf Dietz (§ 67 VED) und der Regierungsentwurf (§ 60 RegEntw) vor. Sie war beinahe wörtlich § 7 II der alten Verfassung entnommen. Die Ministerverantwortlichkeit ist im Zusammenhang mit dem Institut der Ministeranklage (§§ 68-72 VED; §§ 61-65 RegEntw; §§ 60-64 BV) zu sehen, welches ebenfalls der alten Fassung (§§ 67-67g BVaF) nachgebildet war.

Während § 7 II BVaF von 1818 grundsätzlich die Verantwortlichkeit der Staatsminister vorschrieb, eröffnete § 67 BVaF dem Landtag die Möglichkeit der Anklage vor dem Staatsgerichtshof wegen Verletzung der Verfassung. Das zur Regelung des Verfahrens vorgesehene besondere Gesetz wurde allerdings erst 1868 als verfassungsänderndes Gesetz verabschiedet und als §§ 67a-67g BVaF in die Verfassung eingefügt[410]. Der Einführung der Ministeranklage gingen lange Beratungen und mehrere Entwurfsvorlagen voraus. An dem seit Einführung der Verfassung 1818 bis zum Erlass des Gesetzes 1868 währenden Ringen um die Entwicklung der Ministeranklage waren im Lauf der Jahre so bedeutende Persönlichkeiten wie der Staatsmann Ludwig August Friedrich von Liebenstein und der Heidelberger Staatsrechtslehrer Johann Caspar Bluntschli beteiligt[411]. Genau betrachtet sanktionierte § 59 BV (§ 67 VED; § 60 RegEntw) nicht eine Ministerverantwortlichkeit im engeren Sinne, sondern eine allgemeine Beamtenhaftung, die sich bereits aus den beamtenrechtlichen Normen ergab und ein Dienstvergehen nach § 8 des badischen

228, 231 sei dieser nur deshalb erträglich, „weil es sich hier nicht mehr um die Lösung von Staatsaufgaben, sondern um eine untergeordnete Länderverwaltung handelt."

[410] RegBl. 1868, S. 345 ff.

[411] S. ausführlich zur geschichtlichen Entwicklung *Schnabel*, Geschichte der Ministerverantwortlichkeit in Baden, Karlsruhe 1922. Kürzer bei *Böhringer*, a. a. O., S. 180 ff. Grundsätzlich zu Ministerverantwortlichkeit und Ministeranklage *Söhling*, Die Ministerverantwortlichkeit nach preussischem und Reichsstaatsrecht, Mülheim a. Rh. 1908, S. 1 ff; *Hammer*, Ministerverantwortlichkeit im Deutschen Reiche, Forst (Lausitz) 1909, S. 15 ff; *von Rotteck*, Ministerverantwortlichkeit und ministerielle Gegenzeichnung nach den Verfassungen des Deutschen Reichs vom 16. April 1871 und 11. August 1919 und den Verfassungen der deutschen Länder, Heidelberg 1929, S. 11 ff. S. zur Vorbildfunktion der französischen Ministerverantwortlichkeit *Heinrich*, Über den Einfluss des Westens auf die Badische Verfassung von 1818, in: *Bader* (Hrsg.), Baden im 19. und 20. Jahrhundert – Bd. 1, Karlsruhe 1948, S. 23, 45 ff.

Beamtengesetzes[412] darstellte. Zudem war eine zivil- und strafrechtliche Haftung zu erwägen. Die Übernahme des § 67 BVaF war daher nicht geboten.

Die wesentlichen Regelungen der alten Verfassung bzgl. der Ministeranklage wurden vom Vorentwurf Dietz ebenfalls übernommen. Der Regierungsentwurf wiederum wiederholte lediglich den Vorentwurf Dietz und auch die endgültige Verfassung wich nur an wenigen Stellen davon ab[413]. Es fragt sich allerdings ebenso wie bei dem Prinzip der Ministerverantwortlichkeit, ob die Beibehaltung des Instituts der Ministeranklage überhaupt sinnvoll war. Das Parlament konnte ja ohne das aufwändige Verfahren dem betreffenden Minister schlicht das Misstrauen aussprechen und vom Amte abberufen. Diese Einwände sah auch Dietz[414]. In der Begründung seines Vorentwurfs führte er dazu aus, die bisherigen Regelungen seien zumindest solange weiterhin anzuwenden, bis sich eine andere Konzeption „zweifelsfrei" als besser in der Praxis erprobt habe. Zudem sei nur die Ministeranklage vor dem Staatsgerichtshof geeignet, in derlei „wichtigen staats- und verfassungsrechtlichen Grundfragen" Rechtssicherheit zu erzeugen[415].

Gegenstand einer Ministeranklage konnten sein „eine durch Handlungen oder Unterlassungen wissentlich oder aus grober Fahrlässigkeit begangene Verletzung der Verfassung oder anerkannt verfassungsmäßiger Rechte oder schwere Gefährdung der Sicherheit oder Wohlfahrt des Staates" (§ 68 I VED; § 61 I RegEntw; § 60 I BV). Die Voraussetzungen sind der alten Verfassung (§ 67 a BVaF) wörtlich entnommen. Der Vorentwurf Dietz und darauf aufbauend der Regierungsentwurf hatten zudem die Möglichkeit vorgesehen, nicht nur Minister, sondern auch Mitglieder der obersten Staatsbehörden im Wege der Ministeranklage zur Rechenschaft zu ziehen. Die Verfassungskommission lehnte das ab[416], sodass nach der endgültigen Verfassung nur Minister und Staatsräte einer Ministeranklage ausgesetzt sein konnten. Die zwingende Rechtsfolge, die sich aus einem Schuldspruch des Staatsgerichtshofs ergab,

---

[412] GVBl. 1888, S. 399 ff.

[413] S. zur Ministeranklage nach der alten Verfassung *Glockner*, Badisches Verfassungsrecht, 1. Aufl., Karlsruhe 1905, S. 155 ff, *Walz*, Staatsrecht, S. 103 ff, *Wielandt*, a. a. O., S. 66 f.

[414] *Dietz*, Sonderabdruck, S. 58 f.: „Bei einem rein demokratischen Staatswesen könnte man ja daran denken, diese Ministeranklagen als ein besonderes staatsrechtliches Mittel aus der Verfassung überhaupt zu beseitigen, da der Landtag und das Volk es jederzeit in der Hand haben, das ihnen nicht passende Ministerium ganz oder zum Teil zu beseitigen, und dann bei Verfassungsverletzungen oder der Verletzung anerkannt verfassungsmäßiger Rechte, oder einer Gefährdung der Sicherheit und Wohlfahrt des Staates, das Weitere dem Urteil der zur Entscheidung über etwa begangene straf- und zivilrechtliche Delikte berufenen Gerichte überlassen werden könnte."

[415] *Dietz*, Sonderabdruck, S. 59. Es sei jedoch erwähnt, dass weder im Großherzogtum, noch in der Zeit der Republik jemals eine Ministeranklage durchgeführt wurde. Die Kritik an der Relevanz des Instituts darf also als berechtigt gelten. Zu weit geht allerdings *Stiefel*, Baden 1648-1952 – Bd. 1, Karlsruhe 1977, S. 329, der davon ausgeht, die Ministeranklage sei lediglich „aus dekorativen Gründen" in die neue Verfassung aufgenommen worden.

[416] *Zehnter*, Komm.Ber., LT-DS Beil. Nr. 1a (Heft 524, 1919), S. 47 f.

war der Verlust des Amtes, sofern der Angeklagte noch im Amte war (§ 68 IV VED; § 61 IV RegEntw; § 60 IV BV).

Die Besetzung des Staatsgerichtshofs war bei den Verfassungsarbeiten sehr umstritten. In Anlehnung an § 67 b der alten Verfassung sahen der Vorentwurf Dietz und der Regierungsentwurf vor, dass der Staatsgerichtshof aus dem Landtag in Verbindung mit dem Präsidenten des Oberlandesgerichts und acht weiteren Berufsrichtern gebildet werden sollte (§ 69 I VED; § 62 I RegEntw). In der Verfassungskommission wurde vorgeschlagen, den Richtern das Übergewicht zu verleihen. Dem wurde entgegengehalten, dass die Ministeranklage vor allem eine politische sei und deshalb die Mehrheit der Mitglieder des Staatsgerichtshofs aus dem Landtag kommen müsse[417]. Dementsprechend einigte man sich auf die Zahl von 31 Mitglieder, wobei 20 der Landtag stellte und weitere zehn Berufsrichter waren. Den Vorsitz führte der Landtagspräsident (§ 61 BV).

Die systematische Stellung der Vorschriften über die Ministeranklage war im Gesamten gesehen sehr unglücklich gewählt. Da die allgemeine Ministerverantwortlichkeit schon im Abschnitt V „Staatsministerium" geregelt war, hätte es sich angeboten, hieran auch sogleich die Vorschriften über die Ministeranklage anzuschließen, anstatt dafür einen eigenen Abschnitt zu wählen[418]. In diesem Punkt war der Vorentwurf Glockner technisch ausgefeilter als der Vorentwurf Dietz, der sich aber letztlich durchsetzen konnte.

IV. Die Grundfreiheiten und Pflichten der Badener

Die Forderungen nach Grundrechten im modernen Sinn geht zurück auf die englische „declaration of rights" 1689 und fand ihre Fortsetzung in der amerikanischen Verfassung des Jahres 1776 sowie der französischen Erklärung der Menschen- und Bürgerrechte 1789[419]. Die verhältnismäßig liberale erste badi-

---

[417] *Zehnter*, Komm.Ber., LT-DS Beil. Nr. 1a (Heft 524, 1919), S. 47 ff.

[418] Ebenso *Koellreutter*, in: AöR Bd. 39 (1920), S. 437, 440; *Glockner*, Badisches Verfassungsrecht, 2. Aufl., Karlsruhe 1930, S. 306; *Böhringer*, a. a. O., S. 196.

[419] Die Wurzeln der Idee von Grund- bzw. Menschenrechten reichen bis ins Altertum zurück. S. zur ideen- und verfassungsgeschichtlichen Entwicklung bspw. *Planitz*, Zur Ideengeschichte der Grundrechte, in: *Nipperdey* (Hrsg.), Die Grundrechte und Grundpflichten der Reichsverfassung (Kommentar zum zweiten Teil der Reichsverfassung) – Bd. 3: Artikel 143-165 und „Zur Ideengeschichte der Grundrechte", Berlin 1930, S. 597, 597 ff; *Giese*, Die Grundrechte, Tübingen 1905, S. 4 ff; *G. Jellinek*, Die Erklärung der Menschen- und Bürgerrechte – Ein Beitrag zur modernen Verfassungsgeschichte, 2. Aufl., Leipzig 1904, S. 1 ff.
Vgl. zur Kodifikation von Grundrechten in den ersten süddeutschen Verfassungen, speziell der badischen von 1818 *v. Rimscha*, Die Grundrechte im süddeutschen Konstitutionalismus – Zur Entstehung und Bedeutung der Grundrechtsartikel in den ersten Verfassungsurkunden von Bayern, Baden und Württemberg, Köln 1973, S. 3 ff, 48 ff. Den Einfluss bereits bestehender Grundrechtsmodelle in anderen Verfassungen schildert sehr anschaulich *Heinrich*, Über den Einfluss des Westens auf die Badische Verfassung von

sche Verfassung aus dem Jahr 1818 orientierte sich an diesen Vorbildern aus der Zeit der Aufklärung und enthielt einen eigenen Abschnitt über die „staatsbürgerlichen und politischen Rechte der Badener“ (§§ 8-25 BVaF). Während die Paulskirchenverfassung von 1849 eine sehr umfangreiche Verbriefung von Freiheitsrechten enthielt, kannte die Reichsverfassung von 1871 keine einzige Bestimmung, die sich mit den Freiheits- und Menschenrechten auseinandersetzte.

Ob ein Grundrechtskatalog überhaupt in die neue badische Verfassung aufgenommen werden sollte, wurde innerhalb der Generaldebatte des Verfassungsausschusses der Badischen Nationalversammlung heftig diskutiert. Es wurde vorgebracht, dass „ohne Zweifel“ eine Sanktionierung von Grundrechten durch die neue Reichsverfassung erfolgen werde. Für die Erstellung eines eigenen badischen Grundrechtskatalogs gebe es „kein praktisches Bedürfnis“. Denn entweder sie deckten sich mit dem Reichsverfassungsrecht und seien dann überflüssig. Oder sie wichen von den Grundrechten der Reichsverfassung ab und müssten korrigiert werden[420]. Dem wurde entgegengehalten, die Verfassung müsse alle diejenigen Bestandteile enthalten, die den „politischen Bau des badischen Staates“ darstellten, „und deshalb auch die Grundrechte“[421]. Sowohl die Vorentwürfe Dietz und Glockner als auch der über weite Strecken wörtlich auf dem Vorentwurf Dietz basierende Regierungsentwurf enthielten einen eigenen Abschnitt, der sich mit den Grundrechten befasste. In der Begründung seines Verfassungsentwurfs bezeichnete Dietz die Grundrechte zwar etwas sehr optimistisch als „selbstverständlich“, hielt es aber für unumgänglich, die bewährten „Grundsätze in der Verfassung von Neuem niederzulegen und zu bekräftigen“. Dies gelte um so mehr als „darunter doch auch Punkte sich befinden, bezüglich derer in den verschiedenen Klassen der Bevölkerung auch heute noch größere oder geringere Verschiedenheiten der Auffassungen möglich sind und tatsächlich sich auch geltend machen“[422]. Die Verfassungskommission entschied sich aus ähnlichen Erwägungen schließlich für die Beibehaltung eines Grundrechtskatalogs[423]. Die Geltung der Grundrechte erstreckte sich nur auf die badischen Staatsangehörigen, wie sich aus dem Titel des Abschnitts „Staatsbürgerliche und politische Rechte der Badener“ herleiten lässt.

Der Erlass der neuen Reichsverfassung am 11. August 1919 entzog den allermeisten dieser Grundrechte wie erwartet die Geltungsgrundlage. Reichsrecht brach Landesrecht (Art. 13 I WRV), weshalb die in Art. 109-165 WRV

1818, in: *Bader* (Hrsg.), Baden im 19. und 20. Jahrhundert – Bd. 1, Karlsruhe 1948, S. 23, 73 ff.

[420] *Zehnter*, Komm.Ber., LT-DS Beil. Nr. 1a (Heft 524, 1919), S. 11.

[421] *Zehnter*, Komm.Ber., LT-DS Beil. Nr. 1a (Heft 524, 1919), S. 11.

[422] *Dietz*, Sonderabdruck, S. 22.

[423] *Zehnter*, Komm.Ber., LT-DS Beil. Nr. 1a (Heft 524, 1919), S. 11.

festgelegten Grundrechte der Deutschen bis auf wenige Ausnahmen den Grundrechtsteil der neuen badischen Verfassung ablösten[424].

1. Die allgemeine Gleichheit und die Aufhebung der Stammgüter

Bereits die großherzogliche Verfassung verfügte über die grundsätzliche Gleichheitsgarantie (§ 7 I BVaF). Dies galt jedoch nur, soweit „die Verfassung nichtnamentlich und ausdrücklich eine Ausnahme begründet". Unter diesen Ausnahmen waren vor allem die Vorrechte des Adels zu verstehen. Die Revolution gab nun erstmals Gelegenheit dazu, die allgemeine Gleichheit der Badener ohne Ausnahme durchzusetzen. Sowohl die Vorentwürfe Dietz (§ 8 I VED) und Glockner (§ 5 I GZW) als auch der Regierungsentwurf (§ 9 RegEntw) und die neue Verfassung (§ 9 BV) statuierten die allgemeine Gleichheit aller Badener. Der dem Erfurter Programm[425] entnommene Vorschlag des Vorentwurfs Dietz, „alle Landesgesetze, welche die Frau in öffentlich- und privatrechtlicher Beziehung gegenüber dem Manne benachteiligen", abzuschaffen (§ 8 IV VED), fand allerdings keine Fürsprecher. Stattdessen entschloss sich die Verfassungskommission zur Einfügung der Worte „ohne Unterschied des Geschlechts"[426].

Mit der Einführung der allgemeinen Gleichheit der Badener einher ging die Reformierung des adeligen Vorrechts der Familienfideikommisse. Diese hatten ihre Rechtsgrundlage in Baden in § 22 des VI. Konstitutionsedikts und wurden als „Stammgüter" bezeichnet[427]. Unter Familienfideikommiss ist ein Vermögen zu verstehen, das „durch eine private Willenserklärung für unveräußerlich erklärt ist, um in einer Familie zur Erhaltung ihres Namens von Geschlecht zu Geschlecht vererbt zu werden"[428]. Es ist ein Sondervermögen, das zur Erhaltung eines Stammes und Namens von dem sonstigen Vermögen einer Person

---

[424] S. zu den auch unter der WRV weiterhin geltenden Bestimmungen *Böhringer*, a. a. O., S. 269 f.

[425] EP II Nr. 5.

[426] *Zehnter*, Komm.Ber., LT-DS Nr. 1a (Heft 524, 1919), S. 17.

[427] S. allgemein zu Stammgut und Fideikommiss *Frommhold*, Zur Lehre vom Stammgut, Familienfideikommiß und Familien-Vorkaufsrecht, in: FS Gierke, Weimar 1911, S. 59 ff. Eine umfassende Darstellung der Rechtsfigur des Familienfideikommiss liefert *Eckert*, Der Kampf um die Familienfideikomisse in Deutschland – Studien zum Absterben eines Rechtsinstitutes, Frankfurt a. M. u. a. 1992 (s. speziell zu den badischen Verhältnissen S. 120 f., 329 ff, 596 ff., 732 f.).
Das badische Stammgutrecht betreffend s. *Behaghel*, Das Badische Bürgerliche Recht und der Code Napoléon mit besondere Berücksichtigung auf die Bedürfnisse der Praxis – Bd. 1, 2. Aufl., Freiburg 1875, S. 340 ff; v. *u. z. Mentzingen*, Das badische Stammgut, Heidelberg 1905, S. 4 ff; *Wielandt*, a. a. O., S. 15 f.; *Walz*, Staatsrecht, S. 24 f.; *v. Bodmann*, Die badischen Stammgüter – Ihre volkswirtschaftliche Bedeutung unter besondere Berücksichtigung des Aufhebungsgesetzes vom 18. Juli 1923, Leipzig 1927, S. 9 ff.

[428] *V. u. z. Mentzingen*, a. .a. O., S. 6.

nach Maßgabe von besonderen Gesetzen ausgeschieden ist[429]. Der Zweck besteht in dem Zusammenhalt von Familienvermögen über die Generationen hinweg. Die Bindung ist zugleich eine dingliche und erbrechtliche.

Der Vorentwurf Dietz erklärte die Stammgüter für „unzulässig". Zudem seien die bereits bestehenden und nicht freiwillig nach einem Jahr ab Inkrafttreten der neuen Verfassung aufgelösten aufzuheben und als freies Eigentum des Inhabers zu behandeln (§ 8 II VED). Der Regierungsentwurf übernahm die Formulierung beinahe wörtlich, löste die Bestimmung über die Stammgüter aber aus dem Normzusammenhang des allgemeinen Gleichheitssatzes heraus und setzte sie systemwidrig an das Ende des Entwurfs (§ 67 RegEntw). In der Verfassungskommission erhielt die Regelung eine nahezu vollkommen neue Fassung. Die inhaltliche Grundausrichtung, bestehende Stammgüter aufzulösen und keine neuen zur Entstehung kommen zu lassen, war aber bei den Vorentwürfen Dietz und Glockner, sowie beim Regierungsentwurf und der neuen Verfassung gleich. Gemäß § 66 S. 1 BV durften neue Stammgüter nicht mehr errichtet werden. S. 2 besagte, dass „das Sonderrecht der bestehenden Familien- und Stammgüter, mit Einschluss der Fideikommisse des vormaligen Großherzoglichen Hauses und des Hausvermögens der standesherrlichen Familien" und somit ohne eine Übergangsfrist aufgehoben war. Bis zum Erlass eines Gesetzes, welches Näheres regeln sollte, war zur „Veräußerung von solchen Gütern oder von Teilen derselben Genehmigung des Staatsministeriums erforderlich" (S. 3).

In der Folgezeit war die Aufhebung der Familienfideikommisse[430] Gegenstand einer umfangreichen Debatte[431] und auch der als Vorsitzender der Verfassungskommission an der Entstehung der Norm maßgeblich beteiligte Eduard Dietz sah sich 1922 zu einer Stellungnahme die Auslegung des § 66 BV betreffend genötigt[432]. Im Kern drehte sich die Diskussion um die Frage, ob mit § 66 BV lediglich das objektive Recht des Stammguts oder auch das „subjektive Recht des einzelnen Berechtigten" in Fortfall gekommen waren[433]. Erst das Stammgüteraufhebungsgesetz vom 18. Juli 1923[434] brachte in dieser Hinsicht Klarheit.

---

429 *J. Schmitt*, Das badische Stammgüteraufhebungsgesetz, Mannheim 1923, S. 1; vgl. auch *Eckert*, a. a. O., S. 23 ff.

430 Und nur von solchen handelten die Bestimmungen die „Stammgüter" betreffend. Die großherzoglichen Hausfideikommisse waren nicht von § 66 BV betroffen; vgl. *Laufs/Mahronholz/Mertens/Rödel/Schröder/Willoweit*, Das Eigentum an Kulturgütern aus der Zeit der Monarchie (Expertenkommission „Eigentumsfragen Baden"), Stuttgart 2007, S. 137 ff.

431 S. die Nachweise bei *Glockner*, Badisches Verfassungsrecht, 2. Aufl., Karlsruhe 1930, S. 315 f.

432 *Dietz*, Die Rechtslage gegenüber dem Entwurfe eines Gesetzes zur Ausführung des § 66 der badischen Verfassung über die Aufhebung der Stammgüter, in: ZfbadVerw 1922, 41 ff. Er antwortete damit auf einen gleichnamigen Aufsatz des Heidelberger Professors *Endemann*, in: ZfbadVerw 1922, S. 9 ff.

433 S. zur Problematik *J. Schmitt*, a. a. O., S. 34 ff.

434 GVBl. 1923, S. 233 ff.

Des Weiteren sind an dieser Stelle die Bestimmungen das Beamtentum betreffend zu nennen. § 11 I BV, der seinem Inhalt nach auf § 9 der alten Verfassung zurückging, bestimmte, dass die öffentlichen Ämter für alle dazu Befähigten ohne Unterschied des Geschlechts gleich zugänglich waren. Eine ähnliche Regelung trafen auch die Vorentwürfe Dietz (§ 10) und Glockner (§ 6 II), sowie im Anschluss daran der Entwurf der Volksregierung (§ 11). Näheres bestimmte das Beamtengesetz (§ 11 III VED; § 11 III BV). Besonders wichtig erschien den Sozialdemokraten die Verwirklichung des Satzes: „Freie Bahn dem Tüchtigen!", um künftig „alle Kräfte am richtigen Platz dienstbar machen zu können"[435]. Mit Ausnahme der Richterstellen sollte die Besetzung der Beamtenstellen daher nicht mehr allein von äußeren Faktoren wie der Vorbildung oder dem Dienstalter abhängen. Stattdessen wurde die persönliche und charakterliche Befähigung in den Mittelpunkt gerückt. Der Vorentwurf Dietz formulierte dies in § 11 II 2 folgendermaßen: „Im Übrigen soll zu jeder Beamtenstelle, ohne Rücksicht auf Lebens- und Dienstalter und Vorbildung, der hierzu am befähigsten und würdigsten Erachtete berufen werden". Der Vorschlag wurde mit leichten sprachlichen Veränderungen von der Verfassungskommission angenommen (§ 11 II BV). Allerdings erhielt die Regelung durch § 11 II 3 BV eine Einschränkung dahingehend, dass die Befähigung „in der Regel durch die gesetzlich vorgeschriebene Prüfung nachgewiesen" wurde[436].

Schließlich sei noch erwähnt, dass der Entwurf Dietz den der Solothurner Kantonsverfassung (Art. 67 VerfSolothurn) entnommenen Programmsatz „Die Staatsverwaltung soll möglichst vereinfacht werden" vorgesehen hatte (§ 11 I VED). Dies fand jedoch keinen Eingang in die neue Verfassung.

2. Die Grundpflichten der Badener

Neben den Grundrechten regelte die neue badische Verfassung auch die Grundpflichten der Badener und orientierte sich dabei an § 8 der alten Verfassung. Demnach trugen „alle Badener ohne Unterschied zu den öffentlichen Lasten bei". Der Vorentwurf Dietz ergänzte diese Formulierung um den der Züricher Kantonsverfassung (Art. 19 VerfZürich) entlehnten Zusatz: „im Verhältnis der ihnen zu Gebote stehenden Mittel" (§ 9 VED). § 10 RegEntw, der den Wortlaut des Vorentwurfs Dietz übernommen hatte, wurde von der Verfassungskommission, jedoch korrigiert, sodass die neue Verfassung nun nach § 10 BV sanktionierte: „Alle Badener ohne Unterschied tragen zu den öffentlichen Lasten nach Maßgabe der Gesetze bei". Die Begründung für die Änderung ist wenig überzeugend: Man befürchtete die Fassung des Regierungsentwurfs könne zu dem Missverständnis führen, dass der einzelne Leistungs-

---

[435] So *Dietz*, Sonderabdruck, S. 24.

[436] S. *Glockner*, Badisches Verfassungsrecht, 2. Aufl., Karlsruhe 1930, S. 64 f.; *Zehnter*, Komm.Ber., LT-DS Beil. Nr. 1a (Heft 524, 1919), S. 18. Vgl. auch Dietz in der 11. Sitzung (25. März 1919), Sten. Ber. 1919, Sp. 422 f.

verpflichtete berechtigt sei, „seine Leistungen einzustellen, wenn er nach seiner Meinung im Verhältnis zu den ihm zu Gebote stehenden Mitteln genug getan habe“[437]. Die Worte „im Verhältnis der ihnen zu Gebote stehenden Mittel“ kann vernünftigerweise nur als Hinweis auf ein leistungsgerechtes Steuer- und Abgabensystem verstanden werden, wie es der Vorentwurf Dietz entsprechend dem Erfurter Programm nach § 20 VED vorsah. Die Streichung dieser Bestimmung aus dem Regierungsentwurf, die sich an Art. 61, 62 VerfSolothurn, sowie Art. 19 II VerfZürich orientierte, ist ebenfalls als Missgriff zu werten.

Der Vorentwurf Dietz nahm zudem die schon nach § 10 BVaF bestehende Militärdienstpflicht wieder auf. Nach § 12 S. 1 VED sollte diese einer reichsgesetzlichen Regelung unterworfen werden, eine Bestimmung, die von der Verfassungskommission wieder aufgenommen wurde (§ 12 BV). Die aus dem Erfurter Programm[438] stammende Forderung nach dem Erlass eines Gesetzes zur „Erziehung zur allgemeinen Wehrhaftigkeit“ (§ 12 S. 2 VED) fand allerdings weder durch den Regierungsentwurf noch in der Verfassungskommission Zuspruch und wurde daher nicht in die neue Verfassung aufgenommen. Dafür etablierte der Verfassungsausschuss neben der Militärdienstpflicht für Männer die Hilfsdienstpflicht der Frauen (§ 12 BV)[439].

3. Die Grundfreiheiten

Drei zentrale Regelungsbereiche der Grundfreiheiten sollen einer näheren Betrachtung unterzogen werden, da sie bei den Beratungen der Verfassungskommission unerwartet viel Raum einnahmen. Es sind dies die Bestimmungen über das Eigentum, die Religion und die Schule. Der Grund für die außerordentlich intensiv geführte Diskussion der genannten Sachbereiche war, dass hier die unterschiedlichen politischen und gesellschaftlichen Auffassungen der Mitglieder des Verfassungsausschusses am deutlichsten zu Tage traten. Die ideologischen Gegensätze in den gesellschaftspolitisch wichtigen Themengebieten verhinderten eine auf die Lösung der Sachfragen konzentrierte Herangehensweise, da mitunter die Grundfesten der jeweiligen Weltanschauung bzw. des politischen Programms berührt waren. Noch während der anschließenden beiden Lesungen des Verfassungsentwurfs im Plenum der Nationalversammlung wurde deutlich, dass die bei den Debatten im Verfassungsausschuss gefundenen Kompromisse keinesfalls zu für alle Seiten zufriedenstellenden Ergebnissen geführt hatten.

---

[437] *Zehnter*, Komm.Ber., LT-DS Beil. Nr. 1a (Heft 524, 1919), S. 18.

[438] EP II Nr. 3: „Erziehung zur allgemeinen Wehrhaftigkeit“.

[439] Angeblich entsprach es einem Wunsch der „Frauenwelt“, eine gegenüber der Wehrpflicht „als ihrem Geschlecht entsprechende gleichwertige Verpflichtung“ in die Verfassung mit aufzunehmen, *Zehnter*, Komm.Ber., LT-DS Beil. Nr. 1a (Heft 524, 1919), S. 19.

a. Das Eigentum

aa. Die Eigentumsgarantie und die Vergesellschaftung der Produktionsmittel

Bezüglich der Eigentumsfrage verfolgte das Programm der SPD eine sich von den anderen Parteien stark unterscheidende Vergesellschaftungspolitik. Während das Privateigentum an „Konsumtionsmitteln" garantiert werden sollte, war das zentrale Ziel der Sozialdemokratie nach dem Erfurter Programm eine Neuordnung des Wirtschaftslebens, in deren Mittelpunkt die Verstaatlichung von Produktionsmitteln stand[440]. Die Überführung der Produktionsmittel in Gemeineigentum war von Anfang an eine der wesentlichsten Forderungen der Sozialdemokratie und im Laufe der Zeit die alles andere überragende Zielvorstellung ihres Grundsatzprogramms[441]. Mit der Novemberrevolution war schließlich die Gelegenheit gekommen, die Eigentumsgarantie im sozialdemokratischen Sinne entscheidend neu regeln zu können. Es verwundert daher nicht, dass der Vorentwurf Dietz starke Anleihen beim Erfurter Programm nahm und dieses sogar teilweise wörtlich wiedergab. Die bereits in der großherzoglichen Verfassung existierende Eigentumsfreiheit nach §§ 13, 14 IV wurde dabei zwar zu Grunde gelegt, unterlag aber erheblichen zusätzlichen Einschränkungen. § 13 I VED entsprach § 13 BVaF und lautete: „Eigentum und persönliche Freiheit der Badener stehen für alle auf gleiche Weise unter dem Schutz der Verfassung". § 14 I VED hatte seine Grundlage in § 14 IV BVaF: „Niemand kann gezwungen werden, sein Eigentum zu öffentlichen Zwecken abzugeben, als nach Beratung und Entscheidung des Staatsministeriums". Damit war grundsätzlich festgehalten, dass über Enteignungen nur die oberste Behörde im badischen Staat, das Staatsministerium, befinden konnte.

Die Garantie des Privateigentums an „Konsumtionsmitteln" –d. h. „alles dessen, was zum persönlichen Gebrauch und Verbrauch bestimmt ist"[442]- leitete Dietz in seiner Entwurfsbegründung aus dem Erfurter Programm her: Da in dessen Kernsatz[443] nur vom „kapitalistischen Privateigentum an Produktionsmitteln"[444], welches in gesellschaftliches Eigentum zu verwandeln war, die Rede war, liegt der Schluss nahe, dass das Eigentum an den sonstigen Gütern nicht der Sozialisierung unterliegen sollte. Mit dem Hinweis, das sozialdemokratische Programm bekämpfe lediglich das kapitalistische –im marxistischen Sinne ausbeuterische- Privateigentum, versicherte Dietz weiter in seiner Entwurfsbegründung, der „Klein- und Mittelbesitz an Grund- und Boden ebenso wie der Klein- und Mittelbesitz in Handwerk und Industrie" werde „nach wie

---

[440] EP I; s. *Dietz*, Sonderabdruck, S. 29 ff.
[441] S. *Miller*, a. a. O., S. 295.
[442] *Dietz*, Sonderabdruck, S. 30.
[443] So *Miller*, a. a. O., S. 295.
[444] EP I.

vor die Domäne des Privateigentums bleiben müssen"[445]. Unbedingt notwendig sei demgegenüber aber die Vergesellschaftung von „Großgrundbesitz", „Großkapital" und „Großindustrie"[446]. So erklärt sich auch die in Teilen wörtliche Wiedergabe des Erfurter Programms durch § 14 III VED: „Eine Vergesellschaftung ganzer Gesamtheiten von Produktionsmitteln – Grund und Boden, Gruben und Bergwerken, Fabriken, Rohstoffen, Werkzeugen, Maschinen, Verkehrsmitteln – zum Zwecke der Bewirtschaftung für die Allgemeinheit kann nur erfolgen durch ein den Bestimmungen über Verfassungsänderungen unterliegendes besonderes Gesetz". Die strengen formellen Anforderungen an Sozialisierungsgesetze waren nach Dietz notwendig, um im Einzelfall eine „Zufallsmehrheit" zu vermeiden[447].

Hinsichtlich der Entschädigung und des Rechtswegs verwies der Vorentwurf Dietz in § 14 II auf das badische Enteignungsgesetz vom 26. Juni 1899[448] in der Fassung vom 5. Oktober 1908[449], welches Dietz jedoch für verbesserungswürdig hielt. Dass eine Entschädigung zu leisten war, hielt Dietz demnach für unstrittig, merkte jedoch an, diese müsse künftig nicht mehr zwangsläufig in einer Geldleistung bestehen. Stattdessen könne man auch andere, gleichwertige Entschädigungsgegenstände anbieten[450].

Die Regelungen bezüglich der Vergesellschaftung riefen bei den anderen Parteien erwartungsgemäß heftigen Widerspruch hervor. Zwar erkannte man auch von Seiten des Zentrums und der Demokraten die Notwendigkeit einer staatlichen Lenkung der Wirtschaft in den Krisenzeiten der Revolution. Die vom Vorentwurf Dietz aufgestellten Vergesellschaftungsgrundsätze gingen den bürgerlichen Gruppierungen jedoch entschieden zu weit. § 14 III VED erfuhr daher bereits durch den Regierungsentwurf eine erhebliche Abschwächung[451], die soweit ging, dass das sozialdemokratisch besetzte Wort von der „Vergesellschaftung" schließlich gar nicht mehr vorkam. § 14 III RegEntw basierte fast wörtlich auf § 9 II des Vorentwurfs Glockner und besagte: „Ob und unter welchen Voraussetzungen Privateigentum zum Zwecke der Bewirtschaftung für die Allgemeinheit dem Eigentümer ganz oder teilweise entzogen werden kann, wird durch Gesetz bestimmt". Im Übrigen übernahmen §§ 13 I, 14 I, II RegEntw die vom Vorentwurf Dietz vorgeschlagenen Bestimmungen.

Dies konnte jedoch nicht verhindern, dass in der Verfassungskommission von bürgerlicher Seite bemängelt wurde, der Regierungsentwurf ziele „allzu

[445] *Dietz*, Sonderabdruck, S. 31.

[446] So Dietz im Plenum der Nationalversammlung anlässlich der 11. öffentlichen Sitzung (19. März 1919), Sten.Ber. 1919, Sp. 424. Vgl. hierzu auch die Gesetzesvorschläge zur Sozialisierung: *Dietz*, Gesetzentwürfe zur Vergesellschaftung des Großgrundbesitzes und des Großkapitals, in: Volksfreund 1., 2. und 3. April 1919.

[447] *Dietz*, Sonderabdruck, S. 32.

[448] GVBl. 1899, S. 359 ff.

[449] GVBl. 1908, S. 625 ff.

[450] *Dietz*, Sonderabdruck, S. 32 f.

[451] *Glockner*, Badisches Verfassungsrecht, 2. Aufl., Karlsruhe 1930, S. 72; *Böhringer*, a. a. O., S. 247.

sehr, wenn auch nicht ganz offen auf die Durchführung des Erfurter Programms bezüglich der Vergesellschaftung" hin[452]. Die Verfassungskommission war zunächst um eine systematisch klare Regelungstechnik bemüht. So wurde die Eigentumsgarantie aus § 13 I entfernt und stattdessen in § 14 I verankert. § 14 I BV stellte im Ergebnis einen deutlichen und vom Verfassungsausschuss einstimmig angenommenen Kompromiss zwischen den politischen Lagern dar, indem die Bestimmung einerseits die grundsätzliche Eigentumsgarantie aussprach, andererseits aber die gesellschaftliche Bedeutung und Verpflichtung, welche das Eigentum hervorruft, sanktionierte: „Das Eigentum steht unter dem Schutz der Verfassung. Es ist beschränkt durch die Rücksicht auf die gemeinwirtschaftlichen Interessen." Über die Möglichkeiten des Rechtswegs fand eine eingehende Erörterung statt. Gegen die Stimmen der Sozialdemokraten wurde zudem in § 14 II 2 BV festgelegt, dass über die Höhe der Entschädigung die ordentlichen Gerichte zu befinden hatten. Die Anregung der Vorentwürfe Dietz und Glockner, die Enteignung regelnde Gesetze den für Verfassungsänderungen vorgesehenen Voraussetzungen zu unterwerfen, wurde in 14 IV BV aufgenommen.

Insgesamt konnten die Sozialdemokraten also, was die Eigentumsfrage anging, keinen Sieg verbuchen. Die Mehrheitsverhältnisse in Nationalversammlung und Verfassungsausschuss ließen die Schaffung einer verfassungsrechtlichen Grundlage für die ambitionierten Sozialisierungspläne nicht zu. Als Teilerfolg muss allerdings hervorgehoben werden, dass überhaupt die Möglichkeit der Vergesellschaftung von der neuen Verfassung anerkannt wurde. Dass sich in diesem Punkt nicht der Vorentwurf Dietz, sondern der Vorentwurf Glockner durchsetzen konnte, spielt hierbei eine nur untergeordnete Rolle.

bb. Exkurs: Die Vermögensauseinandersetzung mit dem großherzoglichen Haus – Abfindung für den Großherzog?

Die vorläufige Volksregierung hatte nach der Abdankung des Großherzogs am 22. November 1918 in einer Bekanntmachung verlauten lassen, dass der ehemalige Regent und dessen Familie „für ihre Freiheit, ihre Ehre, ihr Eigentum und ihr Leben den Schutz der badischen Republik genießen"[453]. Dies war der Auftakt für Verhandlungen über eine vermögensrechtliche Auseinandersetzung des demokratischen Staates Baden mit dem vormaligen Staatsoberhaupt. Die Klärung der Frage, welche der sich in landesherrlicher bzw. staatlicher Obhut befindlichen Güter zum Staatseigentum zu zählen und mit dem Wechsel des Souveräns auf den badischen Staat übergegangen waren und welche im Privateigentum des Großherzogs standen, gestaltete sich als äu-

[452] *Zehnter*, Komm.Ber., LT-DS Beil. Nr. 1a (Heft 524, 1919), S. 19.

[453] Begründung des am 19. März 1919 von der Regierung bei der Nationalversammlung eingereichten Gesetzentwurfs, die Auseinandersetzung mit dem großherzoglichen Hause betreffend; LT-DS Beil. Nr. 21 (Heft 524, 1919), S. 5.

ßerst schwierig. Denn die Auseinandersetzung mit dem großherzoglichen Haus wurde in Baden durch die ungünstige staatsrechtliche Entwicklung im 19. Jahrhundert erheblich erschwert. Von zentraler Bedeutung war dabei § 59 der ständischen Verfassung des Jahres 1818, der vorsah:

> „Ohngeachtet die Domänen nach allgemeinen anerkannten Grundsätzen des Staats- und Fürstenrechts unstreitiges Patrimonial- Eigentum des Regenten und seiner Familie sind, und Wir sie auch in dieser Eigenschaft, vermöge obhabender Pflichten als Haupt der Familie, hiermit ausdrücklich bestätigen, so wollen Wir dennoch den Ertrag derselben, außer der darauf radizierten Civilliste und außer anderen darauf haftenden Lasten, so lange Wir Uns nicht durch Herstellung der Finanzen in dem Stand befinden, Unsere Untertanen nach Unserem innigsten Wunsche zu erleichtern, - der Bestreitung der Staatskasse ferner belassen.
> Die Civilliste kann, ohne Zustimmung der Stände nicht erhöht und, ohne Bewilligung des Großherzogs, niemals gemindert werden."

Die demnach auf den ersten Blick klare Rechtslage hinsichtlich der Domänen[454] als „unstreitiges" Eigentum des Großherzogs war aber bereits vor Inkrafttreten der Verfassung von 1818 zweifelhaft. Die von § 59 I BVaF anerkannten Grundsätze des Staats- und Fürstenrechts sind dabei von besonderer Bedeutung. Die Rechtslage im Heiligen Römischen Reich vor der Säkularisation nahm eine Unterscheidung von Staats- und Privatvermögen des Fürsten vor. Das „Eigentum" eines Landesherrn gliederte sich dabei in das vom Kaiser als Untereigentum empfangene Lehensgut, das Familienstammgut und schließlich das Privatvermögen. Gewohnheitsrechtlich etablierte sich so der Rechtsgrundsatz der „Pertinenz": Der jeweilige Regierungsnachfolger erwarb neben dem Herrscherrecht die zur Ausstattung der Fürstenwürde gehörenden („pertinenten") Gegenstände. Die so gefundene Trennung der herrschaftlichen Vermögensmassen ging im 18. Jahrhundert einher mit der Ausbildung des Gedankens von der eigenen Rechtspersönlichkeit des Staates. Der Monarch

[454] Zum Begriff der Domänen s. *Klein*, Die Domänenfrage im deutschen Verfassungsrecht des 19. Jahrhunderts, Berlin 2007, S. 52, der davon ausgeht, dass als Domänen diejenigen Güter anzusehen sind, die im Sinne der Pertinenztheorie als Teil des Kammerguts ausschließlich der Gewinnerzielung dienten. Hiervon betroffen seien im Gegensatz zu Regalien und Monopolbetrieben vor allem land- und forstwirtschaftliche Güter; vgl. *Degen*, Das Eigentumsrecht an den Domänen im Großherzogtum Baden in vergleichender Darstellung mit den Rechtsverhältnissen der Domänen in den einzelnen Bundesstaaten, Heidelberg 1903, S. 8 ff. Nach *Glockner*, Badisches Verfassungsrecht, 2. Aufl., Karlsruhe 1930, S. 209 verstand man in Baden unter „Domänen" „die Gesamtheit aller Gebäude (nutzbaren und Lastengebäude), landwirtschaftlichen Grundstücke und Forsten, Liegenschaften mit Gewerbseinrichtung, ehemaligen Lehen und sonstigen Gefälle und Berechtigungen (Fischerei- und Jagdrechte), welche bei der Errichtung des Großherzogtums auf dieses überkommen sind; ferner gehören zu den Domänen die bei der Amortisationskasse (jetzt Staatsschuldenverwaltung genannt) angelegten Erlöse aus veräußerten Liegenschaften des sogenannten Domänengrundstocksvermögens im engeren Sinne. Auf diese Güter bezogen sich die §§ 58 und 59 der V von 1818".

war danach nicht mehr der mit dem Staat und Staatswesen als solchem gleichzusetzende Landesherr, sondern vielmehr in ein von der Person des Regenten zu unterscheidendes, entpersonalisiertes Staatsgebilde integriert[455]. Er entwickelte sich, um mit *Klein* zu sprechen, vom „Herrn zum Haupt“[456]. Nur vereinzelt wurden die Domänen deshalb in der deutschen Staatsrechtswissenschaft des 18. und beginnenden 19. Jahrhunderts als Privateigentum des Landesherrn angesehen[457]. Die gegensätzliche Ansicht, die die Domänen als pertinentes Staatseigentum behandelte, fand vor allem dort Verbreitung, wo die Entwicklung zur Rechtsfähigkeit des Staates weit fortgeschritten war, namentlich in Preußen.

Bereits kurz nach Inkrafttreten der Verfassung von 1818 äußerte Ludwig v. Liebenstein seine Bedenken bezüglich § 59 BVaF in der zweiten Kammer der Ständeversammlung und brachte dadurch die aufkeimende Vorstellung von einer Staatspersönlichkeit –im Sinne einer Rechtsträgerschaft-, die von der Person des Großherzogs zu unterscheiden war, zum Ausdruck, indem er darauf hinwies, „dass von allen Bestimmungen unserer im ganzen so liberalen Verfassung im In- und Ausland keine lauteren und gegründeteren Tadel gefunden habe, als die, dass alle Domänen des Staats Privateigentum der regierenden Familien seyen. Es habe gerechte Verwunderung erregt, dass man dabei nicht einmal zwischen den Domänen in den alten Stammlanden und den Domänen in den seit dem Lüneviller Frieden erworbenen Entschädigungslanden, welche durch das Blut und die Schätze des Volkes errungen worden, unterschieden habe“[458].

§ 59 BVaF erfuhr daher in der badischen Staatsrechtswissenschaft mehrheitlich eine differenzierte Auslegung. Nicht alle Domänen seien Patrimonial- bzw. Privateigentum des Großherzogs, sondern nur Teile davon, namentlich diejenigen, die Baden erst durch den Frieden von Lunéville 1801 bzw. den Reichsdeputationshauptschluss 1803, den Frieden von Pressburg 1805 und die Rheinbundakte von 1806 als Entschädigung für linksrheinische Gebietsverluste erhalten hatte[459]. Zudem rückte der öffentlich-rechtliche Charakter der

[455] S. zum Ganzen ausführlichst die entsprechenden Passagen des anlässlich des „Handschriftenstreits“ (s. u.) von der baden-württembergischen Landesregierung in Auftrag gegebenen und Ende 2007 fertig gestellten Gutachtens der Expertenkommission *Laufs/ Mahrenholz/Mertens/Rödel/Schröder/Willoweit*, a. a. O., S. 18 ff, 48 ff.

[456] *Klein*, a. a. O., S. 61.

[457] S. ausführlich zu den unterschiedlichen Ansichten *Klein*, a. a. O., S. 58 ff.

[458] Verh. 2. Kammer 1819 (Sitzung vom 17. Juli 1819), Heft 8 , S. 14.

[459] Vgl. *Walz*, Staatsrecht, S. 38; *Degen*, a. a. O., S. 38; *Schenkel*, Das Staatsrecht des Großherzogthums Baden, Freiburg und Tübingen 1884, S. 8; v. *Jagemann*, Rechtliche Grundzüge des Badischen Staatswesens, in: *Rebmann/Gothein/Jagemann* (Hrsg.), Das Großherzogtum Baden Bd. 1, 2. Aufl., Karlsruhe 1911, S. 733, 740 ff. *Helferich*, Die Domänenverwaltung in Baden nach den Bestimmungen der Verfassungsurkunde, in: ZgStW Bd. 4 (1847), S. 3, 13 ff, nimmt dagegen an, die Domänen seien „Zubehör der im eigenen Besitz des Regenten und seiner Familie befindlichen Landeshoheit“ und sieht die Domänen weder als Privateigentum der fürstlichen Familie noch als Staatseigentum an. Vgl. zum Meinungsstand, allerdings ohne Quellenangaben, *Glockner*, Kommissionsbericht den

Domänen nach § 59 BVaF in den Vordergrund: Die Erträge der Domänen waren nicht etwa dem Privatvermögen des Großherzogs zugeordnet, sondern unterlagen staatlicher Verwaltung und dienten der Bestreitung öffentlicher Ausgaben. Der großherzoglichen Familie stand lediglich der in der Zivilliste ausgewiesene Ertragsanteil zu, der 1831 im Zivillistengesetz[460] erstmals gesetzlich festgelegt wurde. Die Stände erhielten über das verfassungsmäßige Budgetrecht und die daraus folgende Mitwirkung bei der Aufstellung der Zivilliste Einblick in die gesamte Domänenverwaltung. Die Folge war eine zunehmende Vereinheitlichung und Verstaatlichung der Domänen, die durch die Zustimmungspflicht der zweiten Kammer zu den die Domänen betreffenden Gesetzen (Art. 58 BVaF), sowie das Apanagegesetz vom 21. Juli 1839[461] noch verstärkt wurde[462].

Ungeachtet der bestehenden und erkannten Notwendigkeit versäumte das Großherzogtum Baden eine gesetzliche Klärung der Eigentumslage an den Domänen. Die der jungen Republik nach dem Umsturz zufallende Aufgabe der Vermögensauseinandersetzung mit dem ehemals großherzoglichen Haus schien den Verantwortlichen deshalb nur auf dem gütlichen Wege des Vergleichs lösbar. Allenthalben bemühte man sich, hervorzuheben, dass die Auseinandersetzung „bei peinlicher Wahrung aller staatlichen und fiskalischen Landes-Interessen der Großherzoglichen Familie gegenüber in möglichst loyaler Weise“[463] bzw. „gütlich-schiedlich“[464] geschehen müsse. Die Zuordnung der Vermögensmasse wurde denn auch nicht einfach von der Nationalversammlung in Form eines Gesetzes beschlossen, sondern in einem Auseinandersetzungsvertrag der Republik Baden mit dem ehemals großherzoglichen Haus festgehalten. Diesen legte die Regierung zuvor der Verfassungskommission vor, von welcher er einer eingehenden Beratung unterzogen wurde. Mit einigen Änderungen erlangte der Vertrag als Anhang des Gesetzes vom 25. März 1919[465] Gesetzeskraft. Auffällig ist auch hier der Wille, die unsichere Rechtslage möglichst rasch zu beenden und der jungen Republik keine Altlasten aufzubürden. Der ausschlaggebende Punkt aber für die schnelle Regelung der Vermögensverhältnisse war die allgemeine Auffassung, eine ins Detail gehende Scheidung in Privat- und Staatseigentum vielfach nicht durchführen zu können. Man ließ es gerade nicht darauf ankommen, das gesamte Domänenvermögen sowie sonstige mit der Landesherrlichkeit verbundene Vermögens-

---

Auseinandersetzungsvertrag betreffend, LT-DS Beil. Nr. 21 b (1919), S. 1 f. Eine detaillierte Darstellung der vertretenen Ansichten liefern jedoch *Laufs/Mahrenholz/Mertens/Rödel/Schröder/Willoweit*, a. a. O., S. 72 ff und *Klein*, a. a. O., S. 97. S. auch *Degen*, a. a. O., S. 5 ff.

460 RegBl. 1831, S. 211 ff. Das Gesetz erfuhr mehrfach Änderungen, s. *Klein*, a. a. O., S. 98 f.

461 RegBl. 1839, S. 197 ff.

462 Vgl. *Laufs/Mahrenholz/Mertens/Rödel/Schröder/Willoweit*, a. a. O., S. 83.

463 *Dietz*, Sonderabdruck, S. 53.

464 LT-DS Beil. Nr. 21 (Heft 524, 1919), S. 5.

465 GVBl. 1919, S. 179 ff.

güter für pertinent zu erklären. Die Konsequenz einer solchen Rechtsauffassung wäre der automatische Übergang der betreffenden Vermögensgüter auf die Republik Baden im Moment des Thronverzichts am 22. November 1918 gewesen. Weitere Verhandlungen mit dem vormaligen Landesherrn hätten sich damit erübrigt. Das Risiko einer gerichtlichen Klärung der Eigentumsfragen, betrieben von der ehemals großherzoglichen Familie, wollten die Verantwortlichen in Nationalversammlung und Regierung jedoch auf keinen Fall eingehen. Eine inhaltliche Auseinandersetzung mit den Eigentumsfragen fand daher bei den Verhandlungen mit den Vertretern des ehemals großherzoglichen Hauses auch nicht statt. Das Ziel der Beratungen war deutlich erkennbar ein für alle Seiten akzeptabler Vergleich. Man beschränkte sich in § 1 des Vertrags darauf, dem noch immer als „Großherzog" bezeichneten ehemaligen Landesherrn „aus dem Domänenvermögen" als Privateigentum neben Grundstücken, Gebäuden und Nießbrauchsrechten einen Betrag von 8 Mio. RM zuzuerkennen[466]. Zudem erhielt die Großherzoginmutter Luise einen Wittumsanspruch von jährlich 150 000 RM, § 3 des Vertrages. Nach § 7 sollte für die „im Privateigentum des Großherzogs stehenden Kunstwerke in der Kunsthalle Karlsruhe und im Schloss Favorite" die Erklärung der Generalintendanz der Zivilliste vom 18. März 1919[467] maßgebend sein. Danach verpflichtete sich der ehemalige Regent zur Belassung der Kunstwerke in staatlichem Besitz und räumte dem Staat Baden ein Vorkaufsrecht ein. Nach § 6 des Vertrages waren die Domänen „freies und ausschließliches Staatseigentum". Diesen Standpunkt hatte Dietz bereits in seiner Entwurfsbegründung vertreten[468] und in § 42 VED auch zur Sanktionierung in der neuen Verfassung vorgesehen. § 42 VED fand als § 35 BV mit nur unwesentlichen Änderungen Eingang in die neue Verfassung[469]. Nach § 8 des Vertrags waren „alle gegenseitigen Ansprüche ausgeglichen".

Die Regelung der Vermögensverhältnisse stieß in der Nationalversammlung auf breite Zustimmung[470]. Eduard Dietz sah sich allerdings dazu veranlasst, stellvertretend für die sozialdemokratische Fraktion an Hand von zehn Punkten darzulegen, weshalb das Gesetz die Auseinandersetzung betreffend von seiner Fraktion angenommen werden könne. Maßgebend war demnach die

---

[466] Ausführlich zu den einzelnen Regelungen des Auseinandersetzungsvertrags s. *Glockner*, Kommissionsbericht den Auseinandersetzungsvertrag betreffend, LT-DS Beil. Nr. 21 b (Heft 524, 1919), S. 1 ff sowie *Laufs/Mahrenholz/Mertens/Rödel/Schröder/Willoweit*, a. a. O., S. 125 ff.

[467] Anlage 1 zu LT-DS Beil. Nr. 21 (Heft 524, 1919), S. 8.

[468] *Dietz*, Sonderabdruck, S. 53.

[469] Nicht durchsetzen konnte sich dagegen der Vorschlag des Entwurfs Glockner, in die Verfassung folgenden Satz aufzunehmen: „Die Auseinandersetzung wegen der als Privateigentum des früheren Landesherrn oder seiner Familie anzuerkennenden Domänengüter erfolgt durch besonderes Gesetz" (§ 67 S. 1 GZW); s. *Zehnter*, Komm.Ber., LT-DS Beil. Nr. 1a (Heft 524, 1919), S. 39 und *Glockner*, Badisches Verfassungsrecht, 2. Aufl., Karlsruhe 1930, S. 210.

[470] Der Gesetzentwurf wurde in der namentlichen Abstimmung am 25. März 1919 (14. Sitzung) einstimmig angenommen; Sten.Ber. 1919, Sp. 546.

Auffassung, dass „die in § 59 der bisherigen badischen Verfassung für alle Domänen des Landes ausgesprochene Anerkennung als Patrimonialeigentum der landesherrlichen Familie für einen ganz erheblichen Teil des Domänenvermögens auch zivilrechtlich heute noch zu Recht" bestehe und, dass mit dem vorliegenden Vertragswerk die Auseinandersetzung abschließend geregelt sei[471]. Dietz bemühte sich zudem zu versichern, dass es sich bei der Zahlung von 8 Mio. RM nicht um eine „'Abfindung' für den Verzicht auf Thron-, Regierungs- und Apanagenrechte" und schon gar nicht um eine „aus Landesmitteln an die bisherige landesherrliche Familie gemachte Schenkung" handle. Vielmehr erweise sich die gefundene Regelung für den Staat als wirtschaftlich sehr vorteilhaft, da das gesamte Domänenvermögen von der Regierung auf insgesamt 190 Mio. RM geschätzt wurde[472]. Schließlich stellte Dietz eine Berücksichtigung der zugeschiedenen Objekte bei einer künftigen Vergesellschaftung in Aussicht. Offenbar beschäftigte die sozialdemokratischen Abgeordneten die begründete Sorge, in der Auseinandersetzungsfrage als zu nachgiebig und großzügig zu erscheinen. Es liegt der Schluss nahe, dass Eduard Dietz sehr wohl bewusst war, dass erhebliche Zweifel an der von ihm geäußerten Rechtsauffassung das Domäneneigentum betreffend angebracht waren. Die unbegründete Behauptung, ein „ganz erheblicher Teil" der Domänen sei Privateigentum des ehemaligen Großherzogs, erscheint denn auch nicht überzeugend. Wie alle Verantwortlichen in dieser Frage war ihm aber an einem schnellen und reibungslosen Abschluss der Vermögensauseinandersetzungsfrage gelegen. Die Ausführungen in der Nationalversammlung sollten den Sozialdemokraten demnach die Entscheidung mit „Ja" zu stimmen erleichtern und hierfür das juristische und politische Fundament liefern.

Es blieb jedoch eine unerfüllte Hoffnung, dass mit Verabschiedung des Gesetzes am 25. März 1919 endgültig alle Fragen der Vermögensauseinandersetzung einer Klärung zugeführt wurden und deshalb Rechtssicherheit erlangt war[473]. Bereits wenige Jahre später kam es zu den ersten Streitigkeiten zwischen dem Land Baden und der großherzoglichen Familie, die auf Grund der inzwischen eingetretenen Inflation eine Aufstockung der vom Staat geleisteten Geldbeträge nach dem Auseinandersetzungsvertrag verlangte[474]. In jüngster

[471] Sten.Ber. (14. Sitzung, 25. März 1919), Sp. 544.

[472] Sten.Ber. (14. Sitzung, 25. März 1919), Sp. 544 f.

[473] S. nur *Glockner*, Badisches Verfassungsrecht, 2. Aufl., Karlsruhe 1930, S. 211: „Damit (mit dem Auseinandersetzungsvertrag – Anm. A. H.) wurde die Domänenfrage, die in den hundert Jahren der Geltung der aV von Zeit zu Zeit erörtert aber nie entschieden wurde, im Weg der Vereinbarung mit der früheren landesherrlichen Familie geregelt".

[474] Dieser Streit endete 1930 mit dem Verkauf von Kunstwerken der Badischen Kunsthalle und des Kupferstichs an das Land Baden für 4 Mio. RM; GVBl. 1930, S. 27 ff. S. *Laufs/Mahrenholz/Mertens/Rödel/Schröder/Willoweit*, a. a. O., S. 161 ff; *Jung*, Volksgesetzgebung – Die „Weimarer Erfahrungen" aus dem Fall der Vermögensauseinandersetzungen zwischen Freistaaten und ehemaligen Fürsten (Teil 1), 2. Aufl., Hamburg 1996, S. 43 f.

Zeit erreichte die Diskussion um die Vermögensauseinandersetzung durch den „Handschriftenstreit“[475] ihren vorläufigen Höhepunkt.

b. Die Religion

Die Bestimmungen die religiösen Verhältnisse betreffend waren für die im Verfassungsausschuss und der Nationalversammlung vertretenen Parteien von immenser programmatischer Wichtigkeit. Sowohl Sozialdemokraten als auch Demokraten und Zentrum hatten jeweils sehr eigene, zum Teil sich gegenüberstehende Vorstellungen von der künftigen verfassungsrechtlichen Regelung. Zudem war ein verstärktes öffentliches Interesse an diesem Punkt garantiert, waren doch zum Zeitpunkt der Verfassungsarbeiten rund 99 % der badischen Bevölkerung der katholischen, evangelischen oder jüdischen Religionsgemeinschaft zugehörig. Der Rest von 1 % entfiel auf „Sonstige“, welche vor allem die Freireligiösen ausmachten[476]. Es galt also, die parteipolitischen Positionen öffentlichkeitswirksam und mit Nachdruck zu vertreten.

aa. Die Glaubens- und Gewissensfreiheit des einzelnen

Verhältnismäßig wenige Probleme bereitete die Verankerung der Glaubens- und Gewissensfreiheit des einzelnen in der neuen Verfassung. Bereits die großherzogliche Verfassung hatte in § 18 verfügt: „Jeder Landeseinwohner genießt der ungestörten Gewissensfreyheit und in Ansehung der Art seiner Gottesverehrung des gleichen Schutzes.“ Sowohl die Vorentwürfe Dietz (§ 18 I VED) und Glockner (§ 10 GZW) als auch der Regierungsentwurf (§ 18 I RegEntw) nahmen die Bestimmung beinahe wörtlich wieder auf und auch die neue Verfassung (§ 18 I BV) garantierte die Freiheit des Gewissens mit dem gleichen Wortlaut wie die bisherige Grundordnung.

Zur Bekräftigung, dass die Badener nicht nur im positiven Sinne das Recht besaßen, einen Glauben zu haben und ihn auch ausüben zu dürfen, sondern, dass ebenfalls eine negative Religionsfreiheit herrschte, fügte Dietz § 18 seines Vorentwurfs einen Absatz 2 an: „Niemand –insbesondere auch kein Be-

[475] Vgl. hierzu *Ehrle*, Für Baden und Europa gerettet? – Eine Zwischenbilanz des „Kulturgüterstreits“ (20.09.2006-20.01.2007), in: *Ehrle/Obhof* (Hrsg.), Die Handschriftensammlung der Badischen Landesbibliothek – Bedrohtes Kulturerbe?, Gernsbach 2007, S. 81 ff; *Klein*, Eigentum und Herrschaft – Grundfragen zum Rechtsstatus der Handschriften der Badischen Landesbibliothek, in: *Ehrle/Obhof* (Hrsg.), a. a. O., S. 127, 137 ff.; *Hauß*, Der Handschriftenstreit: Eine unsägliche Geschichte - Versuch einer Chronologie der Ereignisse 21.9.-2.11.2006, in: Badische Heimat 2006 Heft 4 (Jg. 86), S. 149 ff.

[476] Die Katholiken stellten die deutliche Mehrheit mit 59,3 %, gefolgt von den Angehörigen der evangelischen Kirche mit 38,6 % und den Juden mit 1,2 %; Zahlen nach *Dietz*, Sozialdemokratie und Religion – Eine Wahlrede über ein altes Thema, in: Volksfreund, 11. Februar 1919.

amter oder ein Angehöriger der bewaffneten Macht- darf zu einer kirchlichen Handlung oder Feierlichkeit gezwungen werden." An dieser Stelle nahm sich der geschichtsbewusste Dietz § 148 der Paulskirchenverfassung vom 28. März 1849 zum Vorbild[477], welcher gelautet hatte: „Niemand soll zu einer kirchlichen Handlung oder Feierlichkeit gezwungen werden."[478] Der Regierungsentwurf, der im Übrigen den gesamten § 18 des Vorentwurfs Dietz ohne Änderung rezipierte, hatte auch bezüglich Abs. 2 keine Korrektur vorgenommen. Auf Antrag des Zentrums beschloss der Verfassungsausschuss die Hinzufügung eines zweiten Halbsatzes mit den Worten: „(...) oder an der Erfüllung seiner religiösen Pflichten gehindert werden". Angeblich war ein Schutz der religiösen Überzeugung weit eher angezeigt als ein Schutz der Anders- oder Nichtgläubigen vor religiösem Zwang[479].

bb. Die Religionsgemeinschaften und das Verhältnis von Staat und Kirchen

Um das Verhältnis von Staat und Kirchen in Baden beleuchten zu können, ist ein kurzer Abriss der historischen Entwicklung unerlässlich[480]. Seit dem Augsburger Religionsfrieden von 1555 stand den Landesherrn im Rahmen der evangelischen und katholischen Konfession ein ius reformandi zu: Gemäß dem Satz: „cuius regio, eius religio" richtete sich die Religionszugehörigkeit der Untertanen fortan grundsätzlich nach derjenigen des Territorialherrschers. Für die andersgläubigen Untertanen blieb nur das ius flebile emigrationis, das Recht zur Auswanderung. Die Formel lautete also: Religionsfreiheit für den Landesherrn, Religionszwang für das Volk. Dies hatte in Baden zur Folge, dass die südbadische Markgrafschaft Baden-Baden katholisch wurde, die nördliche Markgrafschaft Baden-Durlach hingegen der evangelischen Glaubensrichtung angehörte. Die Wiedervereinigung der beiden Zweige unter der Führung des Hauses Baden-Durlach im Jahr 1771 brachte hinsichtlich der Religionszugehörigkeit der Bevölkerung keine Änderung, weshalb Baden konfessionell ge-

---

[477] S. *Dietz*, Sonderabdruck, S. 88.

[478] Vgl. hierzu *Kühne*, Die Reichsverfassung der Paulskirche – Vorbild und Verwirklichung im späteren deutschen Rechtsleben, 2. Aufl., Neuwied 1998, S. 477; *Huber*, Deutsche Verfassungsgeschichte seit 1789 – Bd. 2: Der Kampf um Einheit und Freiheit 1830 bis 1850, Stuttgart 1960, S. 270.

[479] *Zehnter*, Komm.Ber., LT-DS Beil. Nr. 1a (Heft 524, 1919), S. 21 f.; *Böhringer*, a. a. O., S. 230.

[480] Vgl. für die nachfolgende Darstellung *Hübsch*, Kirchen und religiöse Gemeinschaften – Allgemeines, in: *Rebmann/Gothein/v. Jagemann* (Hrsg.), Das Großherzogtum Baden – Bd. 1, 2. Aufl., Karlsruhe 1912, S. 1036 ff; *Stiefel*, a. a. O. Bd. 1, S. 621 ff; *Hug*, Geschichte Badens, 2. Aufl., Stuttgart 1992, S. 226 ff; *Schwarzmaier*, Baden: Dynastie - Land – Staat, Stuttgart 2005, S. 205 ff; *Dietrich*, Die Ausgestaltung des Verhältnisses von Staat und Kirche in der Verfassung des Deutschen Reiches vom 28. März 1849 und ihre geschichtlichen Voraussetzungen, Würzburg 1969, S. 22; *Böhringer*, a. a. O., S. 213 ff; *Dietz*, Sonderabdruck, S. 34 ff;

spalten blieb. Der grundsätzliche Religionszwang endete erst mit Erlass der Verfassung 1818 und der Änderung des § 19 vom 17. Februar 1849[481], wonach das Judentum den christlichen Religionen gleichgestellt wurde.

Die Auflösung des alten Reichs im Jahr 1806 bewirkte eine Übertragung der „Kirchenherrlichkeit" auf die Landesherrscher. Für Baden brachte dies das erste Konstitutionsedikt vom 14. Mai 1807 zum Ausdruck. Die katholische Kirche konnte sich in Baden im Gegensatz zur evangelischen eine gewisse Eigenständigkeit gegenüber der Staatsmacht bewahren. Die Circumscriptionsbulle und die Erectionsbulle der Jahre 1821 bzw. 1827 sorgten für eine weitgehend selbständige Kirchenpolitik. Dennoch übte der katholische Oberkirchenrat des Landesherrn die Kirchenaufsicht weiterhin aus. Durch den Übergang der landesbischöflichen Rechte auf den Großherzog war dagegen, was die evangelische Kirche anging, eine geistliche und weltliche Personalunion eingetreten. Nach langwierigen Verhandlungen mit der katholischen Kirche und mehreren landesherrlichen Verordnungen unternahm schließlich das Kirchengesetz vom 9. Oktober 1860[482], das am 4. Juli 1918 neu verkündet wurde[483], den zum Zeitpunkt der Verfassungsarbeiten vorerst letzten Versuch, das Verhältnis von Staat und Kirchen zu klären.

Die Trennung von Staat und Kirche war für die Erarbeitung der neuen Verfassung das Schlagwort schlechthin. Für die Parteien galt es, sich auf diesem Gebiet programmatisch zu profilieren und man war sich des Risikos bewusst, seine Anhänger mit der Neufassung der Bestimmungen über Religion und Kirche beeindrucken, aber auch zutiefst enttäuschen zu können. Der Regierungsentwurf bewegte sich in dieser Hinsicht ganz auf dem Boden des Erfurter Programms. Vom sozialdemokratischen Standpunkt aus war die Religion nicht mehr eine Angelegenheit des Staates, sondern zur Privatsache zu erklären[484]. Die völlige Trennung von Staat und Kirche, sowie die Organisation der Kirchen als private Vereinigung waren demnach selbstverständlich. Befremdlich wirken jedoch die Ausführungen Dietz', wonach ebendiese Trennung durch das Kirchengesetz des Jahres 1860 in Wahrheit längst vollzogen worden sei. Nach § 7 I des Kirchengesetzes erhielten „die vereinigte evangelisch-protestantische und die römisch-katholische Kirche" das Recht, ihre Angelegenheiten „frei und selbständig" zu ordnen und zu verwalten. Hierdurch war laut Dietz die Selbständigkeit der Kirchen und die Trennung von Staat und Kirche bereits „ausgesprochen und durchgeführt" bzw. „rechtlich und tatsächlich" vollzogen worden[485]. Demnach hätte der Großherzog durch das Kirchengesetz auf die ihm zukommende Kirchenherrlichkeit freiwillig verzichtet: „Einen Streit über die Trennung von Staat und Kirche aber kann es in Baden, seitdem die Gesetzgebung des Jahres 1860 sich eingelebt hat und erst im Jahr 1918 nochmals neu bekräftigt worden ist, überhaupt nicht mehr geben. Er ist gegenstands-

[481] RegBl. 1849, S. 75 f.
[482] RegBl. 1860, S. 375 ff.
[483] GVBl. 1918, S. 195 ff.
[484] EP II Nr. 6.
[485] *Dietz*, Sonderabdruck, S. 36 f.

los"[486]. Diese höchst eigentümliche Auffassung ist allein mit politischen Motiven zu erklären. Denn aus § 7 I des Kirchengesetzes kann mitnichten die Aufgabe des Staatskirchentums herausgelesen werden. Vielmehr wurde eine selbständige Verwaltung der Kirchen innerhalb der gesetzlichen Grenzen, mithin eine rein nach innen gerichtete Freiheit angestrebt[487]. Der Schluss liegt nahe, dass Dietz als exzellenter Kenner des badischen Rechts seine in der Entwurfsbegründung geäußerte Sicht der Dinge selbst nicht für überzeugend hielt. Vielmehr ist davon ausgehen, dass er sie nur vertrat, um sowohl die Anhänger der Sozialdemokratie als auch die politischen Gegner in der (falschen) Sicherheit zu wiegen, an der bereits bestehenden Rechtslage ändere sich in Wahrheit überhaupt nichts[488]. Von den Erläuterungen Dietz' ausgehend, war § 18 III RegEntw (§ 18 III VED), der § 7 des Kirchengesetzes in modifizierter Form übernahm, als Grundsatz der völligen Trennung von Staat und Kirche zu verstehen: „Jede kirchliche und religiöse Gemeinschaft ordnet und verwaltet ihre Angelegenheiten frei und selbständig im Rahmen der allgemeinen Staatsgesetze".

Die Auffassung, die Trennung von Staat und Kirche sei bereits durch das Kirchengesetz vollzogen, wurde von Seiten der Demokraten und des Zentrums erwartungsgemäß nicht geteilt. Sie kam auch während der Beratungen des Verfassungsausschusses nicht mehr zur Sprache. Einigkeit herrschte lediglich darüber, dass die bisher ausgeübte staatliche Kirchenhoheit, die den Kirchen zwar für die Ordnung ihrer inneren Verhältnisse Freiheit gewährte, über die äußeren Verhältnisse aber die Aufsicht führte, beseitigt werden sollte[489]. Das Prinzip des § 7 Kirchengesetz wurde demnach von allen Fraktionen in der Verfassungskommission als Ausgangspunkt der Verhandlungen angesehen und deshalb auch in § 18 III 3 der neuen Verfassung statuiert.

Ein besonderes Anliegen der Sozialdemokratie war in diesem Zusammenhang die vollkommene Gleichstellung aller Religionsgemeinschaften mit der evangelischen und der römisch-katholischen Kirche. Dies hatte sicherlich auch persönliche Gründe, bekannten sich doch je 12 der insgesamt 36 sozialdemokratischen Abgeordneten als evangelisch, katholisch oder freireligiös[490]. Der Vorschlag des Vorentwurfs Dietz', die bisherige Regelung des § 7 Kirchengesetz auf „jede" Religionsgemeinschaft auszuweiten[491], stieß in der Verfassungskommission auf tiefgreifende Bedenken[492]. Es gehe nicht an, jegliche,

[486] *Dietz*, Sonderabdruck, S. 37.

[487] Vgl. den Kommissionsbericht der Zweiten Kammer (Verh. 2. Kammer 1859/60, Beilagenheft 4, S. 449, 456) sowie *Spohn*, Badisches Staatskirchenrecht, Karlsruhe 1868, S. 16 und *Böhringer*, a. a. O., S. 223.

[488] So auch *Stehling*, a. a. O., S. 114 f.

[489] Vgl. *Böhringer*, a. a. O., S. 224.

[490] S. die Angaben Dietz' anlässlich der 11. Sitzung (19. März 1919), Sten.Ber. 1919, Sp. 428.

[491] Auch der Vorentwurf Glockner sah dies nach § 11 I GZW vor. Überhaupt stimmten die ersten vier Absätze des § 18 Vorentwurfs Dietz bzw. des Regierungsentwurfs mit den Regelungen der §§ 11 und 12 des Vorentwurfs Glockner inhaltlich überein.

[492] Vgl. *Zehnter*, Komm.Ber., LT-DS Beil. Nr. 1a (Heft 524, 1919), S. 22 ff.

noch so kleine Glaubensgemeinschaft von vornherein mit den etablierten Kirchen auf eine Stufe zu stellen. Die Verfassungskommission entschloss sich schließlich, nicht alle, sondern nur alle staatlich anerkannten Religionsgemeinschaften miteinander gleichzustellen, § 18 III 1 BV. Die staatliche Anerkennung richtete sich nach § 18 IV BV und setzte voraus, dass die religiösen Gemeinschaften „nach ihrer Verfassung und der Zahl ihrer Mitglieder die Gewähr der Dauer bieten" und ihre Ziele nicht „den Staatsgesetzen und der Sittlichkeit" zuwider waren[493]. Die Herabstufung der Kirchen zu einem bloßen privatrechtlichen Verein sollte dabei aus Sicht des Zentrums in jedem Fall verhindert werden. Anerkannte Religionsgemeinschaften erhielten deshalb entgegen der Auffassung der Sozialdemokraten[494] nach § 18 III 2 BV die Rechtsform der Körperschaft des öffentlichen Rechts und besaßen das Recht zur Selbstbesteuerung.

Als die schwierigste Herausforderung bei der Neuordnung des Verhältnisses von Staat und Kirche stellte sich die Neuregelung der landesherrlichen Patronate heraus. Die Vorentwürfe Dietz und Glockner und auch der Regierungsentwurf schwiegen sich hierüber aus. Sowohl das Ministerium des Kultus und des Unterrichts als auch die obersten Behörden der beiden Kirchen nahmen auf Aufforderung der Verfassungskommission zu diesem Komplex ausgiebigst Stellung[495]. Über die Aufhebung der landesherrlichen Patronate gab es in der Verfassungskommission einen breiten Konsens[496]. Zwar war die Besetzung der Kirchenämter bereits durch § 8 des Kirchengesetzes grundsätzlich Sache der Kirche, jedoch blieben die landesherrlichen Patronate nach § 18 II des Kirchengesetzes in Kraft. Bezüglich der evangelischen Pfarrämter verzichtete der Großherzog 1861 im Zuge des Erlasses der Verfassung der evangelischen Landeskirche vom 5. September 1861 auf seine Patronatsrechte[497]. Die Patronatsrechte die katholische Kirche betreffend wie etwa die Besetzung des erzbischöflichen Stuhls, des Domkapitels und der Dompräbenden, blieben aber bestehen. Die in § 18 III 4 BV sanktionierte Aufhebung der landesherrlichen Patronate und die damit einhergehende Verleihung der Kirchenämter allein durch die Kirchen (§ 18 III 5 HS 1 BV) stellte die katholische also lediglich mit der evangelischen Kirche gleich. Auch die standes- und grundherrlichen Patronate, die noch aus der Zeit stammten, da diese selbst Landesherrn gewesen waren, wurden für aufgehoben erklärt, § 18 III 5 HS 2

---

[493] Vgl. hierzu *Glockner*, Badisches Verfassungsrecht, 2. Aufl., Karlsruhe 1930, S. 94 ff.

[494] Hierzu Dietz im Plenum der Nationalversammlung bei der 12. Sitzung (20. März 1919), Sten.Ber. 1919, Sp. 486: „Er (Abg. Schofer – Anm. A. H.), weiß, dass wir ohnehin schon genötigt gewesen sind, gegenüber unserem Programm auch hier wieder etwas zu schlucken, wenn wir der Verfassung zustimmen und uns damit einverstanden erklären, dass die Kirchen und die religiösen Gemeinschaften als Korporationen des öffentlichen Rechts anerkannt werden sollen."

[495] S. dazu die Anlagen I, II und VII zu LT-DS Beil. Nr. 1a (Heft 524, 1919), S. 53, 55. und 59 ff.

[496] Vgl. *Koellreutter*, in: JböR Bd. 9 (1920), S. 180, 191 f.

[497] Vgl. *Spohn*, a. a. O., S. 34; *Glockner*, Badisches Verfassungsrecht, 2. Aufl., Karlsruhe 1930, S. 99 f.; *Böhringer*, a. a. O.; S. 226 ff.

BV[498]. Lediglich die echten, nach kanonischem Recht statuierten Privatpatronate blieben erhalten.

Einig war man sich in der Verfassungskommission in der Frage des Weiterbestehens von staatlichen Verpflichtungen gegenüber der Kirchen, die im Zuge der Säkularisierung durch den Reichsdeputationshauptschlusses von 1803 entstanden waren. Dies wurde zwar letztlich nicht verfassungsrechtlich verankert. Der Ausschuss sprach jedoch dahingehend seine „Meinung" aus, dass „trotz der Beseitigung der Mitwirkung des Staates bei der Ordnung und Verwaltung der Angelegenheiten der Kirchen diejenigen Leistungen des Staates fortzudauern haben, welche auf einer rechtlichen Verpflichtung, sei es privatrechtlichen oder öffentlichrechtlichen Ursprungs, beruhen, und dass zu den Verpflichtungen dieser letzteren besonderen Art insbesondere diejenigen gehören, welche dem badischen Staat auf Grund des Reichsdeputationshauptschlusses vom 25. Februar 1803 anlässlich der Säkularisation und Einziehung der Kirchengüter auferlegt worden sind"[499]. Damit bot die Kommission eine eindeutige Interpretationshilfe.

Keinen Widerspruch rief die Regelung hervor, „das Kirchengut und die eigentümlichen Güter und Einrichtungen der kirchlichen Stiftungen, Unterrichts- und Wohltätigkeitsanstalten" ihren Zwecken (§ 18 IV VED) bzw. „bisherigen Verfügungsberechtigten" (§ 18 IV RegEntw) nicht zu entziehen, also Schutz vor einer neuerlichen Säkularisierung zu bieten. Die Verfassungskommission nahm lediglich sprachliche Änderungen vor (§ 18 V BV).

Der Vorentwurf Dietz und mit ihm der Regierungsentwurf gingen ansonsten jedoch in § 18 V von einer vollständigen Selbstfinanzierung der Kirchen aus: „Aufwendungen aus öffentlichen Mitteln zu kirchlichen und religiösen Zwecken sind unzulässig, soweit nicht rechtsgültige Verpflichtungen bestehen." Als Begründung wurde angeführt, dass eine Religionsgemeinschaft nicht erwarten könne, über den Umweg der staatlichen Zuwendung eben nicht nur von seinen Mitgliedern, sondern auch vom Steuerzahler finanziert zu werden[500]. Damit befand man sich vollständig auf dem Boden des Erfurter Programms[501]. Die Regelung, welche darauf abzielte, das „finanzielle Tischtuch zwischen Staat und Kirche (...) völlig zu zerschneiden"[502], begegnete in der Verfassungskommission „großer Anfechtung"[503]. Es gehe nicht an, dass jeder „Musik-, Gesang-, Turn-, Wandervogel- und sonstige nichtkirchliche und nicht religiöse Verein" staatliche Unterstützung erhalte, nicht aber die Kirchen, „die doch die ältesten, größten und verdienstvollsten öffentlichen Organisationen"

[498] S. *Zehnter*, Komm.Ber., LT-DS Beil. Nr. 1a (Heft 524, 1919), S. 24.
[499] *Zehnter*, Komm.Ber., LT-DS Beil. Nr. 1a (Heft 524, 1919), S. 24.
[500] *Dietz*, Sonderabdruck, S. 38 f.
[501] EP II Nr. 6.
[502] So *Koellreutter*, in: JböR Bd. 9 (1920), S. 180, 192.
[503] *Zehnter*, Komm.Ber., LT-DS Nr. 1a (Heft 524, 1919), S. 25.

seien. Die Streichung des Absatzes 5 wurde „mit großer Mehrheit“[504], gegen die Stimmen der Sozialdemokraten[505], beschlossen[506].

c. Das Schulwesen

Als weiterer heftig umstrittener Regelungskomplex erwiesen sich in der Verfassungskommission die Bestimmungen das Schulwesen betreffend. Der Grund hierfür war die enge Verknüpfung der Bereiche „Schule“ und „Religion“ bzw. „Kirche“ miteinander, die sich vor allem in den vielfältigen Fragen der Regelung des Religionsunterrichts zeigten. Das Fundament des Vorentwurfs Dietz in Sachen Schule bildete § 19 I VED: „Der Grundsatz der Weltlichkeit der Schule wird anerkannt“. Dieses vom Erfurter Programm[507] geforderte Prinzip der staatlichen Schulaufsicht hatte sich in Baden bereits durch das Elementarschulgesetz vom 8. März 1868[508] durchgesetzt, das durch Gesetz vom 7. Juli 1910 eine geänderte Fassung erhielt[509]. Damit war die teilweise Ausübung der Aufsicht über die staatlichen Schulen durch die Kirchen beendet worden. Der Regierungsentwurf schloss sich dem Vorschlag Dietz' ohne inhaltliche Änderung an, indem er nach § 19 I RegEntw vorsah: „ Die Schule untersteht den Gesetzen und der Aufsicht des Staates“. Die Fassung wurde als § 19 I BV von der Verfassungskommission einstimmig angenommen[510].

Weitaus größere Schwierigkeiten bereitete hingegen die Organisation des staatlichen und privaten Schulwesens. Dem Erfurter Programm entsprechend[511] erklärte § 19 III VED: „Der Besuch der öffentlichen Volksschule ist obligatorisch“. Der Regierungsentwurf nahm diese Überlegung auf, § 19 III RegEntw sah vor: „Zum Besuch der öffentlichen Volksschule sind alle Kinder verpflichtet“. Das Vorhaben, die achtjährige Volksschule unter ein staatliches Schulmonopol zu stellen, wurde im Verfassungsausschuss von Seiten des Zentrums mit Nachdruck bekämpft und auch das Erzbischöfliche Ordinariat in Freiburg ließ schwere Bedenken gegen den Regierungsentwurf verlauten[512]. Die kirchlich gesinnten Kreise sahen in der obligatorischen staatlichen Volksschule einen unerträglichen Eingriff in die Freiheitsrechte der Eltern[513]. Man stemmte sich dabei nicht gegen die Schulpflicht als solche, sondern gegen die

---

[504] *Zehnter*, Komm.Ber., LT-DS Nr. 1a (Heft 524, 1919), S. 25.
[505] S. *Stehling*, a. a. O., S. 118 f.
[506] Vgl. Dietz in der 12. Sitzung am 20. März 1919 , Sten.Ber. 1919, Sp. 486 ff.
[507] S. EP II Nr. 7.
[508] RegBl. 1868, S. 251 ff.
[509] GVBl. 1910, S. 357 ff. Vgl. auch *Dietz*, Sonderabdruck, S. 40. Einen guten Überblick über die historische Entwicklung des Schulwesens in Baden liefert *Böhringer*, a. a. O., S. 232 ff.
[510] *Zehnter*, Komm.Ber., LT-DS Beil. Nr. 1a (Heft 524, 1919), S. 25.
[511] EP II Nr. 7.
[512] Anl. VII zu LT-DS Beil. Nr. 1a (Heft 524, 1919), S. 59, 62 ff.
[513] *Zehnter*, Komm.Ber., LT-DS Beil. Nr. 1a (Heft 524, 1919), S. 29; *Glockner*, Badisches Verfassungsrecht, 2. Aufl., Karlsruhe 1930, S. 123 f.

staatliche Zwangsschule, die das Ende vieler konfessioneller Privatschulen bedeutet hätte.

Zur Verteidigung dieser Schulreform wurde von sozialdemokratischer Seite auf die schlechte Lehrqualität der staatlichen Schulen hingewiesen, die –was auch den Tatsachen entsprach[514]- zu regelrechten Armenschulen verkommen seien. Dieser Zustand werde sich zwangsläufig verbessern werde, wenn auch Wohlhabendere ihre Kinder in die staatlichen Schulen schicken müssten. Zudem habe es einen gesellschaftlich wünschenswerten Effekt, wenn „das Kind des reichen Vaters neben dem Proletarierkind auf der Schulbank sitzen" müsse[515]. Nachdem eine Fülle von Anträgen verworfen worden war[516], einigte man sich schließlich mit knapper Mehrheit für eine vom Regierungsentwurf deutlich abweichende Regelung. Nach § 19 V 1 BV bestand zwar grundsätzlich die Pflicht zum Besuch der öffentlichen Volksschule. Eine Befreiung davon war aber möglich, sofern die Kinder „eine höhere öffentliche Bildungsanstalt oder eine die Lehrziele solcher Anstalten verfolgende nichtstaatliche Lehranstalt besuchen, oder wegen geistiger oder körperlicher Leiden oder wegen sittlicher Verfehlungen vom Schulbesuch auszuschließen sind". Mit der Einführung des Schulmonopols für die Volksschule einher ging die Bestimmung, dass neue nichtstaatliche Volksschulen nicht mehr zugelassen wurden, § 19 V 2 BV. Die bestehenden waren bis Ostern 1925 aufzulösen, § 67 BV. Private Schulen, die die Lehrziele der höheren öffentlichen Lehranstalten verfolgten, konnten aber durch Erlaubnis des Staatsministeriums errichtet werden, § 19 VI BV. Bezüglich der obligatorischen öffentlichen Volksschule mussten die Sozialdemokraten also eine deutliche Niederlage hinnehmen.

Die für die Sozialdemokratie an sich heikle Frage, ob der Religionsunterricht ganz aus den staatlichen Schulen heraus gehalten werden sollte, beantwortete die Entwurfsbegründung Dietz' pragmatisch: Entgegen der Auffassung eines der führenden Theoretikers der Sozialdemokratie, Wilhelm Kautsky, der aus dem Satz des Erfurter Programms, Religion sei Privatsache, die Schlussfolgerung zog, Religion dürfe in staatlichen Schulanstalten kein Unterrichtsfach sein[517], ging Dietz nach dem Ausschlussverfahren vor: Da im Erfurter Programm nicht ausdrücklich eine Absage an den Religionsunterricht zu finden sei, lasse das Programm die Frage bewusst offen. Auf Grund der starken religiösen Verwurzelung des badischen Volkes[518] sei die Erteilung von Religionsunterricht in den Schulen wünschenswert[519]. Dadurch war der Weg für einen

[514] Vgl. *Stehling*, a. a. O., S. 129.

[515] *Zehnter*, Komm.Ber., LT-DS Beil. Nr. 1a (Heft 524, 1919), S. 29. Vgl. auch *Böhringer*, a. a. O., S. 240 und *Stehling*, a. a. O., S. 128 ff.

[516] Genaueres bei *Zehnter*, Komm.Ber., Beil. LT-DS Nr. 1a (Heft 524, 1919), S. 29 ff.

[517] S. *Dietz*, Sonderabdruck, S. 41 f.

[518] Laut *Dietz* waren 95 % der badischen Staatsangehörigen Mitglieder der evangelischen und der katholischen Kirche; *ders.*, Sonderabdruck, S. 42.

[519] *Dietz*, Sonderabdruck, S. 44.

Konsens im Verfassungsausschuss zumindest teilweise geebnet worden[520]. Eine kategorische Ablehnung durch die Sozialdemokaten erfuhr jedoch der Antrag des Zentrums in der Verfassungskommission, Religion als Pflichtfach einzuführen[521]. Der Vorschlag des Vorentwurfs Dietz, in § 19 II zu sanktionieren, dass Religion weder für Lehrer noch für Schüler ein Prüfungsfach sein sollte, wurde bereits vom Regierungsentwurf nicht übernommen. Stattdessen beschloss die Verfassungskommission nach langen Verhandlungen die endgültige Fassung des neuen § 19 II BV, die lautete: „Die Leitung des Religionsunterrichts ist Sache der kirchlichen und religiösen Gemeinschaften. Die Erteilung desselben richtet sich nach den Bestimmungen des Schulgesetzes."[522] Damit musste die Sozialdemokratie in dieser Frage eine erhebliche Niederlage einstecken.

§ 19 III VED setzte sich dagegen nahezu unverändert durch. Demnach durfte kein Lehrer gegen seinen Willen zur Erteilung von Religionsunterricht oder zur Vornahme kirchlicher Verrichtungen herangezogen und kein Schüler gegen den Willen seiner Erziehungsberechtigten zur Teilnahme am Religionsunterricht gezwungen werden. Die Verfassungskommission sprach sich bei Enthaltung der Sozialdemokraten für die Regelung aus, nur den erklärten Willen des Lehrers als Ausschlussgrund zuzulassen[523], § 19 III BV. Eng damit verknüpft war die Einfügung des § 19 IV BV, der weder im Vorentwurf Dietz noch im Regierungsentwurf vorgesehen war. Demnach durfte im Gegenzug niemand „wegen seiner Zugehörigkeit zu einer Vereinigung, deren Ziele den Staatsgesetzen und der Sittlichkeit nicht zuwider sind, von dem Amt eines Lehrers oder einer Lehrerin ausgeschlossen" werden. Damit sollten die Mitglieder religiöser Orden oder ordensähnlicher religiöser Kongregationen, die nach § 137 des Schulgesetzes vom 7. Juli 1910 zur Erteilung des Religionsunterrichts der Genehmigung der Staatsregierung bedurften, von dieser Beschränkung befreit werden.

Der letzte Streitpunkt war die Frage der Lehr- und Lernmittelfreiheit. Über die Unentgeltlichkeit des Unterrichts herrschte Einigkeit. Die Mehrzahl der Gemeinden erhob nach § 92 des Schulgesetzes ohnehin kein Schulgeld mehr. Die Forderung des Erfurter Programms nach der unentgeltlichen Gewährung von Lernmitteln[524], die der Vorentwurf Dietz in § 19 V und im Anschluss daran § 19 IV RegEntw umzusetzen versuchten, begegnete im Verfassungsausschuss jedoch schwerwiegenden Bedenken[525]. Die vorgeschlagene staatliche Finanzierung der Lernmittel hätte die Leistungsfähigkeit des Fiskus bei weitem

---

[520] Nach *Pohl*, a. a. O., S. 440 f., vermied die sozialdemokratische Gruppe im Verfassungsausschuss diesbezüglich jede Konfrontation.

[521] *Glockner*, Badisches Verfassungsrecht, 2. Aufl., Karlsruhe 1930, S. 120 f.

[522] S. *Zehnter*, Komm.Ber., LT-DS Beil. Nr. 1a (Heft 524, 1919), S. 28 f.; *Stehling*, a. a. O., S. 128.

[523] *Zehnter*, Komm.Ber., LT-DS Beil. Nr. 1a (Heft 524, 1919), S. 28; *Glockner*, Badisches Verfassungsrecht, 2. Aufl., Karlsruhe 1930, S. 122.

[524] EP II Nr. 7.

[525] S. *Glockner*, Badisches Verfassungsrecht, 2. Aufl., Karlsruhe 1930, S. 127.

überstiegen[526], zumal die Gemeinden die Aufgabe alleine nicht hätten bewältigen können. Schließlich erhielt § 19 VII BV die endgültige Fassung, wonach der Unterricht in den Volks- und Fortbildungsschulen unentgeltlich war. Lediglich für minderbemittelte Schüler hatten die Gemeinden die erforderlichen Lernmittel zu beschaffen. Für diejenige, die „tüchtig und bedürftig" waren, sollte der Unterricht an den höheren Lehranstalten, einschließlich der Hochschulen und Fachhochschulen, unentgeltlich sein, § 19 VII 2 BV.

Insgesamt gesehen war bei den Sozialdemokraten durch die zähen Verhandlungen im Verfassungsausschuss und im Anschluss daran sogar im Plenum der Nationalversammlung die Bereitschaft abhanden gekommen, das badische Schulwesen im parteiprogrammatischen Sinn zu reformieren. Letztlich blieb der sozialdemokratischen Fraktion nur das enttäuschende Fazit, dass in den neuen Bestimmungen die Schule betreffend am wenigsten der Geist der Arbeiterbewegung enthalten war[527]. Der Vorentwurf Dietz konnte sich lediglich an den Stellen behaupten, die ohnehin schon lange konsensfähig gewesen waren. Die Hoffnung auf eine Änderung der Bestimmungen in späteren Jahren wurde nicht erfüllt.

d. Sonstige

Die Entwürfe und schließlich die endgültige Verfassung enthielten eine Vielzahl weiterer grundrechtlicher Verbürgungen. Einige waren unmittelbar der großherzoglichen Grundordnung entnommen, andere erhielten erst über die Vorentwürfe Einzug in die neue Verfassung. Bereits der alten Verfassung bekannt waren das Grundrecht der persönlichen Freiheit (§ 13 I VED; § 13 I RegEntw; § 13 I BV), das Hausrecht (§ 13 II VED; § 13 II RegEntw; § 13 II BV), die Meinungs- und Pressefreiheit (§ 17 I VED; § 17 I BV), die Garantie des gesetzlichen Richters in Strafsachen (§ 16 I VED; § 16 I RegEntw; § 16 I BV)[528]. Niemand durfte zudem ohne von dem zuständigen Beamten vernommen zu werden länger als 24 Stunden verhaftet werden (§ 16 II VED; § 16 II RegEntw; § 16 II BV). Von besonderer Wichtigkeit für das neue demokratische Staatswesen waren die Vereins-, die Versammlungs- und die Koalitionsfreiheit (§ 17 II VED; § 17 II RegEntw; § 17 II BV). Das Koalitionsrecht wurde in der Verfassungskommission einer ausgiebigen Erörterung unterzogen, wobei vor allem die Vereinigungsfreiheit von Staatsdienern umstritten war. Der Vorentwurf Dietz hatte das Koalitionsrecht „für jedermann" anerkannt, „insbesondere auch

---

[526] Vgl. *Pohl*, a. a. O., S. 441.
[527] Vgl. *Stehling*, a. a. o., S. 137.
[528] Vgl. *v. Rimscha*, a. a. O., S. 54 f. Sowohl nach der alten Verfassung (§ 15 II BVaF) als auch nach dem Vorentwurf Dietz und dem Regierungsentwurf konnte eine Person 48 Stunden ohne Vernehmung verhaftet werden, die neue Verfassung reduzierte die Höchstdauer auf 24 Stunden; s. über den ohnehin stark eingeschränkten Geltungsbereich des neuen § 16 II BV *Glockner*, Badisches Verfassungsrecht, 2. Aufl., Karlsruhe 1930, S. 88.

für die Beamten, Staatsarbeiter und Angehörigen der bewaffneten Macht" (§ 17 II VED). Der Regierungsentwurf nahm demgegenüber die Soldaten von der Vereinigungsfreiheit aus. Im Verfassungsausschuss befürchtete ebenfalls, dass ein Koalitionsrecht für Staatsdiener einer nicht wünschenswerten Streikberechtigung gleichkomme (§ 17 II RegEntw). Die Staatsdiener und Angehörigen des Militärs betreffend sollte eine besondere Reichs- und Landesgesetzgebung gelten[529]. Von sozialdemokratischer Seite wurde hingegen darauf hingewiesen, dass die provisorische Volksregierung den Staatsdienern bereits das Koalitionsrecht durch besonderen Erlass verliehen habe und man es deshalb nicht mehr beseitigen könne[530]. Man einigte sich schließlich darauf, dass das Koalitionsrecht „jedermann" zustehe und nur für die Angehörigen der bewaffneten Macht besondere Reichs- und Landesgesetze gelten sollten (§ 17 II BV).

Sowohl der Vorentwurf Dietz als auch der Regierungsentwurf hatten die dem Erfurter Programm[531] entnommene Abschaffung der Todesstrafe statuiert (§ 16 III VED; § 16 III RegEntw)[532]. Die Verfassungskommission entschied sich mehrheitlich gegen die Stimmen der Sozialdemokraten gegen die Aufnahme der Bestimmung, da es die Kompetenz zur Regelung der Materie richtigerweise beim Reich sah[533]. Auch Dietz gab bereits in seiner Begründung für den Textentwurf zu, dass er die Abschaffung der Todesstrafe in der badischen Verfassung eher als Programmsatz verstand[534]. Dennoch kam es der sozialdemokratischen Fraktion im Verfassungsausschuss darauf an, festzustellen, dass in der Abstimmung bzgl. § 16 III keine „grundsätzliche Stellungnahme für oder gegen die Todesstrafe" gesehen werden dürfe[535].

Der Forderung des Vorentwurfs Dietz, Arbeits- und Gesundheitsschutzregelungen, die nicht dem Gebiet der Reichsgesetzgebung unterfielen, in die neue Verfassung aufzunehmen, wurde bereits vom Regierungsentwurf nicht entsprochen. Der Entwurf der vorläufigen Volksregierung strich die entsprechenden Vorschriften, die „die Überwachung und Förderung der öffentlichen Gesundheitspflege und die Einrichtung besonderer Institute für die Durchführung einer wirksamen gewerblichen und sozialen Hygiene, sowie die Übernahme der Arbeiterversicherung auf den badischen Staat"[536] vorsahen (§§ 21-23 VED). Diese Vorschläge zur Verbesserung der Lebensbedingungen und zur Neuorganisation des Sozialwesens gingen auf das Erfurter Programm zurück[537]. Sie wurden wohl deshalb nicht in den Regierungsentwurf aufgenommen, weil man die Regelungszuständigkeit ohnehin beim Reich vermutete.

---

529 *Zehnter*, Komm.Ber., LT-DS Beil. Nr. 1a (Heft 524, 1919), S. 21.
530 S. *Böhringer*, a. a. O., S. 209.
531 EP II Nr. 8.
532 Zur Begründung s. *Dietz*, Sonderabdruck, S. 28.
533 *Zehnter*, Komm.Ber., LT-DS Beil. Nr. 1a (Heft 524, 1919), S. 21.
534 *Dietz*, Sonderabdruck, S. 28.
535 *Zehnter*, Komm.Ber., LT-DS Nr. 1a (Heft 524, 1919), S. 21.
536 *Dietz*, Sonderabdruck, S. 46.
537 EP III.

Zudem sollte die Verankerung von Arbeits- und Gesundheitsschutzgrundsätzen zweckmäßigerweise offenbar nicht in der Verfassung geschehen, sondern der einfachen Gesetzgebung überlassen bleiben.

Weitere Forderungen des Erfurter Programms, wie die „Unentgeltlichkeit der Rechtspflege und des Rechtsbeistands" bzw. der „ärztlichen Hilfeleistung"[538] konnten ohnehin nur auf Reichsebene geregelt werden. Dietz verzichtete deshalb bereits in seinem Vorentwurf auf entsprechende Regelungen[539].

4. Das kommunale Selbstverwaltungsrecht

Das Selbstverwaltungsrecht der Gemeinden und Kreise war in Baden schon durch die Städteordnung und die badische Gemeindeordnung statuiert[540]. Die letztlich von der Verfassungskommission beschlossene Fassung des § 20 BV stellte sich praktisch als Mischung der vom Vorentwurf Dietz (§ 24 VED) und vom Vorentwurf Glockner (§§ 61-64 GZW) vorgeschlagenen Regelungen dar. So wurde den Gemeinden, Gemeindeverbänden und Kreisen das Recht zur Selbstverwaltung zuerkannt (§ 20 I BV). Eine Beschränkung dieses Rechts, sowie die Auferlegung neuer Pflichten konnte nur durch „Einhaltung der für Verfassungsänderungen gegebenen Vorschriften" erfolgen (§ 20 II BV). Die Gemeinden wurden in ihrem „dermaligen Bestand" gewährleistet, konnten aber durch einfaches Gesetz aufgelöst bzw. miteinander verbunden werden (§ 20 III BV). Dem Vorentwurf Dietz entnommen wurde die Anwendung der Verhältniswahl auch auf kommunaler Ebene (§ 20 IV BV)[541].

---

538 EP II Nr. 8 und 9.

539 *Dietz*, Sonderabdruck, S. 28.

540 § 6 I der badischen Gemeindeordnung von 1831 gab den badischen Gemeinden erstmals das Recht, „die auf den Gemeindeverband sich beziehenden Angelegenheiten zu besorgen, und ihr Vermögen selbständig zu verwalten"; vgl. *Walz*, Das badische Gemeinderecht, S. 44 ff. 1874 wurde das Selbstverwaltungsrecht dann in § 5 I der badischen Städteordnung statuiert. Zu den geschichtlichen Grundlagen s. *ders.*, Das badische Gemeinderecht, S. 1 ff.
S. allgemein zur dogmatischen und geschichtlichen Entwicklung des Prinzips der gemeindlichen Selbstverwaltung *Steinbach*, Geschichtliche Grundlagen der kommunalen Selbstverwaltung in Deutschland, Bonn 1932, S. 17 ff; *Voigt*, Die Selbstverwaltung als Rechtsbegriff und juristische Erscheinung, Leipzig 1941, S. 9 ff; *Heffter*, Die deutsche Selbstverwaltung im 19. Jahrhundert – Geschichte der Ideen und Institutionen, Stuttgart 1950, S. 11 ff; *Schwab*, Die „Selbstverwaltungsidee" des Freiherrn vom Stein und ihre geistigen Grundlagen – Zugleich ein Beitrag zur Geschichte der politischen Ethik im 18. Jahrhundert, Frankfurt a. M. 1971, S. 11 ff; *Bender*, Theorien der gemeindlichen Selbstverwaltung – Das Selbstverwaltungsrecht als Naturrecht, Mainz 1962, S. 1 ff.

541 In der Begründung seines Entwurfs machte sich *Dietz* zudem für die konsequente Durchführung des Prinzips der automatischen Verhältniswahl stark: *ders.*, Sonderabdruck, S. 47 ff.

B. Das historische Werk: Schriften über die Geschichte der Burschenschaft

Einen großen Teil seiner freien Zeit widmete Dietz der Deutschen Burschenschaft. Er trat dabei nicht nur bei aktuellen Diskussionen in den „Burschenschaftlichen Blättern" in Erscheinung, sondern erwarb sich insbesondere bei der Erforschung der historischen Rolle der Burschenschaft Verdienste als Experte auf dem Gebiet der Geschichte des Studententums. Neben vielen kürzeren Aufsätzen in den „Burschenschaftlichen Blättern"[542], die zu Erhellung der Burschenschaftshistorie beitragen, verfasste er insgesamt vier ausführliche Abhandlungen von denen drei als eigenständige Werke veröffentlicht wurden. Es sind dies „Die Deutsche Burschenschaft in Heidelberg" von 1895, „Neue Beiträge zur Geschichte des Heidelberger Studentenlebens" von 1903 und „Das Frankfurter Attentat vom 3. April 1833 und die Heidelberger Burschenschaft" von 1906. Eine weitere umfangreiche Untersuchung mit dem Titel „Die Teutonia und die Allgemeine Burschenschaft zu Halle" erschien 1911 in dem zweiten Band des Sammelwerks „Quellen und Darstellungen zur Geschichte der Burschenschaft und der deutschen Einheitsbewegung"[543]. Die in den studentenhistorischen Schriften Dietz' stets wiederkehrenden Themen sind der Einheits- und Freiheitskampf der frühen Burschenschaften. Die Werte „Ehre, Freiheit, Vaterland", der sich die Burschenschaft verschrieben hatte, waren für Dietz von ganz besonderer Bedeutung.

„Die Deutsche Burschenschaft" von 1895 lieferte erstmals ein fundiertes Bild von den Anfängen der burschenschaftlichen Bewegung in Heidelberg und zeichnet deren historische Entwicklung bis ins Jahr 1895 nach. Die Schrift füllte damit eine Lücke in der sich in ihren Anfängen befindlichen studentenhistorischen Literatur aus. Sie wurde vom Fachpublikum dankbar aufgenommen und erfreut sich bis in die heutige Zeit großer Beliebtheit, was die häufigen Ausleihen aus der Universitätsbibliothek Heidelberg belegen. Die wichtigsten Stationen wie die Gründung der Urburschenschaft 1814, das Wartburgfest (1817), das Hambacher Fest (1832), das Frankfurter Attentat (1833) und schließlich die Revolutionsjahre 1848/49 illustriert Dietz anschaulich und mit Liebe zum Detail. Die „Neuen Beiträge" von 1903 stellten eine Festgabe zu Gunsten der „Centenarfeier" der Ruperto-Carola dar. Ausführlich beschäftigt sich Dietz in seinem Werk mit dem Wartburgfest und hier vor allem mit der charismatischen Führungspersönlichkeit der frühen Heidelberger Burschenschaft Friedrich Wilhelm Carové. Auch die Ermordung des Schriftstellers Au-

---

[542] S. hierzu das Schriftenverzeichnis im Anhang dieser Arbeit.

[543] *Dietz*, Die deutsche Burschenschaft in Heidelberg, Heidelberg 1895; *ders.*, Neue Beiträge zur Geschichte des Heidelberger Studentenlebens, Heidelberg 1903; *ders.*, Das Frankfurter Attentat vom 3. April 1833 und die Heidelberger Burschenschaft, Heidelberg 1906; *ders.*, Die Teutonia und die Allgemeine Burschenschaft zu Halle, in: *Haupt* (Hrsg.), Quellen und Darstellungen zur Geschichte der Burschenschaft und der deutschen Einheitsbewegung Bd. 2, Heidelberg 1911, S. 215 ff.

gust von Kotzebue durch den Studenten und Burschenschafter Karl Ludwig Sand im Jahr 1819 und die anschließende Demagogenverfolgung erfährt eine ausführliche Würdigung. Das „Frankfurter Attentat" von 1906 arbeitet dagegen den missglückten Sturm auf die Frankfurter Hauptwache sowie auf die Konstablerwache 1833 auf. An dem Umsturzversuch waren Heidelberger Burschenschafter maßgeblich beteiligt. Das Unternehmen war jedoch weder sorgfältig vorbereitet, noch gut durchgeführt und wurde schnell von den Ordnungskräften beendet. Die jungen Männer hatten die Reaktion der Zivilbevölkerung vollkommen falsch eingeschätzt, die erhoffte Solidarisierung der Bürger mit den revoltierenden Studenten blieb aus. Die Aufständischen wurden zu teilweise drakonischen Haftstrafen verurteilt. „Die Teutonia und die Allgemeine Burschenschaft zu Halle" von 1911 schildert eindringlich die Anfänge der burschenschaftlichen Bewegung in Halle bis kurz nach dem Wartburgfest. Bemerkenswert ist die detaillierte Auseinandersetzung mit der Verfassung der jungen Burschenschaft. Dem leidenschaftlichen Juristen Eduard Dietz war stets besonders daran gelegen, die burschenschaftlichen Satzungen auf ihre Eigenheiten hin näher zu beleuchten und hieraus gegebenenfalls Schlüsse für die Gegenwart zu ziehen. So erarbeitete er noch im Jahr 1887 als Student den Entwurf einer Ehrengerichtssatzung für die Frankonia Heidelberg[544].

---

[544] Einsehbar im Archiv der Burschenschaft Frankonia zu Heidelberg.

C. Dietz' Beitrag zur Weiterentwicklung des sozialreligiösen Gedankens

Besondere Verdienste erwarb sich Dietz durch seine Arbeit an der Idee des religiösen Sozialismus. In einer Vielzahl von Beiträgen für das „Christliche Volk", das „Christliche Volksblatt" und das „Sonntagsblatt des arbeitenden Volkes" konnte sich Dietz als Theoretiker der Bewegung des religiösen Sozialismus in Deutschland profilieren[545]. Er veröffentlichte daneben mehrere Schriften in der Reihe „Schriften der religiösen Sozialisten", die das programmatische Fundament der Bewegung stärken sollten. Im Jahr 1927 waren dies „Das heilige Eigentum und Die Arbeiter-Encyclica des Papstes Leo XIII. vom 15. Mai 1891", „Wilhelm Hohoff und der Bund der katholischen Sozialisten" und „Das religiöse Problem des Marxismus"[546]. Stets wiederkehrende Motive in den sozialreligiösen Abhandlungen Dietz' sind die Vereinbarkeit von Religion und Sozialismus. Die Behauptung Bebels, dass „Christentum und Sozialismus so wenig zueinander kommen können, wie Feuer und Wasser"[547] versuchte Dietz schon in der Begründung seines Verfassungsentwurfs zu widerlegen. Die auch in der Zeit der Weimarer Republik vorherrschende Skepsis in der sozialistischen Bewegung gegenüber der Religion konnten die religiösen Sozialisten allerdings nie ganz beseitigen. Dennoch lieferten Dietz' Schriften wertvolle dogmatische Untersuchungen des Verhältnisses von Arbeiterbewegung und Religion. Seinen Mitstreitern bot er damit die theoretisch fundierte Argumentationshilfen. Dem Phänomen des katholischen Sozialismus widmete Dietz dabei besonderes Augenmerk. Mit dem katholischen Pfarrer Wilhelm Hohoff und dessen sozialreligiösen Gedanken beschäftigte er sich im Rahmen einer Abhandlung in Buchform, nachdem er bereits in den Verbandsorganen der religiösen Sozialisten auf die Ideen dieses außergewöhnlichen Klerikers aufmerksam gemacht hatte[548]. Den Satz Bebels sah er beispielsweise durch den Hohoffschen Ausspruch, dass „nicht Christentum und Sozialismus, wohl aber Kapitalismus und Christentum sich einander gegenüberstehen wie Feuer und Wasser"[549] entkräftet. Vielleicht erkannte sich Eduard Dietz in dem einsamen Kämpfer Hohoff wieder, denn wie dieser stand auch Dietz in seinem Leben immer wieder auf verlorenem Posten, sei es nun in der Burschenschaft, in

---

[545] S. soweit bekannt das Schriftenverzeichnis dieser Arbeit.

[546] *Dietz*, Das heilige Eigentum und Die Arbeiterencyclica des Papstes Leo XIII. vom 18. Mai 1891, Karlsruhe 1927; *ders.*, Wilhelm Hohoff und der Bund der katholischen Sozialisten, Karlsruhe 1927; *ders.*, Das religiöse Problem des Marxismus, Karlsruhe 1927.

[547] Zitiert nach *Dietz*, Sonderabdruck, S. 40.

[548] *Dietz*, Zum Gedächtnis von Wilh. Hohoff, in: Christliches Volksblatt, 10. Februar 1924; *ders.*, Der „Bund katholischer Sozialisten" (Zum Gedächtnis von Wilhelm Hohoff), in: SdaV, 14. Februar 1926; *ders.*, Hohoff und die materialistische Geschichtsauffassung, in: SdaV, 1. August 1926.

[549] Zitiert nach *Dietz*, Wilhelm Hohoff und der Bund katholischer Sozialisten, Karlsruhe 1927, S. 15 f.

der SPD, bei den Religiösen Sozialisten oder schließlich in der Anwaltskammer. Wie Hohoff rückte Dietz von seinen Überzeugungen aber nicht ab, sondern warb unermüdlich für seine Positionen.

Schlussbetrachtung

Leben und Werk Eduard Dietz' in einer rechtshistorischen Biographie gerecht zu werden, ist keine einfache Aufgabe. Sich der Person Eduard Dietz zu nähern bedeutet zunächst, vielen markanten Details zu begegnen: Adoptierter Arbeitersohn, begeisterter Burschenschafter, überzeugter Marxist und Sozialdemokrat, leidenschaftlicher Studentenhistoriker, Prädikatsjurist, Richter in Diensten des Großherzogs, erfolgreicher Rechtsanwalt, Karlsruher Stadtrat, Schöpfer der ersten demokratischen Verfassung Badens, Vorsitzender der Badischen Anwaltskammer und schließlich Religiöser Sozialist. Auf den ersten Blick scheinen sich die unterschiedlichen Abschnitte dieses bewegten Lebens und die vielfältigen Facetten der Persönlichkeit Dietz' nicht recht zu einem einheitlichen Ganzen zusammenfügen zu wollen. Bei genauerer Betrachtung fällt jedoch auf, dass sich bestimmte Charakterzüge als Konstante herauskristallisieren. Eduard Dietz war Idealist. Er stand stets zu seinen Überzeugungen, sich anzupassen stellte für ihn nie eine Alternative dar. Nur so lassen sich die schwerwiegenden Brüche in seinem Leben nachvollziehen. Für einen Standpunkt einzutreten, mochte dieser auch noch so wenige Fürsprecher haben, war für Dietz eine Charakterfrage und damit eine Selbstverständlichkeit. Sich selbst treu zu bleiben und zu seinen Ansichten zu stehen, mag deshalb die Triebfeder für Dietz' gesamtes Wirken gewesen sein. Als die Burschenschaften Ende des 19. Jahrhunderts zunehmend antisemitisches Gedankengut annahmen und die Sozialdemokratie fast rundweg als „undeutsch" ablehnten, wurde Dietz nicht müde, den Antisemitismus zu bekämpfen und die Vorzüge der marxistischen Wirtschaftslehre aufzuzeigen. Obwohl seine Bemühungen in der Burschenschaft kaum Früchte trugen, kam ein Austritt für ihn nicht in Frage. Er wollte das Feld nicht kampflos verlassen und war der Auffassung, innerhalb der Burschenschaft mehr bewegen zu können als außerhalb. Die Rolle des prinzipientreuen Einzelkämpfers sollte fortan seinen weiteren Lebensweg bestimmen. Den Richterberuf, den er gerne ausübte, gab er auf, da er von seiner sozialdemokratischen Überzeugung nicht abrücken wollte. Später trat er aus der SPD aus und legte das Stadtratsmandat nieder, weil er die marxistische Doktrin in der sozialdemokratischen Politik mehr und mehr schwinden sah. Zuvor hatte er bereits aus unbekannten Gründen seinen Sitz im Badischen Landtag geräumt. Bei den Religiösen Sozialisten scheint er dann endlich eine politische Heimat gefunden zu haben. Auch als Rechtsanwalt waren Dietz' Idealismus und Pflichtbewusstsein ausschlaggebend für sein unermüdliches Engagement. Die Vertretung der Interessen des Carl Hau beendete er nicht mit der Verurteilung und der erfolglosen Revision bzw. dem Wiederaufnahmegesuch. Noch Jahre später setzte er sich für den geheimnisvollen und unnahbaren Mandanten unentgeltlich ein und erreichte schließlich dessen Entlassung, fast zwei Jahrzehnte nach dem Prozess. Um später Ludwig Marum aus der „Schutzhaft" frei zu bekommen, ließ er nichts unversucht und beschritt auch ungewöhnliche Wege. Obwohl ihm die Aussichtslosigkeit seiner Bemühungen bewusst werden musste, resignierte er nicht. Den Vorsitz der Anwaltskammer, dem er zuvor in den langen Jahren seiner Tätigkeit viele Stunden seiner Freizeit ohne Honorar geopfert hatte, legte er trotz nachdrücklichen Drängens nicht freiwillig nieder, sondern blieb bis zur Absetzung durch die neuen nationalsozialistischen Machthaber standhaft.

Was bleibt von Eduard Dietz' Arbeit an der ersten demokratischen Verfassung Badens? Durch seinen Entwurf konnte er die Grundfesten der jungen Republik mitbestimmen wie kaum ein anderer badischer Verfassungspolitiker seiner Zeit. Die größtmögliche Entmachtung der Regierung war ein Prinzip, das der Vorentwurf Dietz konsequent in die neue Verfassung transportierte. Die schwache Stellung des Staatspräsidenten und der Regierungsbank überhaupt war schon im Vorentwurf Dietz manifestiert. Die Demokratie als weitestgehende „Volksherrschaft", lediglich unterstützt von der Legislative, stellte das wichtigste Anliegen Dietz' bei der Erarbeitung eines neuen Verfassungsgefüges dar. Das dabei entstandene Ungleichgewicht der Kräfte blieb nur deshalb ohne negative Folgen, weil es im Baden der Weimarer Republik an kompromissbereiten Pragmatikern in Ständehaus und Staatsministerium nicht mangelte. Die Einführung der Volksgesetzgebung nach Schweizer Vorbild war für Dietz unverzichtbar und beruhte auf seinem Vorentwurf. Dass gerade dieses von Dietz für ein demokratisches Gemeinwesen als geradezu elementar eingeschätzte Instrument in der Verfassungswirklichkeit nie zur Geltung kam, schmälert dessen Bedeutung für das badische Verfassungsrecht nicht. Das von ihm vorgeschlagene automatische Verhältniswahlrecht orientierte sich an einer möglichst gerechten Stimmenverteilung und fand nicht nur in anderen Teilen des Reiches Verbreitung, sondern kam sogar für die Reichstagswahlen in Geltung. Dass Eduard Dietz und sein Anteil an der Erarbeitung der neuen Verfassung dennoch fast völlig in Vergessenheit geraten sind, mag mit seiner nur halbherzigen Haltung zur sogenannten „Formaldemokratie" zusammenhängen. Aus seiner Sicht stellte die demokratische Republik kein Idealbild, sondern nur eine Übergangserscheinung dar. Das Endziel war für ihn die Errichtung einer sozialistischen Gesellschafts- und Staatsordnung. Dieses Bekenntnis kostete ihn nicht nur den Rückhalt in der SPD, sondern vielleicht gleichzeitig die Erinnerung im Bewusstsein der Nachwelt als Schöpfer der ersten demokratischen Verfassung Badens. Überhaupt muss man feststellen, dass das wissenschaftliche und öffentliche Interesse an der großherzoglichen Verfassung des Jahres 1818 dasjenige an der ersten demokratischen Grundordnung auf badischem Boden von 1919 um ein Vielfaches übersteigt. Dies überrascht bei näherer Betrachtung einigermaßen, da als wirklich liberal nicht die ständische, sondern erst die demokratische Verfassung von 1919 bezeichnet werden kann. Eduard Dietz leistete mit seinem Vorentwurf und der Tätigkeit in der Verfassungskommission einen entscheidenden Beitrag zur Verfassungsentwicklung Badens. Es bleibt also unverständlich, warum nicht einmal Eduard Dietz' Heimatstadt Karlsruhe -die Stätte seines vielfältigen politischen, gesellschaftlichen und juristischen Wirkens- einen Einsatz für die Würdigung ihres so bedeutenden Sohnes erkennen lässt.

Die vorliegende Arbeit hofft, der Person Eduard Dietz gerecht zu werden. Vielleicht kann sie zudem einen Anstoß dazu geben, sich mit diesem außergewöhnlichen Juristen intensiver zu beschäftigen.

Anhang

A. Abkürzungsverzeichnis

ADB	Allgemeine Deutsche Biographie
ADC	Allgemeiner Deputierten Convent
ArchKrim	Archiv für Kriminologie
AöR	Archiv des öffentlichen Rechts
BAO	Badische Anwaltsordnung
BBl.	Burschenschaftliche Blätter
BB NF	Badische Biographien Neue Folgen
BJMBl.	Justizministerialblatt für das Großherzogthum Baden
BNSDJ	Bund nationalsozialistischer deutscher Juristen
BRSD	Bund der Religiösen Sozialisten Deutschlands
BV	Badische Verfassung (1919)
BVaF	Badische Verfassung (1818)
DAV	Deutscher Anwaltsverein
EBO	Eisenbahnordnung
EP	Erfurter Programm der SPD von 1891
FS	Festschrift
GLA	Generallandesarchiv Karlsruhe
GVBl.	Badisches Gesetzes- und Verordnungsblatt
GZW	Vorentwurf Glockner-Zehnter-Weill
HbStR	Handbuch des Staatsrechts
HbDStR	Handbuch des Deutschen Staatsrechts
JböR	Jahrbuch des öffentlichen Rechts
JuS	Juristische Schulung
JW	Juristische Wochenschrift
KA-Chronik	Chroniken der Stadt Karlsruhe
Komm.Ber.	Kommissionsbericht
KPD	Kommunistische Partei Deutschlands
LRS	Landrechtssatz (des Badischen Landrechts)
LT-DS	Landtags-Drucksache
MDR	Monatsschrift für Deutsches Recht
NDB	Neue Deutsche Biographie
NJW	Neue Juristische Wochenschrift
NSRB	Nationalsozialistischer Rechtswahrerbund
o. T.	ohne Titel
o. V.	ohne Vorname

PP	Pro-Patria
RAO	Rechtsanwaltsordnung
RegBl.	Regierungsblatt für das Großherzogthum Baden
RegEntw	Regierungsentwurf
RGBl.	Reichsgesetzblatt
RM	Reichsmark
RStGB	Reichsstrafgesetzbuch
RuStAG	Reichs- und Staatsangehörigkeitsgesetz
RV	Reichsverfassung (1871)
SdaV	Sonntagsblatt des arbeitenden Volkes
SPD	Sozialdemokratische Partei Deutschlands
Sten.Ber.	Stenographischer Bericht
UAH	Universitätsarchiv Heidelberg
USPD	Unabhängige Sozialdemokratische Partei Deutschlands
VED	Vorentwurf Dietz
VerfBern	Verfassung des Kantons Bern
VerfSolothurn	Verfassung des Kantons Solothurn
VerfZürich	Verfassung des Kantons Zürich
VO	Verordnung
WRV	Weimarer Reichsverfassung (1919)
WürttRegBl.	Württembergisches Regierungsblatt
WürttV	württembergische Verfassung (1919)
ZfbadVerw	Zeitschrift für badische Verwaltung
ZfP	Zeitschrift für Politik
ZGO	Zeitschrift für die Geschichte des Oberrheins
ZgStW	Zeitschrift für die gesamte Staatswissenschaft

B. *Quellenverzeichnis*

I. Ungedruckte Quellen

Universitätsarchiv Heidelberg:

A-702/12
H-II-111/83
H-II-111/103
Rep. 27/59
Rep. 27/286
Rep. 27/395
Rep. 27/492
Rep. 27/1159
Rep. 27/1236
StudA 1880/1899/00

Archiv der Burschenschaft Frankonia zu Heidelberg:

Maschinenschriftl. Entwurf einer Ehrengerichtssatzung (1887)

Generallandesarchiv Karlsruhe:

69/2001-58/138
69/2001-58/209
231/3434
233/24313
233/25690
233/27960
233/28117
233/28134
233/28135
234/9059
234/9080
234/9093
234/9149
234/9150
234/9151
234/9259
240/611
240/769
270-1/2557
390/1967
N Geck 205
N Geck 952

Anhang

Schularchiv Bismarck-Gymnasium Karlsruhe:	Abiturzeugnis Eduard Dietz
Privat:	„Bestallung“ zum Ministerialsekretär vom 30. September 1893
	„Bestallung“ zum Amtsrichter vom 24. Oktober 1894
	„Bestallung“ der Versetzung ans Amtsgericht Karlsruhe vom 15. Januar 1897
	Ernennung zum Oberamtsrichter vom 7. Juni 1899
	„Bestallung“ zum Landgerichtsrat vom 14. Juli 1899
	Personalbogen Eduard Dietz des BNSDJ vom 9. Juni 1938

II. Gedruckte Quellen

Adressbuch der Haupt- und Residenzstadt Karlsruhe/der Landeshauptstadt Karlsruhe der Jahre 1900, 1904, 1905, 1908, 1911, 1921

Adressbücher der Ruprecht-Karls-Universität in Heidelberg – Winter-Halbjahr 1885/86 bzw. 1888/89, Heidelberg 1885 bzw. 1888 (UAH X ZSB 35)

Amtliche Sammlung der Gesetze, Dekrete und Verordnungen des Kantons Bern, Bd. 1 (1815-1900), Bern 1943

Amtliche Sammlung der Gesetze und Verordnungen des Kantons Solothurn, 60. Bd. (1886-1890), Solothurn 1890

Amtliche Berichte über die Verhandlungen der verfassunggebenden badischen Nationalversammlung/des Badischen Landtags, Karlsruhe 1918 ff (zit.: Sten.Ber.)

Badische Rechtspraxis, Karlsruhe 1899-1936

Badisches Gesetzes- und Verordnungsblatt, Karlsruhe 1918-1945 (zit.: GVBl.)

Burschenschaftliche Blätter (zit.: BBl.)

Chroniken der Haupt- und Residenzstadt Karlsruhe, Karlsruhe 1891-1923 (zit.: KA-Chronik)

Erfurter Programm der SPD von 1891;abgedruckt in: *Miller*, Das Problem der Freiheit im Sozialismus, – Freiheit, Staat und Revolution in der Programmatik der Sozialdemokratie von Lassalle bis zum Revisionismusstreit, Frankfurt 1964, S. 310 ff. (zit.: EP)

Gesetzes- und Verordnungsblatt für das Großherzogthum Baden, Karlsruhe 1869-1918 (zit.: GVBl.)

Großherzoglich-Badisches Regierungsblatt, Karlsruhe 1807-1868 (zit.: Reg.Bl.)

Hof- und Staatshandbuch des Großherzogthums Baden, Karlsruhe 1834-1918 (zit.: Hof und Staatshandbuch)

Jahresberichte der Badischen Anwaltskammer, Karlsruhe 1929-1936

Jahresbericht des Großherzoglichen Gymnasiums für das Jahr 1885/86, Karlsruhe 1886

Justizministerialblatt für (das Großherzogthum) Baden, Karlsruhe 1911-1936 (zit.: BJMBl.)

Anhang

Officielle Sammlung der seit Annahme der Verfassung vom Jahre 1831 erlassenen Gesetze, Beschlüsse und Verordnungen des Eidgenössischen Standes Zürich, Bd. 14, Zürich 1866/69

Regierungsblatt für Württemberg vom Jahr 1919, Stuttgart o. J. (zit.: WürttRegBl.)

Reichsgesetzblatt, Berlin 1871-1945 (zit.: RGBl.)

Staatsanzeiger für das Großherzogthum Baden, Karlsruhe 1869-1918 (zit.: Staatsanzeiger)

Verhandlungen des Badischen Landtags (Landtagsdrucksachen der früheren II. Ständekammer), Karlsruhe 1919-1933 (zit.: LT-DS)

Verhandlungen der Ständeversammlung des Großherzogthums Baden (2. Kammer), Karlsruhe 1818-1918 (zit.: Verh. 2. Kammer)

Volksfreund (Sozialdemokratische Tageszeitung für Mittelbaden)

C. Literaturverzeichnis

100 Jahre SPD Karlsruhe — Karlsruhe 1977

ADB — Allgemeine Deutsche Biographie Bd. 1-56, Leipzig 1875-1912
Zitiert: *Verfasser*, in: ADB

Anschütz, Gerhard — Die Verfassung des Deutschen Reichs vom 14. August 1919, 12. Aufl. (3. Bearb.), Berlin 1930

Ders. — Das System der rechtlichen Beziehungen zwischen Reich und Ländern, in: *Anschütz/Thoma* (Hrsg.), HbDStR I, Tübingen 1930, S. 295 ff

Ders. — Die gegenwärtigen Theorieen über den Begriff der gesetzgebenden Gewalt und den Umfang des königlichen Verordnungsrechts nach preussischem Staatsrecht, 2. Aufl., Tübingen 1901 (Neudruck Aalen 1971)

Ders. — Rückblick auf ältere Entwicklungsstufen der Staatsbildung und des Staatsrechts in Deutschland, in: *Anschütz/Thoma* (Hrsg.), HbDStR I, Tübingen 1930, S. 17 ff

Ders. — Der Norddeutsche Bund und seine Erweiterung zum Kaiserreich, in: *Anschütz/Thoma* (Hrsg.), HbDStR I, Tübingen 1930, S. 63 ff

Avena, Rolf — Mordaffäre Molitor: Ein Tatsachenroman, 4. Aufl., Halle 2006

Badura, Peter — Die Methoden der neueren allgemeinen Staatslehre, Erlangen 1959

Baig, Yong-Qi — Bund der Religiösen Sozialisten Deutschlands in der Weimarer Republik, Bochum 1996

Baldes, Anette Jasmin — Die Entstehung des Strafgesetzbuches für das Großherzogtum Baden von 1845 – Mit Blick auf die badische Verfassungsgeschichte und die an der Strafgesetzgebung beteiligten Personen, Hamburg 1999

Balzer, Friedrich-Martin — Klassengegensätze in der Kirche: Erwin Eckert und der Bund der Religiösen Sozialisten Deutschlands, Köln 1973

Balzer, Friedrich-Martin/ Wendelborn, Gert — „Wir sind keine stummen Hunde" – Heinz Kappes (1893-1988). Christ und Sozialist, Bonn 1994

Baum, Georg — Der Rechtsanwalt im Klassenkampf, in: JW 1922, S. 541 ff.

Baum, Marie — Drei Klassen von Lohnarbeiterinnen in Industrie und Handel der Stadt Karlsruhe, Karlsruhe 1906

Baur, Hugo — Mein politischer Lebenslauf, Konstanz 1929

BB AF — Badische Biographien Alte Folgen 1-6, Karlsruhe und Heidelberg 1881-1935
Zitiert: *Verfasser*, in: BB AF

BB NF — Badische Biographien Neue Folgen 1-5, Stuttgart 1982-2005
Zitiert: *Verfasser*, in: BB NF

Behaghel, Wilhelm — Das Badische bürgerliche Recht und der Code Napoléon mit besonderer Berücksichtigung auf die Bedürfnisse der Praxis, 2. Aufl., Freiburg 1875

Bekker, Ernst Immanuel — Von deutschen Hochschulen – Allerlei was da ist und was da sein sollte, Berlin 1869

Below, Georg von — Das Duell und der germanische Ehrbegriff, Kassel 1896

Bender, Ulrich — Theorien der gemeindlichen Selbstverwaltung – Das Selbstverwaltungsrecht als Naturrecht, Mainz 1962

Bendix, Ludwig — Zulassung der Rechtsanwälte bei den Arbeitsgerichten 1. Instanz, in: JW 1926, S. 758 f.

Benz, Wolfgang — Süddeutschland in der Weimarer Republik. Ein Beitrag zur deutschen Innenpolitik 1918-1923, Berlin 1970

Blau, Joachim — Sozialdemokratische Staatslehre in der Weimarer Republik – Darstellung und Untersuchung der staatstheoretischen Konzeptionen von Hermann Heller, Ernst Fraenkel und Otto Kirchheimer, Marburg 1980

Bleicher, Hermann
Schmidt, o. V. — Die Vorschriften über die juristische Vorbildung in Baden, 3. Aufl., Karlsruhe 1908

v. Blume, Wilhelm — Die württembergische Verfassungsgesetzgebung des Jahres 1919, in: JböR Bd. 9 (1920), S. 171 ff

Blunk, Paul — Kyffhäuser-Verband der Vereine Deutscher Studenten, in: *Doeberl* (Hrsg.), Das Akademische Deutschland Bd. 2, Berlin 1931, S. 409 ff.

Bluntschli, Johann Caspar — Geschichte der neueren Staatswissenschaften, 3. Aufl., München 1881 (Neudruck München 1991)

v. Bodmann, Johannes — Die badischen Stammgüter – Ihre volkswirtschaftliche Bedeutung unter besonderer Berücksichtigung des Aufhebungsgesetzes vom 18. Juli 1923, Leipzig 1927

Böhringer, Karl-Heinz — Die Badische Verfassung vom 21. März 1919 – Entstehung, Inhalt und Vergleich mit der württembergischen und preussischen Verfassung, Freiburg 1950

Böttger, Hugo — Handbuch für den deutschen Burschenschafter, Berlin 1909

Ders. — Die Bewegung gegen die Pistolenduelle, in: BBl. WS 1902/03, S. 128 ff

Ders. — In den Duelldebatten, in: BBl. WS 1901/02, S. 268 ff

Borgstedt, Angela — Badische Juristen im Widerstand gegen den Nationalsozialismus, in: *Borgstedt* (Hrsg.),Badische Juristen im Widerstand (1933-1945), Konstanz 2004, S. 9 ff

Dies. — Die Geschichte des Karlsruher Anwaltsvereins, in: Festschrift 125 Jahre Anwaltsverein Karlsruhe, Karlsruhe 2004, S. 12 ff

Bornemann, C. H. — Einzelwahlkreis und Proporz – Ein Vorschlag zur Reichwahlreform, in: ZfP Bd. 90 (1931), S. 43 ff

Bornhak, Conrad — Staats- und Verwaltungsrecht des Großherzogtums Baden, Hannover 1908

Ders. — Preußisches Staatsrecht Bd. 1, 2. Aufl., Breslau 1911

Brakelmann, Günter — Hans Ehrenberg. Ein judenchristliches Schicksal in Deutschland, Bd. 1 – Leben, Denken und Wirken 1883-1933, Waltrop 1999

Ders. — Hans Ehrenberg. Ein judenchristliches Schicksal in Deutschland, Bd. 2 – Widerstand, Verfolgung und Emigration 1933-1939, Waltrop 1999

Brandt, Peter/ Rürup, Reinhard — Volksbewegung und demokratische Neuordnung in Baden 1918/1919, Sigmaringen 1991

Breipohl, Renate — Religiöser Sozialismus und bürgerliches Geschichtsbewusstsein zur Zeit der Weimarer Republik, Zürich 1971

Brenk-Keller, Sybille — Der Fall Carl Hau – die Mordaffäre Molitor: Versuch einer Rekonstruktion, in: *Avena*, Mordaffäre Molitor: Ein Tatsachenroman, 4. Aufl., Halle 2006, S. 216 ff

Brückner, o. V. — Die mecklenburgische Verfassungsfrage seit 1913, in: Jahrbuch des öffentlichen Rechts der Gegenwart Bd. IX (1920), S. 218 ff

Buchstein, Hubertus — Von Max Adler zu Ernst Fraenkel. Demokratie und pluralistische Gesellschaft in der sozialistischen Demokratietheorie der Weimarer Republik, in: *Gusy* (Hrsg.), Demokratisches Denken in der Weimarer Republik, Baden-Baden 2000, S. 534 ff

Bürkli, Karl — Meine Proporz-Perle vor dem Zürcher Kantonsrath (15. September 1891) – Eine Rede über die Proportional-Vertretung wie die Sozialdemokraten sie wollen, Zürich 1891

Bürstinghaus, o. V. — Trinkzwang und Alkoholfrage, in: BBl. WS 1911/12, S. 217 f.

Buhmann, o. V. — Die Vereinigung der deutschen Anwaltskammervorstände und die Rechtsanwaltsordnung, in: JW 1917, S. 881 ff

Burckhardt, Walther — Kommentar der schweizerischen Bundesverfassung vom 29. Mai 1874, 2. Aufl., Bern 1914

Busch, o. V. — Der Wissenschaftliche Abend, in: BBl. WS 1903/04, S. 207 ff.

van Calker, Wilhelm — Das Badische Budgetrecht in seinen Grundzügen – I. Theil: Geschichtliche Entwicklungen, Tübingen/Leipzig 1901

Caro, o. V. — Heinrich von Kleist und das Recht, Berlin 1911

Carstens, o. V. — Zur Frage der Simultanzulassung der Amtsgerichtsanwälte beim übergeordneten Landgericht, in: JW 1921, 873 ff

Cser, Andreas — Badischer Landtag bis 1918, in: *Blickle* (Hrsg.), Von der Ständeversammlung zum demokratischen Parlament – Die Geschichte der Volksvertretungen in Baden-Württemberg, Stuttgart 1982, S. 153 ff

Curti, Theodor — Die Schweizerischen Volksrechte – 1848 bis 1900, Bern 1900

Curtius, Julius — Über die Einführung von Volksinitiative und Volksreferendum in die neuen Verfassungen der deutschen Staaten – Untersuchungen auf Grund des Regierungsentwurfs zur badischen Verfassung, Heidelberg 1919

Dähn, Horst — Rätedemokratische Modelle – Studien zur Rätediskussion in Deutschland 1918-1919, Meisenheim am Glan 1975

Dahringer, Helmut — Der Kriminalfall Hau, in: AQUAE - Arbeitskreis für Stadtgeschichte Baden-Baden Heft 24 (1991), S. 79 ff

Degen, Walther — Das Eigentumsrecht an den Domänen im Großherzogtum Baden in vergleichender Darstellung mit den Rechtsverhältnissen der Domänen in den einzelnen Bundesstaaten, Heidelberg 1903

Degenhart, Christoph — Staatsrecht I – Staatsorganisationsrecht, 23. Aufl., Heidelberg 2007

Denneler, Iris — Friedrich Karl von Savigny, Berlin 1985

Dietrich, Anton — Die Ausgestaltung des Verhältnisses von Staat und Kirche in der Verfassung des Deutschen Reiches vom 28. März 1849 und ihre geschichtlichen Voraussetzungen, Würzburg 1969

Dietrich, Heinrich — Wie es zum Bund der religiösen Sozialisten kam, Karlsruhe 1927

Dietschi, Urs — Das Volksveto in der Schweiz – Ein Beitrag zur Geschichte der Volksgesetzgebung, Olten 1926

Doehring, Karl — Allgemeine Staatslehre – Eine systematische Darstellung, 3. Aufl., Heidelberg 2004

Dopke, Friederike — Eichhorn als Rechtsgutachter – Seine Gutachten für Spruchkollegien, das Obertribunal und Private, Buxtehude 1992

Dreier, Horst — Grundgesetz – Kommentar Bd. 2 (Art. 20-82), 2. Aufl., Tübingen 2006

Dvorak, Helge — Biographisches Lexikon der Deutschen Burschenschaft – Band I: Politiker/Teilband 1: A-E, Heidelberg 1996

Eckert, Erwin — Was wollen die religiösen Sozialisten?, Karlsruhe 1927

Eckert, Jörn — Der Kampf um die Familienfideikommisse in Deutschland – Studien zum Absterben eines Rechtsinstituts, Frankfurt a. M. u. a. 1992

Egidy, Christoph Moritz von — Ernste Gedanken, Leipzig 1890

Ehlers, Dirk — Verwaltung und Verwaltungsrecht im demokratischen und sozialen Rechtsstaat, in: *Erichsen/Ehlers* (Hrsg.), Allgemeines Verwaltungsrecht, 13. Aufl., Berlin 2006, S. 1 ff

Ehrle, Peter Michael — Für Baden und Europa gerettet? – Eine Zwischenbilanz des „Kulturgüterstreits“ (20.09.2006-20.01.2007), in: *Ehrle/Obhof* (Hrsg.), Die Handschriftensammlung der Badischen Landesbibliothek – Bedrohtes Kulturerbe?, Gernsbach 2007, S. 81 ff

Eichhorn, Emil	Das neue Landtagswahlrecht: ein Führer durch die badische Wahlrechts- und Verfassungsreform, 2. Aufl., Karlsruhe 1904
Eisele, Josef	70 Jahre Dienst am Volke, Karlsruhe 1959
Elsässer, Konrad	Die badische Sozialdemokratie 1890 bis 1914. Zum Zusammenhang von Bildung und Organisation, Marburg 1978
Endemann, Friedrich	Die Rechtslage gegenüber dem Entwurfe eines Gesetzes zur Ausführung des § 66 der badischen Verfassung über die Aufhebung der Stammgüter, in: ZfbadVerw 1922, S. 9 ff
Erbacher, Hermann	Die evangelische Landeskirche in Baden in der Weimarer Republik und im Dritten Reich, 1918-1945: Geschichte und Dokumente, Karlsruhe 1983
Erdmannsdörffer, H. G.	Das automatische System, in: ZfP Bd. 20 (1931), S. 170 ff
Fenske, Hans	175 Jahre Badische Verfassung, Karlsruhe 1993
Ders.	Die badische Verfassung vom 22. August 1818 – Entstehung und Bedeutung, in: *Weinacht* (Hrsg.), Baden – 200 Jahre Großherzogtum: Vom Fürstenstaat zur Demokratie, Freiburg 2008, S. 79 ff
Fischer, Detlev	Jurist und Sozialist – Erinnerungen an Eduard Dietz (1866-1940), in: Recht und Politik (RuP) 2004, S. 58 f.
Ders.	Karlsruher Juristenportraits aus der Vorzeit der Residenz des Rechts, Karlsruhe 2004
Ders.	Wiederkehr, Begegnungen zwischen den Karlsruher Anwälten Eduard Dietz und Ludwig Marum, in: Festschrift 125 Jahre Anwaltsverein Karlsruhe, Karlsruhe 2004, S. 51 ff
Ders.	Rechtshistorische Rundgänge durch Karlsruhe – Residenz des Rechts, Karlsruhe 2005
Ders.	150 Jahre Badische Amtsgerichte, Karlsruhe 2007
Ders.	Eduard Dietz (1866-1940). Vater der badischen Landesverfassung von 1919 – Ein Juristenleben, Karlsruhe 2008
Fleiner, Fritz	Institutionen des deutschen Verwaltungsrechts, 8. Aufl., Tübingen 1928 (Neudruck Aalen 1995)

Franzen, Hans-Joachim Auf der Suche nach politischen Handlungsspielräumen – Die Diskussion und die Strategie der Partei in den regionalen und lokalen Organisationen der badischen Sozialdemokratie zwischen 1890 und 1914 (2 Bde), Frankfurt 1987

Ders. Die SPD in Baden 1900-1914, in: *Schadt/Schmierer* (Hrsg.), Die SPD in Baden-Württemberg und ihre Geschichte. Von den Anfängen der Arbeiterbewegung bis heute, Stuttgart 1979, S. 88 ff

Freund, Ernst Das öffentliche Recht der Vereinigten Staaten von Amerika, Tübingen 1911

Frevert, Ute Ehrenmänner – Das Duell in der bürgerlichen Gesellschaft, München 1991

Friedländer, Max Das Reichsgesetz vom 27. März 1927 über die Änderung der Rechtsanwaltsordnung, in: JW 1927, S. 1129 ff

Friedländer, Adolf/ Friedländer, Max Kommentar zur Rechtsanwaltsordnung vom 1. Juli 1878, 3. Aufl., München 1930

Friese, Franz-Josef Die Freiheit der Advokatur, Frankfurt 1989

Frommhold, Georg Zur Lehre vom Stammgut, Familienfideikomiß und Familien-Vorkaufsrecht, in: Festschrift für Otto Gierke zum siebzigsten Geburtstag, Weimar 1911, S. 59 ff

Frotscher, Werner Regierung als Rechtsbegriff – Verfassungsrechtliche und staatstheoretische Grundlagen unter Berücksichtigung der englischen und französischen Verfassungsentwicklung, Berlin 1975

Frotscher, Werner/ Pieroth, Bodo Verfassungsgeschichte, 5. Aufl., München 2005

Gasser, Hans-Peter Die Volksrechte in der Zürcher Verfassung – Die Funktion der direkt demokratischen Institutionen im modernen kleinräumigen Verfassungsstaat, Zürich 1966

Genssler, Georg Das d'Hondtsche und andere Sitzverteilungsverfahren aus mathematischer und verfassungsrechtlicher Sicht, Nürnberg 1984

Giacometti, Zaccaria Das Staatsrecht der Schweizerischen Kantone, Zürich 1941

Gierke, Otto von Das deutsche Genossenschaftsrecht – Band 1: Rechtsgeschichte der deutschen Genossenschaft, Berlin 1868

Ders. Das deutsche Genossenschaftsrecht – Band 2: Geschichte des deutschen Körperschaftsbegriffs, Berlin 1873

Ders. Das deutsche Genossenschaftsrecht – Band 3: Die Staats- und Korporationslehre des Altertums und des Mittelalters und ihre Aufnahme in Deutschland, Berlin 1881

Ders. Das deutsche Genossenschaftsrecht - Band 4: Staats- und Korporationslehre der Neuzeit, Berlin 1913

Giese, Friedrich Die Verfassung des Deutschen Reichs vom 11. August 1919, Berlin 1919

Ders. Gebiet und Gebietshoheit, in: *Anschütz/Thoma* (Hrsg.), HbDStR Bd. I, Tübingen 1930, S. 225 ff

Ders. Deutsches Staatsrecht – Allgemeines Reichs- und Landesstaatsrecht, Berlin 1930

Ders. Allgemeines Staatsrecht, Tübingen 1948

Ders. Die Grundrechte, Tübingen 1905

Giovannini, Norbert Paukboden, Barrikaden und Bismarck-Kult - Heidelberger Studenten 1800-1914, in: *Buselmeier/Harth/Jansen* (Hrsg.), Auch eine Geschichte der Universität Heidelberg, Mannheim 1985, S. 123 ff

Gladen, Paulgerhard Gaudeamus igitur - Die studentischen Verbindungen einst und jetzt, München 1986

Glockner, Karl Badisches Verfassungsrecht, 1. Aufl., Karlsruhe 1905

Ders. Badisches Verfassungsrecht, 2. Aufl., Karlsruhe 1930

Ders. Kommissionsbericht den Auseinandersetzungsvertrag betreffend, LT-DS Beil. Nr. 21 b (1919), S. 1 f

Goldschmit, Robert Geschichte der badischen Verfassungsurkunde 1818-1919, Karlsruhe 1919

Gönner, Richard Zur Geschichte der Badischen Rechtsanwaltschaft im 19. Jahrhundert, in: JW 1930, S. 2893 ff

Goldschmit, Robert Die Stadt Karlsruhe, ihre Geschichte und Verwaltung – Festschrift zur Erinnerung an das 200jährige Bestehen der Stadt, Karlsruhe 1915

Grawert, Rolf — Staatsvolk und Staatsangehörigkeit, in: *Isensee/Kirchhof* (Hrsg.), HbStR II: Verfassungsstaat, 3. Aufl., Heidelberg 2004, S. 107 ff

Grebing, Helga — Der Revisionismus – Von Bernstein bis zum „Prager Frühling", München 1977

Gross, Norbert — Josef Kohler – Wege zu einem deutschen Wettbewerbsrecht, in: *Ahrens/Bornkamm/Kunz-Hallstein* (Hrsg.), Festschrift für Eike Ullmann, Saarbrücken 2006, S. 615 ff

Grossfeld, Bernhard/ Theusinger, Ingo — Josef- Kohler – Brückenbauer zwischen Jurisprudenz und Rechtsethnologie, in: Rabels Zeitschrift für ausländisches und internationales Privatrecht Bd. 64 (2000), S. 696 ff

Gumplowicz, Ludwig — Geschichte der Staatstheorien, Innsbruck 1905

Güß, Peter — Hier stehet das Gymnasium – Aber wo?, in: *Haas* (Hrsg.), Markgrafen-Gymnasium Karlsruhe-Durlach: Festschrift 400 Jahre Gymnasium in Durlach, Durlach 1986, S. 27 ff

Gusy, Christoph — Die Weimarer Reichsverfassung, Tübingen 1997

Hachenburg, Max — Lebenserinnerungen eines Rechtsanwalts, Düsseldorf 1927

Haehling von Lanzenauer, Reiner — Angeklagt wegen Mordes: Rechtsanwalt Karl Hau, in: Jahrbuch der Juristischen Zeitgeschichte Bd. 7 (2005/2006), S. 389 ff

Ders. — Das Strafverfahren gegen den Rechtsanwalt Hau, Zeitschrift für die Geschichte des Oberrheins Bd. 153 2005, S. 545 ff

Ders. — Eduard Dietz, Strafverteidiger im Hau-Prozess, in: Badische Heimat 2007, S. 437 ff.

Hammer, Hans — Ministerverantwortlichkeit im Deutschen Reiche, Forst (Lausitz) 1909

Hangartner, Yvo/ Kley, Andreas — Die demokratischen Rechte in Bund und Kantonen der Schweizerischen Eidgenossenschaft, Zürich 2000

Hansen, Gerd Günter — Probleme der Volksgesetzgebung nach Reichsrecht (Art. 73 Abs. 3 RV), Stolp in Pommern 1930

Hardtwig, Wolfgang — Zivilisierung und Politisierung. Die studentische Reformbewegung 1750-1818 in: *Malettke* (Hrsg.), 175 Jahre Wartburgfest – 18. Oktober 1817-18. Oktober 1992, Studien zur politischen Bedeutung und zum ZeithintergrundWder wartburgfeier, aus der Reihe: Darstellungen und Quellen zur Geschichte der deutschen Einheitsbewegung im neunzehnten und zwanzigsten Jahrhundert, Heidelberg 1992, S. 31 ff

Hasbach, Wilhelm Die moderne Demokratie – Eine politische Beschreibung, Jena 1912

Hau, Carl Das Todesurteil – Die Geschichte meines Prozesses, Berlin 1925

Ders. Lebenslänglich – Erlebtes und Erlittenes, Berlin 1925

Hatschek, Julius Institutionen des Deutschen Staatsrechts – Bd. 1: Das Reichsstaatsrecht, Berlin 1923

Ders. Deutsches und preußisches Staatsrecht – Bd. 1, 2. Aufl., Berlin 1930

Hauße, Heinrich Der Handschriftenstreit: Eine unsägliche Geschichte – Versuch einer Chronologie der Ereignisse 21.9.-2.11.2006, in: Badische Heimat 2006 Heft 4 (Jg. 86), S. 149 ff

Hawlitzky, o. V. Die Zulassung der Amtsgerichtsanwälte bei den Landgerichten, in: JW 1919, S. 990

Heffter, Heinrich Die deutsche Selbstverwaltung im 19. Jahrhundert – Geschichte der Ideen und Institutionen, Stuttgart 1950

Heimann, Siegfried in: *Heimann/Walter*, Religiöse Sozialisten und Freidenker in der Weimarer Republik, Bonn 1993, S. 13 ff

Heinrich, Herbert *Bader* (Hrsg.), Baden im 19. und 20. Jahrhundert – Bd. 1, Karlsruhe 1948, S. 23 ff

Helferich, o. V. Die Domänenverwaltung in Baden nach den Bestimmungen der Verfassungsurkunde, in: ZgStW Bd. 4 (1847), S. 3 ff

Heller, Hermann Die politischen Ideenkreise der Gegenwart, in: *Heller/Müller* (Hrsg.), Gesammelte Schriften Bd. 1 – Orientierung und Entscheidung, 2. Aufl., Tübingen 1992 (erstmal 1926 erschienen), S. 267 ff

Hernekamp, Karl Formen und Verfahren direkter Demokratie – Dargestellt anhand ihrer Rechtsgrundlagen in der Schweiz und in Deutschland, Frankfurt am Main 1979

Herzog, Roman Allgemeine Staatslehre, Frankfurt a. M. 1971

Heußner, Hermann K. Volksgesetzgebung in den USA und in Deutschland – Ein Vergleich der Normen, Funktionen, Probleme und Erfahrungen, Köln 1994

Heyck, Eduard — Protest gegen Dietz, in: BBl. WS 1893/94, S. 70 ff

Heyland, Carl — Das Landesgesetz, in: *Anschütz/Thoma* (Hrsg.), HdbDStR II, Tübingen 1932, S. 189 ff

Heymann, Ernst — Hundert Jahre Berliner Juristenfakultät, in: *Liebmann* (Hrsg.), Die Juristische Fakultät der Universität Berlin, Berlin 1910, S. 3 ff

Hilty, o. V. — Das Referendum im schweizerischen Staatsrecht – Teil 1, in: AöR Bd. 2 (1887), S. 167 ff

Ders. — Das Referendum im schweizerischen Staatsrecht – Teil 2, in: AöR Bd. 2 (1887), S. 367 ff

Hoche, Alfred — Jahresringe – Innenansicht eines Menschenlebens, München 1950

Hoffmann, Hasso — Einführung in die Rechts- und Staatsphilosophie, 2. Aufl., Darmstadt 2003

Holste, Heiko — Der deutsche Bundesstaat im Wandel (1867-1933), Berlin 2002

Huber, Ernst Rudolf — Deutsche Verfassungsgeschichte seit 1789 – Bd. 2: Der Kampf um Einheit und Freiheit 1830 bis 1850, Stuttgart 1960

Ders. — Deutsche Verfassungsgeschichte seit 1789 - Bd. 5: Weltkrieg, Revolution und Reichserneuerung – 1914-1919, Stuttgart 1978

Ders. — Deutsche Verfassungsgeschichte seit 1789 – Bd. 6: Die Weimarer Reichsverfassung, Revidierter Nachdruck der 1. Aufl. (Stuttgart 1981), Stuttgart 1993

Hübner, Rudolf — Die Staatsform der Republik, Bonn und Leipzig 1919

Hübsch, Wilhelm — Kirchen und religiöse Gemeinschaften - Allgemeines, in: *Rebmann/Gothein/v. Jagemann* (Hrsg.), Das Großherzogtum Baden, 2. Aufl., Karlsruhe 1912, S. 1036 ff

Hug, Wolfgang — Geschichte Badens, 2. Aufl., Stuttgart 1998

Inhoffen, Adolf — Volksinitiative in den modernen Staatsverfassungen, Mönchengladbach 1922

Ipsen, Jörn — Staatsrecht I – Staatsorganisationsrecht, 19. Auflage, Köln und München 2007

Isay, Ernst — Kommentar zum Reichs- und Staatsangehörigkeitsgesetz und zu den Staatsangehörigkeitsverträgen, Berlin 1929

Isensee, Josef Staat und Verfassung, in: *Isensee/Kirchhof* (Hrsg.), HbStR II: Verfassungsstaat, 3. Aufl., Heidelberg 2004, S. 3 ff

Jaeckel, Fritz Burschenschaft und Antisemitismus, in: BBl. WS 1892/93, S. 204 f.

Jacta, Maximilian (alias Erich Schwinge) Berühmte Strafprozesse – Deutschland II, München 1967

v. Jan, Heinrich Wahlrecht und Volksabstimmungen, in: JböR Bd. 10 (1921), S. 177 ff

Jellinek, Georg (Hrsg.), Gesetze und Verordnungen für die Universität Heidelberg, Heidelberg 1908

Ders. Allgemeine Staatslehre, 3. Aufl., Berlin 1914

Ders. Gesetz und Verordnung – Staatsrechtliche Untersuchungen auf rechtsgeschichtlicher und rechtsvergleichender Grundlage, Freiburg 1887 (Neudruck Aalen 1964)

Ders. System der subjektiven öffentlichen Rechte, 2. Aufl., Tübingen 1919 (Neudruck, erstmals 1905 erschienen)

Ders. Verfassungsänderung und Verfassungswandlung – Eine staatsrechtlich-politische Abhandlung, Berlin 1906

Ders. Die Erklärung der Menschen- und Bürgerrechte – Ein Beitrag zur modernen Verfassungsgeschichte, 2. Aufl., Berlin 1904

Jellinek, Walter Revolution und Reichsverfassung – Bericht über die Zeit vom 9. November 1918 bis 31. Dezember 1919, in: JböR Bd. 9 (1920), S. 1 ff

Ders. Verfassung und Verwaltung des Reichs und der Länder, Leipzig/Berlin 1925

Jung, Otmar Volksgesetzgebung – Die Weimarer Erfahrungen aus dem Fall der Vermögensauseinandersetzungen zwschen Freistaaten und ehemaligen Fürsten (Teil 1), 2. Aufl., Hamburg 1996

Kaisenberger, Georg Wahlreform, in: ZgStW Bd. 90 (1931), S. 449 ff

Kaller, Gerhard Die Revolution des Jahres 1918 und die Tätigkeit des Arbeiter- und Soldatenrats in Karlsruhe, in: Zeitschrift für die Geschichte des Oberrheins (ZGO) Bd. 114 (1966), S. 301 ff

Ders. Zur Revolution von 1918 in Baden – Klumpp-Putsch und Verfassungsfrage, in: Oberrheinische Studien Bd. II, Bretten 1973, S. 175 ff

Kappes, Heinz Der Fall Eckert, abgedruckt in: *Balzer/Wendelborn* (Hrsg.), „Wir sind keine stummen Hunde" – Heinz Kappes (1893-1988). Christ und Sozialist in der Weimarer Republik, Bonn 1994, S. 204 ff

Karlowa, Otto Römische Rechtsgeschichte – Band 1: Staatsrecht und Rechtsquellen, Leipzig 1885

Ders. Römische Rechtsgeschichte – Band 2: Privatrecht und Civilprocess. Strafrecht und Strafprozess, Leipzig 1901

Kautsky, Karl Parlamentarismus und Demokratie, 2. Aufl., Stuttgart 1911

Keller, Fritz/ Trautmann, Paul Kommentar zum Reichs- und Staatsangehörigkeitsgesetz vom 22. Juli 1913, München 1914

Kelsen, Hans Sozialismus und Staat – Eine Untersuchung der politischen Theorie des Marxismus, Leipzig 1920

Ders. Die Verfassungsgesetze der Republik Deutschösterreich – Zweiter Teil: Wahlordnung/Verfassungsnovelle, Wien/Leipzig 1919

Kersten, Jens Georg Jellinek und die klassische Staatslehre, Tübingen 2000

Kettler, Dietmar Die Drei-Elemente-Lehre – Ein Beitrag zu Jellineks Staatsbegriff, seiner Fortführung und Kritik, Rahden 1995

Kissel, Otto Rudolf 100 Jahre Gerichtsverfassungsgesetz - Grundlegung einer einheitlichen deutschen Rechtspflege, in: NJW 1979, S. 1953 ff

Ders. 125 Jahre Reichsjustizgesetze, in: NJW 2004, S. 2872 ff

Kißener, Michael Zwischen Diktatur und Demokratie – Badische Richter 1919-1952, Konstanz 2003

Klein, Hans H. Die Lückentheorie im Großherzogtum Baden, in: *Grupp/Hufeld* (Hrsg.), Recht – Kultur – Finanzen: Festschrift für Reinhard Mußgnug, Heidelberg 2005, S. 673 ff

Klein, Winfried Die Domänenfrage im deutschen Verfassungsrecht des 19. Jahrhunderts, Berlin 2007

Ders. Eigentum und Herrschaft – Grundfragen zum Rechtsstatus der Handschriften der Badischen Landesbibliothek, In:

	Ehrle/Obhof (Hrsg.), Die Handschriftensammlung der Badischen Landesbibliothek – Bedrohtes Kulturerbe?, Gernsbach 2007, S. 127 ff
Kleinheyer, Gerd/ Schröder, Jan	Deutsche und Europäische Juristen aus neun Jahrhunderten, 4. Aufl., Heidelberg 1996
Koch, Gottfried	Montesquieus Verfassungstheorie, Schutterwald 1997 (erstmals 1883 erschienen)
Koch, Manfred	Eduard Dietz – Autor des Verfassungsentwurfs von 1918, in: Blick in die Geschichte – Karlsruher stadthistorische Beiträge Bd. 1 (1988-1993), Karlsruhe 1994, S. 250 f.
Köbler, Gerhard	Juristisches Wörterbuch, 13. Aufl., München 2005
Koellreutter, Otto	Die neue staatsrechtliche Gestaltung in Baden, in: JböR 1920, S. 180 ff
Ders.	Die neue badische und die neue württembergische Verfassung, eine vergleichende Gegenüberstellung, in: AöR Bd. 39, S. 437 ff
Ders.	Die neuen Landesverfassungen, in: *Anschütz/Thoma* (Hrsg.), HdbDStR I, S. 138 ff
Ders.	Das parlamentarische System in den deutschen Landesverfassungen, Tübingen 1921
Kolb, Eberhard	Die Arbeiterräte in der deutschen Innenpolitik 1918-1919, Düsseldorf 1962
Krach, Tillmann	Jüdische Rechtsanwälte in Preußen: Über die Bedeutung der freien Advokatur und ihre Zerstörung durch den Nationalsozialismus, München 1991
Krafft, Karl	Geschichte der Burschenschaft Frankonia zu Heidelberg – Teil I (1856 – 1881), Heidelberg 1925
Krause, Peter	Verfassungsrechtliche Möglichkeiten unmittelbarer Demokratie, in: *Isensee/Kirchhof* (Hrsg.), HbStR III: Demokratie - Bundesorgane, 3. Auf., Heidelberg 2005, S. 55 ff
Kriechbaum, Maximiliane	Dogmatik und Rechtsgeschichte bei Ernst Immanuel Bekker, Ebelsbach 1984
Kriele, Martin	Einführung in die Staatslehre – Die geschichtlichen Legitimitätsgrundlagen des demokratischen Verfassungsstaates, 6. Aufl., Stuttgart 2003
Kronstein, Heinrich	Briefe an einen jungen Deutschen, München 1967

Kühne, Jörg-Detlef — Die Reichsverfassung der Paulskirche – Vorbild und Verwirklichung im späteren deutschen Rechtsleben, 2. Aufl., Neuwied 1998

Kullmann, Kurt — Sinn und Gestaltung der Volksabstimmungen im Deutschen Landesstaatsrecht, Tauberbischofsheim 1926

Kurlbaum, o. V. — Das Arbeitsgerichtsgesetz und die Rechtsanwaltschaft, in: Juristische Wochenschrift 1922, S. 541 f.

Laband, Paul — Deutsches Reichsstaatsrecht – Bd. 1, 6. Aufl., Tübingen 1912

Landau, Peter — Justiz und Rechtsanwaltschaft in er nationalsozialistischen Diktatur, in: Jahrbuch der Juristischen Zeitgeschichte Bd. 5 (2003/2004), S. 329 ff

Landmann, L. — Die rechtlichen und sozialen Grundlagen, sowie die Verfassung und die Verwaltungsorganisation der Stadt Mannheim, in: Schriften des Vereins für Socialpolitik Bd. 120 – Verfassung und Verwaltungsorganisation der Städte, Berlin 1906, S. 75 ff

Langenfeld, Christine — Das Petitionsrecht, in: *Isensee/Kirchhof* (Hrsg.), HbStR III: Demokratie - Bundesorgane,3. Aufl., Heidelberg 2004, S. 263 ff

Laufs, Adolf — Rechtsentwicklungen in Deutschland, 6. Aufl., Berlin 2006

Ders./ Mahrenholz, Ernst Gottfried/ Mertens, Dieter/ Rödel, Volker/ Schröder, Jan/ Willoweit, Dietmar — Das Eigentum an Kulturgütern aus der Zeit der Monarchie (Expertenkommission „Eigentumsfragen Baden"), Stuttgart 2007

Lienert, o. V. — Gründlichkeit, in: BBl. SS 1900, S. 167 f.

Lindau, Paul — Karl Hau und die Ermordung der Frau Josefine Molitor, Berlin 1907

Lindig, Annemarie — in: *Golücke* (Hrsg.), Verfasserlexikon zur Studenten- und Hochschulgeschichte – Ein bio-bibliographisches Verzeichnis, Köln 2004, S. 82 f.

Magnus, Albert — Reichs- und Staatsangehörigkeitsgesetz vom 22. Juli 1913, Berlin 1917

Majer, Diemut — Stufen der Entrechtung jüdischer und politisch missliebiger Anwälte in Deutschland 1933-1945, in: Jahrbuch der Juristischen Zeitgeschichte, Bd. 5 (2003/2004), S. 711 ff

Marum, Ludwig — Briefe aus dem Konzentrationslager Kislau (Ausgewählt und bearbeitet von *Elisabeth Marum-Lunau* und *Jörg Schadt*), 2. Aufl., Karlsruhe 1988

Maurer, Hartmut — Staatsrecht I – Grundlagen, Verfassungsorgane, Staatsfunktionen, 5. Aufl., München 2007

Meinecke, Friedrich — Die Revolution – Ursachen und Tatsachen, in *Anschütz/Thoma* (Hrsg.), HbDStR I, Tübingen 1930, S. 95 ff

Mejer, Otto — Einleitung in das Deutsche Staatsrecht, 2. Aufl., Freiburg 1884

v. u. z. Mentzingen, o. V. — Das badische Stammgut, Heidelberg 1905

Merk, Wilhelm — Die Entwicklung des öffentlichen Rechts in Baden bis Ende 1922, in: JböR Bd. 12 (1923/24), S. 32 ff

Ders. — Die Landtagsauflösung nach badischem Staatsrecht, in: ZfbadVerw 1924, S. 138 ff

Ders. — Gebietsveränderungen und Grenzzeichen nach der Reichs- und der badischen Verfassung, in: AöR Bd. 8 NF (1925), S. 305 ff

Merz, Hans-Georg — Beamtentum und Beamtenpolitik in Baden. Studien zu ihrer Geschichte vom Großherzogtum bis in die Anfangsjahre des nationalsozialistischen Herrschaftssystems, München 1985

Ders. — Bedeutende badische Politiker des 20. Jahrhunderts, in: *Weinacht* (Hrsg.), Baden – 200 Jahre Großherzogtum: Vom Fürstenstaat zur Demokratie, Freiburg 2008, S. 227 ff

Meyer, Georg/ Anschütz, Gerhard — Lehrbuch des deutschen Staatsrechts, 7. Aufl., München und Leipzig 1914

Meyer, Hans — Demokratische Wahl und Wahlsystem, in: *Isensee/Kirchhof* (Hrsg.), HbStR III: Demokratie – Bundesorgane, 3. Aufl., Heidelberg 2005, S. 521 ff

Ders. — Wahlrechtsgrundsätze, Wahlverfahren, Wahlprüfung, in: *Isensee/Kirchhof* (Hrsg.), HbStR III: Demokratie – Bundesorgane,3. Aufl., Heidelberg 2005, S. 543 ff

Miller, Susanne — Das Problem der Freiheit im Sozialismus – Freiheit, Staat und Revolution in der Programmatik der Sozialdemokratie von Lassalle bis zum Revisionismusstreit, Frankfurt 1964

Misch, Axel — Das Wahlsystem zwischen Theorie und Taktik – Zur Frage von Mehrheitswahl und Verhältniswahl in der Programmatik der Sozialdemokratie bis 1933, Berlin 1974

Montesquieu, Charles de — Vom Geist der Gesetze – Bd. 1, in: *Forsthoff* (Hrsg.), Tübingen 1951

Müller, Friedrich — Wer ist das Volk? Die Grundfrage der Demokratie – Elemente einer Verfassungstheorie VI, Berlin 1997

Nawiasky, Hans — Grundprobleme der Reichsverfassung– Erster Teil: Das Reich als Bundesstaat, Berlin 1928

Ders. — Betrachtungen zur Reform des deutschen Reichstagswahlrechts, in: ZfP Bd. 16 (1927), S. 544 ff

NDB — Neue Deutsche Biographie Bd. 1-23, Berlin 1953-2007
Zitiert: *Verfasser*, in: NDB

Niehuss, Merith — Die Stellung der Sozialdemokratie im Parteiensystem Bayerns, Württembergs und Badens, in: *Ritter* (Hrsg.), Der Aufstieg der deutschen Arbeiterbewegung, München 1990, S. 103 ff.

Nipperdey, Thomas — Deutsche Geschichte (1866-1918) Bd.2: Machtstaat vor der Demokratie, 2. Aufl., München 1993

N. N. — Fort mit dem schweren Verruf, in: BBl. WS 1894/95, S. 79 ff

N. N. — Herr von Egidy in Berlin, in: BBl. WS 1891/92, S. 107

N. N. — Zur Zweikampffrage, in: BBl. WS 1901/02, S. 79 ff.

Oeftering, Wilhem Engelbert — Der Umsturz 1918 in Baden, Konstanz 1920

Oesterle, Klaus — Schule- wozu?, *Haas* (Hrsg.), Markgrafen-Gymnasium Karlsruhe-Durlach: Festschrift 400 Jahre Gymnasium in Durlach, Durlach 1986, S. 14 ff

Osthoff, Hermann — Burschenschaft und Antisemitismus, in: BBl. WS 1892/93, S. 203 f.

Ostler, Fritz — Die deutschen Rechtsanwälte 1871-1971, Essen 1971

Oswald, Georg — Lichtenbergs Fall, München 1997

Ott, Sina — Der Heidelberger Staatsrechtslehrer und preußische Kronsyndikus Hermann von Schulze Gaevernitz (1824-1888) – Leben und Werk, Hamburg 2008

Paschke, Robert — Studentenhistorisches Lexikon, Köln 1999

Pawlischta, Udo — Carl Friedrich Rudolf Heinze - Leben und Werk eines altliberalen Strafrechtslehrers im 19. Jahrhundert, Aachen 1998

Pauly, Walter/ Siebinger, Martin — Staat und Individuum. Georg Jellineks Statuslehre, in: *Anter* (Hrsg.), Die normative Kraft des Faktischen – Das Staatsverständnis Georg Jellineks, Baden-Baden 2004, S. 135 ff

Pernthaler, Peter — Allgemeines Staatslehre und Verfassungslehre, 2. Aufl., Wien/New York 1996

Piloty, Robert — Die bayerische Verfassung vom 14. August 1919, in: JböR Bd. 9 (1920), S. 129 ff.

Planitz, Hans — Zur Ideengeschichte der Grundrechte, in: *Nipperdey* (Hrsg.), Die Grundrechte und Grundpflichten der Reichsverfassung (Kommentar zum zweiten Teil der Reichsverfassung) – Bd. 3: Artikel 143-165 und „Zur Ideengeschichte der Grundrechte", Berlin 1930, S. 597 ff

Platenius, A. — Grundriß des Badischen Landrechts: Unter besonderer Berücksichtigung der neueren deutschen Rechtsprechung, Freiburg 1896

Poetzsch-Heffter, Fritz — Handkommentar der Reichsverfassung vom 11. August 1919 – Ein Handbuch für Verfassungsrecht und Verfassungspolitik, 3. Aufl., Berlin 1928

Pohl, Monika — Ludwig Marum. Ein Sozialdemokrat jüdischer Herkunft und sein Aufstieg in der badischen Arbeiterbewegung 1882-1919, Karlsruhe 2003

Potthoff, Heinrich — Die Sozialdemokratie von den Anfängen bis 1945, in: *Potthoff/Miller*, Kleine Geschichte der SPD: 1848-2002, 8. Aufl., Bonn 2002

Preuß, Hugo/ Anschütz, Gerhard (Hrsg.) — Reich und Länder – Bruchstücke eines Kommentars zur Verfassung des Deutschen Reichs, Berlin 1928

Randelzhofer, Albrecht — Staatsgewalt und Souveränität, in: *Isensee/Kirchhof* (Hrsg.), HbStR Bd. II: Verfassungsstaat, 3. Aufl., Heidelberg 2004, S. 143 ff

Redslob, Robert — Die Staatstheorien der französischen Nationalversammlung – Ihre Grundlagen in der Staatslehre der Aufklärungszeit und in den englischen und amerikanischen Verfassungsgedanken, Leipzig 1912

Ders. Die parlamentarische Regierung in ihrer wahren und in ihrer unechten Form – Eine vergleichende Studie über die Verfassungen von England, Belgien, Ungarn, Schweden und Frankreich, Tübingen 1918

Rehberger, Horst Die Gleichschaltung des Landes Baden 1932/33, Heidelberg 1966

Remmele, Adam Staatsumwälzung und Neuaufbau in Baden – Ein Beitrag zur politischen Geschichte Badens 1914/24, Karlsruhe 1925

v. Rimscha, Wolfgang Die Grundrechte im süddeutschen Konstitutionalismus – Zur Entstehung und Bedeutung der Grundrechtsartikel in den ersten Verfassungsurkunden von Bayern, Baden, und Württemberg, Köln 1973

Roos-Schumacher, Hedwig Der Kyffhäuserverband der Vereine Deutscher Studenten 1880-1914/18 – Ein Beitrag zum nationalen Vereinswesen und zum politischen Denken im Kaiserreich, Gifhorn 1986

Roßmann, Robby Die Burschenschaft Allemannia zu Heidelberg: ein Album zum dreißigjährigen Stiftungsfeste und fünfhundertjährigen Universitätsjubiläum, Berlin 1886

Rosin, Franz Gesetz und Verordnung nach badischem Staatsrecht – Zugleich ein Beitrag zur Geschichte der Freiheits- und Eigentumsformel, Karlsruhe 1911

v. Rotteck, Heinz Ministerverantwortlichkeit und ministerielle Gegenzeichnung nach den Verfassungen des Deutschen Reichs vom 16. April 1871 und 11. August 1919 und den Verfassungen der deutschen Länder, Heidelberg 1929

Rousseau, Jean-Jacques Vom Gesellschaftsvertrag oder Prinzipien des Staatsrechts, In: *Fontius* (Hrsg.), Jean-Jacques Rousseau - Kulturkritische und Politische Schriften Bd. 1, Berlin 1992, S. 379 ff

Rürup, Reinhard Deutschland im 19. Jahrhundert, 1815-1871, in: *Rürup/Wehler/Schulz* (Hrsg.), Deutsche Geschichte Band 3 – 19. und 20. Jahrhundert, Göttingen 1985

Ruppert, Wilhelm Die Unterscheidung von Verfassungsinitiative und Gesetzesinitiative in den schweizerischen Kantonen, St. Gallen 1933

Saldern, Adelheid von	Wer ging in die SPD? Zur Analyse der Parteimitgliedschaft in wilhelminischer Zeit, in: *Ritter* (Hrsg.), Der Aufstieg der deutschen Arbeiterbewegung, München 1990, S. 161 ff.
Sartorius, Carl	Die Aktivbürgerschaft und ihre politischen Rechte, in: *Anschütz/Thoma* (Hrsg.), HbDStR I, Tübingen 1930, S. 138 ff
Schadt, Jörg	Die Sozialdemokratische Partei in Baden. Von den Anfängen bis zur Jahrhundertwende 1868-1900, Hannover 1971
Ders.	Die badische Sozialdemokratie in den 90er Jahren, in: *Schadt/Schmierer*, Die SPD in Baden-Württemberg und ihre Geschichte. Von den Anfängen der Arbeiterbewegung bis heute, Stuttgart 1979, S. 78 ff
Schätzel, Walter	Das deutsche Staatsangehörigkeitsrecht – Das Reichs- und Staatsangehörigkeitsgesetz vom 22. Juli 1913, Berlin 1928
Schanbacher, Eberhard	Parlamentarische Wahlen und Wahlsystem in der Weimarer Republik – Wahlgesetzgebung und Wahlreform im Reich und in den Ländern, Düsseldorf 1982
Schenkel, Karl	Das Staatsrecht des Großherzogthums Baden, Freiburg und Tübingen 1884
Schickele, René	Werke in drei Bänden - Dritter Band, Köln und Berlin 1959
Schiffers, Reinhard	Elemente direkter Demokratie im Weimarer Regierungssystem, Düsseldorf 1971
Ders.	Badische Einflüsse auf die Reichsverfassung von 1919, in: ZGO Bd. 120 (NF 81), S. 433 ff
Schiller, Christof	Das Oberlandesgericht Karlsruhe im Dritten Reich, Berlin 1997
Schlosser, Hans	Grundzüge der neueren Privatrechtsgeschichte – Rechtsentwicklungen im europäischen Kontext, 10. Aufl. Heidelberg 2005
Schmidt, Manfred G.	Demokratietheorien: Eine Einführung, 3. Aufl., Opladen 2000
Schmitt, Carl	Verfassungslehre, München und Leipzig 1928
Schmitt, Josef	Das badische Stammgüteraufhebungsgesetz, Mannheim 1923

Schnabel, Franz — Die Geschichte der Ministerverantwortlichkeit in Baden, Karlsruhe 1922

Schneider, G. — An unsere Leser, in: BBl. SS 1893, S. 312 ff

Schneider, Hans — Die Reichsverfassung vom 11. August 1919, in: *Isensee/Kirchhof* (Hrsg.), HbStR – Bd. I: Historische Grundlagen, 3. Aufl., Heidelberg 2003, S. 177 ff

Schneider, Hans-Peter — Gewaltenverschränkung zwischen Parlament und Regierung, in: *Merten* (Hrsg.), Gewaltentrennung im Rechtsstaat – Zum 300. Geburtstag von Charles de Montesquieu, Berlin 1989, S. 77 ff

Schoen, Paul — Das Verordnungsrecht und die neuen Verfassungen, in: AöR Bd. 6 NF (1924), S. 133 ff

Schönberg, Gustav — Die Vorschriften im Großherzogthum Baden über die Vorbereitung zum öffentlichen Dienst in der Justiz und der inneren Staatsverwaltung, in: Schriften des Vereins für Socialpolitik Bd. 33 (1887), S. 129 ff

Schroeder, Bernd — Hau, München/Wien 2006

Schroeder, Klaus-Peter — Die Heidelberger juristische Fakultät im 19. Jahrhundert, in: JuS 1986, 919 ff

Ders. — Vom Sachsenspiegel zum Grundgesetz – Eine deutsche Rechtsgeschichte in Lebensbildern, München 2001

Ders. — Eine Universität für Juristen und von Juristen, in: Ruperto-Carola/Forschungsmagazin der Universität Heidelberg 02/2006, S. 32 ff

Ders. — Hermann von Schulze-Gaevernitz (1824-1888) – Preußischer Kronsyndikus und Heidelberger Staatsrechtslehrer, in: *Gornig/Kramer/Volkmann* (Hrsg.), Staat – Wirtschaft – Gemeinde. Festschrift für Werner Frotscher zum 70. Geburtstag, Berlin 2007, S. 743 ff

Ders. — „Lange Canapé-Unterhaltung mit Hofrath Thibaut" – Die Heidelberger Semester des stud. iur. Joseph von Eichendorff (1807-1808), in: NJW 2008, S. 729 ff

Schubert, Werner — Entstehung und Quellen der Rechtsanwaltsordnung von 1878, Frankfurt 1985

Schwab, Dieter — Die „Selbstverwaltungsidee" des Freiherrn vom Stein und ihre geistigen Grundlagen, Frankfurt a. M. 1971

Schwarzmaier, Hansmartin — Baden: Dynastie – Land – Staat, Stuttgart 2005

Schwieger, Christoph	Volksgesetzgebung in Deutschland – Der wissenschaftliche Umgang mit plebiszitärer Gesetzgebung auf Reichs- und Bundesebene in Weimarer Republik, Drittem Reich und Bundesrepublik (1919 – 2002), Berlin 2005
Seibert, Claus	Der Fall Hau, in: MDR 1966, S. 732 f.
Sello, Erich	Die Hau-Prozesse und ihre Lehren – auch ein Beitrag zur Strafrechtsreform, Berlin 1908
v. Seydel, Max	Bayerisches Staatsrecht – Bd. 3, München 1887
Ders.	Der Bundesstaatsbegriff – Eine staatsrechtliche Untersuchung, in: ZgStW Bd. 28 (1872), S. 185 ff
Söhling, Willy	Die Ministerverantwortlichkeit nach preussischem und Reichstaatsrecht, Mülheim a. Rh. 1908
Spendel, Günter	Josef Kohler – Bild eines Universaljuristen, Heidelberg 1983
Sperling, Rudolf	Der Ausschuß der Heidelberger Studentenschaft, Heidelberg 1911
Spohn, Georg	Badisches Staatskirchenrecht, Karlsruhe 1868
Staff, Ilse	Lehren vom Staat, Baden-Baden 1981
Stahl, Berthold	Zur Geschichte des Humanistischen Gymnasiums in Karlsruhe, in: Festschrift Jahresbericht (Bismarck-Gymnasium) 1960/61, Karlsruhe 1961, S. 27 ff
Stahl, o. V.	Der studentische Verruf und seine Reform, in: BBl. WS 1907/08, S. 281 ff
Stehling, Jutta	Weimarer Koalition und SPD in Baden, Frankfurt/Main 1976
Steinbach, Franz	Geschichtliche Grundlagen der kommunalen Selbstverwaltung in Deutschland, Bonn 1932
Stern, Klaus	Das Staatsrecht der Bundesrepublik Deutschland – Bd. I: Grundbegriffe und Grundlagen des Staatsrechts, Strukturprinzipien der Verfassung, 2. Aufl., München 1984
Stern, Alfred	Volksreferendum und Volksinitiative in der neueren Geschichte, in: Deutsche Rundschau Jg. 56 Heft 2 (Berlin 1930), S. 103 ff
Stiefel, Karl	Baden 1648-1952: Bd. 1, Karlsruhe 1977

Ders. — Baden 1648-1952 Bd. 2 (Nachdruck von 1977), Karlsruhe 2001

Stier-Somlo, Fritz — Die Lehre von der Gewaltenteilung und die neuen deutschen Verfassungen, in: ZgStW 77. Jg. (1922/23), S. 1 ff

Ders. — Deutsches Reichs- und Landesstaatsrecht – Bd. I, Berlin und Leipzig 1924

Storck, Joachim — Ludwig Marum – der Mensch und der Politiker. Ein Lebensbild, in: *Marum*, Briefe aus dem Konzentrationslager Kislau, 2. Aufl., Karlsruhe 1988, S. 15 ff

Sträuli, Hans — Verfassung des eidgenössischen Standes Zürich vom 18. April 1869, Winterthur 1902

Strupp, Karl — Zum neuen Landesverfassungsrecht, in: JW 1920, 93 f.

Stüßi, Heinrich — Referendum und Initiative in den Schweizerkantonen – Entwicklung und gegenwärtiger Stand, Zürich 1893

Thoma, Richard — Das Reich als Demokratie, in: *Anschütz/Thoma* (Hrsg.), HbDStR I, Tübingen 1930, S. 186 ff

Ders. — Besprechung von Hasbach, Die parlamentarische Kabinettsregierung – Eine politische Beschreibung, Stuttgart 1919, in: AöR Bd. 40 (1921), S. 228 ff

Valentin, Veit — Geschichte der Deutschen, Köln 1991

Venator, Hans — Volksentscheid und Volksbegehren im Reich und den Ländern, in: AöR Bd. 4 NF (1922), S. 40 ff

Vestring, Sigrid — Die Mehrheitssozialdemokratie und die Entstehung der Reichsverfassung vom Weimar 1918/1919, Münster 1987

Vitzthum, Wolfgang Graf — Staatsgebiet, in: *Isensee/Kirchhof*, HbStR Bd. II, 3. Aufl., Heidelberg 2004, S. 163 ff

Voigt, Fritz — Die Selbstverwaltung als Rechtsbegriff und juristische Erscheinung, Leipzig 1941

Walder, W./ Wörmbcke, Max — Zulassung der Rechtsanwälte auch bei den Arbeitsgerichten (nach geltendem Recht), in: JW 1928, S. 2773 f.

Walz, Ernst — Das badische Gemeinderecht, Heidelberg 1914

Ders. — Das Staatsrecht des Großherzogtums Baden, Tübingen 1909

Ders.	Großherzogtum Baden, in: Schriften des Vereins für Socialpolitik Bd. 120 – Verfassung und Verwaltungsorganisation der Städte, Berlin 1906, S. 3 ff
Wassermann, Jakob	Der Fall Maurizius, Berlin 1928
Weber, Klaus	Demokratie, in: Creifelds Rechtswörterbuch, 19. Aufl., München 2007
Weber, Max	Politik als Beruf, Leipzig 1919 (in: Max Weber Gesamtausgabe Bd. 17, hrsg. Von *Mommsen/ Schluchter/ Morgenbrod*, Tübingen 1992)
v. Weech, Friedrich	Geschichte der badischen Verfassung – Nach amtlichen Quellen, Karlsruhe 1868
Weiß, Adam	Geschichte der Burschenschaft Frankonia zu Heidelberg Teil II 1881 – 1914, Heidelberg 1956
Weißler, Adolf	Geschichte der Rechtsanwaltschaft, Leipzig 1905
Wehberg, o. V.	Der Verein abstinenter Studenten und die akademischen Trinksitten, in: BBl. WS 1911/12, 94 ff.
Wendelborn, Gert	Das Ringen von Heinz Kappes um die Verwirklichung des Reiches Gottes auf Erden, in: *Balzer/Wendelborn* (Hrsg.), „Wir sind keine stummen Hunde" – Heinz Kappes (1893-1988). Christ und Sozialist in der Weimarer Republik, Bonn 1994, S. 36 ff
Wenzel, Max	Die reichsrechtlichen Grundlagen des Landesverfassungsrechts, in: *Anschütz/Thoma* (Hrsg.), HbDStR I, Tübingen 1930, S. 604 ff
Wiegand, Hanns-Jürgen	Direktdemokratische Elemente in der deutschen Verfassungsgeschichte, Berlin 2006
Willoweit, Dietmar	Deutsche Verfassungsgeschichte – Vom Frankenreich bis zur Wiedervereinigung Deutschlands, 5. Aufl., München 2005
Winkler, Heinrich August	Weimar 1918-1933 – Die Geschichte der ersten deutschen Demokratie, München 1993
Wittmayer, Leo	Die Weimarer Reichsverfassung, Tübingen 1922
Zehnter, Johann August	Die Badische Verfassung, 3. Aufl., Mannheim 1921
Ders.	Bericht der Verfassungskommission (Komm.Ber), LT-DS Beil. 1a (Heft 524, 1919), S. 1 ff

Ziebert, Karl Alexander	Aus den Tagebüchern eines Heidelberger Studenten, Heidelberg 1906
Zinsli, August Emil	Studien über das Schweizerische Referendum, speziell das Bundesgesetz-Referendum, Chur 1908
Zippelius, Karl	Der Fall Carl Hau, in: Archiv für Kriminologie, Bd. 158 (1976), S. 109 ff
Ders.	Die Badische Anwaltsordnung von 1864, in: Festschrift 125 Jahre Anwaltsverein Karlsruhe, Karlsruhe 2004, S. 36 ff
Zippelius, Reinhold	Allgemeine Staatslehre – Politikwissenschaft, 14. Aufl., München 2003
Zirlewagen, Marc	„50 Jahre Arbeit für Volkstum und Staat" – Der Kyffhäuser-Verband der Vereine Deutscher Studenten 1881-1933, in: *Zirlewagen* (Hrsg.), 1881 – 2006: 125 Jahre Vereine Deutscher Studenten Bd. I: Ein historischer Überblick, Bad Frankenhausen 2006, S. 45 ff
Zorn, Philipp	Die deutsche Reichsverfassung, Leipzig 1913

D. Schriftenverzeichnis Eduard Dietz

I. Studentisches

1. Aufsätze

In chronologischer Reihenfolge:

Aus Victor von Scheffels Burschenjahren, in: BBl. 1887, S. 245 f

Aus akademischen Gesetzbüchern, in: BBl. SS 1889, S. 242 ff und 257 ff

Die Einigungsbestrebungen in der deutschen Burschenschaft seit dem Jahre 1860 bis zur Gründung des A.D.C, in: BBl. WS 1889/90, S. 1 ff und 17 ff

Ein französischer Schutzbrief für eine deutsche Hochschule, in: BBl. WS 1889/90, S. 72 f.
Otto Roquette, BBl. SS 1890, S. 182

Zusammenstellung alter bekannter Burschenschafter, in: BBl. SS 1890, S. 251 f. und 329 f.

Zur Geschichte der Leipziger Burschenschaft, in: BBl. WS 1890/91, S. 28 ff.

Zur Geschichte des Norddeutschen Cartells, in: BBl. WS 1891/1892, S. 55 ff.

Die Deutsche Burschenschaft und das deutsche studentische Lied, in: BBl. WS 1891/92, 130 ff.

o. T., in: BBl. WS 1891/92, S. 160 f.

Ludwig Eichrodt, in: BB. WS 1891/92; S. 242 ff.

Zur Entwicklungsgeschichte der Bestimmungsmensur, in: BBl. SS 1892, S. 33 ff.

Zur Geschichte der Freiburger Burschenschaft von 1818 bis zum Frankfurter Attentat, in: BBl. WS 1892/93, S. 25 ff.

Zu dem Eingesandt: Antisemitismus und Burschenschaft, in: BBl. WS 1892/93, S. 224 ff

Zur Berichtigung, in: BBl. WS 1892/93, S. 276 f

Nachtrag zu BBl. 1890, S. 251, in: BBl. 1893, S. 95 ff

Anhang

Scheffels richtiger Vorname, in: BBl 1893, S. 102

Der neue Leitplan der Burschenschaftl. Blätter und unsere Stellung zu demselben. – Als Vortrag gehalten auf dem wissenschaftlichen Abend der Heidelberger Franconia und in deren Auftrag eingesandt., in: BBl. WS 1893/94, S. 10 ff und 37 ff.

Freiburger Mensur aus dem Jahre 1829, in: BBl. WS 1893/94, S. 132 f.

Die Münchener Burschenschaften Marcomannia und Germania, in: BBl. WS 1893/94, S. 141 ff

Über studentischen Verruf, in: BBl. WS 1893/94, S. 149 ff

Einige Bemerkungen über die neue Ausgabe des Handbuchs für den deutschen Burschenschafter, in: BBl. SS 1894, S. 160 f.

Die Burschenschaft heute und vor 25 Jahren, in: BBl. SS 1894, S. 240 ff und 262 ff

Antwort auf die Forderung der Germania Tübingen, in: BBl. WS 1894, S. 303 f.

Sollen wir die Zahl der zur Allgemeinen Deutschen Burschenschaft gehörigen Verbindungen zu vermehren versuchen?, in: BBl. WS 1894/95, S. 47 ff.

Deutsche Burschenschafter in der Paulskirche, in: BBl. WS 1894/95, S. 97 ff, 129 ff, und 161 ff

o. T., in: BBl. WS 1894/95, S. 303 f.

Für die Wiedereinführung des Turnzwangs in der Burschenschaft, in: BBl. SS 1895, S. 130 ff.

Geschichte des Bofingervereins, in: BBl. WS 1895/96, S. 1 ff und 33 ff.

Der Preußische Gesetzentwurf betreffend die Regelung der Richtergehälter und die Ernennung der Gerichtsassessoren, in: BBl. SS 1896 S. 40 ff.

Aus den Erinnerungen des Jenenser und Münchener Germanen und Heidelberger Frankonen Gustav P. Körner, eines der Leiter des Frankfurter Attentates, an seine Burschenzeit, in: BBl. WS 1896/97, S. 1 ff.

Ein Wort zur Beherzigung, in: BBl. WS 1896/97, S. 146 f

Ein Heidelberger Studentenstammbuch aus den Jahren 1811-1814, in: BBl. SS 1897, S. 105 ff

Die Komödie mit der Wissenschaft, in: BBl. SS 1897, S. 149 f.

Beseitigung der Mensuranfrage im Kösener S. C., in: BBl. WS 1897/98, S. 298 ff.

Bedarf eine Studentenverbindung für ihr in einem Wirtshause befindliches Kneiplokal Polizeistundenverlängerung?, in: BBl. WS 1898/99, S. 142 f.

In der Frage der Aufnahme neuer Verbindungen in den A.D.C., in: BBl. SS 1899, S. 207

Zur Zweikampffrage (Ueber den Missbrauch der sogenannten Säbel-A.D.C.-Forderung), in: BBl. WS 1901/02, S. 108 f.

Zur studentischen Bewegung gegen die Pistolenduelle, in: BBl. WS 1902/03, S. 167, 168

„Den politischen Flüchtling Karl Mathy aus Manheim betr." (Aus den Akten des Großh. Badischen Generallandesarchivs zu Karlsruhe), in: BBl. WS 1903/04, S. 179 ff

Berthold Auerbach als Burschenschafter unter Polizeiaufsicht (Aus den Akten des Großh. Badischen Generallandesarchivs zu Karlsruhe), in: BBl. WS 1903/04, S. 248 ff.

Die große Demagogenjagd gegen die Freiburger Burschenschaft von 1824-1826 (Nach den Akten des badischen General-Landesarchivs), in: BBl. SS 1904, S. 49 ff, 77 ff, 105 ff und 129 ff

Der Göttinger Senat und die Göttinger Burschenschaft von 1831 (Aus den Akten des badischen Generallandesarchivs), in: BBl. WS 1904/05, S. 1 f. und 25 ff.

Die Frankfurter Attentatsgefangenen, Friedrich Stoltze und Frankfurt a. M., in: BBl. WS 1905/06, S. 197 ff. und 221 ff.

G. P. Körner als Burschenschafter, in: BBl. SS 1906, S. 73 ff. und 97 ff

Aus den Stammbüchern des Heidelberger und Berliner Burschenschafters Christian Friedrich Platz, in: BBl. WS 1906/07, S. 205 ff.

Das Frankfurter Attentat vom 3. April 1833 und die Heidelberger Studentenschaft, in: BBl. WS 1906/07, S. 228 ff., 253 f. und 277 ff

Professor Ignaz Sartori, in: BBl. SS 1909, S. 113

E. M. Arndts Stellung zu den Reformen des studentischen Verrufs, in: BBl. WS 1909/10, S. 73 f.

Geschichte und Chronik des Kösener S. C.-Verbandes, S. 115 ff., 139 ff, 160 ff. und 187 ff.

2. Schriften in Buchform

Nach Erscheinungsjahr:

Die Deutsche Burschenschaft in Heidelberg – Ein Beitrag zur Kulturgeschichte Deutscher Universitäten, Heidelberg 1895

Zur Geschichte des Bamberger Burschentages Sept. 1827 – Eine geschichtskritische Untersuchung, in: Haupt/Flex/Meinecke/Aschoff/Liedke (Hrsg.), Veröffentlichungen des Archivs für die Deutsche Burschenschaft, Heft 3, Berlin 1895/96, S. 108 ff

Neue Beiträge zur Geschichte des Heidelberger Studentenlebens, Heidelberg 1903

Das Frankfurter Attentat vom 3. April 1833 und die Heidelberger Studentenschaft – Ein Stück deutscher Kultur- und Rechtsgeschichte, Heidelberg 1906

Die Teutonia und die Allgemeine Burschenschaft zu Halle, in: Haupt (Hrsg.), Quellen und Darstellungen zur Geschichte der Burschenschaft und der deutschen Einheitsbewegung, Heidelberg 1911, S. 215 ff

II. Politisches

In chronologischer Reihenfolge:

Sozialdemokratie und Religion – Eine neue Wahlrede über ein altes Thema, in: Volksfreund, 11., 13., 14. und 18. Februar 1919

Sozialdemokratie und Bürgertum, in: Volksfreund, 27. und 30. Januar 1919

Achtung! Alle Mann an Bord!, in: Volksfreund, 11. März 1919

Aus „Drei Reden" – über Sozialdemokratie und Religion, in: Christliches Volk, 1. August 1919

Drei Reden über Sozialdemokratie und Religion, Sozialdemokratie und Bürgertum, Frauenwahlrecht und Sozialdemokratie, Konstanz 1919

Gegen die Volkswahl des Reichspräsidenten, in: Volksfreund, 6. April 1920

Religion und Sozialdemokratie, in: Volksfreund, 3. Mai 1920

Der Sozialismus als Wirtschaftsauffassung, als Kulturlehre, als politische und als Weltanschauung (Aus einem Vortrag im Karlsruher VKB. Vom 22. März 1923), in: Christliches Volksblatt, 29. April 1923

Der Sozialismus als Antichrist, in: Christliches Volksblatt, 17. Juni 1923

Zur Programmdebatte, in: Christliches Volksblatt, 4. November 1923

Arbeiterschaft und Religion in England, in: Christliches Volksblatt, 11. November 1923

Die religiösen Sozialisten – Eine Gefahr für die Arbeiterbewegung, in: Christliches Volksblatt, 2. Dezember 1923

Das Ende des Marxismus und die Evangelischen Sozialisten, in: Christliches Volksblatt, 16. Dezember 1923

Zum Gedächtnis von Wilh. Hohoff, in: Christliches Volksblatt, 10. Februar 1924
Lenin, in: Christliches Volksblatt, 17. Februar 1924

Bewusstes Christentum und bewusster Sozialismus, in: Christliches Volksblatt, 18. Mai 1924
„Das heilige Eigentum" (Aus einem Vortrag im Karlsruher Volkskirchenbund, 14. Februar 1924, in: Christliches Volksblatt, 15. Juni 1924

Bodenreform und Erbrechtsreform, in: Christliches Volksblatt, 20. Juli 1924

Anhang

Was wollen die religiösen Sozialisten Deutschlands?, in: SdaV, 24. Januar 1926

Der „Bund katholischer Sozialisten“ (Zum Gedächtnis von Wilhelm Hohoff), in: SdaV, 14. Februar 1926

Die statistische Notwendigkeit des religiösen Sozialismus, in: SdaV, 20. Juni 1926

Der religiöse Sozialismus betrachtet vom Standpunkt des katholischen Klerus, in: SdaV, 1. August 1926

Hohoff und die materialistische Geschichtsauffassung, in: SdaV, 1. August 1926

Das heilige Eigentum und Die Arbeiterencyclica des Papstes Leo XIII. vom 15. Mai 1891, Karlsruhe 1927

Wilhelm Hohoff und der Bund katholischer Sozialisten, Karlsruhe 1927

Das religiöse Problem des Marxismus, Karlsruhe 1927

Die Staatsauffassung von Marx und Engels, Karlsruhe 1929

Die Rolle der Gewalt in der Wirtschafts- und Staatslehre von Marx und Engels, in: Zeitschrift für Religion und Sozialismus 1/1929, S. 36 ff.

III. Juristisches

Nach Erscheinungsjahr:

Muß bei einem „per procura“ akzeptierten Wechsel auch im Versäumnisverfahren der Nachweis, dass der akzeptierende Prokurist tatsächlich Prokura hatte, als Nachweis einer „klagbegründenden Tatsache“ durch die Urkunden geführt und mangels dieses Nachweises die Klage nach § 597 ZPO von Amtswegen abgewiesen werden?, in: Badische Rechtspraxis 1906, S. 99 f.

In der Entscheidung des OLG in BadRpr. 1906 S 193 über: „Die rechtliche Natur des Beschälvertrages“, in: Badische Rechtspraxis 1906, S. 272 f.

Einstellung der Zwangsvollstreckung aus einer einstweiligen Verfügung nach §§ 707/719 ZPO, in: Badische Rechtspraxis 1906, S. 370 f.

Wasserrechtliche Betrachtungen Nr. II, in: ZfbadVerw 1906, S. 141 ff

Der Entwurf eines preußischen Wassergesetzes, in: ZfbadVerw 1912, S. 33 ff.

Die Vollstreckung deutscher Urteile in der Schweiz, in: Badische Rechtspraxis 1912, S. 215.

Gerichtshilfe gegen gewerbsmäßige Remisiers im Ausland, in: Badische Rechtspraxis 1913, S. 17 ff.

Denkschrift über die Rechtswirksamkeit der Erklärung der oberen Murg zum öffentlichen Gewässer und Staatseigentum, Gernsbach 1914

Über die Haftung der Eisenbahn für verloren gegangenes „Reisegepäck“ (sog. Passagiergut), in: Badische Rechtspraxis 1918, S. 71

Seitheriges Badisch-Österreichisches Auslieferungsrecht, in: Badische Rechtspraxis 1918, S. 142 f.

Entwurf einer neuen badischen Verfassung, erschienen als Sonderdruck des „Volksfreundes“, Karlsruhe 1919 (zugleich erschienen im „Volksfreund“ ab dem 5. Dezember 1918)

Das vereinfachte automatische Wahlverfahren beim Proporz, in: Volksfreund, 29. Januar 1919

Das neue Reichtagswahlrecht mit dem automatischen Proporz, in: Volksfreund, 29. Januar 1919

Das vereinfachte automatische Wahlverfahren beim Proporz, in: Volksfreund, 7. März 1919

Anhang

Gesetzentwürfe zur Vergesellschaftung des Großgrundbesitzes und des Großkapitals, in: Volksfreund, 1., 2. und 3. April 1919

Aus der badischen „Rechtspraxis" eines Verteidigers, in: Badische Rechtspraxis 1920, S. 70 f.

Die Rechtslage gegenüber dem Entwurfe eines Gesetzes zur Ausführung des § 66 der badischen Verfassung über die Aufhebung der Stammgüter, in: ZfbadVerw 1922, S. 41 ff

IV. Rezensionen

In chronologischer Reihenfolge:

o. T., in: BBl. WS 1892/93, S. 201 f.

o. T., in: BBl. WS 1895/96, S. 343 f.

o. T., in: Badische Rechtspraxis 1899, S. 136 f.

o. T., in: BBl. WS 1900/01, S. 165

o. T., in: BBl. WS 1905/1906, S. 193

o. T., in: BBl. WS 1907/08, S. 149

o. T., in: BBl. WS 1908/09, S. 199

o. T., in: BBl. SS 1909, S. 267

o. T., in: BBl. SS 1910, S. 255

o. T., in: BBl. WS 1910/11, S. 171

o. T., in: BBl. WS 1910/11, S. 291

o. T., in: BBl. SS 1911, S. 75

o. T., in: BBl. SS 1911, S. 245

o. T., in: BBl. SS 1911, S. 299

o. T., in: BBl. WS 1911/12; S. 16:

o. T., in: BBl. WS 1911/12, S. 95 f.

o. T., in: BBl. WS 1911/12, S. 161

o. T., in: BBl. WS 1911/12, S. 172 f.

o. T., in: BBl. WS 1911/12, S. 191

o. T., in: BBl. WS 1911/12, S. 218

o. T., in: BBl. WS 1912/13, S. 74

o. T., in: BBl. WS 1912/13, S. 151

o. T., in: BBl. WS 1912/13, S. 160

o. T., in: BBl. WS 1912/13, S. 199

o. T., in BBl. SS 1913, S. 78

o. T., in: Badische Rechtspraxis 1919, S. 8

Die freien Gewerkschaften und die Christliche Religion, in: SdaV, 31. Januar 1926

Sozialismus und soziale Bewegung, in: SdaV, 28. November 1926

E. Personenverzeichnis

RECHTSHISTORISCHE REIHE

Band 1 Studien zu den germanischen Volksrechten. Gedächtnisschrift für Wilhelm Ebel. Vorträge gehalten auf dem Fest-Symposion anläßlich des 70. Geburtstages von Wilhelm Ebel am 16. Juni 1978 in Göttingen. Götz Landwehr (Hrsg.) 1982.

Band 2 Hans Poeschel: Die Statuten der Banken, Sparkassen und Kreditgenossenschaften in Hamburg und Altona von 1710 bis 1889. 1978.

Band 3 Thomas Kolbeck: Juristenschwemmen, Untersuchungen über den juristischen Arbeitsmarkt im 19. und 20. Jahrhundert. 1978.

Band 4 Norbert Hempel: Richterleitbilder in der Weimarer Republik. 1978.

Band 5 Rolf Stratmann: Die Scheinbußen im mittelalterlichen Recht. 1978.

Band 6 Martin C. Lockert: Die niedersächsischen Stadtrechte zwischen Aller und Weser. Vorkommen und Verflechtungen. Eine Bestandsaufnahme. 1979.

Band 7 Joachim Rückert/Wolfgang Friedrich: Betriebliche Arbeiterausschüsse in Deutschland, Großbritannien und Frankreich im späten 19. und frühen 20. Jahrhundert. Eine vergleichende Studie zur Entwicklung des kollektiven Arbeitsrechts. 1979.

Band 8 Peter Bender: Die Rezeption des römischen Rechts im Urteil der deutschen Rechtswissenschaft. 1979.

Band 9 Friedrich Karl Alsdorf: Untersuchungen zur Rechtsgestalt und Teilung deutscher Ganerbenburgen. 1980.

Band 10 Dietmar Willoweit/Winfried Schich (Hrsg.): Studien zur Geschichte des sächsisch-magdeburgischen Rechts in Deutschland und Polen (Sammelband). 1980.

Band 11 Brigitte Hempel: Der Entwurf einer Polizeiordnung für das Herzogtum Sachsen-Lauenburg aus dem Jahre 1591. 1980.

Band 12 Klaus-Detlev Godau-Schüttke: Rechtsverwalter des Reiches. Staatssekretär Dr. Curt Joël. 1981.

Band 13 Rainer Polley: Anton Friedrich Justus Thibaut (AD 1772-1840) in seinen Selbstzeugnissen und Briefen. Teil 1: Abhandlung. Teil 2: Briefwechsel. Teil 3: Register zum Briefwechsel. 1982.

Band 14 Michael Wettengel: Der Streit um die Vogtei Kelkheim 1275-1276. Ein kanonischer Prozeß.1981.

Band 15 Otto Wilhelm Krause: Naturrechtler des sechzehnten Jahrhunderts. Ihre Bedeutung für die Entwicklung eines natürlichen Privatrechts. 1982.

Band 16 Helga Spindler: Von der Genossenschaft zur Betriebsgemeinschaft. Kritische Darstellung der Sozialrechtslehre Otto von Gierkes. 1982.

Band 17 Holger Otte: Gustav Radbruchs Kieler Jahre 1919-1926. 1982.

Band 18 Rüdiger Teuner: Die fuldische Ritterschaft 1510-1656. 1982.

Band 19 Gerhard Dilcher/Rudolf Hoke/Gian Savino Pene Vidari/Hans Winterberg (Hrsg.): Grundrechte im 19. Jahrhundert. 1982.

Band 20 Karl-Hans Schloßstein: Die westfälischen Fabrikengerichtsdeputationen - Vorbilder, Werdegang und Scheitern. 1982.

Band 21 Birger Schulz: Der Republikanische Richterbund (1921-1933). 1982.

Band 22 Engelbert Krause: Die gegenseitigen Unterhaltsansprüche zwischen Eltern und Kindern in der deutschen Privatrechtsgeschichte. 1982.

Band 23 Meent W. Francksen: Staatsrat und Gesetzgebung im Großherzogtum Berg (1806-1813). 1982.

Band 24 Gerd von Sonnleithner: Bearbeitung des Handelsrechts durch Ignaz von Sonnleithner in seinem "Leitfaden über das österreichische Handels- und Wechselrecht". 1982.

Band 25 Rudolf Palme: Rechts-, Wirtschafts- und Sozialgeschichte der inneralpinen Salzwerke bis zu deren Monopolisierung. 1983.

Band 26 Helen Bosshard: Pestalozzis Staats- und Rechtsverständnis und seine Stellung in der Aufklärung. 1983.

Band 27 Jens Jessen: Die Selbstzeugnisse der deutschen Juristen. Erinnerungen, Tagebücher und Briefe. Eine Bibliographie. 1983.

Band 28 Günter Martin Jensen: Das Domanium Waldeck. Die rechtliche Zuordnung eines Fürstenvermögens. 1984.

Band 29 Johann Heinrich Kumpf: Petitionsrecht und öffentliche Meinung im Entstehungsprozeß der Paulskirchenverfassung 1848/49. 1983.

Band 30 Sabine Frey: Rechtsschutz der Juden gegen Ausweisungen im 16. Jahrhundert. 1983.

Band 31 Dietrich Joswig: Die germanische Grundstücksübertragung. 1984.

Band 32 Andreas Baryli: Konzessionssystem contra Gewerbefreiheit. Zur Diskussion der österreichischen Gewerberechtsreform 1835 bis 1860. 1984.

Band 33 Gerhard Oberkofler: Studien zur Geschichte der österreichischen Rechtswissenschaft. 1984.

Band 34 Rudolf Lauda: Kaufmännische Gewohnheit und Burgrecht bei Notker dem Deutschen. Zum Verhältnis von literarischer Tradition und zeitgenössischer Realität in der frühmittelalterlichen Rhetorik. 1984.

Band 35 Jens Jensen: Die Ehescheidung des Bischofs Hans von Lübeck von Prinzessin Julia Felicitas von Württemberg-Weiltingen AD 1648-1653. Ein Beitrag zum protestantischen Ehescheidungsrecht im Zeitalter des beginnenden Absolutismus. 1984.

Band 36 Horst Schröder: Friedrich Karl von Savigny. Geschichte und Rechtsdenken beim Übergang vom Feudalismus zum Kapitalismus in Deutschland. 1984.

Band 37 Andreas Hatzung: Dogmengeschichtliche Grundlagen und Entstehung des zivilrechtlichen Notstands. 1984.

Band 38 Matthias Klasen: Das Billwerder Landrecht. Landrecht und Landgericht in den Hamburger Elbmarschen. 1985.

Band 39 Rainer Jamin: Aufbau, Tätigkeit und Verfahren der Auseinandersetzungsbehörden bei der Durchführung der preußischen Agrarreformen. 1985.

Band 40 Henry Winter: Teilschuld, Gesamtschuld und unechte Gesamtschuld. Zur Konzeption der §§ 420 ff. BGB - Ein Beitrag zur Entstehungsgeschichte des BGB. 1985.

Band 41 Hermann Eichler: Verfassungsbewegung in Amerika und Europa. 1985.

Band 42 Dagmar Bandemer: Heinrich Albert Zachariae. Rechtsdenken zwischen Restauration und Reformation. 1985.

Band 43 Eva-Christine Frentz: Das Hamburgische Admiralitätsgericht (1623-1811). Prozeß und Rechtsprechung. 1985.

Band 44 Karl Lillig: Rechtsetzung im Herzogtum Pfalz-Zweibrücken während des 18. Jahrhunderts. Ein Beitrag zur Geschichte der territorialen Rechtsbildung. 1985.

Band 45 Walter Weber: Die Entwicklung der Sparkassen zu selbständigen Anstalten des öffentlichen Rechts. Ein Beitrag zur Entwicklung des Anstaltsbegriffs im 19. Jahrhundert. 1985.

Band 46 Bärbel Baum: Der Stabreim im Recht. Vorkommen und Bedeutung des Stabreims in Antike und Mittelalter. 1986.

Band 47 Hans Popp: Die nationalsozialistische Sicht einiger Institute des Zivilprozeß- und Gerichtsverfassungsrechts. 1986.

Band 48 John Karl-Heinz Montag: Die Lehrdarstellung des Handelsrechts von Georg Friedrich von Martens bis Meno Pöhls. Die Wissenschaft des Handelsrechts im ersten Drittel des 19. Jahrhunderts. 1986.

Band 49 Volker D. Anhäusser: Das internationale Obligationenrecht in der höchstrichterlichen Rechtsprechung des 19. Jahrhunderts. 1986.

Band 50 Udo Beer: Die Juden, das Recht und die Republik. Verbandswesen und Rechtsschutz 1919-1933. 1986.

Band 51 Herbert Grziwotz: Der moderne Verfassungsbegriff und die "Römische Verfassung" in der deutschen Forschung des 19. und 20. Jahrhunderts. 1986.

Band 52 Ralf Conradi: Karl Friedrich Eichhorn als Staatsrechtslehrer. Seine Göttinger Vorlesung über "Das Staatsrecht der deutschen Bundesstaaten" nach einer Kollegmitschrift aus dem Wintersemester 1821/22. 1987.

Band 53 Dieter Dannreuther: Der Zivilprozeß als Gegenstand der Rechtspolitik im Deutschen Reich 1871-1945. Ein Beitrag zur Geschichte des Zivilprozeßrechts in Deutschland. 1987.

Band 54 Stephan Felix Pauly: Organisation, Geschichte und Praxis der Gesetzesauslegung des (Königlich) Preußischen Oberverwaltungsgerichtes 1875-1933. 1987.

Band 55 Rüdiger Schulz: Die Entstehung des Seerechts des Allgemeinen Deutschen Handelsgesetzbuches unter besonderer Berücksichtigung der Bestimmungen über die Reederei, den Schiffer und die Schiffsmannschaft. 1987.

Band 56 Reinhold Reis: Deutsches Privatrecht in den Weistümern der Zenten Schriesheim und Kirchheim. 1987.

Band 57 Jürgen Christoph: Die politischen Reichsamnestien 1918-1933. 1987.

Band 58 Gerhard Oberkofler/Eduard Rabofsky: Hans Kelsen im Kriegseinsatz der k.u.k.-Wehrmacht. Eine kritische Würdigung seiner militärtheoretischen Angebote. 1988.

Band 59 Arne Wulff: Staatssekretär Prof. Dr. Dr. h.c. Franz Schlegelberger. 1876-1970. 1991.

Band 60 Gerhard Köbler (Hrsg.): Wege europäischer Rechtsgeschichte. Karl Kroeschell zum 60. Geburtstag. 1987.

Band 61 Rüdiger Hütte: Der Gemeinschaftsgedanke in den Erbrechtsreformen des Dritten Reichs. 1988.

Band 62 Markus Göldner: Politische Symbole der europäischen Integration. Fahne, Hymne, Hauptstadt, Paß, Briefmarke, Auszeichnungen. 1988.

Band 63 Wolfgang Kröner: Freiheitsstrafe und Strafvollzug in den Herzogtümern Schleswig, Holstein und Lauenburg von 1700 bis 1864. 1988.

Band 64 Werner Gaile: Die Norder Theelacht. 1988.

Band 65 Karl v. Kempis: Andreas Gaill (1526-1587). Zum Leben und Werk eines Juristen der frühen Neuzeit. 1988.

Band 66 Wolf-Rüdiger Osburg: Die Verwaltung Hamburgs in der Franzosenzeit. 1811-1814. 1988.

Band 67 Christian Schudnagies: Hans Frank. Aufstieg und Fall des NS-Juristen und Generalgouverneurs. 1988.

Band 68 Otmar Jung: Senatspräsident Freymuth. Richter, Sozialdemokrat und Pazifist in der Weimarer Republik. Eine politische Biographie. 1989.

Band 69 Joachim Lohner: Das landeshauptmannschaftliche Gericht in Oberösterreich zu Beginn der Neuzeit. Eine Darstellung des oberösterreichischen Prozeßrechts am obersten Territorialgericht des Landes anhand der oberösterreichischen Landtafel. 1989.

Band 70 Bernd Klemann: Rudolf von Jhering und die Historische Rechtsschule. 1989.

Band 71 Adalbert Langer: Männer um die österreichische Zivilprozeßordnung 1895. Zusammenspiel / Soziales Ziel. 1990.

Band 72 Robert-Dieter Klee: Die Landessuperintendentur Lauenburg. Ursprung und Entwicklung sowie Ende der Sonderstellung des Kirchenkreises Herzogtum Lauenburg durch die nordelbische Kirchenvereinigung. 1989.

Band 73 Heinrich Herrmann: Die Gehöferschaften im Bezirk Trier. 1989.

Band 74 Wilhelm Brauneder, Franz Baltzarek (Hrsg.): Modell einer neuen Wirtschaftsordnung. Wirtschaftsverwaltung in Österreich 1914-1918. 1991.

Band 75 Thomas Dreyer: Die "Assecuranz- und Haverey-Ordnung" der Freien und Hansestadt Hamburg von 1731. 1990.

Band 76 Bernhard Sendler: Die Rechtssprache in den süddeutschen Stadtrechtsreformationen. 1990.

Band 77 Brigitte Lehmann: Ehevereinbarungen im 19. und 20. Jahrhundert. 1990.

Band 78 Michael Sunnus: Der NS-Rechtswahrerbund (1928-1945). Zur Geschichte der nationalsozialistischen Juristenorganisation. 1990.

Band 79 Stefan Schulz: Die historische Entwicklung des Rechts an Bienen. (§§ 961-964 BGB). 1990.

Band 80 Gerhard Lingelbach, Heiner Lück (Hrsg.): Deutsches Recht zwischen Sachsenspiegel und Aufklärung. Rolf Lieberwirth zum 70. Geburtstag dargebracht von Schülern, Freunden und Kollegen, herausgegeben von Gerhard Lingelbach und Heiner Lück. 1991.

Band 81 Manfred Krohn: Die deutsche Justiz im Urteil der Nationalsozialisten 1920-1933. 1991.

Band 82 Angelika Kühn: Privilegierung nationaler Minderheiten im Wahlrecht der Bundesrepublik Deutschland und Schleswig-Holsteins. 1991.

Band 83 Georg Brun: Leben und Werk des Rechtshistorikers Heinrich Mitteis unter besonderer Berücksichtigung seines Verhältnisses zum Nationalsozialismus. 1991.

Band 84 Wolfgang Simon: Claudius Freiherr von Schwerin. Rechtshistoriker während dreier Epochen deutscher Geschichte. 1991.

Band 85 Friedrich-Carl Wachs: Das Verordnungswerk des Reichsdemobilmachungsamtes. Stabilisierender Faktor zu Beginn der Weimarer Republik. 1991.

Band 86 Jens-Uwe Petersen: Die Vorgeschichte und die Entstehung des Mieterschutzgesetzes von 1923 nebst der Anordnung für das Verfahren vor dem Mieteinigungsamt und der Beschwerdestelle. 1991.

Band 87 Ulrike Haibach: Familienrecht in der Rechtssprache. Die historische Entwicklung zentraler Ausdrücke des geltenden Familienrechts. 1991.

Band 88 Joern Christian Nissen: Die Beratungen des Seeversicherungsausschusses der Akademie für Deutsches Recht zu einem neuen Seeversicherungsgesetz (1934-1939). Ein Beitrag zur Entwicklung der allgemeinen Lehren des Seeversicherungsrechts unter besonderer Berücksichtigung des Handelsgesetzbuchs und der Allgemeinen Deutschen Seeversicherungs-Bedingungen 1919. 1991.

Band 89 Diethard Bühler: Die Entstehung der allgemeinen Vertragsschluß-Vorschriften im Allgemeinen Deutschen Handelsgesetzbuch (ADHGB) von 1861. Ein Beitrag zur Kodifikationsgeschichte des Privatrechts im 19. Jahrhundert. 1991.

Band 90 Gerhard Oberkofler: Die Vertreter des Römischen Rechts mit deutscher Unterrichtssprache an der Karls-Universität in Prag. Vom Vormärz bis 1945. 1991.

Band 91 Ulrich Andermann: Ritterliche Gewalt und bürgerliche Selbstbehauptung. Untersuchungen zur Kriminalisierung und Bekämpfung des spätmittelalterlichen Raubrittertums am Beispiel norddeutscher Hansestädte. 1991.

Band 92 Heinz Marcus Hanke: Luftkrieg und Zivilbevölkerung. Der kriegsvölkerrechtliche Schutz der Zivilbevölkerung gegen Luftbombardements von den Anfängen bis zum Ausbruch des Zweiten Weltkrieges. 1991.

Band 93 Kirsten Kraglund: Familien- und Erbrecht. Materielles Recht und Methoden der Rechtsanwendung in der Rechtsprechung des Oberappellationsgerichts der vier Freien Städte Deutschlands zu Lübeck. 1991.

Band 94 Reinhard Lorenz: Die politische und rechtliche Stellung des Proletariats in Preußen in der Zeit zwischen den Reformen und der Revolution 1848/49. 1991.

Band 95 Eric Hilgendorf: Die Entwicklungsgeschichte der parlamentarischen Redefreiheit in Deutschland. 1991.

Band 96 Hans J. Reiter: Die Handelsgesellschaft Villeroy & Boch von der Gründung 1836 bis zum Jahr 1878. 1992.

Band 97 Martin Johannes Heller: Reform der deutschen Rechtssprache im 18. Jahrhundert. 1992.

Band 98 Michael Kotulla: Die Tragweite der Grundrechte der revidierten preußischen Verfassung vom 31.01.1850. 1992.

Band 99 Michael Siefener: Hexerei im Spiegel der Rechtstheorie. Das crimen magiae in der Literatur von 1574 bis 1608. 1992.

Band 100 Andreas Ebert-Weidenfeller: Hamburgisches Kaufmannsrecht im 17. und 18. Jahrhundert. Die Rechtsprechung des Rates und des Reichskammergerichtes. 1992.

Band 101 Enno Bommel: Die Entstehung der Verwirkungslehre in der Krise des Positivismus. 1992.

Band 102 Ralph Steppacher: Die Berücksichtigung der bäuerlichen Postulate bei der Entstehung des ZGB und der Revision des OR. Ein Beitrag zur schweizerischen Kodifikationsgeschichte (1893-1912). 1992.

Band 103 Martin Fleckenstein: Die Todesstrafe im Werk Carl Joseph Anton Mittermaiers (1787-1867). Zur Entwicklungsgeschichte eines Werkbereichs und seiner Bedeutung für Theorie- und Methodenbildung. 1992.

Band 104 Jörn Eckert: Der Kampf um die Familienfideikommisse in Deutschland. Studien zum Absterben eines Rechtsinstitutes. 1992.

Band 105 Jörg Grotkopp: Beamtentum und Staatsformwechsel. Die Auswirkungen der Staatsformwechsel von 1918, 1933 und 1945 auf das Beamtenrecht und die personelle Zusammensetzung der deutschen Beamtenschaft. 1992.

Band 106 Andreas Rohde: Die Garantiehaftung des Vermieters und ihr Verhältnis zum Unmöglichkeitsrecht in dogmengeschichtlicher und modernrechtlicher Sicht. 1992.

Band 107 Tjark Siefke Kunstreich: Gesamtvertretung. Eine historisch-systematische Darstellung. 1992.

Band 108 Jürgen Krüger: Blindheit und Königtum. Die Blindheit des Königs Georg V. von Hannover als verfassungsrechtliches Problem. 1992.

Band 109 Wolfgang Putschek: Ständische Verfassung und autoritäre Verfassungspraxis in Österreich 1933-1938 mit Dokumentenanhang. Verfassung und Verfassungswirklichkeit. Mit einem Anhang: Denkschriften von Rechtsanwalt Dr. Erich Führer 1936/37. 1993.

Band 110 Klaus Hofmann: Die Verdrängung der Juden aus öffentlichem Dienst und selbständigen Berufen in Regensburg 1933-1939. 1993.

Band 111 Franz Kilger: Die Entwicklung des Telegraphenrechts im 19. Jahrhundert mit besonderer Berücksichtigung der technischen Entwicklung. Telegraphenrecht im 19. Jahrhundert. 1993.

Band 112 Wilhelm Brauneder (Hrsg.): Heiliges Römisches Reich und moderne Staatlichkeit. 1993.

Band 113 Thomas Heinrich: Das preußische Nichtehelichenrecht: Von der Aufklärung zur Reaktion. 1993.

Band 114 Gerald Kohl: Jagd und Revolution. Das Jagdrecht in den Jahren 1848 und 1849. 1993.

Band 115 Christian Schudnagies: Der Kriegs- oder Belagerungszustand im Deutschen Reich während des Ersten Weltkrieges. Eine Studie zur Entwicklung und Handhabung des deutschen Ausnahmezustandsrechts bis 1918. 1994.

Band 116 Elisabeth Bellmann: Die Internationale Kriminalistische Vereinigung (1889-1933). 1994.

Band 117 Julia Pfannkuch: Volksrichterausbildung in Sachsen 1945-1950. 1993.

Band 118 Jörg Offen: Von der Verwaltungsgemeinschaft des BGB von 1896 zur Zugewinngemeinschaft des Gleichberechtigungsgesetzes von 1957. 1994.

Band 119 Dorothee Kohlhas-Müller: Untersuchungen zur Rechtsstellung Theoderichs des Großen. 1995.

Band 120 Monika Rose: Das Gerichtswesen des Herzogtums Pfalz-Zweibrücken im 18. Jahrhundert. Ein Beitrag zur territorialen Gerichtsbarkeit im Alten Reich. 1994.

Band 121 Jörn Eckert / Hans Hattenhauer (Hrsg.): Bibel und Recht. Rechtshistorisches Kolloquium 9. - 13. Juni 1992 an der Christian-Albrechts-Universität zu Kiel. 1994.

Band 122 Robert Martin Mizia: Der Rechtsbegriff der Autonomie und die Begründung des Privatfürstenrechts in der deutschen Rechtswissenschaft des 19. Jahrhunderts. 1995.

Band 123 Walther Graf von Plettenberg: Das Fortleben des Liber Iudiciorum in Asturien/León (8.-13. Jh.). 1994.

Band 124 Wolfgang Schulz: Das deutsche Börsengesetz. Die Entstehungsgeschichte und wirtschaftlichen Auswirkungen des Börsengesetzes von 1896. 1994.

Band 125 Frank Hagemann: Der Untersuchungsausschuß Freiheitlicher Juristen. 1949-1969. 1994.

Band 126 Andreas Rethmeier: "Nürnberger Rassegesetze" und Entrechtung der Juden im Zivilrecht. 1995.

Band 127 Edith Grether: Die Poesie der Throne. Die Juristen in der Fruchtbringenden Gesellschaft. 1995.

Band 128 Anna Bartels-Ishikawa: Der Lippische Thronfolgestreit. Eine Studie zu verfassungsrechtlichen Problemen des Deutschen Kaiserreiches im Spiegel der zeitgenössischen Staats. 1995.

Band 129 Jörg Schmidt: Otto Koellreutter 1883-1972. Sein Leben, sein Werk, seine Zeit. 1995.

Band 130 Christian Hattenhauer: Wahl und Krönung Franz II. AD 1792. Das Heilige Reich krönt seinen letzten Kaiser - Das Tagebuch des Reichsquartiermeisters Hieronymus Gottfried von Müller und Anlagen. 1995.

Band 131 Jutta v. der Decken: Das Seearbeitsrecht im Hamburger Stadtrecht von 1301 bis 1603. 1995.

Band 132 Detlev Schmidt: Die Reform des Rechts der Handelsvertreter von 1953. 1995.

Band 133 Gabi Roßdeutscher: Privatautonomie im Scheidungsrecht. Scheidungsbezogene Vereinbarungen in den letzten 200 Jahren. 1995.

Band 134 Harald Kahlenberg: Leben und Werk des Rechtshistorikers Walther Merk. Ein Beispiel für das Verhältnis von Rechtsgeschichte und Nationalsozialismus. 1995.

Band 135 Michael Steitz: Adelbert Düringer am Reichsgericht (1902-1915). Seine aktienrechtlichen Entscheidungen und sein Einfluß auf das Aktienrecht in Deutschland. 1995.

Band 136 Christian Becker: Beata Justorum Translatio. Juristen in schleswig-holsteinischen Leichenpredigten. 1996.

Band 137 Christoph Seiler: Vom Allgemeinen Landrecht zum Bürgerlichen Gesetzbuch. Dargestellt am Beispiel der höchstrichterlichen Judikatur zum kaufrechtlichen Sachmängelgewährleistungsrecht. 1996.

Band 138 Bernd Mayer: Die Vertrauensmännerausschüsse auf den preußischen Steinkohlegruben an der Saar. Entstehung und Wirken. Eine rechtshistorische Untersuchung. 1996.

Band 139 Rochus Scholl: Juden und Judenrecht im Herzogtum Pfalz-Zweibrücken. Ein Beitrag zur Rechtsgeschichte eines deutschen Kleinstaates am Ende des alten Reiches. 1996.

Band 140 Meike Bursch: Judentaufe und frühneuzeitliches Strafrecht. Die Verfahren gegen Christian Treu aus Weener/Ostfriesland 1720-1728. 1996.

Band 141 Markus Hillenbrand: Fürstliche Eheverträge. Gottorfer Hausrecht 1544-1773. 1996.

Band 142 Ulf Häder: Das gemeinschaftliche Oberappellationsgericht thüringischer Staaten in Jena. Ein Beitrag zur Geschichte des Gerichtswesens im 19. Jahrhundert. 1996.

Band 143 Andreas Bauer: Das Gnadenbitten in der Strafrechtspflege des 15. und 16. Jahrhunderts. Dargestellt unter besonderer Berücksichtigung von Quellen der Vorarlberger Gerichtsbezirke Feldkirch und des Hinteren Bregenzerwaldes. 1996.

Band 144 Christian Wirth: Der Jurist Johann Andreas Georg Friedrich Rebmann zwischen Revolution und Restauration. 1996.

Band 145 Stefanie Müller: Die Rechtsprechung des Hanseatischen Oberlandesgerichts zum persönlichen Eherecht in Hamburgischen Gerichtsfällen von 1879-1900. 1996.

Band 146 Jean-Nicolas Morisset: Der Frachtvertrag in der *Ordonnance de la marine* von 1681. 1996.

Band 147 Dirk Lentfer: Die Glogauer Landesprivilegien des Andreas Gryphius von 1653. 1996.

Band 148 Wencke Mull: Die Haftung für Einsturzschäden nach den §§ 836-838 BGB in der Rechtsprechung des Reichsgerichts. 1996.

Band 149 Renate Zelger: Teufelsverträge. Märchen, Sage, Schwank, Legende im Spiegel der Rechtsgeschichte. 1996.

Band 150 Guido Kraß: Das Arrestverfahren in Frankfurt am Main im Spätmittelalter. 1996.

Band 151 F. Benedict Heyn: Die Entwicklung des Eisenbahnfrachtrechts von den Anfängen bis zur Einführung des Allgemeinen Deutschen Handelsgesetzbuches (ADHGB). 1996.

Band 152 Thomas Lang: Die Staats- und Verfassungslehre Carl Salomo Zachariaes. 1996.

Band 153 Michael Hebeis: Karl Anton von Martini (1726-1800). Leben und Werk. 1996.

Band 154 Gerald Hubert: Die Diskussion um die rechtliche Natur der Bizone in den Jahren 1947-1949. 1996.

Band 155 Christof Horn: Die Rechtsprechung des Reichsgerichts in Ehescheidungssachen der Jahre 1900 bis 1905. 1996.

Band 156 Hermann Nehlsen / Georg Brun (Hrsg.): Münchener rechtshistorische Studien zum Nationalsozialismus. 1996.

Band 157 Jan Otto Clemens Kehrberg: Die Entwicklung des Elektrizitätsrechts in Deutschland. Der Weg zum Energiewirtschaftsgesetz von 1935. 1997.

Band 158 Johannes Tradt: Der Religionsprozeß gegen den Zopfschulzen (1791-1799). Ein Beitrag zur protestantischen Lehrpflicht und Lehrzucht in Brandenburg-Preußen gegen Ende des 18. Jahrhunderts. 1997.

Band 159 Dietmar Olsen: Das kaufrechtliche Sachmängelgewährleistungsrecht des Code civil in der Rechtsprechung deutscher Gerichte im 19. Jahrhundert. Ein Beitrag zur Ablösung der Partikularrechte durch das BGB. 1997.

Band 183 Christian Ortloff: Das staatskirchenrechtliche System Wilhelm Traugott Krugs. Glaubens- und Gewissensfreiheit – eine Forderung der Vernunft. 1998.

Band 184 Christian Hattenhauer: Schuldenregulierung nach dem Westfälischen Frieden. Der sog. § *de indaganda* und seine Umsetzung im Jüngsten Reichsabschied (AD 1648 und 1654). 1998.

Band 185 Werner Schubert: Preußen im Vormärz. Die Verhandlungen der Provinziallandtage von Brandenburg, Pommern, Posen, Sachsen und Schlesien sowie – im Anhang – von Ostpreußen, Westfalen und der Rheinprovinz (1841-1845). 1998.

Band 186 Silvia Schumacher: Das Rechtsverhältnis zwischen Eltern und Kindern in der Privatrechtsgeschichte. 1999.

Band 187 Kai Sommer: Die Strafbarkeit der Homosexualität von der Kaiserzeit bis zum Nationalsozialismus. Eine Analyse der Straftatbestände im Strafgesetzbuch und in den Reformentwürfen (1871-1945). 1998.

Band 188 Jan Erik Backhaus: Volksrichterkarrieren in der DDR. 1999.

Band 189 Ralf Ruhnau: Die Fürstlich Thurn und Taxissche Privatgerichtsbarkeit in Regensburg. Ein Kuriosum der deutschen Rechtsgeschichte. 1999.

Band 190 Antonio Grilli: Die französische Justizorganisation am linken Rheinufer 1797-1803. 1999.

Band 191 Stephanie Kammerloher-Lis: Die Entstehung des Gesetzes über die religiöse Kindererziehung vom 15. Juli 1921. 1999.

Band 192 Jan Telp: Ausmerzung und Verrat. Zur Diskussion um Strafzwecke und Verbrechensbegriffe im Dritten Reich. 1999.

Band 193 Kurt von Pannwitz: Die Entstehung der Allgemeinen Deutschen Wechselordnung. Ein Beitrag zur Geschichte der Vereinheitlichung des deutschen Zivilrechts im 19. Jahrhundert. 1999.

Band 194 Sylvia Busch: Die Entstehung der Allgemeinen Gerichtsordnung für die Preussischen Staaten von 1793/95. Ein Beitrag zur Geschichte der Kodifikationsbewegung und der Reform des Zivilprozesses in Preußen im 18. Jahrhundert. 1999.

Band 195 Dirk Bieresborn: Klage und Klageerwiderung im deutschen und englischen Zivilprozeß. Eine rechtshistorische und rechtsvergleichende Untersuchung unter besonderer Berücksichtigung der Beeinflussung durch das römisch-kanonische Verfahren. 1999.

Band 196 Andreas Thier / Guido Pfeifer / Philipp Grzimek (Hrsg.): Kontinuitäten und Zäsuren in der Europäischen Rechtsgeschichte. Europäisches Forum Junger Rechtshistorikerinnen und Rechtshistoriker München 22.-24. Juli 1998. 1999.

Band 197 Franz Smola: Die Fürstlich Liechtenstein'sche Kunstsammlung. Rechtsfragen zur Verbringung der Sammlung von Wien nach Vaduz in den Jahren 1944/45. 1999.

Band 198 Frank Martin Krauss: Das geteilte Eigentum im 19. und 20. Jahrhundert. Eine Untersuchung zum Fortbestand des Teilungsgedankens. 1999.

Band 199 Matthias Frey: Die spanische Aktiengesellschaft im 18. Jahrhundert und unter dem Código de Comercio von 1829. 1999.

Band 200 Alexandra Gilde: Die Stellung der Frau im Reichsstrafgesetzbuch von 1870/71 und in den Reformentwürfen bis 1919 im Urteil der bürgerlichen Frauenbewegung. Eine Analyse ausgewählter Straftatbestände. 1999.

Band 201 Malte Dießelhorst / Arne Duncker: Hans Kohlhase. Die Geschichte einer Fehde in Sachsen und Brandenburg zur Zeit der Reformation. 1999.

Band 202 Jörg Hillmann: Territorialrechtliche Auseinandersetzungen der Herzöge von Sachsen-Lauenburg vor dem Reichskammergericht im 16. Jahrhundert. 1999.

Band 203 Carsten Engler: Die Kommanditgesellschaft (KG) und die stille Gesellschaft im Allgemeinen Deutschen Handelsgesetzbuch (ADHGB) von 1861. 1999.

Band 204 Vesta Hoffmann-Steudner: Die Rechtsprechung des Reichsgerichts zu dem Scheidungsgrund des § 49 EheG (EheG 1938) in den Jahren 1938-1945. 1999.

Band 205 Michaela Thiele: Die Auflösung von Arbeitsverhältnissen aufgrund Anfechtung und außerordentlicher Kündigung nach der Rechtsprechung des Reichsarbeitsgerichts (1927-1945). 2000.

Band 206 Peter Landau / Hermann Nehlsen / Mathias Schmoeckel (Hrsg.): Karl von Amira zum Gedächtnis. 1999.

Band 207 Marcus Flinder: Die Entstehungsgeschichte des Zivilgesetzbuches der DDR. 1999.

Band 208 Boris Franz Leo Bromm: Die Entstehungsgeschichte des Berufs des Handelsvertreters. Unter besonderer Berücksichtigung der Sozialgesetzgebung in den Jahren von 1871-1933. 2000.

Band 209 Winfried C. J. Eberstein: Das Tierschutzrecht in Deutschland bis zum Erlaß des Reichs-Tierschutzgesetzes vom 24. November 1933. Unter Berücksichtigung der Entwicklung in England. 1999.

Band 210 Patrick Deller: Der „nach dem Vertrage" vorausgesetzte Gebrauch (§ 459 Absatz 1 Satz 1 BGB). Eine kaufrechtliche Untersuchung unter Berücksichtigung rechtshistorischer wie rechtsvergleichender Grundlagen. 2000.

Band 211 Eckard Freiherr von Bodenhausen: Haftung des Geschäftsherrn für Verrichtungsgehilfen im Straßen- und Schienenverkehr. Eine Analyse der Entscheidungen des Reichsgerichts zu § 831 BGB (1900-1945). 2000.

Band 212 Birte Gast: Der Allgemeine Teil und das Schuldrecht des Bürgerlichen Gesetzbuchs im Urteil von Raymond Saleilles (1855-1912). 2000.

Band 213 Hansjörg Michael Huber: Koloniale Selbstverwaltung in Deutsch-Südwestafrika. Entstehung, Kodifizierung und Umsetzung. 2000.

Band 214 Ulf Björner: Die Verfassungsgerichtsbarkeit im Norddeutschen Bund und Deutschen Reich (1867-1918). Eine rechtshistorische Untersuchung über Gerichtsbarkeit im Spannungsfeld von Politik und Recht innerhalb der von Bismarck geschaffenen deutschen Bundesstaaten. 2000.

Band 215 Mathias Freiherr von Rosenberg: Friedrich Carl von Savigny (1779-1861) im Urteil seiner Zeit. 2000.

Band 216 Reinhard Binder-Krieglstein: Österreichisches Adelsrecht 1868-1918/19. Von der Ausgestaltung des Adelsrechts der cisleithanischen Reichshälfte bis zum Adelsaufhebungsgesetz der Republik unter besonderer Berücksichtigung des adeligen Namensrechts. 2000.

Band 217 Claudia-Regine Nerius: Johannes Lehmann-Hohenberg (1851-1925). Eine Studie zur völkischen Rechts- und Justizkritik im Deutschen Kaiserreich. 2000.

Band 218 Ludger Meuten: Die Erbfolgeordnung des Sachsenspiegels und des Magdeburger Rechts. Ein Beitrag zur Geschichte des sächsisch-magdeburgischen Rechts. 2000.

Band 219 Christoph Alexander von Wilcken: Die Reformbestrebungen zum Genossenschaftsgesetz in der Frühzeit der Bundesrepublik. Die Beratungen der Sachverständigenkommission zur Überprüfung des Genossenschaftsrechts 1954 bis 1958 und der Referentenentwurf von 1962. 2000.

Band 220 Verein Junger RechtshistorikerInnen Zürich (Hrsg.): ¿Rechtsgeschichte(n)? ¿Histoire(s) du droit? ¿Storia/storie del diritto? ¿Legal Histori(es)? Europäisches Forum Junger Rechtshistorikerinnen und Rechtshistoriker Zürich 28.-30. Mai 1999. 2000.

Band 221 Hans Christian Schüler: Die Entstehungsgeschichte der Bundesnotarordnung vom 24. Februar 1961. 2000.

Band 222 Nils-Eberhard Schramm: Die Vereinigung demokratischer Juristen (1949-1999). 2000.

Band 223 Silke Anke Torp: Das Rechtsverhältnis zwischen den Eltern und ihren Kindern. Dienstleistungspflicht, Aussteuer und Ausstattung. Eine Analyse der Rechtsprechung des Reichsgerichts und des Reichsarbeitsgerichts zu den Vorschriften der §§ 1616 bis 1625 des Bürgerlichen Gesetzbuches in der Zeit von 1900 bis 1945. 2000.

Band 224 Martin Jürgen Maaß: Die Geschichte des Eigentumsvorbehalts, insbesondere im 18. und 19. Jahrhundert. 2000.

Band 225 Stefanie Langer: Rechtswissenschaftliche Itinerarien. Lebenswege namhafter europäischer Juristen vom 11. bis zum 18. Jahrhundert. 2000.

Band 226 Ulrich Schmitz: Der Unterhaltsanspruch des nichtehelichen Kindes gegen seinen Erzeuger. Die rechtsgeschichtliche und dogmatische Entwicklung im deutschen Recht. 2000.

Band 227 Sebastian Günther: Friedrich Carl von Savigny als Grundherr. 2000.

Band 228 Henning Ibs: Hermann J. Held (1890-1963). Ein Kieler Gelehrtenleben in den Fängen der Zeitläufe. 2000.

Band 229 Matthias Rücker: Wirtschaftswerbung unter dem Nationalsozialismus. Rechtliche Ausgestaltung der Werbung und Tätigkeit des Werberats der deutschen Wirtschaft. 2000.

Band 230 Hendrik Sandmann: Die Entwicklung von Begriff und Inhalt des Wirtschaftsrechts durch die Rechtswissenschaft in der Weimarer Republik. 2000.

Band 231 Sibylle Müller: Gibt es Menschenrechte bei Samuel Pufendorf? 2000.

Band 232 Karin Olechowski-Hrdlicka: Die gemeinsamen Angelegenheiten der Österreichisch-Ungarischen Monarchie. Vorgeschichte – Ausgleich 1867 – Staatsrechtliche Kontroversen. 2001.

Band 233 Johannes Mierau: Die juristischen Abschluß- und Diplomprüfungen in der SBZ/DDR. Ein Einblick in die Juristenausbildung im Sozialismus. 2001.

Band 234 Jörg Wolff (Hrsg.): Stillstand, Erneuerung und Kontinuität. Einsprüche zur Preußenforschung. 2001.

Band 235 Friedo Schröder: Die anwaltliche Tätigkeit während der nationalsozialistischen Herrschaft. Eine Analyse der anwaltlichen Argumentation in Zivilprozessen anhand der vorhandenen Prozeßakten der Landgerichte Frankenthal, Wiesbaden, Limburg und Frankfurt und der Handakten der *jüdischen Konsulenten* des OLG-Bezirks Frankfurt. 2001.

Band 236 Der Code pénal des Königreichs Westphalen von 1813 mit dem Code pénal von 1810 im Original und in deutscher Übersetzung. Herausgegeben und mit einer Einleitung versehen von Werner Schubert. 2001.

Band 237 Klaus Richter: Deutsches Kolonialrecht in Ostafrika 1885-1891. 2001.

Band 238 Kai von Lewinski: Deutschrechtliche Systembildung im 19. Jahrhundert. 2001.

Band 239 Alexander Herzog: Sittenwidrige Rechtsgeschäfte in der höchstrichterlichen Rechtsprechung aus den Jahren 1948-1965. 2001.

Band 240 Claudia Rönnau: Die Beratungen des Wasserrechtsausschusses der Akademie für Deutsches Recht zu einem Reichswassergesetz (1934-1941). Ein Beitrag zur Dogmatik der Begriffe *Gemeingebrauch* und *Sondergebrauch* in der Zeit des Nationalsozialismus. 2001.

Band 241 Momme Rohlack: Kriegsgesellschaften (1914-1918). Arten, Rechtsformen und Funktionen in der Kriegswirtschaft des Ersten Weltkrieges. 2001.

Band 242 Rolf Geyer: Der Gedanke des Verbraucherschutzes im Reichsrecht des Kaiserreichs und der Weimarer Republik (1871-1933). Eine Studie zur Geschichte des Verbraucherrechts in Deutschland. 2001.

Band 243 Felix Lorenz Benjamin Lehmann: Der Rote Adlerorden. Entstehung und rechtliche Grundlagen (1705-1918). 2002.

Band 244 Marc Ludwig: Der Pfändungsschutz für Lohneinkommen. Die Entstehungs- und Entwicklungsgeschichte der Vorschriften zum Schutz vor Lohnpfändung in Deutschland. 2001.

Band 245 Alexander Wachter: Dorfschule zwischen Pastor und Schulmeister. Zur Säkularisierung des niederhessischen Schulwesens im 19. Jahrhundert. 2001.

Band 246 Richard Scholz: Analyse der Entstehungsbedingungen der reichsgerichtlichen Aufwertungsrechtsprechung. Untersuchung unter besonderer Berücksichtigung der konservativen Geldpolitik der Reichsbank und der Inflationspolitik der Reichsregierung. 2001.

Band 247 Judith Laeverenz: Märchen und Recht. Eine Darstellung verschiedener Ansätze zur Erfassung des rechtlichen Gehalts der Märchen. 2001.

Band 248 Christina Schenk: Bestrebungen zur einheitlichen Regelung des Strafvollzugs in Deutschland von 1870 bis 1923. 2001.

Band 249 Nils Werner: Die Prozesse gegen die Landvolkbewegung in Schleswig-Holstein 1929/32. Ein Beitrag zur Justizkritik in der späten Weimarer Republik. 2001.

Band 250 Wolfgang Walter: Das Duell in Bayern. Ein Beitrag zur bayerischen Strafrechtsgeschichte. 2002.

Band 251 Jörn Eckert / Kjell Å. Modéer (Hrsg.): Geschichte und Perspektiven des Rechts im Ostseeraum. Erster Rechtshistorikertag im Ostseeraum 8.–12. März 2000. 2001.

Band 252 Jan Könighaus: Die Inauguration der Christian-Albrechts-Universität zu Kiel 1665. Symbolgehalt und rechtliche Bedeutung des Universitätszeremoniells. 2002.

Band 253 Andreas Görgen: Rechtssprache in der Frühen Neuzeit. Eine vergleichende Untersuchung der Fremdwortverwendung in Gesetzen des 16. und 17. Jahrhunderts. 2002.

Band 254 Ralf Schäfer: Die Rechtsstellung der Haigerlocher Juden im Fürstentum Hohenzollern-Sigmaringen von 1634-1850. Eine rechtsgeschichtliche Untersuchung. 2002.

Band 255 Regine Schmalhorst: Die Tierhalterhaftung im BGB von 1896. Die Entstehung und Änderung des § 833 BGB sowie eine Analyse der Rechtsprechung des Reichsgerichts bis 1908. 2002.

Band 256 Thomas Hense: Konrad Beyerle. Sein Wirken für Wissenschaft und Politik in Kaiserreich und Weimarer Republik. 2002.

Band 257 Christian Mahlmann: Die Strafrechtswissenschaft der DDR. Klassenkampftheorie und Verbrechenslehre. 2002.

Band 258 Henning Kahmann: Die Bankiers von Jacquier & Securius 1933–1945. Eine rechtshistorische Fallstudie zur "Arisierung" eines Berliner Bankhauses. Mit einem Geleitwort von John Kornblum. 2002.

Band 259 Volker Friedrich Drecktrah: Die Gerichtsbarkeit in den Herzogtümern Bremen und Verden und in der preußischen Landdrostei Stade von 1715 bis 1879. 2002.

Band 260 Andreas Klass: Standes- oder Leistungselite? Eine Untersuchung der Karrieren der Wetzlarer Anwälte des Reichskammergerichts (1693-1806). 2002.

Band 261 Wolfgang Eder: Das italienische Tribunale Speciale per la Difesa dello Stato und der deutsche Volksgerichtshof. Ein Vergleich zwischen zwei politischen Gerichtshöfen. 2002.

Band 262 Albrecht Cordes / Bernd Kannowski (Hrsg.): Rechtsbegriffe im Mittelalter. 2002.

Band 263 Thomas Hildebrandt: Die Brandenburgischen Provinziallandtage von 1841, 1843, und 1845 anhand ausgewählter Verhandlungsgegenstände. 2002.

Band 264 Jan Finzel: Georg Adam Struve (1619-1692) als Zivilrechtler. 2003.

Band 265 Björn Carsten Frenzel: Das Selbstverständis der Justiz nach 1945. Analyse der Rolle der Justiz unter Berücksichtigung der Reden zur *Wiedereröffnung* der Bundes- und Oberlandesgerichte. 2003.

Band 266 Nils Reichhelm: Die marxistisch-leninistische Staats- und Rechtstheorie Karl Polaks. 2003.

Band 267 Raik Schneider: Altrechtliche Personenzusammenschlüsse. Ihre Entwicklung unter besonderer Berücksichtigung des Rechts des Großherzogtums Sachsen-Weimar-Eisenach sowie der Herzogtümer Sachsen-Meiningen und Sachsen-Gotha. 2003.

Band 268 Anke Meier: Die Geschichte des deutschen Konkursrechts, insbesondere die Entstehung der Reichskonkursordnung von 1877. 2003.

Band 269 Stefan Jens Jordan: Leben und Werk des Tübinger Rechtsprofessors Wilhelm Gottlieb Tafinger 1760-1813. 2003.

Band 270 Stefanie Hubig: Die historische Entwicklung des § 23 ZPO. Zum Ursprung und Fortleben des Vermögensgerichtsstandes im deutschen Prozeßrecht des 19. Jahrhunderts. 2003.

Band 271 Michael G. Perband: Der Grundsatz der freien Beweiswürdigung im Zivilprozeß (§ 286 ZPO) in der Rechtsprechung des Reichsgerichts. 2003.

Band 272 Mathias Bouveret: Die Stellung des Staatsoberhauptes in der parlamentarischen Diskussion und Staatsrechtslehre von 1848 bis 1918. 2003.

Band 273 Barbara Széchényi: Rechtliche Grundlagen bayerischer Zensur im 19. Jahrhundert. 2003.

Band 274 Sylvia Scharfenberg: Die Entstehungsgeschichte des Beurkundungsgesetzes vom 28. August 1969. 2003.

Band 275 Urte Nesemann: Die schwedische Familiengesetzgebung von 1734 bis zu den Reformgesetzen von 1915 bis 1920 und deren Einfluss auf die Gesetzgebungsprojekte der Weimarer Republik. Unter besonderer Berücksichtigung der Rechtsstellung der Frau und des unehelichen Kindes. 2003.

Band 276 Alexandra Brück: Die Polizeiordnung Herzog Christians von Braunschweig-Lüneburg vom 6. Oktober 1618. 2003.

Band 277 Torsten Landwehr: Das Kommissionsgeschäft in Rechtswissenschaft, Gesetzgebung und Rechtspraxis vom 16. bis zum Ende des 18. Jahrhunderts. 2003.

Band 278 Tassilo Wilhelm Maria Englert: Deutsche und italienische Zivilrechtsgesetzgebung von 1933–1945. Parallelen in der Rechtsetzung und gegenseitige Beeinflussung unter besonderer Berücksichtigung des Familien- und Erbrechts. 2003.

Band 279 Tobias Prang: Der Schutz der Versicherungsnehmer bei der Auslegung von Versicherungsbedingungen durch das Reichsgericht. 2003.

Band 280 Thorsten Lieb: Privileg und Verwaltungsakt. Handlungsformen der öffentlichen Gewalt im 18. und 19. Jahrhundert. 2004.

Band 281 Michael Rühling: Das Ladenschlussgesetz vom 28. November 1956. Vorgeschichte, Entstehung des Gesetzes und weitere Entwicklung. 2004.

Band 282 Kathrin Nawotki: Die schleswigsche Deichstavengerechtigkeit. Vom 17. Jahrundert bis in die Gegenwart. Eine gewohnheitsrechtliche Superfizies an nordfriesischen Deichgrundstücken und ihre Entwicklung. 2004.

Band 283 Erik Nils Voigt: Die Gesetzgebungsgeschichte der militärischen Ehrenstrafen und der Offizierehrengerichtsbarkeit im preußischen und deutschen Heer von 1806 bis 1918. 2004.

Band 284 Dorothea Riedi Hunold: Die Einführung der allgemeinen Wechselfähigkeit in der Schweiz in der zweiten Hälfte des 19. Jahrhunderts. Unter besonderer Berücksichtigung der politischen, wirtschaftlichen und sozialen Verhältnisse. 2004.

Band 285 Thomas Gergen: Pratique juridique de la paix et trêve de Dieu à partir du concile de Charroux (989–1250). Juristische Praxis der Pax und Treuga Dei ausgehend vom Konzil von Charroux (989–1250). 2004.

Band 286 Kathrin Bethkenhagen: Die Entwicklung des Luftrechts bis zum Luftverkehrsgesetz von 1922. 2004.

Band 287 Heiko Lüpkes: Die Verbrechen der Diener des Staats im Allgemeinen Landrecht für die Preußischen Staaten von 1794 und ihre Entwicklung zu den Vergehen und Verbrechen im Amte im Strafgesetzbuch für die Preußischen Staaten von 1851. 2004.

Band 288 Mirco Peter Hirsch: Von der Erbbescheinigung des Preußischen Rechts zum Erbschein des Bürgerlichen Gesetzbuchs. 2004.

Band 289 Bettina Günther: Die Behandlung der Sittlichkeitsdelikte in den Policeyordnungen und der Spruchpraxis der Reichsstädte Frankfurt am Main und Nürnberg im 15. bis 17. Jahrhundert. 2004.

Band 290 Seunghyeon Seong: Der Begriff der *nicht gehörigen Erfüllung* aus dogmengeschichtlicher und rechtsvergleichender Sicht. 2004.

Band 291 Steffen-Werner Meyer: Bemühungen um ein Reichsgesetz gegen den Büchernachdruck. Anläßlich der Wahlkapitulation Leopolds II. aus dem Jahre 1790. 2004.

Band 292 Ulrich Löffler: Instrumentalisierte Vergangenheit? Die nationalsozialistische Vergangenheit als Argumentationsfigur in der Rechtsprechung des Bundesverfassungsgerichts. 2004.

Band 293 Norbert Koch: Die Entwicklung des deutschen privaten Immissionsschutzrechts seit Beginn der Industrialisierung. Unter besonderer Berücksichtigung des Einflusses der höchstrichterlichen Rechtsprechung. 2004.

Band 294 Julius Ludwig Pfeiffer: Das Tierschutzgesetz vom 24. Juli 1972. Die Geschichte des deutschen Tierschutzrechts von 1950 bis 1972. 2004.

Band 295 Bert-Hagen Strodthoff: Die richterliche Frage- und Erörterungspflicht im deutschen Zivilprozeß in historischer Perspektive. 2004.

Band 296 Tim Kannewurf: Die Höfeordnung vom 24. April 1947. Entstehungsgeschichte und Einordnung in die Entwicklung des Anerbenrechts. 2004.

Band 297 Steffi Heine: Die Methodendiskussion nach Inkrafttreten des Bürgerlichen Gesetzbuches und die Gründung des Vereins *Recht und Wirtschaft*. 2004.

Band 298 Anne Marlene Simon-Holtorf: Geschichte des Familienwahlrechts in Frankreich (1871 bis 1945). 2004.

Band 299 Jürgen Busch: Das Germanenbild der deutschen Rechtsgeschichte. Zwischen Wissenschaft und Ideologie. Mit einem Vorwort von Herwig Wolfram. 2004.

Band 300 Jan Kohlmann: Der Marsch zu den Gräbern von Karl und Rosa. Geschichte eines Gedenktages. 2004.

Band 301 Christian Rainer Schlicht: Die kumulative Schuldübernahme in der Rechtsprechung des Reichsgerichts und in der zeitgenössischen Literatur. 2004.

Band 302 Hans Peter Glöckner: Positive Vertragsverletzung. Die Geburt eines Rechtsinstituts. 2006.

Band 303 João Manuel Azevedo Alexandrino Fernandes: Die Theorie der Interpretation des Gesetzes bei Francisco Suárez. 2005.

Band 304 René Funk: Die Wahlprüfung der volksgewählten Abgeordneten der Volksvertretungen im Frühkonstitutionalismus. Eine Untersuchung der Wahlprüfung in den Kammern der Abgeordneten des Großherzogtums Baden, des Königreichs Württemberg und des Großherzogtums Hessen. 2005.

Band 305 Carolin O'Sullivan. Die Ahndung von Rechtsbrüchen der Seeleute im mittelalterlichen hamburgischen und hansischen Seerecht (1301–1482). 2005.

Band 306 Martin Jürgens: Staat und Reich bei Ernst Rudolf Huber. Sein Leben und Werk bis 1945 aus rechtsgeschichtlicher Sicht. 2005.

Band 307 Florian G. Dürselen: Franz Beyerle (1885–1977). Leben, Ära und Werk eines Rechtshistorikers. 2005.

Band 308 Kai Bandilla: Urheberrecht im Kaiserreich. Der Weg zum Gesetz betreffend das Urheberrecht an Werken der Literatur und Tonkunst vom 19. Juni 1901. 2005.

Band 309 Stefan Mieth: Die Entwicklung des Denkmalrechts in Preußen 1701–1947. 2005.

Band 310 Catharina Lodemann: Die Geschichte des französischen *acte de gouvernement*. 2005.

Band 311 Christina Wicke: Kodifikationsbestrebungen und Wissenschaft in Hessen-Darmstadt im vorkonstitutionellen Zeitalter. Zu der Beteiligung der Gießener Rechtsprofessoren an den Gesetzgebungsarbeiten in Hessen-Darmstadt in der Zeit zwischen 1769 und 1820. 2005.

Band 312 Christiane Chlosta: Nur dem Gesetz unterworfen? Eine rechtsgeschichtliche Untersuchung zu Idee und Wirklichkeit richterlicher Gesetzestreue unter besonderer Berücksichtigung der Aufwertungsrechtsprechung und des richterlichen Prüfungsrechts. 2005.

Band 313 Kathrin Dirr: Hoheitsrechtliche Streitigkeiten zwischen den Kölner Erzbischöfen und der Stadt Köln auf Grundlage reichskammergerichtlicher Verfahren des 16. und 17. Jahrhunderts. 2005.

Band 314 Michael Racky: Die Diskussion über Gewaltenteilung und Gewaltentrennung im Vormärz. 2005.

Band 315 Petra Thiemrodt: Die Entstehung des Staatshaftungsgesetzes der DDR. Eine Untersuchung auf der Grundlage von Materialien der DDR-Gesetzgebungsorgane mit zeitgeschichtlichen Bezügen. 2005.

Band 316 Julius F. Reiter: Entstehung und staatsrechtliche Theorie der italienischen *Carta del Lavoro*. 2005.

Band 317 André Book: Die Justizreform in der Frühzeit der Bundesrepublik. Die Beratungen der Kommission zur Vorbereitung einer Reform der Zivilgerichtsbarkeit in den Jahren 1955 bis 1961. 2005.

Band 318 Frank Zentz: Das amerikanische Strafverfahren als Element der Besatzungspolitik in Deutschland. Erziehung zur Demokratie durch den *Court of Appeals* 1948–1955. 2005.

Band 319 Friederike Quaisser: Mietrecht im 19. Jahrhundert. Ein Vergleich der mietrechtlichen Konzeptionen im Allgemeinen Landrecht für die Preußischen Staaten von 1794 und dem gemeinen Recht. 2005.

Band 320 Stefan Burghard: Professor Dr. Wilhelm Kahl – Leben zwischen Wissenschaft und Politik. 2005.

Band 321 Günter Baranowski: Die *Russkaja Pravda* – ein mittelalterliches Rechtsdenkmal. 2005.

Band 322 Christina Schneider: Die SS und „das Recht". Eine Untersuchung anhand ausgewählter Beispiele. 2005.

Band 323 Werner Schubert (Hrsg.): Zivilprozessreform in der Weimarer Zeit. Quellen zur Emminger-Zivilprozessverordnung vom 13.2.1924 und zu den Arbeiten der Zivilprozesskommission des Reichsjustizministeriums (1922–1930). Eingeleitet und herausgegeben von Werner Schubert. 2005.

Band 324 Felix Gaul: Der Jurist Rudolf Isay (1886–1956). Ein verantwortungsbewusster Vermittler im Spannungsfeld zwischen dynamischer Rechtsschöpfung, ökonomischem Wandel und technischem Fortschritt. 2005.

Band 325 Konstanze Braun: Dr. Otto Georg Thierack (1889–1946). 2005.

Band 326 Eckart Klein / Stefan Chr. Saar / Carola Schulze (Hrsg.): Zwischen Rechtsstaat und Diktatur. Deutsche Juristen im 20. Jahrhundert. 2006.

Band 327 Stefan Botor: Das *Berliner Sühneverfahren* – Die letzte Phase der Entnazifizierung. 2006.

Band 328 Andreas Köhler: Die Sorgerechtsregelungen bei Ehescheidung seit 1945. Scheidungsstrafe und verordnete Gemeinsamkeit. 2006

Band 329 Lars Düwel: Die Nichtigkeit und Anfechtbarkeit der Ehe in der Rechtsprechung des Reichsgerichts zwischen 1900 und 1945. 2006.

Band 330 Katalin Polgar: Das Oberappellationsgericht der vier freien Städte Deutschlands (1820–1879) und seine Richterpersönlichkeiten. 2007.

Band 331 Julia Schweitzer: Schiffer und Schiffsmann in den Rôles d'Oléron und im Llibre del Consolat de Mar. Ein Vergleich zweier mittelalterlicher Seerechtsquellen. 2007.

Band 332 Diana-Catharina Kurtz: Das Institut der Adoption im preußischen Allgemeinen Landrecht und im französischen Code civil zwischen Rezeption römisch-rechtlicher Prinzipien und verändertem Familienverständnis. 2006.

Band 333 Dino Joakim Duderstadt: Spiel, Wette und Differenzgeschäft (§§ 762–764 BGB) in der Rechtsprechung des Reichsgerichts und in der zeitgenössischen Literatur. 2007.

Band 334 Ronald Hoffmann: Die Domänenfrage in Thüringen. Über die vermögensrechtlichen Auseinandersetzungen mit den ehemaligen Landesherren in Thüringen nach dem Ersten Weltkrieg. 2006.

Band 335 Joachim Windmüller: *Ohne Zwang kann der Humanismus nicht existieren...* – „Asoziale" in der DDR. 2006.

Band 336 Sven Christian Gläser: Die Mediatisierung der Grafschaft Wertheim. Der juristische Kampf eines kleinen Reichsstandes gegen den Verlust der Landesherrschaft und seine Folgen. 2006.

Band 337 Benjamin Schleyer: Friedrich Wilhelm Bornemann (1798–1864). Eine Juristenkarriere im Preußen des 19. Jahrhunderts. 2006.

Band 338 Die Reform des Ehescheidungsrechts von 1976. Quellen zum Ersten Gesetz vom 14.6.1976 zur Reform des Ehe- und Familienrechts (Parlamentarische Ausschussprotokolle – Anglikanische Denkschrift von 1966 zur Scheidungsrechtsreform – Schlussabstimmung 1969 in der Eherechtskommission des Bundesministeriums der Justiz). Eingeleitet und herausgegeben von Werner Schubert. 2006.

Band 339 Andreas Feld: Das Bayerische Gesetz zum Schutz des Eigentums an Erzeugnissen der Literatur und Kunst gegen Nachdruck vom 15.04.1840. Vorgeschichte und Zustandekommen. 2007.

Band 340 Bernd Wörner: Adelbert Düringers Einfluß als Richter am Reichsgericht in Leipzig auf dem Gebiet des Personengesellschaftsrechts. 2007.

Band 341 Jan Jelle Kähler: Französisches Zivilrecht und französische Justizverfassung in den Hansestädten Hamburg, Lübeck und Bremen (1806–1815). 2007.

Band 342 Jörn Eckert / Pia Letto-Vanamo / Kjell Å. Modéer (Hrsg.): Juristen im Ostseeraum. Dritter Rechtshistorikertag im Ostseeraum 20.–22. Mai 2004. 2007.

Band 343 Ferdinand von Weyhe: A.E. Wassermann. Eine rechtshistorische Fallstudie zur „Arisierung" zweier Privatbanken. 2007.

Band 344 Martin Klaus Römermann: Kündigungen und Kündigungsschutz im Franquismus. 2007.

Band 345 Thomas Hoffmann: Der Landrechtsentwurf David Hilchens von 1599. Ein livländisches Rechtszeugnis polnischer Herrschaft. 2007.

Band 346 Ingo Ullmann: Die rechtliche Behandlung holsteinischer Leibeigener um die Mitte des 18. Jahrhunderts. Dargestellt unter besonderer Berücksichtigung der Schmoeler Leibeigenschaftsprozesse von 1738 bis 1743 sowie von 1767 bis 1777. 2007.

Band 347 Petra Fischer-Langosch: Die Entstehungsgeschichte des Familiengesetzbuches der DDR von 1965. 2007.

Band 348 Lasse O. Johannsen: Die rechtliche Behandlung ausreisewilliger Staatsbürger in der DDR. 2007.

Band 369 Thorsten Miederhoff: *Man erspare es mir, mein Juristenherz auszuschütten.* Dr. iur. Kurt Tucholsky (1890–1935). Sein juristischer Werdegang und seine Auseinandersetzung mit der Weimarer Strafrechtsreformdebatte am Beispiel der Rechtsprechung durch Laienrichter. 2008.

Band 370 Philipp Nordloh: Kölner Zunftprozesse vor dem Reichskammergericht. 2008.

Band 371 Judith Freund: Die Wechselverpflichtung im 19. Jahrhundert. 2008.

Band 372 Hans-Michael Empell: Gutenberg vor Gericht. Der Mainzer Prozess um die erste gedruckte Bibel. 2008.

Band 373 Rainer Schröder: Die DDR-Ziviljustiz im Gespräch – 26 Zeitzeugeninterviews. 2008.

Band 374 Christian Neschwara: Ein österreichischer Jurist im Vormärz. „Selbstbiographische Skizzen" des Freiherrn Karl Josef Pratobevera (1769–1853). 2009.

Band 375 Stefan Ullrich: Untersuchungen zum Einfluss des lübischen Rechts auf die Rechte von Bergen, Stockholm und Visby. 2008.

Band 376 Johanna Gertrude Schmitzberger: Das nationalsozialistische Nebenstrafrecht 1933 bis 1945. 2008.

Band 377 Christian Brom: Urteilsbegründungen im „Hoge Raad van Holland, Zeeland en West-Friesland" am Beispiel des Kaufrechts im Zeitraum 1704–1787. 2008.

Band 378 Christian Böse: Die Entstehung und Fortbildung des Reichserbhofgesetzes. 2008.

Band 379 Tobias Röhnelt: Timm Kröger. Leben und Werk. 2009.

Band 380 Andrea Elisabeth Sebald: Der Kriminalbiologe Franz Exner (1881–1947). Gratwanderung eines Wissenschaftler durch die Zeit des Nationalsozialismus. 2008.

Band 381 Angela Kriebisch: Die Spruchkörper Juristenfakultät und Schöppenstuhl zu Jena. Strukturen, Tätigkeit, Bedeutung und eine Analyse ausgewählter Spruchakten. 2008.

Band 382 Nana Ozawa: Louis Adolphe Bridel – Ein schweizer Professor an der juristischen Fakultät der Tokyo Imperial University. Die geschichtliche Bedeutung der Yatoi zur späten Meijizeit. 2009.

Band 383 Christian Weißhuhn: Alfred Hueck 1889–1975. Sein Leben, sein Wirken, seine Zeit. 2009.

Band 384 Andreas Hunkel: Eduard Dietz (1866–1940) – Richter, Rechtsanwalt und Verfassungsschöpfer. 2009.

www.peterlang.de